Katharina Phlipsen

Der Begriff der Religionsgemeinschaft nach dem Grundgesetz

Schriftenreihe zum Staats- und Verwaltungsrecht

begründet von

Prof. Dr. Heinrich Wilms (†) und Prof. Dr. Stefan Muckel

herausgegeben von

Prof. Dr. Stefan Muckel
(Universität Köln)
und
Prof. Dr. Timo Hebeler
(Universität Trier)

Band 18

LIT

Katharina Phlipsen

Der Begriff der Religionsgemeinschaft nach dem Grundgesetz

Das christlich geprägte Vorverständnis als Problem des Religionsverfassungsrechts

LIT

∞

Gedruckt auf alterungsbeständigem Werkdruckpapier entsprechend
ANSI Z3948 DIN ISO 9706

Bibliografische Information der Deutschen Nationalbibliothek
Die Deutsche Nationalbibliothek verzeichnet diese Publikation in der Deutschen Nationalbibliografie; detaillierte bibliografische Daten sind im Internet über http://dnb.dnb.de abrufbar.

ISBN 978-3-643-15258-9 (br.)
ISBN 978-3-643-35258-3 (PDF)
Zugl.: Köln, Univ., Diss., 2022

Verlagskontakt:
Fresnostr. 2 D-48159 Münster
Tel. +49 (0) 2 51-62 03 20
E-Mail: lit@lit-verlag.de https://www.lit-verlag.de

Auslieferung:
Deutschland: LIT Verlag, Fresnostr. 2, D-48159 Münster
Tel. +49 (0) 2 51-620 32 22, E-Mail: vertrieb@lit-verlag.de

Vorwort

Die vorliegende Arbeit wurde im Sommersemester 2022 von der Rechtswissenschaftlichen Fakultät der Universität zu Köln als Dissertation angenommen. Das Manuskript wurde im Juni 2021 abgeschlossen. Die Rechtsprechungs- und Literaturangaben befinden sich auf dem Stand vom 31.05.2021.

Mein besonderer Dank gilt zunächst meinem Doktorvater, Herrn Prof. Dr. Dr. Stefan Muckel, für seine hervorragende Unterstützung bei der Betreuung dieser Arbeit. Seine wertvollen Ratschläge haben entscheidend zum Gelingen der Arbeit beigetragen. Herrn Prof. Dr. Karl-Eberhard Hain danke ich sehr für die zügige Erstellung des Zweitgutachtens.

Die Arbeit wäre nicht ohne die wertvollen Anregungen aus meinem privaten Umfeld möglich gewesen. Ich danke Allen, die mich in der Dissertationszeit unterstützt haben.

Danken möchte ich auch meiner Frau Johanna Phlipsen, die mich beim Schreiben meiner Arbeit stets geduldig unterstützt und mir den erforderlichen Rückhalt gegeben hat.

Den größten Dank möchte ich meiner Mutter Ute Schneider aussprechen. Ihre bedingungslose Unterstützung auf meinem bisherigen Lebensweg hat diese Arbeit erst ermöglicht. Ihr ist diese Arbeit gewidmet.

Köln, im September 2022 Katharina Phlipsen

INHALTSVERZEICHNIS

A. Einführung und Ausgangssituation

I. Problemdarstellung

Der Begriff der Religionsgemeinschaft wird als „Zentralkategorie“ [1], „Schlüsselbegriff“ [2], „Referenzbegriff“[3] oder auch als „Kardinalpunkt“[4] des Religionsverfassungsrechts bezeichnet. Diese Einordnung rechtfertigt sich dadurch, dass das deutsche Religionsverfassungsrecht[5] in seiner Struktur institutionell geprägt ist[6] und deshalb vor allem Religionsgemeinschaften bzw. Religionsgesellschaften der Zugang zu dieser institutionellen Dimension eröffnet wird.[7] Insbesondere das Christentum ist ohne die gemeinschaftliche Komponente nicht denkbar, weswegen dem Schutz religiöser Organisationen im Grundgesetz eine besondere Bedeutung zukommt.[8] Das deutsche Religionsverfassungsrecht gewährleistet nicht nur die intern wirkende Selbstorganisation religiöser Gemeinschaften, sondern gewährleistet darüber hinaus das gesellschaftliche Wirken dieser Gemeinschaften nach außen.[9] Dementsprechend knüpfen zahlreiche Rechte und Rechtspositionen im Grundgesetz an die Eigenschaft als Religions-

---

[1] *Heinig*, „Religionsgesellschaft“ als religionsverfassungsrechtliche Zentralkategorie – und ihre Bedeutung für Islamverbände, in: Abmeier/Jacobs/Köhler (Hrsg.), Rechtliche Optionen für Kooperationen zwischen deutschem Staat und muslimischen Gemeinschaften, S. 43 (43); *ders.*, ZevKR 64 (2019), 1 (1).

[2] *Hense*, Staatsverträge mit Muslimen, in: Mückl (Hrsg.), Das Recht der Staatskirchenverträge, S. 115 (166); *Schlink*, Revisionsbegründung vor dem Bundesverwaltungsgericht, in: Busch (Hrsg.), Integration und Religion, S. 52 (55); ähnlich *Munsonius*, DÖV 2013, 93 (99), der von der Schlüsselfunktion des Begriffs spricht.

[3] *Hense*, Auf dem Weg zu einem europäischen Religionsverfassungsrecht?, in: Werkner/Liedhegener (Hrsg.), Europäische Religionspolitik, S. 175 (179).

[4] *M. Heckel*, Von der „Religionspartei“ zur „Religionsgesellschaft“, in: Depenheuer/Heintzen/Jestaedt/Axer (Hrsg.), Staat im Wort – FS Isensee, S. 1003 (1003).

[5] Im Rahmen dieser Arbeit soll der Begriff des Religionsverfassungsrechts verwendet werden, da das Rechtsgebiet nicht auf die christlichen Kirchen beschränkt ist. Dadurch soll eine terminologische Ausrichtung auf die christlichen Kirchen verhindert werden. Weiterführende Hinweise zum Begriffsstreit finden sich im Tagungsband *Heinig/Walter* (Hrsg.), Staatskirchenrecht oder Religionsverfassungsrecht?.

[6] *Mückl*, in: Isensee/Kirchhof (Hrsg.), HStR, Bd. VII, § 159 Rn. 2.

[7] *Uhle*, Die Integration des Islam in das Staatskirchenrecht der Gegenwart, in: Heinig/Walter (Hrsg.), Staatskirchenrecht oder Religionsverfassungsrecht?, S. 299 (316).

[8] Vgl. *Classen*, Religionsfreiheit und Staatskirchenrecht in der Grundrechtsordnung, S. 69.

[9] *Hense*, Auf dem Weg zu einem europäischen Religionsverfassungsrecht?, in: Werkner/Liedhegener (Hrsg.), Europäische Religionspolitik, S. 175 (179).

gemeinschaft an: So sind nur Religionsgemeinschaften[10] nach Art. 7 Abs. 3 Satz 2 GG berechtigt, Religionsunterricht zu erteilen. Auch haben nur Religionsgemeinschaften die Möglichkeit und das Recht, eine Körperschaft des öffentlichen Rechts nach Art. 140 GG i. V. m. Art. 137 Abs. 5 S. 2 WRV zu werden und nach Art. 140 GG i. V. m. Art. 137 Abs. 6 WRV Steuern zu erheben. Art. 140 GG i. V. m. Art. 137 Abs. 3 Satz 1 WRV räumt Religionsgemeinschaften das religionsverfassungsrechtlich gewährleistete Selbstbestimmungsrecht ein. Ferner können nur Religionsgemeinschaften Empfänger von Staatsleistungen nach Art. 140 GG i. V. m. Art. 138 WRV sein. Ebenso sind nur Religionsgemeinschaften gemäß Art. 140 GG i. V. m. Art. 141 WRV zur Anstaltsseelsorge zuzulassen. Die oben genannten Gewährleistungen für Religionsgemeinschaften verdeutlichen, warum die Einordnung des Begriffs der Religionsgemeinschaft als Zentralkategorie des Religionsverfassungsrechts gerechtfertigt ist.

Mit Blick auf die zahlreichen mit dem Rechtsstatus der Religionsgemeinschaft verbundenen Rechte wird deutlich, warum über die Frage, wann eine religiöse Vereinigung eine Religionsgemeinschaft im Sinne des Grundgesetzes ist, sowohl in der Rechtswissenschaft als auch in der Politik oft lebhaft diskutiert wird. Dies ist nicht verwunderlich, schließlich geht es bei religionsverfassungsrechtlichen Einzelfragen oft um mehr, nämlich um das Grundverständnis von Religion in der Gesellschaft.[11] Das Religionsverfassungsrecht ist *Heckel* zufolge nicht weniger „als Symptom und Probe für das Wesen des Staates [...] seine Souveränität und pluralistische Struktur“.[12] Diskussionen im Religionsverfassungsrecht sind oft nicht allein rechtsdogmatischer, sondern auch verfassungspolitischer Natur.[13] Stehen religionsverfassungsrechtliche Fragen zur Debatte, geht es um mehr als bloß um rechtliche Fragen, nicht selten werden Gesellschaftsbilder mitverhandelt.[14] Im Kern geht es nicht allein um juristische Begrifflichkeiten,

---

[10] Die Weltanschauungsgemeinschaften werden den Religionsgemeinschaften gemäß Art. 140 GG i. V. m. Art. 137 Abs. 7 WRV gleichgestellt, aber sollen im Rahmen dieser Arbeit jedoch höchstens am Rande thematisiert werden.

[11] *Heinig*, Herausforderungen des deutschen Staatskirchen- und Religionsrechts aus verfassungsrechtlicher Sicht, in: Dingel/Tietz (Hrsg.), Kirche und Staat in Deutschland, Frankreich und den USA, S. 121 (133); *Robbers*, Staat und Religion, VVDStRL 59 (2000), S. 231 (231).

[12] *M. Heckel*, ZevKR 18 (1973), 22 (24 f.).

[13] *Waldhoff*, in: Essener Gespräche 42 (2008), 55 (56).

[14] *Lennartz*, Dogmatik als Methode, S. 168; *ders.*, Eine Grammatik der Freiheit?, in: Heinig/Schorkopf (Hrsg.), 70 Jahre Grundgesetz, S. 67 (72).

sondern um die Wertgrundlagen und die kulturelle Ausrichtung des Staates an sich. Dementsprechend werden Begriffsstreitigkeiten im Religionsverfassungsrecht zwangsläufig im Spannungsfeld von ideologischen Vorverständnissen ausgetragen.[15] Die rechtswissenschaftliche Diskussion darüber, ob der Begriff Religionsverfassungsrecht gegenüber dem Begriff des Staatskirchenrechts vorzuziehen ist,[16] ist exemplarisch für die seit Jahren andauernden Grundsatzdiskussionen. Obwohl über die Einordnung bestimmter religiöser Gruppierungen als Religionsgemeinschaft seit Jahren diskutiert und gestritten wird, herrscht noch immer Unklarheit darüber, unter welchen Voraussetzungen eine Religionsgemeinschaft bzw. Religionsgesellschaft im Sinne des Grundgesetzes vorliegt. Bislang profitieren vor allem christliche Glaubensgemeinschaften von den institutionellen Gewährleistungen. Dies liegt auf der Hand, schließlich entstammen die religionsverfassungsrechtlichen Normen des Grundgesetzes einer Zeit, in der Deutschland ein vom Christentum geprägtes Land war: Zur Zeit der Weimarer Republik waren über 96 % der Deutschen Mitglied einer der beiden christlichen Großkirchen.[17] Auch im Jahr 1949 gehörten noch circa 95 % der Deutschen der katholischen oder evangelischen Kirche an.[18] Die religiöse Pluralität in Nachkriegsdeutschland beschränkte sich schlicht auf die zwei christlichen Konfessionen.[19] Wer die Akteure des Religionsverfassungsrechts waren, verstand sich dementsprechend lange von selbst.[20] Die Normen des Religionsverfassungsrechts sind demgemäß unter dem jahrhundertelangen Einfluss des Christentums entstanden,[21] weshalb sich das institutionelle Religionsverfassungsrecht an der Struktur der christlichen

---

[15] *v. Zezschwitz*, JZ 1971, 11 (11); *Czermak/Hilgendorf*, Religions- und Weltanschauungsrecht, S. 17.

[16] Weiterführende Hinweise zum terminologischen Streit bei *Hense*, Staatskirchenrecht oder Religionsverfassungsrecht, in: Haratsch (Hrsg.), Religion und Weltanschauung im säkularen Staat, S. 9-47; *Czermak*, NVwZ 1999, 743-744; vgl. auch den von *Heinig/Walter* herausgegebenen Tagungsband, Staatskirchenrecht oder Religionsverfassungsrecht?.

[17] *Petzina/Abelshauser/Faust*, Sozialgeschichtliches Arbeitsbuch III, S. 31.

[18] *Heinig*, Herausforderungen des deutschen Staatskirchen- und Religionsrechts aus verfassungsrechtlicher Sicht, in: Dingel/Tietz (Hrsg.), Kirche und Staat in Deutschland, Frankreich und den USA, S. 121 (121).

[19] *Heinig*, Säkularer Staat – Viele Religionen, S. 7.

[20] *Poscher*, Der Staat 39 (2000), 49 (49).

[21] *Muckel*, Zur christlich-abendländischen Tradition als Problem für den Islam in deutschen Verfassungen und Gesetzen, in: Schneiders (Hrsg.), Islamfeindlichkeit, S. 253 (254); vgl. auch *Waldhoff,* Neue Religionskonflikte und staatliche Neutralität, Gutachten D zum 68. Deutschen Juristentag 2010, D 28.

Kirchen orientiert, welche sich allesamt durch eine mehr oder weniger ausgeprägte organisatorische Verfasstheit, einen staatlichen Ansprechpartner und eine gewisse Lehrautorität auszeichnen.[22] Auch die Grundrechtsdogmatik zum Religionsverfassungsrecht geht auf eine Zeit zurück, die von Konflikten der christlichen Großkirchen und nicht vom Umgang mit religiösen Minderheiten geprägt war.[23] Es verwundert daher nicht, dass zahlreiche Definitionen des Religionsverfassungsrechts aus einer Zeit stammen, in denen das Christentum zahlenmäßig die einzig relevante Religion darstellte.[24] Die kirchenförmige Prägung des deutschen Religionsverfassungsrechts verwundert angesichts dieser historischen Vorgeschichte kaum.[25] Der Begriff der Religionsgemeinschaft ist infolgedessen verständlicherweise ebenfalls auf die christlichen Großkirchen zugeschnitten.[26] Als die Bevölkerung Deutschlands noch zu einem Großteil christlich geprägt war, stellten die auf die Kirchen gemünzten Organisationsanforderungen verständlicherweise selten ein Problem dar. Die gesellschaftliche Realität heute ist jedoch eine Andere. Mittlerweile hat sich das religiöse Spektrum in einer Weise aufgefächert, wie es zur Entstehungszeit des Grundgesetzes unvorstellbar erschien.[27] Die heutige Religionslandschaft ist geprägt von zunehmender religiöser Individualisierung, Säkularisierung und Pluralisierung.[28] Nur noch 52 % der Deutschen gehörten 2019 einer der christlichen Großkirchen an, während die Zahl der Muslime in Deutschland beständig wächst.[29] So lebten Jahr 2019 schätzungsweise 4,3 Millionen Muslime in

---

[22] *Waldhoff*, Neue Religionskonflikte und staatliche Neutralität, Gutachten D zum 68. Deutschen Juristentag 2010, D 24.

[23] Vgl. *Lepsius*, Leviathan 34 (2006), 321 (332).

[24] *Mohaghehgi*, Neue Aspekte in der Beziehung zwischen Muslime und Staat in Deutschland, in: Rees/Roca/Schanda (Hrsg.), Neuere Entwicklungen im Religionsrecht europäischer Staaten S. 401 (404).

[25] *Heinrichs*, Die Kirchenförmigkeit des Rechts der Religions- und Weltanschauungsgemeinschaften, in: Heinrichs/Groschopp (Hrsg.), Religion und Weltanschauung im Recht, S. 85 (86); *Maier*, Über kirchenförmige Religion, in: Blankenagel/Pernice/Schulze-Fielitz (Hrsg.), Verfassung im Diskurs der Welt, S. 811 (811).

[26] *Isensee*, Diskussionsbeitrag, in: Staat und Religion, VVDStRL 59 (2000), S. 325. .

[27] *Link*, Staat und Kirche in einer sich wandelnden Gesellschaft, JRE 13 (2005), S. 257 (261); *M. Heckel*, AöR 134 (2009), 309 (314).

[28] *Volkmann*, Die Ordnung weltanschaulich-religiöser Vielfalt, in: Heinig/Schorkopf (Hrsg.), 70 Jahre Grundgesetz, S. 111 (116); *Hillgruber*, KuR 24 (2018), 1 (7); *Heinig/Morlok*, JZ 2003, 777 (777).

[29] Forschungsgruppe Weltanschauungen in Deutschland, Religionszugehörigkeiten 2019, abrufbar unter: https://fowid.de/meldung/religionszugehoerigkeiten-2019 (zuletzt aufgerufen am 31.05.2021).

Deutschland.[30] Doch nicht nur der Islam verzeichnet Zulauf, auch neue religiöse Bewegungen haben sich in Deutschland mittlerweile etabliert.[31] Es ist daher nicht verwunderlich, dass heutzutage nicht-christliche Gemeinschaften und religiöse Minderheiten ebenfalls den Wunsch nach grundgesetzlichen Gewährleistungen äußern und eine Einordnung als Religionsgemeinschaft nach dem Grundgesetz anstreben. Während die heutige Religionslandschaft mit der damaligen nur wenig gemeinsam hat, sind allerdings sowohl der Normtext des Religionsverfassungsrechts als auch die Definition des Begriffs der Religionsgemeinschaft unverändert geblieben. Da nicht-christliche Zusammenschlüsse zumeist nicht über eine kirchenförmige Organisationsstruktur oder eine zumindest ähnliche Organisationsstruktur verfügen und deshalb mitunter Schwierigkeiten haben, sich in das christlich geprägte Religionsverfassungsrecht einzufügen, wird die früher unproblematisch empfundene Definition des Begriffs der Religionsgemeinschaft immer mehr zur Herausforderung. Aus der historisch gewachsenen Kompatibilität von Kirche und Staat ist faktisch eine die christlichen Kirchen privilegierende Struktur gewachsen.[32] Zwar werden mittlerweile einige nicht-christliche Zusammenschlüsse als Religionsgemeinschaften im Sinne des Grundgesetzes angesehen,[33] religiöse Minderheiten müssen ihren religionsverfassungsrechtlichen Status jedoch häufig noch immer gegen erhebliche Widerstände erkämpfen. Beispielhaft zu nennen ist die Glaubensgemeinschaft der Zeugen Jehovas, welche im Jahre 2006 nach fünfzehnjährigem Rechtsstreit erstmals den Status einer öffentlich-rechtlichen Körperschaft erlangt hat.[34] Zwar wird die Gemeinschaft der Zeugen Jehovas mittlerweile in allen Bundesländern als Religionskörperschaft

---

[30] Forschungsgruppe Weltanschauungen in Deutschland, Religionszugehörigkeiten 2019, abrufbar unter: https://fowid.de/meldung/religionszugehoerigkeiten-2019 (zuletzt aufgerufen am 31.05.2021).

[31] *Heinig*, Herausforderungen des deutschen Staatskirchen- und Religionsrechts aus verfassungsrechtlicher Sicht, in: Dingel/Tietz (Hrsg.), Kirche und Staat in Deutschland, Frankreich und den USA, S. 121 (122).

[32] *Gutmann*, Religiöser Pluralismus und liberaler Verfassungsstaat, in: Gabriel/Speiß/Winkler (Hrsg.), Modelle des religiösen Pluralismus, S. 291 (308 f.); *Rottleuthner*, Wie säkular ist die Bundesrepublik?, in: Mahlmann/Rottleuthner (Hrsg.), Ein neuer Kampf der Religionen?, S. 13 (30).

[33] Eine Aufzählung der korporierten Religionsgemeinschaften im Sinne von Art. 137 Abs. 5 WRV findet sich bei *Dreier*, Religion im Grundgesetz, in: Große Kracht/Schreiber (Hrsg.), Wechselseitige Erwartungslosigkeit?, S. 337 (350).

[34] BVerwG NJW 2006, 3156; BVerwG NVwZ 1996, 998.

angesehen,[35] gleichwohl zeigt dieser Fall deutlich auf, wie umkämpft die Einordnung als Religionsgemeinschaft nach dem Grundgesetz noch immer ist. Nicht-christliche Gruppierungen müssen lange Rechtsstreitigkeiten auf sich nehmen, um in den Genuss der institutionellen Vorteile des Religionsverfassungsrechts zu kommen.[36] In diesem Zusammenhang sind weiterhin muslimischen Gruppierungen zu nennen. Die islamische Religion befindet sich meist im Fokus der Debatte, steht dabei aber pars pro toto für sämtliche nicht etablierte religiöse Gruppierungen, die sich nicht ohne Weiteres in das deutsche Religionsverfassungsrecht einfügen.[37] Obwohl die Anzahl der Muslime in Deutschland konstant wächst, sind bislang kaum muslimische Gemeinschaften als Religionsgemeinschaften nach dem Grundgesetz anerkannt.[38] Die Verleihung der Körperschaftsrechte nach Art. 140 GG i. V. m. Art. 137 Abs. 5 S. 2 WRV an die islamische Gemeinschaft der Ahmadiyya Muslim Jamaat in Hessen und Hamburg ist bislang eine Ausnahme geblieben.[39] Der Grund dafür ist allerdings nicht, dass seitens muslimischer oder sonstiger religiöser Gruppierungen kein Bedürfnis besteht. Seit Jahren kämpfen muslimische Verbände und Zusammenschlüsse politisch und rechtlich dafür, in den Genuss der religionsverfassungsrechtlichen Gewährleistungen zu kommen. Zu nennen sind der Islamrat und der Zentralrat der Muslime, die seit Jahrzehnten dafür einstehen, als Religionsgemeinschaft im Sinne von Art. 7 Abs. 3 S. 2 GG angesehen zu werden, um in Nordrhein-Westfalen Religionsunterricht erteilen zu können.[40] Dieser Rechtsstreit begann bereits Ende der 90-er Jahre und dauert bis heute an. Obwohl Dachverbände nach Ansicht des Bundesverwaltungsgerichts

---

[35] Zeugen Jehovas auch in Nordrhein-Westfalen als Körperschaft des öffentlichen Rechts anerkannt, abrufbar unter: https://rsw.beck.de/aktuell/meldung/zeugen-jehovas-auch-in-nordrhein-westfalen-als-koerperschaft-des-oeffentlichen-rechts-anerkannt (zuletzt aufgerufen am 31.05.2021).

[36] So auch *Czermak/Hilgendorf*, Religions- und Weltanschauungsrecht, S. 30.

[37] *Heinig*, „Säkularismus“ und „Laizismus“ als Anfragen an das säkulare Religionsrecht in Deutschland, in: Häberle/Hattler (Hrsg.), Islam – Säkularismus – Religionsrecht, S. 79 (79).

[38] Es bedarf keines förmlichen Anerkennungsaktes durch den Staat, damit eine religiöse Gruppierung als Religionsgemeinschaft im Sinne des Grundgesetzes angesehen werden kann. Aus diesem Grund ist der Begriff der Anerkennung in diesem Zusammenhang im untechnischen Sinne zu verstehen.

[39] Der Islam erhält auch in Hamburg den Körperschaftsstatus, abrufbar unter: https://ahmadiyya.de/news/pressemitteilungen/art/der-islam-erhaelt-auch-in-hamburg-den-koerperschaftsstatus/ (zuletzt aufgerufen am 31.05.2021).

[40] BVerwGE 123, 49 ff.

durchaus als Religionsgemeinschaft im Sinne des Grundgesetzes eingeordnet werden können, findet in Nordrhein-Westfalen noch heute kein Islamunterricht im Sinne des Art. 7 Abs. 3 S. 2 GG statt. Auf Grundlage der Übergangsvorschrift des § 132 a SchulG NRW wird lediglich Islamunterricht in Absprache des Staates mit muslimischen Beiräten erteilt.[41] Mittlerweile wurde das Beiratsmodell in Nordrhein-Westfalen zugunsten eines Kommissionsmodells aufgegeben.[42] Die zuständige Schulministerin des Landes betrachtet diesen Schritt zwar als „Meilenstein" für den islamischen Religionsunterricht, gleichwohl handelt es sich bei der Kommission um eine vom Land Nordrhein-Westfalen zusammengesetzte Kommission,[43] die keine Religionsgemeinschaft im Sinne des Art. 7 Abs. 3 GG darstellt. Dieses Beispiel zeigt offenkundig, wie schwer es für nicht etablierte religiöse Gruppierungen ist, als Religionsgemeinschaft im Sinne des Grundgesetzes angesehen zu werden.

Dass religiöse Minderheiten und nicht-christliche Glaubensvereinigungen es noch immer schwer haben, als Religionsgemeinschaften nach dem Grundgesetz angesehen zu werden, wirft die Frage auf, ob die gängige Definition des Begriffs der Religionsgemeinschaft der aktuellen Lebenswirklichkeit noch gerecht wird. Zwar ist der Begriff der Religionsgemeinschaft dem Wortlaut nach religionsneutral, weshalb die institutionellen Gewährleistungen auf den ersten Blick grundsätzlich sämtlichen religiösen Gemeinschaften offenstehen. Dass religiösen Minderheiten de jure die gleichen Teilhabechancen am religionsverfassungsrechtlichen System zugestanden werden, findet sich in der Rechtspraxis allerdings nicht immer wieder.[44] Es besteht mittlerweile eine auffällige Diskrepanz zwischen dem an der tradierten Stellung der christlichen Großkirchen orientierten institutionellen Religionsverfassungsrecht und der diversen Religionslandschaft.[45]

---

[41] Dieses Modell wird als verfassungswidrig bzw. verfassungsrechtlich grenzwertig bezeichnet *Oebbecke*, Das deutsche Recht und der Islam, in: Khoury/Heine/Oebbecke (Hrsg.), Handbuch Recht und Kultur des Islams in der deutschen Gesellschaft, S. 287 (320); *Muckel*, Islam und Religionsverfassungsrecht, in: Ebner/Kraneis/Minkner/Neuefeind/Wolff (Hrsg.), Staat und Religion, S. 133 (140 f); *Muckel/Hentzschel*, DÖV 2020, 497 (505); *Heimann*, DÖV 2003, 238 (245); *Hecker*, ZRP 2019, 121 (121).

[42] Pressemitteilung, abrufbar unter: https://www.land.nrw/de/pressemitteilung/neue-kommission-nimmt-ihre-arbeit-auf (zuletzt aufgerufen am 31.05.2021).

[43] Pressemitteilung, abrufbar unter: https://www.land.nrw/de/pressemitteilung/neue-kommission-nimmt-ihre-arbeit-auf (zuletzt aufgerufen am 31.05.2021).

[44] *Munsonius*, DÖV 2013, 93 (99).

[45] *Sacksofsky*, Religiöse Freiheit als Gefahr?, VVDStRL 68 (2008), S. 7 (27); *de Wall*, Religiöse Vielfalt in Deutschland – Konsequenzen für das staatliche Recht, in:

Mit Blick auf die zahlreichen Rechte und Rechtspositionen, die mit der Einordnung als Religionsgemeinschaft verbunden sind, kann es zur Erlangung der institutionellen Gewährleistungen des Religionsverfassungsrechts selbstverständlich nicht genügen, dass sich Gläubige „irgendwie" zusammenschließen.[46] Denn der Staat kann nicht mit Religion an sich kooperieren, sondern allein mit verbindlich auftretenden Organisationen, die bereit sind, sich der Religion anzunehmen.[47] Ansonsten bestünde die Gefahr, dass die institutionellen Absicherungen des Religionsverfassungsrechts zu „Hohlformen" verkommen.[48] Zudem kann nicht jede durch die Verfassung bewirkte Unterscheidung pauschal als Privilegierung der einen und als Diskriminierung der anderen Gruppe angesehen werden.[49]
Ein bloßes Verharren auf dem möglicherweise überkommenen begrifflichen Status quo kann indes keine zufriedenstellende Antwort auf mit der religiösen Pluralisierung einhergehende Fragen darstellen. Ziel dieser Arbeit ist es daher, den aktuell vertretenen, vor allem christlich geprägten Begriff, der Religionsgemeinschaft auf dessen Zukunftsfähigkeit und dessen Verfassungskonformität zu überprüfen und gegebenenfalls ein zukunftsfähiges Begriffsverständnis zu erarbeiten. Dafür ist es unabdingbar, den Begriff der Religionsgemeinschaft mit Blick auf die neuen gesellschaftlichen Verhältnisse zu klären. Die entscheidende Frage ist, ob der auf den ersten Blick neutral formulierte Begriff der Religionsgemeinschaft tatsächlich religionsneutral und paritätskonform ist. Zur Beantwortung dieser Frage soll der Begriff der Religionsgemeinschaft näher beleuchtet werden. Dafür werden sowohl die historischen Grundlagen des Begriffs der Religionsgemeinschaft, die Grundprinzipien des Religionsverfassungsrechts als auch methodische Anforderungen an Begriffe des Religionsverfassungsrechts näher betrachtet. Ob der verfassungsrechtliche Begriff der Religions-

---

Rees/Müller/Ohly/Haering (Hrsg.), Religiöse Vielfalt – Herausforderung für das Recht, S. 7 (16).

[46] *Hense*, Staatliche Verträge mit muslimischen Akteuren, in: Thümler (Hrsg.), Wofür braucht Niedersachsen einen Vertrag mit muslimischen Verbänden, S. 187 (208); *Beck*, Religionspolitik zur Verwirklichung von Freiheit und Gleichheit der Religion, in: Abmeier/Jacobs/Köhler (Hrsg.), Rechtliche Optionen für Kooperationen zwischen deutschem Staat und muslimischen Gemeinschaften, S. 55 (60).

[47] *Hense*, Statusrechtliche Probleme bei der Organisation von Religion, in: Abmeier/Jacobs/Köhler (Hrsg.), Rechtliche Optionen für Kooperationen zwischen deutschem Staat und muslimischen Gemeinschaften, S. 29 (40).

[48] *Göbel*, ZRP 1990, 189 (192).

[49] *M. Heckel*, Von der „Religionspartei" zur „Religionsgesellschaft", in: Depenheuer/Heintzen/Jestaedt/Axer (Hrsg.), Staat im Wort – FS Isensee, S. 1003 (1031).

gemeinschaft einheitlich oder differenziert zu verstehen ist, soll im Rahmen dieser Arbeit ebenfalls untersucht werden. Dieser Frage wurde bis jetzt nur vereinzelt Beachtung geschenkt.[50] Dabei würde es sich lohnen, über ein differenziertes Verständnis nachzudenken, da der Begriff der Religionsgemeinschaft bzw. der Religionsgesellschaft an verschiedenen Stellen im Grundgesetz Erwähnung findet. Dafür werden die Normen, in denen der Begriff der Religionsgemeinschaft zu finden ist, hinsichtlich ihrer Funktion und ihres Kontextes näher analysiert.

II. Gang der Untersuchung

Wie bereits festgestellt, ist der grundgesetzliche Begriff der Religionsgemeinschaft der Zentralbegriff des Religionsverfassungsrechts.[51] Wie dieser Begriff zu verstehen ist und welche Organisationsanforderungen an religiöse Zusammenschlüsse zu stellen sind, sind daher für die Zukunftsfähigkeit des deutschen Religionsverfassungsrechts entscheidende Fragen, die im Rahmen dieser Arbeit erläutert werden.
Die Untersuchung beginnt mit der Darstellung des aktuellen Begriffs- und Organisationsverständnisses. Dabei wird auf den Ursprung des Begriffs der Religionsgemeinschaft, die höchstrichterliche Rechtsprechung und auf Stimmen in der Literatur eingegangen. Anschließend wird skizziert, welche praktischen Probleme mit dem begrifflichen Status quo verbunden sind. Dafür werden die mit der gängigen Definition des Begriffs der Religionsgemeinschaft verbundenen Probleme sowohl aus staatlicher Sicht als auch aus Sicht der Glaubensgemeinschaften herausgearbeitet. Sodann werden die gängige Definition des Begriffs der Religionsgemeinschaft und die damit einhergehenden Probleme verfassungsrechtlich gewürdigt. Es wird erörtert, ob die aus der gängigen Definition folgenden Probleme aus verfassungsrechtlicher Sicht hinzunehmen sind oder ob ein neues Begriffsverständnis gar zwingend erforderlich sein könnte. Dazu werden die

[50] Dazu *Muckel*, Wann ist eine Gemeinschaft Religionsgemeinschaft?, in: Rees (Hrsg.), Recht in Kirche und Staat – FS Listl, S. 715 (722 f); *Bagheri*, Der funktionsbestimmte Begriff der Religionsgemeinschaft, S. 18 ff.; *Korioth*, NVwZ 1997, 1041 (1047); *Pieroth/Görisch*, JuS 2002, 937 (940).

[51] Auch im einfachen Recht (etwa § 118 Abs. 2 BetrVG, § 4a Abs. 2 Nr. 2 TierSchG, § 19 BauGB, § 1631 d BGB) und in Landesverfassungen (etwa Art. 19-22 LVerf NRW, Art. 142-150 BayVerf, Art. 23 Abs. 4, Art. 28 RhPfVerf) finden sich zahlreiche Bestimmungen, die an die Eigenschaft als Religionsgemeinschaft anknüpfen. Ob die Begriffe des einfachen Rechts und der Landesverfassungen denen des Grundgesetzes entsprechen oder wie diese zu interpretieren sind, soll im Rahmen dieser Arbeit allerdings außen vor bleiben.

historisch-kulturellen Grundlagen des Grundgesetzes dargestellt, soweit sie die skizzierte Forschungsfrage betreffen. Ein besonderes Augenmerk liegt dabei auf einer möglicherweise bestehenden christlichen Prägung des Grundgesetzes.
Zudem wird das gängige Begriffsverständnis an religionsverfassungsrechtlichen Grundprinzipien der Parität, Neutralität und Säkularität gemessen. Konkret ist zu prüfen, ob das Grundgesetz ein christliches Verständnis des Begriffs der Religionsgemeinschaft aufgrund religionsverfassungsrechtlicher Prinzipien oder historisch-kultureller Prägungen erfordert, rechtfertigt oder sogar verbietet. Das Begriffs- und Organisationsverständnis wird darüber hinaus mit Blick auf die individuelle Religionsfreiheit beleuchtet. Anschließend wird der Frage nachgegangen, welche Anforderungen an das Verständnis des Begriffs der Religionsgemeinschaft zu stellen sind. Insbesondere gilt es, zu klären, ob der Begriff der Religionsgemeinschaft im Grundgesetz einheitlich zu verstehen ist oder ob ein je nach Norm differentes Begriffsverständnis notwendig ist.
Im darauffolgenden Abschnitt werden die Begriffsbestandteile der „Religion“ und der „Gemeinschaft“ im Einzelnen untersucht. Ein besonderes Augenmerk soll dabei auf dem Gemeinschaftsbegriff und der notwendigen Organisationsstruktur liegen. Anschließend werden die Grundgesetznormen, in denen der Begriff der „Religionsgemeinschaft“ explizit Erwähnung findet, auf deren Funktion und Kontext untersucht. Ob das aktuelle Begriffsverständnis dem Kontext und den Funktionen der jeweiligen Normen gerecht wird, ist zu untersuchen. Im Rahmen dieser Untersuchung soll zudem geklärt werden, ob Kontext und Funktion der jeweiligen Normen ein normbezogenes und differenziertes Begriffsverständnis erfordern. Abschließend soll das gefundene Untersuchungsergebnis auf dessen Praxistauglichkeit hin überprüft werden. Dazu werden die praktischen Folgen anhand einiger nicht-christlicher religiöser Vereinigungen aufgezeigt.

B. Status quo

Zunächst soll der Status quo des grundgesetzlichen Begriffs der Religionsgemeinschaft geklärt werden. Dabei sollen sowohl Stimmen der Literatur als auch höchstrichterliche Entscheidungen Beachtung finden.

I. Die Definition des Begriffs der Religionsgemeinschaft nach dem Grundgesetz

Im Grundgesetz wird der Begriff der Religionsgesellschaft mehrmals genannt: In Art. 140 GG i. V. m. Art. 136 Abs. 3 S. 2 WRV, Art. 137 Abs. 2 S. 1 und 2 WRV, Art. 137 Abs. 3 S. 1 WRV, Art. 137 Abs. 4 WRV, Art. 137 Abs. 5, 6 und 7 WRV, Art. 138 Abs. 1 S. 2 und Abs. 2 WRV und in Art. 141 WRV wird der Begriff erwähnt. Insgesamt findet sich der Begriff der Religionsgesellschaft dreizehnmal im Grundgesetz. Der Begriff der Religionsgemeinschaft wird nur in Art. 7 Abs. 3 S. 2 GG genannt.

1. „Religionsgemeinschaft" und „Religionsgesellschaft" als historische Zentralbegriffe des Religionsverfassungsrecht

Der Begriff der Religionsgemeinschaft verfügt über eine lange Historie. Bevor von Religionsgesellschaften oder Religionsgemeinschaften die Rede war, wurde bis zum 18. Jahrhundert auf Reichsebene von Religionsparteien gesprochen.[52] Religionsparteien waren die „Mitinhaber der Reichsgewalt neben dem Kaiser, jeweils vereint im Zusammenschluss gleicher Konfession."[53] Der Begriff der Religionspartei folgte somit dem Leitbild der konfessionellen Geschlossenheit der jeweiligen Staaten.[54] Mit der Neuordnung des Deutschen Reichs nach dem Reichsdeputationshauptschluss von 1803 ging eine konfessionelle Durchmischung der Einzelstaaten einher.[55] Durch die Auflösung der Verbindung von Kirche und dem jeweiligen Landesherrn wurde der Begriff der Religionspartei durch den weltlichen Rahmenbegriff der Religionsgesellschaft ersetzt.[56] Der

[52] *Waldhoff*, Neue Religionskonflikte und staatliche Neutralität, Gutachten D zum 68. Deutschen Juristentag 2010, D 76; *Heinig*, ZevKR 64 (2019), 1 (3).

[53] *M. Heckel*, Von der „Religionspartei" zur „Religionsgesellschaft", in: Depenheuer/Heintzen/Jestaedt/Axer (Hrsg.), Staat im Wort – FS Isensee, S. 1003 (1007).

[54] *Heinig*, ZevKR 64 (2019), 1 (3).

[55] *Walter*, Religiöser Pluralismus in Deutschland, in: Gabriel/Spieß/Winkler (Hrsg.), Modelle des religiösen Pluralismus, S. 223 (224).

[56] *M. Heckel*, Von der „Religionspartei" zur „Religionsgesellschaft", in: Depenheuer/Heintzen/Jestaedt/Axer (Hrsg.), Staat im Wort – FS Isensee, S. 1003 (1020).

Übergang vom Begriff der Religionspartei zum Begriff der Religionsgesellschaft ist daher Folge des Übergangs vom christlich-monarchischen Obrigkeitsstaat zum religiös-weltanschaulich neutralen Staat und ermöglichte dadurch nicht weniger als die gleichberechtigte Koexistenz mehrerer Religionen im gleichen Gemeinwesen.[57]
Der Begriff der Religionsgesellschaft fand sowohl im Allgemeinen Preußischen Landrecht von 1794[58] als auch in der Paulskirchenverfassung[59] Erwähnung. Auch in der Weimarer Reichsverfassung fand sich der Rechtsbegriff der Religionsgesellschaft.[60] Die Mütter und Väter des Grundgesetzes hingegen haben vom Begriff der Religionsgesellschaft Abstand genommen und stattdessen den Begriff der „Religionsgemeinschaft" gewählt, weshalb in Art. 7 Abs. 3 S. 2 GG von Religionsgemeinschaft die Rede ist, während in den inkorporierten Normen der Weimarer Reichsverfassung weiterhin der Begriff der Religionsgesellschaft verwendet wird. Aufgrund der Verwendung des Begriffs der „Religionsgemeinschaft" in Art. 7 Abs. 3 S. 2 GG und der „Religionsgesellschaft" in den inkorporierten Artikeln der Weimarer Reichsverfassung drängt sich die Frage auf, ob diese Begriffe synonym zu verstehen sind oder ob den verschiedenen Begriffen unterschiedliche Bedeutungen zukommen. Warum der Parlamentarische Rat den Begriff der Religionsgemeinschaft gewählt hat, ist unklar. Es lassen sich jedoch keine Anhaltspunkte dafür finden, dass der Parlamentarische Rat mit dem Begriff der Religionsgemeinschaft etwas anderes ausdrücken wollte als mit dem in der Weimarer Reichsverfassung genannten Begriff der Religionsgesellschaft.[61]. Der Begriff der Religionsgemeinschaft bringt indes besser zum Ausdruck, dass es sich bei religiösen Zusammenschlüssen im Vergleich zu weltlichen Vereinen oder bürgerlichrechtlichen Gesellschaften um etwas Dauerhaftes und nicht um etwas zur Disposition Stehendes handelt.[62] Somit ist der moderne Begriff der Religionsgemeinschaft vorzugswürdig. Ungeachtet dessen drücken beide Ter-

[57] *M. Heckel*, Von der „Religionspartei" zur „Religionsgesellschaft", in: Depenheuer/Heintzen/Jestaedt/Axer (Hrsg.), Staat im Wort – FS Isensee, S. 1003 (1019).
[58] *Korioth*, Die Entwicklung des Staatskirchenrechts in Deutschland seit der Reformation, in: Heinig/Walter (Hrsg.), Staatskirchenrecht oder Religionsverfassungsrecht?, S. 39 (44).
[59] *Korioth*, Die Entwicklung des Staatskirchenrechts in Deutschland seit der Reformation, in: Heinig/Walter (Hrsg.), Staatskirchenrecht oder Religionsverfassungsrecht?, S. 39 (48 f.).
[60] *Heinig*, ZevKR 64 (2019), 1 (4).
[61] *Heinig*, ZevKR 64 (2019), 1 (5); *Korioth*, NVwZ 1997, 1041 (1047).
[62] *Heinig*, ZevKR 64 (2019), 1 (5).

mini dasselbe aus und werden daher oftmals synonym verwendet.[63] Im Rahmen dieser Arbeit wird einheitlich der moderne Begriff der Religionsgemeinschaft verwendet.

2. Die gängige Definition des Begriffs der Religionsgemeinschaft

Aufgrund der herausragenden Bedeutung des Begriffs der Religionsgemeinschaft ist die Definition dieses Begriffs für das institutionelle Religionsverfassungsrecht von nicht zu unterschätzender Bedeutung. Daher ist unbedingt zu klären, wie der Begriff der Religionsgemeinschaft aktuell definiert wird.

a) „Klassische" Definition nach Gerhard Anschütz

Die als „klassisch" zu bezeichnende Definition des Begriffs der Religionsgemeinschaft geht auf *Gerhard Anschütz* zurück.[64] Bei *Gerhard Anschütz* handelte es sich um einen der bedeutendsten Staatsrechtler des Kaiserreichs und der Weimarer Republik, der vor allem für seinen Kommentar zur Weimarer Reichsverfassung, 1933 in letzter Auflage erschienen, bekannt ist.[65] Kein anderer Kommentar zur Weimarer Reichsverfassung erreichte die Autorität dieser Kommentierung.[66] Die vertiefte wissenschaftliche Auseinandersetzung mit den Normen der Verfassung brachte *Anschütz* gar den Ruf als Begründer des wissenschaftlichen Verfassungskommentars ein.[67] Dementsprechend war sein Kommentar zur Weimarer

---

[63] VG Darmstadt, NVwZ-RR 2000, S. 513 (514); *Korioth*, in: Maunz/Dürig, Art. 137 WRV Rn. 13; *de Wall*, Der Begriff der Religionsgemeinschaft im Deutschen Religionsverfassungsrecht, in: Rees/Roca/Schanda (Hrsg.), Neuere Entwicklungen im Religionsrecht europäischer Staaten, S. 789 (789); *Obermayer*, Staat und Religion, S. 7; *Heinig*, ZevKR 64 (2019), 1 (5); *Pieroth/Görisch*, JuS 2002, 937 (937); *Beck*, ZRP 2019, 85 (85).

[64] *Muckel*, Wann ist eine Gemeinschaft Religionsgemeinschaft? in: Rees (Hrsg.), Recht in Kirche und Staat – FS Listl, S. 715 (727); *ders.*, Religionsfreiheit gestern, heute, morgen, S. 27; *Korioth*, Die Entwicklung der Rechtsformen von Religionsgemeinschaften in Deutschland im 19. und 20. Jahrhundert, in: Kippenberg/Schuppert (Hrsg.), Die verrechtlichte Religion, S. 109 (123); *Schleithoff*, Innerkirchliche Gruppen als Träger der verfassungsmäßigen Rechte der Kirchen, S. 57; *Bagheri*, Der funktionsbestimmte Begriff der Religionsgemeinschaft, S. 46; *Tillmanns*, NuR 2002, 578 (584); *Tabbara*, ZAR 2009, 254 (255).

[65] *Könemann*, Das Staatskirchenrecht in der wissenschaftlichen Diskussion der Weimarer Zeit, S. 175.

[66] *Könemann*, Das Staatskirchenrecht in der wissenschaftlichen Diskussion der Weimarer Zeit, S. 175.

[67] *Kleinheyer/Schröder*, Deutsche und europäische Juristen aus neun Jahrhunderten, S. 494;

Reichsverfassung der Einzige, der noch nach 1945 herangezogen wurde, wenn es um die Feststellung von Streitständen vor 1933 ging.[68] Es überrascht daher kaum, dass *Anschütz'* Kommentierung der Weimarer Kirchenartikel und dessen Definition des Begriffs der Religionsgemeinschaft das heutige Begriffsverständnis und die Auslegung der im Grundgesetz inkorporierten Weimarer Kirchenartikel noch immer prägt.

Grundlagen für *Anschütz'* Kommentierung der Weimarer Kirchenartikel finden sich bereits in seiner Kommentierung zur Verfassungsurkunde für den Preußischen Staat aus dem Jahr 1850.[69] In dieser Kommentierung von 1912 weist *Anschütz* darauf hin, dass der Begriff der Religionsgesellschaft schon im Allgemeinen Preußischen Landrecht zu finden sei.[70] Der Begriff „Religionsgesellschaft" findet sich tatsächlich schon in § 10 II 11 ALR.[71] Demnach lag eine Religionsgesellschaft vor, wenn sich mehrere Einwohner des Staates, unter dessen Genehmigung, zu Religionsübungen verbinden.[72] Dass eine Religionsgesellschaft schon dann bestand, wenn sich mehrere Einwohner zur Religions(aus)übung zusammenschließen, erscheint auf den ersten Blick sehr weitläufig, schließlich erscheint die Notwendigkeit einer gewissen Organisationsstruktur nach diesem Begriffsverständnis entbehrlich. Diese geringen Organisationsanforderungen erklären sich allerdings beim Vergleich der Norm mit § 11 II 11 ALR und § 12 II 11 ALR. Nach § 11 II 11 ALR wurden Religionsgesellschaften, die sich zur Feier eines öffentlichen Gottesdienstes verbunden haben, als Kirchengesellschaften bezeichnet.[73] Nach § 12 II 11 ALR lag eine geistliche Gesellschaft vor, wenn sich Einwohner zu anderen besonderen Religionsübungen vereinigt haben.[74] Dass es im Allgemeinen Preußischen Landrecht neben Religionsgemeinschaften auch Kirchengemeinschaften und geistliche Gesellschaften gab, erklärt, warum im Allgemeinen Preußischen

Dreier, ZNR 1998, 28 (29).

[68] *Ule*, Der Staat 33 (1994), 104 (104).

[69] *Muckel*, KuR 25 (2019), 21 (28).

[70] *Anschütz*, Die Verfassungsurkunde für den Preußischen Staat vom 31. Januar 1850, Art. 12 Anm. 5 S. 199.

[71] Allgemeines Landrecht für die Preussischen Staaten, Vierter Theil, Zweite Auflage, 1794, § 10, S. 730.

[72] Allgemeines Landrecht für die Preussischen Staaten, Vierter Theil, Zweite Auflage, 1794, § 10, S. 730.

[73] Allgemeines Landrecht für die Preussischen Staaten, Vierter Theil, Zweite Auflage, 1794, § 11, S. 730.

[74] Allgemeines Landrecht für die Preussischen Staaten, Vierter Theil, Zweite Auflage, 1794, § 12, S. 730.

Landrecht keine allzu strengen organisatorischen Anforderungen an Religionsgesellschaften gestellt wurden. Die Einteilung in Religionsgesellschaften, Kirchengesellschaften und geistliche Gesellschaften macht ferner deutlich, dass die Normen das (organisierte) Christentum erfassen sollten.

Die christlich geprägte Differenzierung zwischen Religionsgesellschaften, geistlichen Gesellschaften und Kirchengesellschaften ist der Preußischen Verfassung von 1850 nicht zu entnehmen. Dennoch ist ein christlich geprägtes Denken in *Anschütz'* Kommentierung zur Preußischen Verfassung unverkennbar: „Eine Religionsgesellschaft ist mit anderen Worten soviel wie ‚Konfession'", so *Anschütz.*[75] Dessen Gleichstellung von Konfession und Religionsgesellschaft zeigt das christlich-kirchlich geprägte Begriffsverständnis und die Maßgeblichkeit kirchlicher Strukturen auf. Zudem heißt es bei *Anschütz*, eine Religionsgesellschaft sei die gesellschaftliche Organisation der Anhänger eines und desselben, bestimmten und besonderen Glaubensbekenntnisses.[76] Eine religiöse Vereinigung ist demnach nur dann eine Religionsgesellschaft, wenn diese über eine gewisse Organisationsstruktur verfügt. Eine klar erkennbare Organisationsstruktur ist wiederum ein Spezifikum der christlichen Großkirchen. Auch dieses Erfordernis veranschaulicht daher die Allgegenwärtigkeit christlichen Denkens.

Einige Grundgedanken zu seiner Kommentierung der Preußischen Verfassungsurkunde finden sich noch in *Anschütz'* Kommentierung zur Weimarer Reichsverfassung wieder.[77] Anders als das Preußische Allgemeine Landrecht und die Preußische Verfassung verzichtete die Weimarer Reichsverfassung zwar auf eine Definition des Begriffs der Religionsgemeinschaft, diese Lücke füllte *Anschütz* mit seiner Kommentierung zur Weimarer Reichsverfassung.[78] Legt man seine Kommentierung zugrunde, handelt es sich bei Religionsgesellschaften um ein die Angehörigen eines und desselben Glaubensbekenntnisses oder mehrerer verwandter Glaubensbekenntnisse für ein Gebiet zusammengefasster Verband zu allseitiger

---

[75] *Anschütz*, Die Verfassungsurkunde für den Preußischen Staat vom 31. Januar 1850, Art. 12 Anm. 5 S. 200.

[76] *Anschütz*, Die Verfassungsurkunde für den Preußischen Staat vom 31. Januar 1850, Art. 12 Anm. 5 S. 200.

[77] *Muckel*, KuR 25 (2019), 21 (29).

[78] *Korioth*, Die Entwicklung der Rechtsformen von Religionsgemeinschaften in Deutschland im 19. und 20. Jahrhundert, in: Kippenberg/Schuppert (Hrsg.), Die verrechtlichte Religion, S. 109 (122 f.).

Erfüllung der durch das gemeinsame Bekenntnis gestellten Aufgaben.[79] Auf diese Definition wird im Religionsverfassungsrecht noch heute weitgehend zurückgegriffen.[80]

Grob erkennbar ist eine Trias aus Gläubigen, Glauben und Gemeinschaft.[81] Im Einzelnen wird aus der Definition geschlossen, dass die Religionsgemeinschaft von einem religiösen Konsens getragen werden,[82] die Gemeinschaft die betreffende Religion umfassend pflegen[83] und die Religion im Mittelpunkt der Aktivitäten stehen müsse.[84] Ferner müsse die Gemeinschaft über eine gewisse Institutionalisierung verfügen, sodass ein staatlicher Ansprechpartner zur Verfügung stehe.[85] Zudem seien klare Mitgliedschaftsregeln erforderlich.[86] Ebenso sei die Mitgliedschaft natürlicher Personen aufgrund des direkten Bezugs von Religion zur Person des Menschen unerlässlich.[87] Insoweit ist von der Notwendigkeit eines persönlichen Substrats die Rede.[88]

Gerade mit Blick auf die Forderung nach eindeutigen Mitgliedschaftsregelungen und einer gewissen Organisationsstruktur wird deutlich, dass die klassische Definition von *Gerhard Anschütz* eindeutig an den christlichen Großkirchen orientiert ist.[89] Zwar lassen seine religionsverfassungsrechtlichen Beiträge insgesamt nicht erkennen, dass er aus einer gewissen eigenen politischen Überzeugung[90] oder Glaubensüberzeugung heraus argumentierte.[91] Eine ideologische Herangehensweise kann *Anschütz* daher

---

[79] *Anschütz*, Die Verfassung des Deutschen Reichs vom 11. August 1919, Art. 137 WRV Anm. 2, S. 633.

[80] *Unruh*, in: v. Mangoldt/Klein/Starck Bd. 3, Art. 137 WRV Rn. 16; *Hennig*, ZAR 2007, 133 (134).

[81] *Beck*, ZRP 2019, 85 (86).

[82] OVG Berlin, NVwZ 1999, S. 786 (786); *Korioth*, in: Maunz/Dürig, Art. 137 WRV Rn. 14; *Ehlers*, in: Sachs-GG, Art. 140 Rn. 6; *Pieroth/Görisch*, JuS 2002, 937 (938).

[83] *Korioth*, in: Maunz/Dürig, Art. 137 WRV Rn. 14.

[84] *Muckel*, Religionsfreiheit gestern, heute, morgen, S. 31.

[85] BVerwGE 123, 49 (72).

[86] *Brosius-Gersdorf*, in: Dreier-GG I, Art. 7 Rn. 91.

[87] *Pieroth/Görisch*, JuS 2002, 937 (941).

[88] BVerwGE 123, 49; *Weber*, Die Religionsgemeinschaften als Körperschaften des öffentlichen Rechts im System des Grundgesetzes, S. 101; *ders.*, ZevKR 34 (1989), 337 (347); *Muckel*, JZ 2001, 58 (60 f.); *Pieroth/Görisch*, JuS 2002, 937 (941); *Frisch*, DÖV 2004, 462 (469), ähnlich *Löhnig/Preisner*, NVwZ 2013, 943 (946).

[89] *Muckel*, KuR 25 (2019), 21 (29).

[90] *Giese*, SJZ 1948, 333 (333 f.).

[91] Dazu umfassend *Könemann*, Das Staatskirchenrecht in der wissenschaftlichen Diskussion der Weimarer Zeit, S. 210.

nicht vorgeworfen werden. Dennoch ist seine Orientierung an der Organisationsstruktur der christlichen Großkirchen unverkennbar.
Es bleibt festzuhalten, dass der Rechtsbegriff der Religionsgesellschaft auf das Jahr 1794 zurückgeht. Das heute noch zugrunde gelegte Begriffsverständnis stammt aus der Weimarer Zeit, einzelne Aspekte und Grundgedanken reichen bis in das Jahr 1850, teilweise sogar bis 1794, zurück. Dass ein zu der Zeit einer religiös weitgehend homogenen Gesellschaft geprägtes Begriffsverständnis in der heutigen, pluralistisch geprägten Gesellschaft zu Problemen führt, ist nicht verwunderlich. Unabhängig davon, dass sich die gesellschaftlichen Verhältnisse im Laufe des letzten Jahrhunderts bedeutend gewandelt haben, ist es dem säkularen und neutralen Staat verfassungsrechtlich untersagt, eine inhaltlich angereicherte Definition zu verwenden.[92] Ob das christlich-kirchlich geprägte Begriffsverständnis von Gerhard *Anschütz* weiterhin tragbar ist, ist daher fraglich. Möglicherweise macht der gesellschaftliche Wandel eine neue Interpretation oder gar eine Ergänzung der Anschütz'schen Formel erforderlich.[93] Ob eine Abwendung von der von *Gerhard Anschütz* entwickelten Definition durch Neuinterpretation des Begriffs erforderlich oder gar zwingend ist, wird im Rahmen der Arbeit an späterer Stelle ausführlich geklärt.

b) Definitionen in der Rechtsprechung

Um den Status quo des Begriffs der Religionsgemeinschaft nach dem Grundgesetz darzustellen, ist zudem ein Blick auf die Rechtsprechung erforderlich. Die Gerichte werden als „Arenen religiöser Anerkennungskämpfe"[94] bezeichnet, da sie religionsverfassungsrechtliche Entscheidungen kontrollieren und dadurch mitten im Geschehen staatlicher Religionspolitik stehen.[95] Eine vertiefte Auseinandersetzung mit der Rechtsprechung ist somit unverzichtbar, schließlich ist die Verfassungsrechtsprechung die prägende Kraft, wenn es darum geht, interkulturelle Konflikte aufzulösen.[96] Außerdem wird das Religionsverfassungsrecht aufgrund der religiös-weltanschaulichen Neutralität des Gesetzgebers mehr noch als

---

[92] *Muckel*, KuR 25 (2019), 21 (28).
[93] *Beck*, ZRP 2019, 85 (86).
[94] *Koenig*, Gerichte als Arenen religiöser Anerkennungskämpfe, in: Reuter/Kippenberg (Hrsg.), Religionskonflikte im Verfassungsstaat, S. 144 (144).
[95] *Groh*, Ist Religionsverfassungsrecht Integrationsrecht?, in: Bogner/Heimbach-Steins (Hrsg.), Freiheit – Gleichheit – Religion, S. 89 (91).
[96] *F. Hufen*, Die kulturintegrative Kraft der Verfassung, in: Däubler-Gmelin (Hrsg.), Gegenrede – FS Mahrenholz, S. 115 (120).

andere Rechtsgebiete durch die Rechtsprechung – insbesondere die Rechtsprechung des Bundesverfassungsgerichts – geprägt.[97] Daher sollen im folgenden Abschnitt exemplarisch ausgewählte Leitentscheidungen deutscher Gerichte analysiert werden, in denen der verfassungsrechtliche Begriff der Religionsgemeinschaft eine zentrale Rolle spielte.

Die religionsverfassungsrechtlichen Normen haben die Justiz seit Gründung der Bundesrepublik beschäftigt. In den Anfangsjahren der Bundesrepublik ging es bei religionsverfassungsrechtlichen Streitigkeiten allerdings vor allem darum, welche religiös motivierten Handlungen in den Schutzbereich der grundrechtlich gewährleisteten Religionsfreiheit fallen. Insbesondere Angehörige der christlichen Kirchen begehrten Rechtsschutz, um klären zu lassen, welche religiös motivierten Handlungen im Einzelnen durch das Grundgesetz geschützt sind.[98] Die Definition des Begriffs der Religionsgemeinschaft beschäftigten die Gerichte hingegen lange Zeit nicht. Das überrascht kaum, schließlich war das Christentum in Deutschland zur Mitte des 20. Jahrhunderts die vorherrschende Religion.[99] Vor diesem Hintergrund wird deutlich, warum über den Begriff der Religionsgemeinschaft in den ersten Jahrzehnten der Bundesrepublik nicht vertieft gestritten wurde. Der Begriff der Religionsgemeinschaft ruhte schlicht „in der Evidenz seines Gegenstandsbereichs".[100] Mit der zunehmenden religiösen Pluralisierung haben sich die Konfliktlinien seit den 1990er Jahren allerdings verschoben, weshalb mittlerweile zahlreiche Entscheidungen zu nicht-christlichen Religionen ergangen sind.[101] Im Folgenden werden ausgewählte Leitentscheidungen skizziert.

---

[97] *Rhode*, Auswirkungen der religiösen Pluralisierung auf das deutsche Staatskirchenrecht, in: Beckermann/Engel (Hrsg.), Das Verhältnis von Staat und Kirche, S. 159 (169 f.); *Heinig*, Deutungsmachtkonflikte als Deutungs- und Machtkonflikte im Religionsrecht, in: Stoellger (Hrsg.), Deutungsmacht, S. 411 (413); vgl. auch *Hollerbach*, AöR 106 (1981), 218 (219).

[98] Dazu *Rhode*, Auswirkungen der religiösen Pluralisierung auf das deutsche Staatskirchenrecht, in: Beckermann/Engel (Hrsg.), Das Verhältnis von Staat und Kirche, S. 159 (169), demzufolge von den ersten 64 Entscheidungen über Religionsangelegenheiten nur eine einzige Entscheidung erging, die nicht die katholische oder evangelische Kirche zuzuordnen war.

[99] *Heinig*, „Säkularismus" und „Laizismus" als Anfragen an das säkulare Religionsrecht in Deutschland, in: Häberle/Hattler (Hrsg.), Islam – Säkularismus – Religionsrecht, S. 79 (79).

[100] *Poscher*, Der Staat 39 (2000), 49 (53).

[101] *Wrase*, Die Kontroverse um das Kopftuch der muslimischen Lehrerin, in: Reuter/Kippenberg (Hrsg.), Religionskonflikte im Verfassungsstaat, S. 360 (370).

aa) Lumpensammlerfall und Tabak-Beschluss

Welche religiös motivierten Verhaltensweisen dem Schutzbereich des Art. 4 Abs. 1 und Abs. 2 GG unterfallen, beschäftigt die Gerichte oft. Ein Beispiel dafür ist der sogenannten Lumpensammlerfall des Bundesverfassungsgerichts.[102] Die Katholische Landjugendbewegung veranstaltete im gesamten Bundesgebiet die „Aktion Rumpelkammer", für die sie Altkleider und Lumpen sammelte, um diese zur Unterstützung internationaler Landjugendbewegungen gewinnbringend zu verkaufen. Ein gewerblicher Lumpensammler fürchtete um sein Geschäft und entschied sich dazu, juristisch gegen die Landjugendbewegung vorzugehen. Das Landgericht Düsseldorf verurteilte die Landjungendbewegung dazu, die sittenwidrigen Wettbewerbshandlungen zu unterlassen.[103] Dagegen erhob die Landjugendbewegung erfolgreich Verfassungsbeschwerde und das Urteil des Landgerichts wurde aufgehoben. So urteilte das Bundesverfassungsgericht, die Religionsfreiheit nach Art. 4 Abs. 1 und Abs. 2 GG stehe nicht nur verfassten Kirchen, Religions- und Weltanschauungsgemeinschaften, sondern auch religiösen Vereinigungen zu, die sich lediglich die partielle Pflege des Bekenntnisses zur Aufgabe gemacht haben.[104] Ferner sprach sich das Bundesverfassungsgericht für eine extensive Auslegung von Art. 4 GG aus.[105] Zur Religionsausübung gehören dem Bundesverfassungsgericht zufolge nicht nur kultische Handlungen und Ausübung sowie Beachtung religiöser Gebräuche wie Gottesdienst, Sammlung kirchlicher Kollekten, Gebete, Empfang der Sakramente, Prozession, Zeigen von Kirchenfahnen, Glockengeläute, sondern auch religiöse Erziehung, freireligiöse und atheistische Feiern sowie andere Äußerungen des religiösen und weltanschaulichen Lebens.[106] Mit diesem Urteil begann die ständige Rechtsprechung des Bundesverfassungsgerichts, wonach der Einzelne das Recht hat, sein gesamtes Leben an den Lehren seines Glaubens auszurichten.[107] *Lepsius* führt dieses sehr weitgehende Schutzbereichsverständnis darauf zurück, dass die Religionsfreiheit in Deutschland lange nicht aus der Perspektive der Minderheit, sondern aus der Mehrheitsperspektive

---

[102] BVerfGE 24, 236.
[103] LG Düsseldorf NJW 1966, 2219 ff.
[104] BVerfGE 24, 236 (246 f).
[105] BVerfGE 24, 236 (246).
[106] BVerfGE 24, 236 (246).
[107] *Germann*, in: Epping/Hillgruber, Art. 4 Rn. 24.

verstanden wurde.[108] Die Richter gingen im Lumpensammlerfall davon aus, dass Deutschlands Bevölkerung im Wesentlichen christlich bleiben wird, weshalb die mit einem weiten Schutzbereichsverständnis einhergehenden Probleme ignoriert oder verkannt wurden.[109]

Über nicht-christliche Bewegungen hatten die Gerichte zunächst nur vereinzelt zu entscheiden. Zu nennen ist der sogenannte Tabak-Beschluss des Bundesverfassungsgerichts aus dem Jahr 1960.[110] Der Beschwerdeführer gehörte dem von *Erich* und *Mathilde Ludendorff* gegründeten Bund für Deutsche Gotterkenntnis an. Dabei handelte es sich um eine religiös-völkische Gemeinschaft, deren antichristliche und antijüdische Lehre an die Ideologie der Nationalsozialisten angelehnt war.[111] Während seiner Zeit im Gefängnis warb der Beschwerdeführer unter seinen Mitgefangenen für den Kirchenaustritt, im Gegenzug dafür versprach er ihnen Tabak. Als der Beschwerdeführer die bedingte Haftentlassung beantragte, lehnte der Bundesgerichtshof dies mit Verweis auf die Werbung zum Kirchenaustritt in der Haftanstalt ab.[112] Diese Abwerbungsversuche zeigten die moralische Niedertracht des Beschwerdeführers, eine Besserung nach der Entlassung sei aufgrund dieser Vorkommnisse nicht zu erwarten. Gegen die Entscheidung des Bundesgerichtshofs legte der Beschwerdeführer Verfassungsbeschwerde ein, welche das Bundesverfassungsgericht als unbegründet zurückwies. Bereits der Schutzbereich der Religionsfreiheit sei nicht eröffnet, da das Grundgesetz nicht jegliche Glaubensbetätigungen schütze, sondern lediglich solche, die sich bei den heutigen Kulturvölkern auf dem Boden gemeinsamer sittlicher Grundanschauungen herausgebildet haben.[113]

Um den Begriff der Religionsgemeinschaft ging es zwar weder im Lumpensammlerfall noch im Tabak-Beschluss, vielmehr lag der Schwerpunkt der beiden genannten Entscheidungen auf dem persönlichen und sachlichen Schutzbereich der Religionsfreiheit gemäß Art. 4 Abs. 1 und 2 GG. Dennoch zeigen die Entscheidungen in der Zusammenschau deutlich, dass

---

108 *Lepsius*, Religion und Verfassung im Vergleich: Deutschland, Frankreich, USA, in: Adolf-Arndt-Kreis (Hrsg.), Nun sag, wie hast Du's mit der Religion?, S. 19 (24).

109 *Tomuschat*, EuGRZ 2016, 6 (9); darauf, dass die Lumpensammler-Entscheidung im Kontext einer religiös homogenen Bevölkerungsstruktur ergangen ist, macht auch *Augsberg*, Law, Religion & State 1 (2012), S. 291 (303 f.) aufmerksam.

110 BVerfGE 12, 1.

111 *Hexham/Poewe*, „Verfassungsfeindlich": Church, State and New Religions in Germany, The Journal of Alternative and Emergent Religions 1999, S. 208 (215 f.).

112 BGH, Beschluss v. 28.12.1955 - Az. StE 22/52 (AK 115/55).

113 BVerfGE 12, 1 (4).

der Schutzbereich bei christlich motivierter Tätigkeit weit gezogen wurde, wohingegen der Schutzbereich bei nicht-christlicher Glaubensbetätigung deutlich enger verstanden wurde. Nicht-etablierten Religionen wurde mit Skepsis oder gar mit Ablehnung begegnet. Zwar darf nicht vergessen werden, dass es sich bei der Ludendorff-Bewegung um eine antisemitische und später verbotene Vereinigung handelte.[114] Das Bundesverfassungsgericht zog im Tabak-Beschluss dennoch eine klar erkennbare Grenze zwischen dem Christentum und nicht vom Schutz des Grundgesetzes erfassten kulturfremden Religionen.[115] Von der vom Bundesverfassungsgericht entwickelten Kulturadäquanzformel hat das Bundesverfassungsgericht 1975 allerdings explizit Abstand genommen.[116]

bb) Bahá'í-Entscheidungen

Mit der Frage, wann eine nicht-christliche religiöse Vereinigung eine Religionsgemeinschaft nach dem Grundgesetz ist, beschäftigte sich das Bundesverfassungsgericht im Jahr 1991 im sogenannten Bahá'í-Beschluss.[117] Beim Bahá'ítum handelt es sich um eine relativ junge, im schiitischen Islam wurzelnde Offenbarungsreligion,[118] die auf nationaler und lokaler Ebene von „Geistigen Räten" verwaltet wird.[119]

Der Geistige Rat der Tübinger Bahá'i erstrebte eine Eintragung in das Vereinsregister, was das Amtsgericht Tübingen aufgrund der hierarchischen Organisation der Bahá'í-Religion jedoch ablehnte.[120] Rechtsbehelfe blieben erfolglos, weshalb der Geistige Rat der Bahá'í wegen Verletzung von Art. 140 GG i. V. m. Art. 137 Abs. 3 und Abs. 4 WRV Verfassungsbeschwerde einlegte, um seine Eigenschaft als Religionsgemeinschaft feststellen zu lassen. Das Bundesverfassungsgericht gab dieser Verfassungsbeschwerde statt. Zu einer vertieften Auseinandersetzung mit der Frage, wann eine religiöse Vereinigung eine Religionsgemeinschaft im Sinne des Grundgesetzes vorliegt, sah sich das Bundesverfassungsgericht nicht veranlasst. Zwar reiche allein die Behauptung und das Selbstverständnis eine

---

[114] *Augsberg*, Law, Religion & State 1 (2012), 291 (302); *Benz*, Handbuch des Antisemitismus, Bd. 5, S. 85.

[115] Auch im Lumpensammlerfall bezog sich das Bundesverfassungsgericht bereits auf die sittlichen Grundanschauungen der Kulturvölker, BVerfGE 24, 236 (246).

[116] BVerfGE 41, 29 (50).

[117] BVerfGE 83, 341.

[118] *Eschraghi*, Das Bahá'ítum, Iran and the Caucasus, 2005, S. 273 (273 f).

[119] *Eschraghi*, Das Bahá'ítum, Iran and the Caucasus, 2005, S. 273 (283).

[120] AG Tübingen - GReg. II 922/83.

Religionsgemeinschaft zu sein nicht aus, um die Eigenschaft als Religionsgemeinschaft zu bejahen, entscheidend sei vielmehr das äußere Erscheinungsbild.[121] Der Charakter des Bahá'í-Glaubens als Religion und der Bahá'í-Gemeinde als Religionsgemeinschaft sei nach aktueller Lebenswirklichkeit, Kulturtradition und religionswissenschaftlichem Verständnis aber offenkundig.[122] Der Bahá'í-Beschluss des Bundesverfassungsgerichts schafft daher nur wenig Klarheit, wann eine Religionsgemeinschaft im Sinne der Verfassung vorliegt. Beachtlich ist jedoch, dass das Bundesverfassungsgericht das Vereinsrecht im Lichte der religiösen Vereinigungsfreiheit nach Art. 4 Abs. 1 und Abs. 2 GG auslegte, um der Bahá'í-Gemeinde die rechtliche Organisationsform des eingetragenen Vereins zugänglich zu machen.[123] Das Registergericht hatte die Eintragung in das Vereinsregister noch mit dem Argument abgelehnt, dass die Religion der Bahá'í streng hierarchisch organisiert sei, was wiederum mit dem staatlichen Vereinsrecht nicht in Einklang zu bringen sei. Der Bahá'í-Beschluss zeigt damit, dass das Religionsverfassungsrecht nicht-christlichen Religionen und Minderheitenreligionen prinzipiell offensteht. Auch religiöse Vereinigungen, die nicht dem Christentum zuzuordnen sind, können eine Religionsgemeinschaft im Sinne des Grundgesetzes sein und damit einhergehende Gewährleistungen und Rechte genießen. Frappierend ist weiterhin, dass das Bundesverfassungsgericht im Bahá'í-Beschluss unter Heranziehung von *Gerhard Anschütz* die Auffassung vertritt, die religiöse Vereinigungsfreiheit sei von der Religionsfreiheit aus Art. 4 Abs. 1 und Abs. 2 GG umfasst.[124] Dies weist die noch immer herausragende Bedeutung von *Gerhard Anschütz* in religionsverfassungsrechtlichen Streitigkeiten hin.

Das Bundesverwaltungsgericht führte seine liberale Rechtsprechung zugunsten der Bahá'í fort. So hatte das Bundesverwaltungsgericht darüber zu entscheiden, ob der Bahá'í-Gemeinde die Körperschaftsrechte nach Art. 140 GG i. V. m. Art. 137 Abs. 5 S. 2 WRV zu verleihen sind.[125] Das Hessische Kultusministerium lehnte einen dementsprechenden Antrag der Bahá'í ab, da die Gemeinde durch ihre geringe Mitgliederzahl nicht die in

---

[121] BVerfGE 83, 341 (353).

[122] BVerfGE 83, 341 (353).

[123] BVerfGE 83, 341 (356).

[124] BVerfGE 83, 341 (354), mit Verweis auf *Anschütz*, Die Religionsfreiheit, in: Anschütz/Thoma (Hrsg.), HDStR Bd. 2, 1932, § 106, S. 681 ff.

[125] BVerwG NVwZ 2013, 943.

Art. 137 Abs. 5 S. 2 WRV geforderte Gewähr der Dauer biete.[126] Die Verwaltungspraxis verlange eine Mitgliederanzahl von mindestens einem Promille der Bevölkerung im entsprechenden Bundesland, was die Bahá'í-Gemeinde Hessen allerdings nicht erfüllte.[127] Das Bundesverwaltungsgericht lehnte das alleinige Abstellen auf die Mitgliederzahl im jeweiligen Bundesland hingegen ab und verpflichtete das Hessische Kultusministerium dazu, der Bahá'í-Gemeinde die Körperschaftsrechte zuzugestehen. Nicht nur die Mitgliederzahl sei entscheidend, sondern es sei ebenfalls zu berücksichtigen, wie lange die Religionsgemeinschaft bereits besteht, wie sich die Mitgliederzahl entwickelt hat oder ob die Gemeinschaft in eine größere, gar weltweit verbreitete Gemeinschaft eingebunden ist.[128] Ebenso nahm das Bundesverwaltungsgericht zum notwendigen Maß an Organisation Stellung:

„Erforderlich, aber auch ausreichend ist [...], dass die Religionsgemeinschaft im Zeitpunkt der Anerkennung rechtlich hinreichend organisiert ist. Sie muss organisatorisch und institutionell in der Lage sein, die Rechte, die sich aus dem Körperschaftsstatus ergeben, auszuüben. Erforderlich ist insbesondere eine mitgliedschaftlich verfasste Organisation. Die Körperschaft des öffentlichen Rechts ist ein Personenverband. Dieser Status kommt mithin nur für Religionsgemeinschaften in Betracht, die mitgliedschaftlich verfasst sind. Das setzt voraus, dass nach bestimmten, innergemeinschaftlichen Regeln festgelegt ist, wer Mitglied der Religionsgemeinschaft ist."[129]

Mit diesem Urteil hat sich das Bundeverwaltungsgericht von der bisher gängigen Praxis, wonach ein stabiler Mitgliederbestand über einen Zeitraum von mindestens 30 Jahren erforderlich ist, verabschiedet.[130] Gleichzeitig hat das Bundesverwaltungsgericht das christlich geprägte Mitgliedschaftserfordernis bestätigt. Obwohl das Bundesverwaltungsgericht in der gerade genannten Entscheidung nicht explizit auf die von *Gerhard Anschütz* entwickelte Definition abgestellt hat, finden sich dennoch Parallelen zu der von ihm entwickelten Definition. Die geforderte mitgliedschaftliche Struktur gleicht dem nach *Anschütz* erforderlichen personalen Substrat.

---

[126] BVerwG NVwZ 2013, 943 (943).
[127] BVerwG NVwZ 2013, 943 (943).
[128] BVerwG NVwZ 2013, 943 (943).
[129] BVerwG NVwZ 2013, 943 (945).
[130] *Löhnig/Preisner*, NVwZ 2013, 943 (946).

cc) Zeugen-Jehovas-Urteil

Welche Anforderungen an eine Religionsgemeinschaft nach Art. 140 GG i. V. m. Art. 137 Abs. 5 S. 2 WRV zu stellen sind, musste das Bundesverfassungsgericht auch im sogenannten Zeugen Jehovas-Urteil klären.[131] Die Zeugen Jehovas begehrten im Jahr 1991 die Verleihung der Körperschaftsqualität nach Art. 140 GG i. V. m. Art. 137 Abs. 5 S. 2 WRV, was das Land Berlin jedoch ablehnte. Den Zeugen Jehovas wurde vorgeworfen, sie seien gegen die freiheitlich-demokratische Grundordnung, da sie die Teilnahme an staatlichen Wahlen grundsätzlich ablehnen. Nachdem es den Zeugen Jehovas in den Vorinstanzen nicht gelang, den Körperschaftsstatus zugestanden zu bekommen, hatte die eingelegte Verfassungsbeschwerde Erfolg.

Das Bundesverfassungsgericht problematisierte die Einstellung der Zeugen Jehovas zu staatlichen Wahlen. Eine Religionsgemeinschaft, die den Körperschaftsstatus anstrebt, dürfe die in Art. 79 Abs. 3 GG umschriebenen fundamentalen Verfassungsprinzipien und die prinzipiellen Werte des Religionsverfassungsrechts nicht gefährden.[132] Staatsloyalität könne von einer Religionsgemeinschaft nicht gefordert werden, allerdings könne der Staat durchaus Rechtstreue verlangen.[133] Dieses Erfordernis sah das Bundesverfassungsgericht trotz der Ablehnung staatlicher Wahlen als erfüllt an.

Obwohl sich das Bundesverfassungsgericht nicht mit dem allgemeinen Begriff der Religionsgemeinschaft auseinandersetzen musste, sondern nur mit den Anforderungen, die an eine Religionsgemeinschaft zu stellen sind, die Körperschaft des öffentlichen Rechts werden möchte, ist das Urteil sehr aufschlussreich. Zunächst macht das Urteil deutlich, dass nicht nur christliche Großkirchen den Körperschaftsstatus, der gar als „Ehrentitel“[134] bezeichnet wird, erlangen können. Der Vorwurf, religiöse Minderheiten würden aus dem institutionellen Religionsverfassungsrecht generell exkludiert, ist daher zurückzuweisen. Nicht von der Hand zu weisen ist jedoch, dass die Erlangung des Körperschaftsstatus für religiöse Minderheiten mit

---

[131] BVerfGE 102, 370.

[132] BVerfGE 102, 370 (392).

[133] BVerfGE 102, 370 (374, 379 f.).

[134] Die Terminologie geht auf *Smend*, ZevKR 1 (1951), 4 (9), zurück, der den Körperschaftsstatus als „rätselhaften Ehrentitel“ bezeichnet; *Isensee*, Rechtsschutz gegen Kirchenglocken, in: Hense (Hrsg.), Staat und Religion, S. 543 (559), bezeichnet den Körperschaftsstatus gar als „eine Art Verdienstorden des Staates“.

großen zeitlichen und bürokratischen Mühen und Hürden verbunden ist, schließlich vergingen vom ersten Antrag der Zeugen Jehovas bis zum Urteil des Bundesverfassungsgerichts beinahe zehn Jahre. Ein Grund dafür ist, dass es den zuständigen Behörden offensichtlich schwerfällt, religiöse Minderheiten in die Kategorien des auf die christlichen Großkirchen zugeschnittenen institutionellen Religionsverfassungsrechts einzuordnen. Das Urteil zeigt, dass Selektionskriterien, die lange Zeit stillschweigend zugrunde gelegt wurden, im Bereich des Religiösen Probleme verursachten.[135] Auffällig ist außerdem, dass das Bundesverfassungsgericht mit dem Erfordernis der Rechtstreue ein in Art. 137 Abs. 5 S. 2 WRV nicht genanntes Tatbestandsmerkmal verlangt. Religionsgemeinschaften, welche die Verleihung des Körperschaftsstatus neu anstreben, müssen dieses ungeschriebene Tatbestandsmerkmal seit diesem Urteil erfüllen. Altkorporierte Religionsgemeinschaften, also solche die schon vor 1919 den Körperschaftsstatus innehatten,[136] werden hingegen nicht rückwirkend auf ihre Rechtstreue überprüft. Dass das Bundesverfassungsgericht mit dem Zeugen Jehovas-Urteil eine systematische Ungleichbehandlung zwischen geborenen und gekorenen Körperschaften festschreiben wollte, ist zwar nicht ersichtlich. Dennoch hat das Urteil zur Folge, dass Religionsgemeinschaften, die den Körperschaftsstatus im Sinne von Art. 137 Abs. 5 S. 2 WRV begehren, ein Tatbestandsmerkmal mehr erfüllen müssen als altkorporierte Religionsgemeinschaften. Dies wiederum läuft darauf hinaus, dass religiöse Minderheiten und neu entstehende religiöse Zusammenschlüsse faktisch strengere Anforderungen erfüllen müssen als christliche Großkirchen, die den Großteil der altkorporierten Religionsgemeinschaften ausmachen.

dd) Hinduistischer Tempelverein

Auch hinduistische Zusammenschlüsse haben mitunter Schwierigkeiten als Religionsgemeinschaft im Sinne des Grundgesetzes Anerkennung zu finden. Zu nennen ist die hinduistische Tempelgemeinde Hamm, bei der es sich um einen 2004 in das Vereinsregister eingetragenen Verein handelt. Schon im Jahr 2000 begann die Gemeinde mit dem Bau des größten hinduistischen Tempels in Europa, der im Jahr 2002 eingeweiht wurde und zum jährlich stattfindenden Tempelfest zwischen 10.000 und 20.000

---

[135] *Volkmann*, DVBl. 2005, 1061 (1069, Fn. 64).

[136] *Germann*, in: Epping/Hillgruber, Art. 140 Rn. 70.

Besucher anzieht.[137] Zudem veranstaltet der Verein dreimal täglich Verehrungszeremonien zu Ehren der hinduistischen Götter.[138] Darüber hinaus werden auf dem Tempelgelände regelmäßig Hochzeitsfeiern und religiöse Zeremonien sowie Seelsorge durchgeführt.[139]

Der hinduistische Tempelverein Hamm begehrte den religiösen Körperschaftsstatus aus Art. 140 GG i. V. m. Art. 137 Abs. 5 S. 2 WRV, welchen das Land Nordrhein-Westfalen allerdings mit Verweis auf die geringe Mitgliederzahl ablehnte. Die Zahl von rund 1.200 volljährigen Mitgliedern, so das Land, reiche evident nicht zur Verleihung des Körperschaftsstatus aus.[140] Weiterhin monierte das Land, dass der Tempelverein das notwendige organisatorische Minimum nicht erfülle: Zwar gebe es eine Vereinssatzung, diese ermögliche allerdings weder eine klare Abgrenzung der internen Kompetenzen noch werde geregelt, in welcher Form im Außenverhältnis übernommene Verpflichtungen im Innenverhältnis umgesetzt würden.[141] Aus diesen Gründen sei der Tempelverein nicht als Religionsgemeinschaft im Sinne des Art. 140 GG i. V. m. Art. 137 Abs. 5 S. 2 WRV anzusehen.

Das VG Arnsberg hingegen hielt diese Begründungen für nicht ausreichend und erklärte den ablehnenden Bescheid des Landes Nordrhein-Westfalen für rechtswidrig.[142] Religionsgemeinschaften, so das VG Arnsberg, seien Verbände, welche die Angehörigen ein und desselben Glaubensbekenntnisses oder mehrerer verwandter Glaubensbekenntnisse zur allseitigen Erfüllung der durch das gemeinsame Bekenntnis gestellten Aufgaben zusammenfassen.[143]

Zunächst rügte das VG Arnsberg, dass sich das Land Nordrhein-Westfalen allein am örtlichen Mitgliederbestand orientiert habe:

„In diesem Sinne ist der gegenwärtige Mitgliederbestand der Religionsgemeinschaft zwar Grundlage der Prognose, ob die Religionsgemeinschaft dauerhaft bestehen wird. Jedoch kann regelmäßig allein aus der Zahl der Mitglieder nicht unmittelbar auf den künftigen Fortbestand der Religionsgemeinschaft geschlossen werden. Wie jede statistische Zahl bedarf die Zahl der Mitglieder einer Bewertung, wenn aus ihr eine Aussage für die

---

137 VG Arnsberg KirchE 61, 414 (415).
138 VG Arnsberg KirchE 61, 414 (415).
139 VG Arnsberg KirchE 61, 414 (415).
140 VG Arnsberg KirchE 61, 414 (421).
141 VG Arnsberg KirchE 61, 414 (416).
142 VG Arnsberg KirchE 61, 414 ff.
143 VG Arnsberg KirchE 61, 414 (418).

zukünftige Entwicklung abgeleitet werden soll. Dieselbe Zahl an Mitgliedern kann im Lichte notwendiger weiterer Bewertungsfaktoren die Prognose dauerhaften Bestandes stützen oder zu Fall bringen. Zur Bewertung ist insbesondere heranzuziehen, wie lange die Religionsgemeinschaft bereits besteht, wie sich ihr Mitgliederbestand in der Vergangenheit entwickelt hat, wie die Altersstruktur der Mitglieder, aber auch ihre Zusammensetzung ist; daneben kann eine Rolle spielen, ob die in Deutschland ansässige Religionsgemeinschaft in eine größere, gar weltweit verbreitete Gemeinschaft eingebunden ist.“[144]

Darüber hinaus rügte das VG Arnsberg das Land Nordrhein-Westfalen ausdrücklich für die Heranziehung christlicher Standards.

„Die vom Beklagten zum Zeitpunkt seiner Entscheidung zugrunde gelegte Zahl von 1.200 Mitgliedern in NRW, die dem Verein gerade auch in jüngerer Zeit beigetreten sind - was die gewachsene Bedeutung der Tempelgemeinschaft belegt -, ist vielmehr im Lichte des herausragenden Stellenwerts des Tempels (auch) für die in Nordrhein-Westfalen ansässigen Gläubigen zu betrachten und steht angesichts des Vorstehenden, zumal mit Blick auf die günstige Altersstruktur des Mitgliederbestands, schon für sich genommen der Annahme eines dauerhaften Fortbestehens der Tempelgemeinschaft nicht entgegen. Das gilt auch unter Berücksichtigung des Umstandes, dass die in NRW ansässigen Vereinsmitglieder über das Bundesland verteilt sind und die Tempelgemeinschaft insofern nicht mit einer örtlich begrenzten christlichen Kirchengemeinde vergleichbar ist. Dies spricht angesichts des religiösen Selbstverständnisses hinduistischer Tempelgemeinden nicht gegen die Dauerhaftigkeit des Bestandes der Gemeinschaft, denn diese zeichnen sich anders als christliche Gemeinden nicht notwendig durch einen gemeinsamen Wohnsitz oder das gemeinsame Feiern von Gottesdiensten aus [...], sondern sind, wie schon dargelegt, in erster Linie Ritual- und Festgemeinschaften. Eine Teilhabe an dieser hauptsächlichen Funktion ist den in NRW ansässigen Mitgliedern, wie auch eine finanzielle Unterstützung oder ggf. auch einzelne Hilfsleistungen, auch dann möglich, wenn sie ihren Wohnsitz in weiterer Entfernung vom Sitz des Tempels haben“.

Das in Art. 140 GG i. V. m. Art.137 Abs. 5 S. 2 WRV normierte Kriterium der Dauerhaftigkeit sah das VG Arnsberg im Ergebnis als erfüllt an. Die Gesamtschau sämtlicher Tätigkeiten des Tempelvereins rechtfertige die Erwartung, dass die Gemeinschaft, unabhängig von der Person des

---

[144] VG Arnsberg KirchE 61, 414 (419).

Hauptpriesters, in Zukunft Bestand haben werde.[145] Auch die hohen finanziellen Aufwendungen für den Tempel wertete das VG Arnsberg als Indiz für den dauerhaften Bestand des Tempelvereins.[146]
Auffällig ist, dass das Urteil des VG Arnsberg unverkennbare Parallelen zur Entscheidung des Bundesverwaltungsgerichts zur Anerkennung der Bahá'í als Körperschaft des öffentlichen Rechts aufweist.[147] Beachtlich ist außerdem, dass dem VG Arnsberg trotz Zugrundelegung der Anschütz'schen Definition eine minderheitenfreundliche Anwendung des Begriffs der Religionsgemeinschaft gelingt. Gleichzeitig zeigt dieses Beispiel deutlich, dass religiöse Minderheiten häufig erst nach Bestreiten des Rechtswegs in den Genuss der Rechte des institutionellen Religionsverfassungsrechts kommen.

ee) Muslimische Zusammenschlüsse

Im Fokus der Diskussion, wann eine religiöse Vereinigung eine Religionsgemeinschaft ist, stehen meist islamische Zusammenschlüsse. Dass der Islam eine Religion ist, steht dabei außer Frage.[148] Probleme bereiten hingegen die organisatorischen Strukturen des Islams in Deutschland, welche mit dem deutschen Religionsverfassungsrecht oft nicht ohne Weiteres kompatibel sind.[149] Im Gegensatz zu den christlichen Kirchen kennt der Islam kaum feste Organisationsstrukturen oder Hierarchien,[150] weiterhin fehlt es an klaren Mitgliederstrukturen, wie sie bei den christlichen Kirchen vorzufinden sind.[151] Es fehlt schlicht an „kirchenanalogen Strukturen".[152] Daher überrascht es nicht, dass sich die Justiz bereits damit auseinandersetzen musste, ob bestimmte muslimische Vereinigungen Religionsgemeinschaften im Sinne des Grundgesetzes sind. Zuletzt beschäftigte sich

---

145 VG Arnsberg KirchE 61, 414 (421).

146 VG Arnsberg KirchE 61, 414 (421).

147 S. Seite 22 f.

148 *Poscher*, Der Staat 39 (2000), 49 (50).

149 *de Wall*, Der Begriff der Religionsgemeinschaft im Deutschen Religionsverfassungsrecht, in: Rees/Roca/Schanda (Hrsg.), Neuere Entwicklungen im Religionsrecht europäischer Staaten, S. 789 (790); *Isensee*, Die Zukunftsfähigkeit des deutschen Staatskirchenrechts, in: Isensee/Rees/Rüfner (Hrsg.), Dem Staate, was des Staates – der Kirche, was der Kirche ist – FS Listl, S. 67 (85).

150 *Poscher*, Der Staat 39 (2000), 49 (50); *Muckel*, DÖV 1995, 311 (314).

151 *Maleki*, ZRP 2019, 19 (22).

152 *Isensee*, Die Zukunftsfähigkeit des deutschen Staatskirchenrechts, in: Isensee/Rees/Rüfner (Hrsg.), Dem Staate, was des Staates – der Kirche, was der Kirche ist – FS Listl, S. 67 (85).

das Bundesverwaltungsgericht 2018 mit der Frage, ob der Zentralrat der Muslime in Deutschland e. V. und der Islamrat für die Bundesrepublik Deutschland/Islamischer Weltkongress Deutschland e. V. Religionsgemeinschaften im Sinne des Art. 7 Abs. 3 GG sind.[153] Ziel der beiden Dachverbände war es, islamischen Religionsunterricht an öffentlichen Schulen in Nordrhein-Westfalen anbieten zu dürfen. Da nur Religionsgemeinschaften dazu berechtigt sind, war die Einordnung der Dachverbände als Religionsgemeinschaft nach dem Grundgesetz die zentrale Frage. Das Bundesverwaltungsgericht hat die für die Dachverbände ungünstige Entscheidung aufgehoben und den seit über 20 Jahren andauernden Rechtsstreit zum wiederholten Male zur Entscheidung an das OVG Nordrhein-Westfalen zurückverwiesen.[154] Obwohl das Bundesverwaltungsgericht keine endgültige Entscheidung getroffen hat, lohnt sich eine vertiefte Auseinandersetzung mit dem Beschluss. Nach Ansicht des Bundesverwaltungsgerichts ist eine Religionsgemeinschaft „ein Verband […], der die Angehörigen eines religiösen Bekenntnisses oder verwandter Bekenntnisse zur allseitigen Erfüllung der durch das Bekenntnis gestellten Aufgaben zusammenfasst."[155] Um festzustellen, ob islamische Dachverbände Religionsgemeinschaften nach Art. 7 Abs. 3 GG sein können, verwies das Bundesverwaltungsgericht auf ein ebenfalls zur Sache ergangenes Urteil des Bundesverwaltungsgerichts aus dem Jahr 2005.[156] Auch in diesem Urteil aus dem Jahr 2005 definierte das Bundesverwaltungsgericht Religionsgemeinschaften als „Verband […], der die Angehörigen ein und desselben Glaubensbekenntnisses oder mehrerer verwandter Glaubensbekenntnisse zu allseitiger Erfüllung der durch das gemeinsame Bekenntnis gestellten Aufgaben zusammenfasst."[157] Zudem machte das Bundesverwaltungsgericht ausdrücklich auf die Unentbehrlichkeit einer personalen Grundlage aufmerksam.[158] Ferner sei der Begriff der Religionsgemeinschaft im Kern soziologisch zu verstehen.[159]

---

[153] BVerwG NVwZ 2019, 236.
[154] Zur Entwicklung des jahrzehntelang andauernden Rechtsstreits *Barkan*, Islam in Nordrhein-Westfalen, in: Kämper/Schilberg (Hrsg.), Staat und Religion in Nordrhein-Westfalen, S. 70 (81 ff.); *Muckel*, KuR 25 (2019), 21 (22).
[155] BVerwG NVwZ 2019, 236 (238).
[156] BVerwG NVwZ 2019, 236 (238).
[157] BVerwGE 123, 49 (54).
[158] BVerwGE 123, 49 (57).
[159] BVerwGE 123, 49 (55).

Sowohl im Beschluss aus dem Jahr 2018 als auch im Urteil aus dem Jahr 2005, greift das Bundesverwaltungsgericht auf den von *Anschütz* entwickelten Begriff der Religionsgemeinschaft zurück. Trotz des Rückgriffs auf die christlich geprägte Definition kommt das Bundesverwaltungsgericht zu dem Ergebnis, dass islamische Dachverbände grundsätzlich eine Religionsgemeinschaft im Sinne des Art. 7 Abs. 3 GG sein könnten.[160] Erforderlich sei dafür die Wahrnehmung identitätsstiftender Aufgaben auf Dachverbandsebene.[161] Welche Aufgaben im Einzelnen identitätsprägend sind, hat das Bundesverwaltungsgericht mit Rücksicht auf das Selbstverständnis der jeweiligen religiösen Vereinigung nicht allgemeingültig festgelegt.[162] Das Bundesverwaltungsgericht nannte jedoch Kultushandlungen wie zum Beispiel Gottesdienste, Gebete, das Feiern religiöser Feste und die Glaubensverkündung als denkbare Formen identitätsstiftender Aufgaben.[163] Solche identitätsstiftenden Aufgaben könnten auf überörtlicher Ebene, *insbesondere* durch eine Lehrautorität ausgeübt werden.[164] Das Bundesverwaltungsgericht gestand allerdings zu, dass identitätsstiftende Aufgaben ebenso auf der örtlichen Ebene wahrgenommen werden können.[165] Auch zum erforderlichen Organisationsgrad äußerte sich das Bundesverwaltungsgericht: Zwar sei ein gewisses Minimum an Organisation erforderlich, eine bestimmte Organisationsform könne jedoch nicht verlangt werden.[166] Weiterhin sei es nicht erforderlich, dass die Gläubigen der Gemeinschaft als Mitglieder angehörten, vielmehr genüge es, dass die Gemeinschaft durch ein organisatorisches Band zusammengehalten werde.[167] Um feststellen zu können, welche Schüler zum Besuch des jeweiligen Religionsunterrichts verpflichtet sind, sei jedoch eine eindeutige Mitgliederstruktur erforderlich.[168] Der Senat des Bundesverwaltungsgerichts stellte zudem klar, dass auch eine Religionsgemeinschaft, die keine Körperschaft des öffentlichen Rechts im Sinne des Art. 140 GG i. V. m. Art. 137

---

[160] BVerwGE 123, 49 (57).
[161] BVerwGE 123, 49 (59 f.).
[162] BVerwGE 123, 49 (60).
[163] BVerwGE 123, 49 (60).
[164] BVerwGE 123, 49 (60), Hervorhebung durch die Verfasserin.
[165] BVerwGE 123, 49 (60).
[166] BVerwGE 123, 49 (55).
[167] BVerwGE 123, 49 (57).
[168] BVerwGE 123, 49 (71).

Abs. 5 S. 2 WRV ist, einen Anspruch auf Einführung von Religionsunterricht haben könne.[169]

Auch das Gericht der Vorinstanz legte die von *Gerhard Anschütz* stammende Definition zugrunde.[170] Dennoch kam das OVG NRW zu dem Ergebnis, dass die klagenden Dachverbände keine Religionsgemeinschaft im Sinne des Art. 7 Abs. 3 GG seien.[171] Das OVG arbeitete vier Voraussetzungen heraus, die eine religiöse Vereinigung kumulativ erfüllen müsse, um als Religionsgemeinschaft nach Art. 7 Abs. 3 GG angesehen zu werden: Erstens müsse die Vereinigung durch ein gewisses organisatorisches Band zusammengehalten werden.[172] Zweitens müsse die religiöse Vereinigung identitätsprägende Aufgaben wahrnehmen.[173] Drittens setze der Begriff der Religionsgemeinschaft voraus, dass die religiöse Vereinigung Sachautorität und -kompetenz innehabe und über eine gewisse Autorität in Lehrfragen verfüge.[174] Das Vorliegen einer solchen Autorität könne nur angenommen werden, wenn die religiöse Vereinigung zu zentralen religiösen Konfliktfragen Stellung beziehe.[175] Viertens müsse die religiöse Vereinigung die von ihr angeführte Gesamtorganisation prägen.[176] Nach Ansicht des OVG NRW konnten die klagenden Dachverbände diese Anforderungen mangels institutioneller Lehrautorität nicht erfüllen.[177] Das Bundesverwaltungsgericht hatte hingegen betont, dass identitätsprägende Aufgaben *etwa* durch das Wirken eines geistlichen Oberhaupts wahrgenommen werden können, zwingend erforderlich sei dies jedoch nicht.[178] Dieses Argument wurde vom OVG NRW zwar aufgegriffen,[179] dennoch interpretierte es die vom Bundesverwaltungsgericht herausgearbeiteten Kriterien deutlich strikter. Gerade das Beharren des OVG NRW auf einer Lehrautorität macht dabei die Anlehnung an die Organisationsstruktur der christlichen Kirchen deutlich.[180]

---

[169] BVerwGE 123, 49 (70).
[170] OVG NRW, Urt. v. 09.11.2017 - 19 A 997/02, BeckRS 2017, 137643 Rn. 19.
[171] OVG NRW, Urt. v. 09.11.2017 - 19 A 997/02, BeckRS 2017, 137643 Rn. 27.
[172] OVG NRW, Urt. v. 09.11.2017 - 19 A 997/02, BeckRS 2017, 137643 Rn. 20.
[173] OVG NRW, Urt. v. 09.11.2017 - 19 A 997/02, BeckRS 2017, 137643 Rn. 22.
[174] OVG NRW, Urt. v. 09.11.2017 - 19 A 997/02, BeckRS 2017, 137643 Rn. 20.
[175] OVG NRW, Urt. v. 09.11.2017 - 19 A 997/02, BeckRS 2017, 137643 Rn. 34.
[176] OVG NRW, Urt. v. 09.11.2017 - 19 A 997/02, BeckRS 2017, 137643 Rn. 20.
[177] OVG NRW, Urt. v. 09.11.2017 - 19 A 997/02, BeckRS 2017, 137643 Rn. 23.
[178] BVerwGE 123, 49 (60), Hervorhebung durch die Verfasserin.
[179] OVG NRW, Urt. v. 09.11.2017 - 19 A 997/02, BeckRS 2017, 137643 Rn. 23.
[180] *Muckel*, KuR 25 (2019), 21 (25).

Indem das Bundesverwaltungsgericht islamischen Dachverbänden die Eigenschaft als Religionsgemeinschaft prinzipiell zugesteht, hat es gezeigt, dass das Religionsverfassungsrecht dem Islam nicht generell ablehnend gegenübersteht. Trotz der klassischen Definition von *Gerhard Anschütz* gelang es dem Bundesverwaltungsgericht, eine nicht-christliche religiöse Vereinigung als Religionsgemeinschaft im Sinne von Art. 7 Abs. 3 S. 2 GG einzuordnen.

Dennoch zeigt der über 20 Jahre andauernde Rechtsstreit auf, dass es für nicht-christliche Religionsgemeinschaften oft mit großen Mühen und einem enormen Zeitaufwand verbunden ist, als Religionsgemeinschaft angesehen zu werden. Das Urteil der Vorinstanz zeigt zudem, dass die Anerkennung islamischer Verbände als Religionsgemeinschaft nach dem Grundgesetz keineswegs unstreitig ist. Das OVG NRW legte das Urteil des Bundesverwaltungsgerichts dahingehend aus, dass eine Lehrautorität notwendiges Merkmal einer Religionsgemeinschaft sei. Das vom OVG NRW geforderte Kriterium der Existenz einer Lehrautorität ist an die hierarchisch organisierten christlichen Kirchen angelehnt und kann von vielen anderen religiösen Vereinigungen nicht erfüllt werden. So bleibt für islamische Verbände, aber auch für andere nicht-christliche Gemeinschaften und Minderheitenreligionen, die Gefahr, nach einem langen Rechtsstreit leer auszugehen.

ff) Quintessenz der skizzierten Urteile

Vergleicht man die zuvor vorgestellten Gerichtsentscheidungen, ergibt sich ein uneinheitliches Bild. Zunächst wird deutlich, dass sich die Gerichte erst seit Beginn der 1990er-Jahre vertieft mit der Frage auseinandersetzen mussten, wann eine Religionsgemeinschaft im Sinne des Grundgesetzes vorliegt. Dies kann auf die zunehmende religiöse Pluralisierung und die gesellschaftliche Individualisierung zurückzuführen sein, welche das Wiederaufleben religiöser Konflikte seit den ausgehenden 1980er-Jahren befeuert haben.[181] Deutlich wird jedenfalls, dass der bis in die 1980er-Jahre herrschende religionsverfassungsrechtliche Konsens ein Ende fand.[182] Mit dieser Entwicklung ist auch die Evidenz des Begriffs der Religions-

---

[181] *Korioth*, Wie lassen sich religionspolitische Konflikte rechtlich regeln?, in: Anter/Frick (Hrsg.), Politik, Recht und Religion, S. 11 (15).

[182] *Groh*, Bundesverfassungsgericht und Religion, in: Anter/Frick (Hrsg.), Politik, Recht und Religion, S. 159 (159).

gemeinschaft der fortschreitenden Pluralisierung zum Opfer gefallen.[183] Die zitierten Entscheidungen zeigen zwar, dass die Rechtsprechung die christlichen Kirchen nicht unmittelbar gegenüber anderen religiösen Vereinigungen bevorzugt. Auf die im Tabak-Beschluss entwickelte „Kulturvölkerformel" hat sich das Bundesverfassungsgericht nur ein einziges Mal gestützt und sich von dieser Rechtsprechung später explizit distanziert. Einige der genannten Entscheidungen zeigen, dass es für nicht-christliche religiöse Vereinigungen möglich ist, als Religionsgemeinschaft nach dem Grundgesetz eingeordnet zu werden. Dafür sprechen beispielsweise die Entscheidungen des Bundesverwaltungsgerichts zu islamischen Dachverbänden, das Urteil zur Gemeinschaft der Zeugen Jehovas, die Entscheidung des VG Arnsberg zum hinduistischen Tempelverein Hamm und die Bahá'í-Entscheidungen.

Ferner machen die zitierten Entscheidungen deutlich, dass die von *Gerhard Anschütz* entwickelte Definition der Religionsgemeinschaft das Religionsverfassungsrecht noch heute entscheidend beeinflusst. So wurde im Bahá'í-Beschluss, im Tempelverein-Urteil des VG Arnsberg und in den Entscheidungen zu den islamischen Dachverbänden explizit auf die christlich geprägte Definition von *Gerhard Anschütz* zurückgegriffen. Dass sich ein Gericht die Kirchenzentrierung religionsverfassungsrechtlicher Kategorien bewusst macht und diese kritisch hinterfragt, bleibt die Ausnahme. Lediglich das Urteil des VG Arnsberg und die Entscheidungen des Bundesverwaltungsgerichts zu muslimischen Zusammenschlüssen lassen erkennen, dass das üblicherweise zugrunde gelegte christliche Organisationsverständnis kritisch beleuchtet und eine Übertragung auf nicht-christliche Zusammenschlüsse abgelehnt wurde. Es liegt daher auf der Hand, dass nicht-christliche Zusammenschlüsse noch immer dafür kämpfen müssen, als Religionsgemeinschaft im Sinne des Grundgesetzes zu gelten. Religiöse Minderheiten haben es im Vergleich zu christlichen Zusammenschlüssen mitunter deutlich schwerer, sich in das Religionsverfassungsrecht einzufügen. Die institutionellen Gewährleistungen des Religionsverfassungsrechts müssen sie noch immer gerichtlich erkämpfen. Wie zeitaufwendig solche Rechtsstreitigkeiten sein können, zeigen der Bahá'í-Beschluss, die Urteile zu den islamischen Dachverbänden und das Zeugen Jehovas-Urteil nachdrücklich. *Magen* zufolge ist das Verfahren der Zeugen Jehovas ein unrühmliches Beispiel dafür, dass nicht alle exekutiven und legislativen Instanzen die Entscheidungen im Bereich des Religionsverfassungsrechts

---

[183] *Poscher*, Der Staat 39 (2000), 49 (49).

allein an den Maßstäben der Verfassung ausrichten.[184] Von einer diskriminierungsfreien Verfahrensgestaltung könne seiner Ansicht nach in Bezug auf die Zeugen Jehovas daher keine Rede sein.[185]
Eine Zusammenschau der Urteile veranschaulicht zudem, dass vor allem die Organisationsstruktur religiöser Gemeinschaften im Mittelpunkt der Entscheidungen steht. Wann eine bestimmte Weltsicht oder Ideologie eine Religion im Sinne des Grundgesetzes darstellt, ist deutlich weniger oft streitig.
Zudem fällt auf, dass die Rechtsprechung nicht explizit zwischen dem Begriff der Religionsgemeinschaft nach Art. 7 Abs. 3 Abs. 2 GG und den Begriffen der Religionsgemeinschaft in den Art. 140 GG i. V. m. Art. 136 WRV bis Art. 141 WRV differenziert. Dies deutet darauf hin, dass die Rechtsprechung davon ausgeht, beim Begriff der Religionsgemeinschaft nach dem Grundgesetz handle es sich um einen einheitlich zu verstehenden Begriff.

c) *Definitionen in der Literatur*

Die ganz herrschende Meinung in der Literatur greift auf die gängige, von *Gerhard Anschütz* entwickelte, Definition zurück, wonach eine Religionsgemeinschaft eine Gemeinschaft von Angehörigen eines und desselben Glaubensbekenntnisses oder mehrerer verwandter Glaubensbekenntnisse für ein Gebiet zusammengefasster Verband zu allseitiger Erfüllung der durch das gemeinsame Bekenntnis gestellten Aufgaben ist.[186] Die von der herrschenden Meinung vorgeschlagene Definition ist somit ebenfalls christlich geprägt, geht sie doch auf eine Zeit zurück, in der das Christentum faktisch die einzig gesellschaftlich relevante Religion darstellte. Aufgrund der christlichen Vorprägung ist die gängige Definition nur bedingt geeignet, um religiösen Minderheiten die institutionellen Freiheiten des Religionsverfassungsrechts zur Verfügung zu stellen.
Vereinzelt finden sich neue Definitionsvorschläge, mit denen das Ziel verfolgt wird, auch nicht-etablierten religiösen Bewegungen und nicht-christlichen Religionen gerecht zu werden. Um eine „strukturelle Chris-

---

[184] *Magen*, in: Pirson/Rüfner/Germann/Muckel (Hrsg.), HdbStKirchR Bd. I, S. 1096.
[185] *Magen*, in: Pirson/Rüfner/Germann/Muckel (Hrsg.), HdbStKirchR Bd. I, S. 1096.
[186] *Badura*, in: Maunz/Dürig, Art. 7 Rn. 88; *Germann*, in: Epping/Hillgruber, Art. 140 Rn. 25; *Jarass/Pieroth*, in: Jarass/Pieroth, Art. 7 Rn. 16; *Coumont*, Islam und Schule, in: Muckel (Hrsg.), Der Islam im öffentlichen Recht des säkularen Verfassungsstaates, S. 440 (557); *Beaucamp/Wißmann*, DVBl. 2017, 1517 (1519); *Frisch*, DÖV 2004, 462 (469).

tianisierung“[187] zu vermeiden, schlägt *Poscher* vor, die Kriterien, die an eine Religionsgemeinschaft zu stellen sind, neu festzulegen: Ihm zufolge lasse sich mithilfe der Kriterien der Totalität, Homogenität, Zentralität und Konsistenz klar abgrenzen, ob eine religiöse Gruppierung eine Religionsgemeinschaft im verfassungsrechtlichen Sinn sei.[188] Das Kriterium der „Totalität“ soll eine Unterscheidung zwischen Religionsgemeinschaften und religiösen Vereinen im Sinne von Art. 140 GG i. V. m. Art. 138 Abs. 2 WRV ermöglichen.[189] Das Totalitätskriterium ist nach *Poschers* Ansicht erfüllt, wenn sich die Vereinigung der Religionspflege nicht nur in einzelnen Aspekten, sondern vollumfassend widmet.[190] „Totalität“ meint daher nichts anderes als die von *Anschütz* geforderte „allseitige Aufgabenerfüllung“. „Homogenität“ bedeutet, dass ein religiöser Konsens unter den Mitgliedern der religiösen Gruppierung bestehen müsse.[191] Das Erfordernis eines religiösen Konsenses findet sich auch in der klassischen Definition von *Gerhard Anschütz* wieder. Homogenität ist *Poscher* zufolge aber nicht erst dann anzunehmen, wenn die Mitglieder sich im Sinne einer christlichen Konfession zusammenschließen, es genüge vielmehr, dass sich die Mitglieder zu solchen religiösen Überzeugungen bekennen, auf die sich die Religionsgemeinschaft gründe.[192] Durch das Kriterium der „Zentralität“ soll sichergestellt werden, dass das Religiöse für das Bekenntnis von zentraler Bedeutung ist und die Pflege der Religion im Mittelpunkt aller Aktivitäten steht.[193] Das Religiöse dürfe nicht bloße Randerscheinung sein.[194] Das Kriterium der Zentralität ähnelt dem Kriterium der Totalität, da beide Kriterien dazu dienen, solchen Vereinigungen den Status als Religionsgemeinschaft zu versagen, die sich der Religionspflege nicht allumfassend widmen. Unter Konsistenz versteht *Poscher* die Übereinstimmung von religiöser Überzeugung und religiöser Praxis.[195] Eine vollständige Übereinstimmung könne nicht gefordert werden, jedoch dürfe zwischen religiöser Praxis und Überzeugung kein offener Widerspruch bestehen.[196]

---

[187] *Poscher*, Der Staat 39 (2000), 49 (51).
[188] *Poscher*, Der Staat 39 (2000), 49-67.
[189] *Poscher*, Der Staat 39 (2000), 49 (59).
[190] *Poscher*, Der Staat 39 (2000), 49 (59).
[191] *Poscher*, Der Staat 39 (2000), 49 (60).
[192] *Poscher*, Der Staat 39 (2000), 49 (59 f.).
[193] *Poscher*, Der Staat 39 (2000), 49 (63).
[194] *Poscher*, Der Staat 39 (2000), 49 (63).
[195] *Poscher*, Der Staat 39 (2000), 49 (65).
[196] *Poscher*, Der Staat 39 (2000), 49 (65).

Sinn und Zweck des von *Poscher* entwickelten Definitionsvorschlags ist es, das Religionsverfassungsrecht gegenüber nicht-christlichen Religionen zu öffnen, ohne das Religionsverfassungsrecht dabei der Beliebigkeit preiszugeben.[197] Die von ihm genannten Kriterien unterscheiden sich zwar vom Wortlaut der klassischen, von *Gerhard Anschütz* entwickelten, Definition, dennoch bestehen inhaltliche Parallelen zur Anschütz'schen Definition.[198] Daher ist das von *Poscher* entwickelte Begriffsverständnis lediglich eine moderne Variante der von *Anschütz* entwickelten Definition.[199]
Eine allgemein gehaltene Definition findet sich bei *Morlok*, der unter einer Religionsgemeinschaften nach zwanglosem Verständnis eine Vereinigung von Anhängern derselben Religion versteht, die eine gewisse Struktur aufweist.[200] Ihm zufolge dürften die gewöhnlich zugrunde gelegten Begriffsmerkmale nicht unverändert auf religiöse Minderheiten übertragen werden.[201] *Morlok* erkennt mit seiner sehr offenen Definition an, dass religiöse Minderheiten Schwierigkeiten mit dem gängigen und kirchenzentrierten Begriffsverständnis haben. Vor dem Hintergrund der zunehmend diversifizierten Religionslandschaft ist *Morloks* kritische Würdigung sehr zu begrüßen. Welche Organisationsanforderungen im Einzelnen zu erfüllen sind, lässt er allerdings offen.
Es ist festzuhalten, dass auch in der Literatur das christlich geprägte Begriffsverständnis vorherrschend ist. Vereinzelt gebliebene alternative Definitionsvorschläge haben sich bislang nicht durchgesetzt und konnten damit keine Abhilfe für religiöse Minderheiten schaffen.

II. Probleme der gängigen Definition

Nachdem das gängige Verständnis des Begriffs der Religionsgemeinschaft skizziert wurde, ist weiterhin zu klären, ob es überhaupt ein Problem darstellt, dass der religionsverfassungsrechtliche Zentralbegriff der Religionsgemeinschaft christlich geprägt ist. Diskussionsbedarf oder gar Änderungsbedarf besteht vor allem dann, wenn in der Rechtspraxis Probleme

---

[197] *Poscher*, Der Staat 39 (2000), 49 (67).
[198] *Bagheri*, Der funktionsbestimmte Begriff der Religionsgemeinschaft, S. 47; *Pieroth/Görisch*, JuS 2002, 937 (938).
[199] *Hense*, Staatsverträge mit Muslimen, in: Mückl (Hrsg.), Das Recht der Staatskirchenverträge, S. 115 (166).
[200] *Morlok*, JURA 2021, 501 (505).
[201] *Morlok*, JURA 2021, 501 (506).

bestehen, die nicht zufriedenstellend gelöst werden können. Im folgenden Abschnitt wird daher das Bestehen einer Problemlage untersucht.
Wie bereits aufgezeigt, hat sich die religiöse Zusammensetzung Deutschlands in den letzten Jahrzehnten bedeutsam verändert. Nicht-christliche Vereinigungen bemühen sich intensiv darum, als Religionsgemeinschaft nach dem Grundgesetz anerkannt zu werden,[202] was jedoch nicht immer gelingt. Dass nicht jede religiöse Vereinigung in den Genuss der Gewährleistungen des Religionsverfassungsrechts kommen kann, stellt für sich genommen kein Problem, sondern eine Selbstverständlichkeit dar. Der folgenreiche Begriff der Religionsgemeinschaft kann nicht beliebig gedehnt werden, ohne zu zerbrechen.[203] Damit der Rechtsbegriff der Religionsgemeinschaft nicht der Beliebigkeit preisgegeben wird, ist es daher unabdingbar, dass religiöse Zusammenschlüsse gewisse rechtliche Hürden überwinden müssen, um die institutionelle Dimension des Religionsrechts in Anspruch nehmen zu können.[204] Werden „kulturfremde"[205] religiöse Gruppierungen aufgrund eines christlichen Begriffsverständnisses jedoch faktisch von religionsverfassungsrechtlichen Rechtspositionen ausgeschlossen, oder wird ihnen die Inanspruchnahme dieser Rechte zumindest bedeutsam erschwert, könnte allerdings der Eindruck entstehen, dass das Religionsverfassungsrecht auf die Herausforderungen, welche die religiöse Pluralisierung mit sich bringt, keine der Lebenswirklichkeit gerecht werdenden Antworten mehr geben kann. Dies könnte schließlich die gesellschaftliche Akzeptanz des Religionsverfassungsrechts insgesamt gefährden. Faktische Veränderungen der religionssoziologischen Zusammensetzung der Bevölkerung führen häufig zu anderen Bewertungen von Normen.[206] Bleiben die religionsverfassungsrechtlichen Institutionen bestimmten Gruppen trotz zunehmender religiöser Pluralisierung trotzdem faktisch versperrt, kann dies schlimmstenfalls die Legitimität des gesamten Religionsverfassungsrechts bedrohen.[207] Wie der religionsverfassungsrechtliche Zentralbegriff der Religionsgemeinschaft interpretiert wird, ist

---

[202] Siehe dazu. *Muckel*, AfkKR 183 (2014), 18 (27 f.).
[203] *Isensee*, Diskussionsbeitrag, in: Staat und Religion, VVDStRL 59 (2000), S. 325.
[204] *Waldhoff*, Neue Religionskonflikte und staatliche Neutralität, Gutachten D zum 68. Deutschen Juristentag 2010, D 78.
[205] Die Unterscheidung zwischen „kulturfremden" und „kulturheimischen" Religionen findet sich bei *Uhle*, Die Integration des Islam in das Staatskirchenrecht der Gegenwart, in: Heinig/Walter (Hrsg.), Staatskirchenrecht oder Religionsverfassungsrecht?, S. 299 (323).
[206] *M. Heckel*, AöR 134 (2009), 309 (313).
[207] Vgl. *M. Heckel*, AöR 134 (2009), 309 (358 f.).

daher für die generelle Akzeptanz des Religionsverfassungsrechts von großem Gewicht. Das Interesse nicht-etablierter religiöser Gruppierungen für die religionsverfassungsrechtlichen Gewährleistungen des Grundgesetzes zeigt nachdrücklich, dass das religionsverfassungsrechtliche System Deutschlands grundsätzlich attraktiv ist und Zuspruch findet.[208] Daher könnte das Religionsverfassungsrecht in der momentanen Phase der religiösen Pluralisierung und des gesellschaftlichen Wandels seine Flexibilität und Zukunftsfähigkeit erst recht unter Beweis stellen. Die religiöse Pluralisierung birgt für das deutsche Religionsverfassungsrecht daher nicht nur Probleme, sondern auch Chancen. Die Frage, wie der religionsverfassungsrechtliche Zentralbegriff „Religionsgemeinschaft" zu definieren ist, ist somit nicht weniger als ein Belastungstest für das gesamte Religionsverfassungsrecht. Das Begriffsverständnis kann darüber entscheiden, ob das geltende Religionsverfassungsrecht Bestand haben wird oder ob es einer Neujustierung bedarf.

1. Überkommene Definition als Problem für die pluralistisch geprägte Religionslandschaft

Lange Zeit standen vor allem Probleme *mit* nicht etablierten religiösen Gemeinschaften im Mittelpunkt der Debatte, wohingegen die Probleme *für* neue religiöse Gruppierungen kaum Beachtung fanden.[209] Diese einseitige und voreingenommene Betrachtungsweise ist jedoch zu eng und nicht zielführend. Um für bestehende rechtliche und gesellschaftliche Konflikte befriedigende Lösungen zu finden, ist ein Perspektivwechsel unabdingbar.[210] Daher soll im Folgenden knapp skizziert werden, welche Probleme die gängige Definition des Begriffs der Religionsgemeinschaft für nichtchristliche Gruppierungen mit sich bringt.

Religion wird typischerweise gemeinschaftlich ausgeübt,[211] weshalb das deutsche Religionsverfassungsrecht institutionell geprägt ist. Dadurch soll unter anderem die Kooperation von Staat und den Religionsgemeinschaften ermöglicht werden.[212] Die aus der Kooperation folgenden Vorteile für

---

[208] *Oebbecke*, ZfP 55 (2008), 49 (56).

[209] *Muckel*, Zur christlich-abendländischen Tradition als Problem für den Islam in deutschen Verfassungen und Gesetzen, in: Schneiders (Hrsg.), Islamfeindlichkeit, S. 253 (253).

[210] *Muckel*, Zur christlich-abendländischen Tradition als Problem für den Islam in deutschen Verfassungen und Gesetzen, in: Schneiders (Hrsg.), Islamfeindlichkeit, S. 253 (253).

[211] *Sacksofsky*, Religiöse Freiheit als Gefahr?, VVDStRL 68 (2008), S. 7 (26).

[212] *Oebbecke*, ZfP 55 (2008), 49 (58).

die Zivilgesellschaft stellen dabei jedoch nicht Hauptzweck der institutionellen Verbürgungen dar, vielmehr dienen die institutionellen Gewährleistungen zuvörderst der Grundrechtsförderung und -effektivierung.[213] Organisierte Religion wird daher nicht um ihrer selbst willen, sondern im Kern wegen der individuellen Grundrechtsträger in besonderer Weise durch die Verfassung geschützt.[214]

Um eine Religionsgemeinschaft nach dem Grundgesetz zu sein, ist eine möglichst überörtliche Organisation erforderlich, die bislang aber überwiegend von den christlichen Kirchen geboten werden kann.[215] Nicht-etablierte religiöse Gruppierungen können die gängigen strengen Anforderungen bislang nur vereinzelt erfüllen. Somit bleibt nicht-christlichen Gruppierungen, die der Grundrechtsförderung und Grundrechtseffektivierung dienende institutionelle Dimension des Religionsverfassungsrechts daher faktisch meist verschlossen. Die negativen Folgen der Nichtanerkennung beschränken sich indes nicht nur auf religiöse Zusammenschlüsse. Wird ein religiöser Zusammenschluss nicht als Religionsgemeinschaft nach dem Grundgesetz angesehen, verringert sich im Ergebnis auch das Schutzniveau für den einzelnen Gläubigen.[216] Die mangelnde institutionelle Einbeziehung trifft damit vor allem die hier lebenden religiösen Minderheiten, die hinter den religiösen Vereinigungen stehen. Die gängige Definition gefährdet somit nicht weniger als die Integration und die Teilhabechancen religiöser Minderheiten.

Um überhaupt eine Chance auf Teilhabe an den institutionellen Gewährleistungen des Religionsverfassungsrechts zu haben, bleibt nicht-christlichen Vereinigungen daher momentan nur die Option, sich durch die Anpassung ihrer organisatorischen Struktur den kirchlichen Strukturen anzunähern. Insbesondere muslimische Gemeinschaften spüren aufgrund der gängigen Definition einen Druck zur Verkirchlichung.[217] Die Alternative ist der mehr oder minder freiwillige Verzicht auf die institutionellen Verbürgungen insgesamt. Das Überstülpen christlich-kirchlicher Strukturen würde religiöse Minderheiten jedoch zu einer teilweisen bis vollständigen Umstrukturierung zwingen, die mit den jeweiligen religiösen Inhalten oft

---

[213] Vgl. *Heinig*, Das Religionsrecht zwischen der Sicherung freiheitlicher Vielfalt und der Abwehr fundamentalistischer Bedrohungen, in: Heinig (Hrsg.), Die Verfassung der Religion, S. 22 (29).

[214] *Heinig*, ZevKR 64 (2019), 1 (20).

[215] Vgl. *Oebbecke*, ZfP 55 (2008), 49 (58).

[216] Vgl. *Sacksofsky*, Religiöse Freiheit als Gefahr?, VVDStRL 68 (2008), S. 7 (28).

[217] *Oebbecke*, ZfP 55 (2008), 49 (58).

nicht vereinbar wäre. Vor diesem Hintergrund wird deutlich, warum der freiwillige Verzicht religiöser Minderheiten faktisch eher einem aufgezwungenen Verzicht gleichkommt. Dass die gängige Definition aus diesem Grund für nicht-christliche Gruppierungen mit Problemen verbunden ist, versteht sich daher von selbst.

Ferner ist zu beachten, dass es bei den institutionellen Rechten des Religionsverfassungsrechts nicht nur um die gegenwartsbezogene Freiheitsgewährung geht, sondern vielmehr um Gewährleistung der zukunftsbezogenen Freiheitssicherung.[218] Das Zugestehen der institutionellen Rechte ist somit auch ein Zeichen der zukünftigen Anerkennung und Wertschätzung und ermöglicht nicht etablierten Religionen erst eine rechtliche und gesellschaftliche Etablierung. Vor allem die Verleihung der Körperschaftsrechte nach Art. 140 GG i. V. m. Art. 137 Abs. 5 S. 2 WRV wird häufig als Gütesiegel und Prestigegewinn wahrgenommen, weshalb eine Anerkennung religiöser Minderheiten, die zeitweise gar pauschal als Sekten diffamiert wurden,[219] von nicht zu unterschätzender rechtlicher und symbolischer Bedeutung ist.[220] Das Vorenthalten der institutionellen Rechtspositionen ist im Kontrast dazu gar geeignet, bereits bestehende kulturelle Differenzen und Unstimmigkeiten noch weiter zu verschärfen.

Doch die Probleme, die mit der überkommenen Definition des Begriffs der Religionsgemeinschaft einhergehen, wirken sich nicht nur auf nicht-etablierte religiöse Vereinigungen aus. Auch die christlichen Großkirchen sind – wenn auch nur indirekt – betroffen.[221] *Rhode* verdeutlicht die Problematik anhand eines Vergleichs zwischen dem Bahá'í-Beschluss und einer zu den Diözesanverbänden der katholischen Religionslehrer ergangenen Entscheidung des OLG Hamm.[222] Die Diözesanverbände der katholischen Religionslehrer Nordrhein-Westfalens wollten sich zu einem Dachverband in Gestalt eines eingetragenen Vereins zusammenschließen, was

---

[218] *Uhle*, Die Integration des Islam in das Staatskirchenrecht der Gegenwart, in: Heinig/Walter (Hrsg.), Staatskirchenrecht oder Religionsverfassungsrecht?, S. 299 (316).

[219] *Czermak*, ZRP 2001, 565 (569); eine Analyse der bundesdeutschen Sektendebatte findet sich in *Usarki*, "Nihilierung" als Strategie der Abwehr "neuer Religiosität", in: Fritsch-Oppermann (Hrsg.), Der Geist und die Geister, S. 83-87.

[220] *Muckel*, Der Staat 38 (1999), 569 (578); *Wilms*, NJW 2003, 1083 (1087).

[221] Weiterführende Hinweise zum Zusammenhang der Rechte von Minderheitsreligionen und der Stellung der christlichen Kirchen findet sich bei *Oebbecke*, Tua res agitur, in: Geerlings/Sternberg (Hrsg.), Kirche in der Minderheit, S. 105-135.

[222] *Rhode*, Auswirkungen der religiösen Pluralisierung auf das deutsche Staatskirchenrecht, in: Beckermann/Engel (Hrsg.), Das Verhältnis von Staat und Kirche, S. 159 (170 f.).

das zuständige Amtsgericht wiederum ablehnte, da es in Nordrhein-Westfalen nur fünf Diözesen gebe, zur Gründung eines Vereins jedoch mindestens sieben Mitglieder erforderlich seien.[223] Vor dem Oberlandesgericht konnte sich die Vereinigung der Religionslehrer schließlich durchsetzen. In der Urteilsbegründung nahm das Oberlandesgericht Hamm ausdrücklich auf den Bahá'í-Beschluss des Bundesverfassungsgerichts Bezug.[224] Dieses Beispiel zeigt deutlich, dass sich eine liberale Rechtsprechung zu nicht-christlichen religiösen Zusammenschlüssen durchaus auch zum Vorteil der christlichen Großkirchen auswirken kann.[225] Ebenso kann eine restriktive Rechtsprechung hingegen negative Auswirkungen für die christlichen Großkirchen mit sich bringen. Aufgrund des Problems des zunehmenden Priestermangels und der sinkenden Mitgliederzahlen der christlichen Kirchen sind mittlerweile auch die christlichen Großkirchen zu Umstrukturierungen gezwungen.[226] Ferner macht das in den Sozialwissenschaften „believing without belonging" genannte Phänomen deutlich, dass die christlichen Kirchen durch die zunehmende religiöse Individualisierung ebenfalls zunehmend unter Veränderungsdruck geraten können.[227] Welche neuen Strukturen und Zusammenschlüsse entstehen werden, ist im Einzelnen noch nicht klar absehbar. Dass früher oder später aber auch neue christliche Zusammenschlüsse Probleme mit den strengen Organisationsanforderungen bekommen könnten, ist zumindest nicht auszuschließen. Wird das Vorliegen einer Religionsgemeinschaft weiterhin nach der gängigen Begriffsdefinition von *Gerhard Anschütz* bestimmt, so könnten auch neu entstehende christliche Zusammenschlüsse Anerkennungsprobleme bekommen.

2. Überkommene Definition als Problem für das Religionsverfassungsrecht

Ein Blick auf die Probleme für religiöse Gemeinschaften allein reicht nicht aus. Auch aus staatlicher Perspektive lohnt sich ein Blick auf die gängige Begriffsdefinition, schließlich stellt die überkommene Definition des

---

[223] OLG Hamm KirchE 35, 118 (118 f.)
[224] OLG Hamm KirchE 35, 118 (120).
[225] *Rhode*, Auswirkungen der religiösen Pluralisierung auf das deutsche Staatskirchenrecht, in: Beckermann/Engel (Hrsg.), Das Verhältnis von Staat und Kirche, S. 159 (171 f.).
[226] *Lappen*, Umbrüche in der parochialen Struktur in Deutschland, in: Först/Lappen/Hahner (Hrsg.), Abbruch oder Aufbruch?, S. 19 (25).
[227] *Walter*, DVBl. 2010, 993 (1000).

Begriffs der Religionsgemeinschaft auch den Staat selbst vor große Herausforderungen. Durch die zunehmende Säkularisierung, den Mitgliederschwund der christlichen Kirchen und die religiöse Pluralisierung steht das Religionsverfassungsrecht selbst seit geraumer Zeit unter generellem Legitimationsdruck.[228] Die Frage, ob das Religionsverfassungsrecht angesichts dieses Wandels noch zeitgemäß und zukunftssicher ist, wurde in der Literatur bereits ausführlich diskutiert.[229] Eine vertiefte Auseinandersetzung mit dieser Grundsatzdiskussion würde den Rahmen dieser Arbeit überschreiten. Jedoch sollen einzelne Aspekte dieser Problematik beispielhaft angeführt werden, um aufzuzeigen, warum eine zeitgemäße Definition des folgenreichen Begriffs der Religionsgemeinschaft für die Zukunftsfähigkeit des Religionsverfassungsrechts von hoher Bedeutung ist.
Vorweg soll das Problem mit der aktuellen Definition lokalisiert werden. Dafür ist zunächst die Normebene des Religionsverfassungsrechts zu betrachten. Die über Art. 140 GG inkorporierten Artikel der Weimarer Reichsverfassung und Art. 7 Abs. 3 S. 2 GG regeln nicht bloß das Verhältnis des Staates zu den christlichen Kirchen, sondern zu Religionsgemeinschaften überhaupt.[230] Das Grundgesetz spricht lediglich von Religionsgemeinschaften und Religionsgesellschaften, nicht aber von Kirchen.[231] Eine explizite normative Bevorzugung christlicher Kirchen ist somit nicht gegeben. Auch auf der Ebene der Rechtsanwendung ist keine systemimmanente Ungleichbehandlung zwischen den christlichen Großkirchen und den sonstigen religiösen Zusammenschlüssen zu erkennen, schließlich werden

---

[228] *Muckel*, Staat und Kirche in Deutschland, in: Revista catalana de dret públic (2006), S. 267 (287).

[229] Weiterführende Hinweise zur Diskussion finden sich etwa bei *Isensee*, Die Zukunftsfähigkeit des deutschen Staatskirchenrechts, in: Isensee/Rees/Rüfner (Hrsg.), Dem Staate, was des Staates – der Kirche, was der Kirche ist – FS Listl, S. 67-90; *Waldhoff*, in: Essener Gespräche 42 (2008), 55-101; *ders.*, Neue Religionskonflikte und staatliche Neutralität, Gutachten D zum 68. Deutschen Juristentag 2010; *de Wall*, Das Staatskirchenrecht des Grundgesetzes, in: Hildmann/Rößle (Hrsg.), Staat und Kirche im 21. Jahrhundert, S. 47-59; *Schnabel*, Braucht Deutschland ein neues Religionsverfassungsrecht? in: Herpich/Schnabel/Goetze (Hrsg.), Religion. Macht. Politik, S. 127-138; *Muckel*, AfkKR 183 (2014), 18-38; *M. Heckel*, AöR 134 (2009), 309-392; *Hillgruber*, KuR 24 (2018), 1-20.

[230] *Uhle*, Die Integration des Islam in das Staatskirchenrecht der Gegenwart, in: Heinig/Walter (Hrsg.), Staatskirchenrecht oder Religionsverfassungsrecht?, S. 299 (323); *M. Wagner*, Kulturelle Integration und Grundgesetz, S. 250.

[231] *H. Weber*, Das deutsche „Kooperationsmodell“ von Staat und Amtskirchen in seinen Auswirkungen auf religiöse Pluralität und gelebte Religionsfreiheit, in: Besier/Lübbe (Hrsg.), Politische Religion und Religionspolitik, S. 325 (326).

an alle Zusammenschlüsse dieselben organisatorischen Anforderungen gestellt, weshalb es auch einigen nicht-christlichen Zusammenschlüssen bereits gelungen ist, die institutionellen Rechte des Religionsverfassungsrechts geltend zu machen.[232] Die Schwierigkeit, neue religiöse Zusammenschlüsse in das Religionsverfassungsrecht zu integrieren, liegt somit auf einer anderen Ebene.[233] Die starke historische Prägung des Religionsverfassungsrechts fließt nicht nur auf der Normebene, sondern auch auf der Auslegungs- und Anwendungsebene in den Verfassungsdiskurs ein.[234] Da das bestehende Religionsverfassungsrecht im Wesentlichen Werk der Interpretation ist und es mit seiner Interpretation steht und fällt, bedarf es grundsätzlich keiner Änderung des Verfassungstextes, um auch religiöse Minderheiten als Religionsgemeinschaften im Sinne des Grundgesetzes anzusehen.[235] Das Problem, dass nicht-christliche Zusammenschlüsse faktisch noch immer kaum von der institutionellen Dimension des Religionsverfassungsrechts profitieren, ist somit eine Ebene tiefer angesiedelt, nämlich bereits auf der Definitionsebene. Der bestehende Gesetzestext ist prinzipiell geeignet, auf die durch die Pluralisierung aufgeworfenen Fragen zukunftsfähige Antworten zu liefern.[236] Dadurch, dass das über 100 Jahre alte, christlich geprägte Begriffsverständnis von *Gerhard Anschütz* aber noch heute zugrunde gelegt wird, werden die religiösen Verhältnisse der Weimarer Zeit in der Rechtspraxis manifestiert. Dies führt zu einer faktischen Besserstellung der Großkirchen gegenüber religiösen Minderheiten. Dabei ist die Auslegung der Verfassung jedoch nicht auf die Reproduktion eines einmal vorgegebenen Sinns beschränkt, ansonsten würden gesellschaftliche Entwicklungen durch die Verfassung, welche Grundlage der politischen Ordnung ist, ignoriert und frühere gesellschaftliche Verhältnisse zementiert werden.[237] Aufgrund der faktischen Bevorzugung der christlichen Großkirchen trotz zunehmender Pluralisierung attestiert

---

[232] *Schnabel*, Braucht Deutschland ein neues Religionsverfassungsrecht? in: Herpich/Schnabel/Goetze (Hrsg.), Religion. Macht. Politik, S. 127 (133).

[233] *Schnabel*, Braucht Deutschland ein neues Religionsverfassungsrecht? in: Herpich/Schnabel/Goetze (Hrsg.), Religion. Macht. Politik, S. 127 (133).

[234] *Walter*, Das Verhältnis von Religion und Staat in ausgewählten europäischen Staaten, in: Langenfeld/Schneider (Hrsg.), Recht und Religion in Europa, S. 192 (192).

[235] Vgl. *Isensee*, Die Zukunftsfähigkeit des deutschen Staatskirchenrechts, in: Isensee/Rees/Rüfner (Hrsg.), Dem Staate, was des Staates – der Kirche, was der Kirche ist – FS Listl, S. 67 (69).

[236] *Sacksofsky*, Religiöse Freiheit als Gefahr?, VVDStRL 68 (2008), S. 7 (29); *M. Wagner*, Kulturelle Integration und Grundgesetz, S. 250.

[237] *Sacksofsky*, Religiöse Freiheit als Gefahr?, VVDStRL 68 (2008), S. 7 (29).

Willems Deutschland „asymmetrische […], religionspolitische […] Verhältnisse" und ein Auseinanderfallen von Verfassungstext und Verfassungswirklichkeit.[238] Das momentan gängige Begriffsverständnis der Religionsgemeinschaft erfasst Minderheitenreligionen kaum und steht damit im Kontrast zur gesellschaftlich real vorgefundenen Pluralität. Diese Diskrepanz von Verfassungstheorie und Verfassungswirklichkeit liegt auf der Hand: Als Teilgebiet des Verfassungsrechts ist das Religionsverfassungsrecht auf Dauer angelegt und steht mit der immanenten Wortlautstabilität generell in einem Spannungsverhältnis zur gesellschaftlichen Dynamik.[239] Zudem ist das Religionsverfassungsrecht noch mehr als andere Rechtsgebiete historisch gewachsen und konnotiert.[240] Gleichzeitig zeigt sich der gesellschaftliche Wandel im religiösen Bereich besonders deutlich.[241] *Listl* ist gar der Ansicht, dass kaum ein Bereich des gesellschaftlich-kulturellen Lebens so intensiv von Wandlungen des geistigen, politischen und gesellschaftlichen Lebens und den herrschenden Anschauungen und geistigen Bewegungen ergriffen werde, wie das Verhältnis von Kirche und Staat.[242] Aus diesem Grund stehen gesellschaftliche Realität und verfassungsrechtliche Praxis im Religionsverfassungsrecht in besonderem Maße in einem Spannungsverhältnis. Die geschichtskonnotierte Prägung des Begriffsverständnisses der Religionsgemeinschaft bereitet somit Schwierigkeiten, wohingegen ein moderneres Begriffsverständnis helfen könnte, das Spannungsverhältnis zwischen Verfassungstext und Verfassungswirklichkeit, sowie von Wortlautstabilität und gesellschaftlichem Wandel, aufzulösen oder zumindest zu lockern.

Die momentan gängige Definition schließt viele nicht-etablierte Zusammenschlüsse aus. Die Rechtspraxis bildet bedeutsame Teile der Religionslandschaft nicht ab, Verfassungstheorie und -praxis fallen insoweit auseinander. Dieses Auseinanderfallen birgt die Gefahr einer rechtlichen Exklusion, welche wiederum Akzeptanzverluste der Betroffenen mit sich bringen kann.[243] Auch ein solcher Akzeptanzverlust, dem das Religions-

---

[238] *Willems*, Status, Privileg und (vermeintlicher) Vorteil, in; Kippenberg/Schuppert (Hrsg.), Die verrechtlichte Religion, S. 157 (157 f.).

[239] Vgl. *Waldhoff*, in: Essener Gespräche 42 (2008), 55 (57, 65).

[240] *Waldhoff*, in: Essener Gespräche 42 (2008), 55 (58).

[241] *Korioth*, „Jeder nach seiner Façon", in: KritJ (Hrsg.), Verfassungsrecht und gesellschaftliche Realität, S. 175 (175); *Czermak/Hilgendorf*, Religions- und Weltanschauungsrecht, S. 19.

[242] *Listl*, StZ 1973, 291 (294).

[243] *Heinig*, Öffentlich-rechtliche Religionsgesellschaften, S. 38.

verfassungsrecht mit fortschreitender Säkularisierung und religiöser Pluralisierung gegenübersteht, stellt für das Religionsverfassungsrecht ein großes Problem dar. Die Akzeptanz des Religionsverfassungsrechts lässt sich jedoch nicht durch Perfektionierung der juristischen Dogmatik herbeiführen, sondern hängt vor allem von der tatsächlichen rechtlichen Lösung religiöser Konflikte ab.[244] Sobald der Eindruck entsteht, die christlichen Großkirchen würden durch die gängige Deutung des Begriffs der Religionsgemeinschaft privilegiert, droht die Gefahr, dass früher oder später auch die Religionsgemeinschaften verfassungsrechtlich normierten Rechte insgesamt bezweifelt werden. Hinzu kommt darüber hinaus, dass Deutungskonflikte im Religionsverfassungsrecht oft Machtkonflikte sind, welche für einen freiheitlich-säkularen Staat, der sich der religiös-weltanschaulichen Neutralität verpflichtet sieht, prekär sind, da diese den Eindruck der Unparteilichkeit des Staates gefährden.[245] Letzten Endes könnte damit die Plausibilität des bestehenden Systems insgesamt in Zweifel gezogen werden.[246] Verfassungsnormen sind indessen notwendigerweise auf Akzeptanz angewiesen, um legitimierend zu wirken.[247] Insbesondere das traditionsgeprägte Religionsverfassungsrecht steht und fällt mit der allgemeinen Akzeptanz.[248] Zwar ist eine akute Akzeptanzkrise im Religionsverfassungsrecht momentan noch nicht auszumachen, eine stille Erosion ist jedoch auf längere Sicht nicht auszuschließen.[249] Akzeptanz ist eine Frage der praktischen Rechtsanwendung, die religionsverfassungsrechtlichen Normen gewinnen Leben durch die Praxis der Beteiligten.[250] Staatliches

---

[244] *M. Heckel*, AöR 134 (2009), 309 (312).

[245] *Heinig*, Deutungsmachtkonflikte als Deutungs- und Machtkonflikte im Religionsrecht, in: Stoellger (Hrsg.), Deutungsmacht, S. 411 (427).

[246] *Rhode*, Auswirkungen der religiösen Pluralisierung auf das deutsche Staatskirchenrecht, in: Beckermann/Engel (Hrsg.), Das Verhältnis von Staat und Kirche, S. 159 (175).

[247] *Isensee*, Die Zukunftsfähigkeit des deutschen Staatskirchenrechts, in: Isensee/Rees/Rüfner (Hrsg.), Dem Staate, was des Staates – der Kirche, was der Kirche ist – FS Listl, S. 67 (69); *Groh*, Bundesverfassungsgericht und Religion, in: Anter/Frick (Hrsg.), Politik, Recht und Religion, S. 159 (170).

[248] *Isensee*, Zwischen Ablösungsauftrag und Bestandsgarantie, in: Hense (Hrsg.), Staat und Religion, S. 643 (647).

[249] *Isensee*, Die Zukunftsfähigkeit des deutschen Staatskirchenrechts, in: Isensee/Rees/Rüfner (Hrsg.), Dem Staate, was des Staates – der Kirche, was der Kirche ist – FS Listl, S. 67 (68); ähnlich *H. Weber*, Neuralgische Punkte in den Grundsatzfragen des Staatskirchenrechts, in: Geis (Hrsg.), Staat, Kirche, Verwaltung – FS Maurer, S. 469 (491 f).

[250] *Isensee*, Die Zukunftsfähigkeit des deutschen Staatskirchenrechts, in: Isensee/Rees/Rüfner (Hrsg.), Dem Staate, was des Staates – der Kirche, was der Kirche ist – FS Listl, S. 67 (69).

Recht ist dementsprechend nur dann erfolgreich, wenn es den Rechtssuchenden angemessen erscheint und von ihnen zur Befriedigung ihrer rechtlichen Bedürfnisse genutzt wird.[251] Auf das Religionsverfassungsrecht übertragen bedeutet dies, dass gesellschaftliche Akzeptanz für die Lebenskraft des Religionsverfassungsrechts unabdingbar ist.[252] Da die Gesellschaft als Ganze vorrangig Interpretationsgemeinschaft der Verfassung ist, müssen die verfassungsrechtlichen Werte von der Gesamtbevölkerung mit Leben gefüllt werden.[253] Fällt es religiösen Minderheiten auf Dauer schwer als Religionsgemeinschaft im Sinne des Grundgesetzes anerkannt zu werden, während die gesellschaftliche Säkularisierung und die religiöse Individualisierung weiter voranschreiten, so wird der Begriff der Religionsgemeinschaft indes immer weniger mit Leben gefüllt.
Dazu kommt weiterhin das Schrumpfen der christlichen Großkirchen. Mit dem gleichzeitigen Mitgliederschwund der christlichen Großkirchen stellt sich am Ende die Frage, wer die institutionellen Garantien des Religionsverfassungsrechts überhaupt noch wahrnehmen kann und will.[254] Einen solchen Zustand, in dem wesentliche Teile der Gesellschaft von verfassungsrechtlich vorgesehenen Möglichkeiten tatsächlich ausgeschlossen sind, verträgt der Verfassungsstaat auf Dauer nicht.[255] Da die deutsche Bevölkerung bis vor einigen Jahrzehnten durch religiöse Homogenität geprägt war, war die Akzeptanz der religionsverfassungsrechtlichen Normen des Grundgesetzes lange selbstverständlich. Früher wirksam gewesene Legitimationsgründe bieten jedoch keine Gewähr dafür, dass diese auch zukünftig weiterhin überzeugen können.[256] *Isensee* fasst dies treffend zusammen: „Was Verfassungsinterpretation gibt, kann Verfassungsinterpretation wieder nehmen. Legitimation ist permanent vonnöten."[257] Ein Beharren auf dem begrifflichen Status quo wird eine mögliche Legitimations- und Akzeptanzkrise jedoch kaum abwenden. Die gängige christlich geprägte

---

[251] *Morlok*, „Staatskirchenrecht" oder „Religionsverfassungsrecht", in: Goldenstein (Hrsg.), Vom Staatskirchenrecht zum Religionsverfassungsrecht, S. 7 (26).
[252] *Hollerbach*, Religion und Kirche im freiheitlichen Verfassungsstaat, S. 28.
[253] *Schnabel*, Braucht Deutschland ein neues Religionsverfassungsrecht? in: Herpich/Schnabel/Goetze (Hrsg.), Religion. Macht. Politik, S. 127 (130 f.).
[254] *Korioth*, ZevKR 62 (2017), 348 (353).
[255] *v. Campenhausen*, in: Essener Gespräche 34 (2000), 105 (130 f.).
[256] *Isensee*, Die Zukunftsfähigkeit des deutschen Staatskirchenrechts, in: Isensee/Rees/Rüfner (Hrsg.), Dem Staate, was des Staates – der Kirche, was der Kirche ist – FS Listl, S. 67 (69).
[257] *Isensee*, in: Essener Gespräche 25 (1991), S. 104 (117).

Definition kann in einer religionspluralistischen Gesellschaft dementsprechend früher oder später legitimationsmindernd wirken. Wenn der Anwendungsbereich der institutionellen Regelungen des Religionsverfassungsrechts schrumpft, steht die verfassungspolitische Legitimität auf dem Spiel.[258] In letzter Konsequenz könnte das institutionelle Religionsverfassungsrecht insgesamt obsolet werden.[259] Zur Legitimitätssicherung ist es daher erstrebenswert, dass ein möglichst großer Teil der Interessenten vom Regime des Religionsverfassungsrechts erfasst werden.[260] Eine modernere Interpretation des Begriffs der Religionsgemeinschaft könnte einen Legitimationsschub mit sich bringen. Die Entwicklungsoffenheit der religionsverfassungsrechtlichen Normen würde letzten Endes die normative Stabilität insgesamt fördern.[261]

Zudem ist zu bedenken, dass das Religionsverfassungsrecht als Teil des Verfassungsrechts den Zweck verfolgt, ein gedeihliches Zusammenleben zu ermöglichen und Menschen zu einen.[262] Werden Minderheitenreligionen bestimmte religionsverfassungsrechtliche Privilegien hingegen faktisch vorenthalten, werden die mit der Verfassung verfolgten Integrationszwecke unterlaufen.[263] Dass der Begriff der Religionsgemeinschaft grundsätzlich entwicklungsoffen verstanden werden sollte, dient daher nicht nur der Legitimierung der religionsverfassungsrechtlichen Normen, sondern liegt vor allem im allgemeinpolitischen Interesse.[264] Gelingt es dem Staat, eine religiöse Kultur der Freiheit zu fördern, fördert er gleichzeitig auch die religiöse Integration.[265] Werden freiheitskompatible religiöse Gruppierungen als Religionsgemeinschaften im Sinne des Grundgesetzes angesehen, wird ihnen die Möglichkeit gegeben, in der Öffentlichkeit sozialproduktiv zu wirken.[266] Die Beibehaltung des gängigen Begriffsverständnisses

---

[258] *Waldhoff*, in: Essener Gespräche 42 (2008), S. 55 (90 f.).
[259] *Hillgruber*, KuR 24 (2018), 1 (2).
[260] *v. Campenhausen*, in: Essener Gespräche 34 (2000), 105 (130 f.).
[261] *Waldhoff*, in: Essener Gespräche 42 (2008), 55 (90).
[262] Vgl. *Grimm*, Leviathan 32 (2004), 448 (449).
[263] Vgl. *Heinig*, Öffentlich-rechtliche Religionsgesellschaften, S. 37; weiterführende Hinweise zur integrativen Kraft der Verfassung bei *Vorländer*, Integration durch Verfassung?, in Vorländer (Hrsg.), Integration durch Verfassung, S. 9 ff.; *F. Hufen*, Die kulturintegrative Kraft der Verfassung, in: Däubler-Gmelin (Hrsg.), Gegenrede – FS Mahrenholz, S. 115 ff.
[264] *Waldhoff*, in: Essener Gespräche 42 (2008), 55 (91).
[265] *Heinig*, „Säkularismus" und „Laizismus" als Anfragen an das säkulare Religionsrecht in Deutschland, in: Häberle/Hattler (Hrsg.), Islam – Säkularismus – Religionsrecht, S. 79 (93).
[266] *Heinig*, „Säkularismus" und „Laizismus" als Anfragen an das säkulare Religionsrecht

könnte die Integration nicht-christlicher Religionen demgegenüber erschweren oder gar verhindern: Die rechtliche Dominanz einer bestimmten Religion führt nicht nur zur rechtlichen Benachteiligung anderer Religionen, sondern auch zu einer nur verminderten gesellschaftlichen Anerkennung dieser Minderheitenreligionen.[267] Dem Religionsverfassungsrecht kommt hingegen eine integrative und friedenssichernde Kraft zu,[268] die nicht unterschätzt werden darf: Wo Religion frei gelebt werden kann, ist die Gefahr einer gewaltsamen Austragung religiöser Konflikte am geringsten.[269] Wer den Eindruck hat, dass seine Anliegen durch das geltende Religionsverfassungsrecht Beachtung finden, wird eher bereit sein, sich gesetzestreu zu verhalten.[270] Das grundlegendste Mittel um religiöse Konflikte durch rechtliche Normen zu verringern, ist eine umfassende Freiheitsgewährung.[271]

Eine solche Freiheitsgewährung kann selbstverständlich nicht grenzenlos sein, sondern unterliegt bestimmten Voraussetzungen. Gerade der mit zahlreichen Privilegien verbundene Begriff der Religionsgemeinschaft darf nicht konturenlos werden, ansonsten könnten selbst Gruppierungen, die verfassungsfeindliche Ziele verfolgen, die Gewährleistungen des institutionellen Religionsverfassungsrechts wahrnehmen, was wiederum unzählige neue Probleme mit sich bringen würde. Der Staat muss keine religiösen Zusammenschlüsse privilegieren, die eine Destabilisierung des Staates zum Ziel haben. Zudem ist darauf hinzuweisen, dass die Steuerungskraft der Rechtsordnung nicht überschätzt werden darf, allein durch

---

in Deutschland, in: Häberle/Hattler (Hrsg.), Islam – Säkularismus – Religionsrecht, S. 79 (93).

[267] *Schnabel*, Braucht Deutschland ein neues Religionsverfassungsrecht? in: Herpich/Schnabel/Goetze (Hrsg.), Religion. Macht. Politik, S. 127 (135); *Heinig*, Öffentlich-rechtliche Religionsgesellschaften, S. 37.

[268] *Rhode*, Auswirkungen der religiösen Pluralisierung auf das deutsche Staatskirchenrecht, in: Beckermann/Engel (Hrsg.), Das Verhältnis von Staat und Kirche, S. 159 (160); ähnlich *Großbölting*, in: Essener Gespräche 54 (2019), 34 (50).

[269] *Robbers*, Wie Religionskonflikte durch rechtliche Regelungen gezähmt werden, in Arens/Baumann/Liedhegener/Müller/Ries (Hrsg.), Integration durch Religion? S. 213 (217).

[270] *Rhode*, Auswirkungen der religiösen Pluralisierung auf das deutsche Staatskirchenrecht, in: Beckermann/Engel (Hrsg.), Das Verhältnis von Staat und Kirche, S. 159 (160); *Hilgendorf*, Religion, Staat und Recht, in: Hilgendorf (Hrsg.), Wissenschaft, Religion und Recht, S. 359 (380 f.); ähnlich *Mikat,* Rechtliche Bedeutung religiöser Interessen, in: Mikat (Hrsg.), Kirche und Staat in der neueren Entwicklung, S. 319 (337).

[271] *Robbers*, Wie Religionskonflikte durch rechtliche Regelungen gezähmt werden, in Edmund/Martin/Liedhegener (Hrsg.), Integration durch Religion? S. 213 (227).

Rechtsnormen kann Integration entgegen gesellschaftlicher Trends nicht bewältigt werden.[272] Dennoch ist festzuhalten, dass es durchaus integrationsfördernde Wirkung haben kann, eine religiöse Vereinigung als Religionsgemeinschaft nach dem Grundgesetz anzusehen. Damit ist es auch mit Blick auf die gesellschaftliche Integration religiöser Minderheiten sinnvoll, den gängigen Begriff der Religionsgemeinschaft im Lichte des gesellschaftlichen Wandels zu reflektieren.

Auch aus Gründen der Gefahrenabwehr ist es sinnvoll, den Begriff der Religionsgemeinschaft zu überdenken.[273] Wird eine bestimmte Religion aus dem öffentlichen Raum ausgeschlossen und dadurch vom gesellschaftlichen Diskurs abgekoppelt, befeuert dies deren Radikalisierung.[274] Als anschauliches Beispiel dient der Religionsunterricht an staatlichen Schulen: Findet dieser an staatlichen Schulen statt, so erhält der Staat eine gewisse Kontrollmöglichkeit hinsichtlich der vermittelten Lerninhalte, wodurch er wiederum die Vermittlung religiös-extremistischer Lehren eindämmen kann. Zwar darf bei dieser Argumentation nicht aus dem Blick geraten, dass das Religionsverfassungsrecht nicht vorrangig dazu dient, religiöse Gefahren abzuwehren, sondern es vielmehr ein Instrument der Freiheitssicherung darstellt.[275] *Sezgin* macht daher zu Recht darauf aufmerksam, dass die Integration religiöser Minderheiten in das deutsche Religionsverfassungsrecht nicht erfolgen sollte, um die in Deutschland lebenden religiöse Minderheiten kontrollieren zu können, sondern weil diese einen Teil der Bevölkerung ausmachen und das Grundgesetz ihnen dieselbe Religionsfreiheit zugesteht wie anderen Religionen auch.[276] Um die freiheitliche

---

[272] So weist *Dreier*, Religion und Verfassungsstaat im Kampf der Kulturen, in: Dreier/Hilgendorf (Hrsg.), Kulturelle Identität als Grund und Grenze des Rechts, S. 11 (26) darauf hin, Integration durch Recht sei weitestgehend romantische Illusion und Ausdruck chronischer Überschätzung der Motivations- und Steuerungskraft von Rechtsnormen.

[273] Weiterführende Hinweise zum Spannungsfeld von Religionsfreiheit und Gefahrenabwehr bei *Heinig*, Das Religionsrecht zwischen der Sicherung freiheitlicher Vielfalt und der Abwehr fundamentalistischer Bedrohungen, in: Heinig (Hrsg.), Die Verfassung der Religion, S. 22-42; *Sacksofsky*, Religiöse Freiheit als Gefahr, VVDStRL 68 (2008), S. 7-46; *Möllers*, Religiöse Freiheit als Gefahr, VVDStRL 68 (2008), S. 47-93; *Groh*, Selbstschutz der Verfassung gegen Religionsgemeinschaften; *dies.*, Ist Religionsverfassungsrecht Integrationsrecht?, in: Bogner/Heimbach-Steins (Hrsg.), Freiheit – Gleichheit – Religion, S. 89 (103 ff.).

[274] *Schnabel*, Braucht Deutschland ein neues Religionsverfassungsrecht? in: Herpich/Schnabel/Goetze (Hrsg.), Religion. Macht. Politik, S. 127 (135).

[275] *M. Heckel*, AöR 134 (2009), 309 (317 f.).

[276] Vgl. *Sezgin*, Zur Gleichbehandlung der Religionen, in: Kritische Justiz (Hrsg.),

Ausrichtung des Religionsverfassungsrechts nicht insgesamt zu diskreditieren, sollte der Aspekt der Gefahrenabwehr daher nicht im Mittelpunkt der religionsverfassungsrechtlichen Diskussion stehen.[277] Dennoch darf der Staat aufgrund seiner staatlichen Erziehungsverantwortung durchaus Wert darauf legen, dass im staatlichen Religionsunterricht auch Werte wie Toleranz und die friedliche Koexistenz verschiedener Glaubensrichtungen gelehrt werden.[278] Die Vermittlung dieser Werte sicherzustellen, fällt dem Staat indes deutlich leichter, wenn beispielsweise der islamische Religionsunterricht nicht „dubiosen Hinterhofmoscheen"[279] überlassen wird, sondern dieser in einem staatlich überblickbaren Raum stattfindet. Dass es religiösen Minderheiten aufgrund der christlich geprägten Definition des Begriffs der Religionsgemeinschaft derzeit kaum möglich ist, Religionsunterricht an staatlichen Schulen zu erteilen, kann auf lange Sicht zur Zunahme extremistischer Strömungen und zur Bildung von Parallelgesellschaften führen. Auch dieser Aspekt spricht somit dafür, den gängigen Begriff der Religionsgemeinschaft zumindest zu überdenken.

3. Aktuelle Definition als Problem

Zusammenfassend lässt sich sagen, dass die gängige Definition sowohl für religiöse Zusammenschlüsse aller Glaubensrichtungen als auch für den Staat selbst mit einer Vielzahl an Problemen verbunden ist. Ein Überdenken der gängigen Definition könnte daher für alle beteiligten Akteure Vorteile mit sich bringen.[280]

Selbstverständlich dürfen die mit dem religiösen Pluralismus einhergehenden Probleme nicht zu einer bloß problemlösungsorientierten Auslegung des Rechts führen. Der Maßstab zur Lösung rechtlicher Probleme ist allein das Recht. Demgemäß weist *Schlink* zurecht darauf hin, dass die Verfassung Vorrang vor den sich durch die multikulturelle Gesellschaft stellenden Erwartungen habe.[281] Die Verfassung sei der Maßstab und die zunehmende Pluralisierung das Problem, das mit dem verfassungsrechtlichem

Verfassungsrecht und gesellschaftliche Realität, S. 186 (193).

[277] *Walter*, DVBl. 2008, 1073 (1080).

[278] *M. Heckel*, AöR 134 (2009), 309 (352 f.); *ders.*, JZ 1999, 741 (746); ähnlich auch *M. Wagner*, Kulturelle Integration und Grundgesetz, S. 212.

[279] Diese Formulierung findet sich bei *Link*, JRE 13 (2005), 257 (262).

[280] *Muckel/Hentzschel*, KuR 26 (2020), 169 (184).

[281] *Schlink*, Zwischen Säkularisation und Multikulturalität, in: Stober (Hrsg.), Recht und Recht – FS Roellecke, S. 301 (316).

Maßstab zu bewältigen sei.[282] Dennoch macht *Schlink* ebenso deutlich, dass neue Probleme eine Weiterentwicklung der eigenen Vorstellungen fordern.[283] Die mit der gängigen Definition einhergehenden Probleme müssen daher bei der rechtlichen Analyse nicht außen vor bleiben. Die aus historischer Sicht auf die christlichen Kirchen angelegten Normen des Religionsverfassungsrechts finden nur dann weiter Akzeptanz, wenn diese auf Fragen, die der gesellschaftliche Wandel mit sich bringt, zufriedenstellende Antworten bereithalten. Damit das deutsche Religionsverfassungsrecht, insbesondere dessen institutionelle Dimension, weiterhin ausreichende Legitimation erfährt, ist es erforderlich, dass die das deutsche Religionsverfassungsrecht kennzeichnenden institutionellen Begriffe so interpretiert, angewendet und gegebenenfalls weiterentwickelt werden, dass diese im Grundsatz nicht nur Großkirchen, sondern sämtlichen Religionen zugutekommen.[284] *Morlok* bringt es treffend auf den Punkt, wenn er fordert: „Alles muss sich ändern, damit alles so bleibt wie es ist."[285]

Um auf die Veränderungen der religiösen Landschaft angemessen zu reagieren, bieten sich daher Änderungen im interpretativen Bereich als Option an.[286] Daher sollte der Begriff der Religionsgemeinschaft so definiert werden, dass er nicht nur auf Normebene, sondern auch auf Rechtsanwendungsebene für alle Religionen offen ist.[287] Da die gängige Definition dies momentan allem Anschein nach nicht ohne Weiteres bieten kann, sollte das Begriffsverständnis zumindest reflektiert werden. Dass sich das Religionsverfassungsrecht bewährt hat, liegt schließlich auch an der ständigen Reflexion und der Anpassungsfähigkeit dieses Rechtsgebiets.[288]

---

[282] *Schlink*, Zwischen Säkularisation und Multikulturalität, in: Stober (Hrsg.), Recht und Recht – FS Roellecke, S. 301 (316).

[283] *Schlink*, Zwischen Säkularisation und Multikulturalität, in: Stober (Hrsg.), Recht und Recht – FS Roellecke, S. 301 (316).

[284] *H. Weber*, Das deutsche „Kooperationsmodell" von Staat und Amtskirchen in seinen Auswirkungen auf religiöse Pluralität und gelebte Religionsfreiheit, in: Besier/Lübbe (Hrsg.), Politische Religion und Religionspolitik, S. 325 (341).

[285] *Morlok*, „Staatskirchenrecht" oder „Religionsverfassungsrecht", in: Goldenstein (Hrsg.), Vom Staatskirchenrecht zum Religionsverfassungsrecht, S. 7 (27).

[286] *Dreier*, Religion im Grundgesetz, in: Große Kracht/Schreiber (Hrsg.), Wechselseitige Erwartungslosigkeit?, S. 337 (352); *ders.*, JZ 2019, 1005 (1009).

[287] *Morlok*, JURA 2021, 501 (506).

[288] *Heinig*, Die forcierte Pluralität erfordert Anpassungen - die gemacht wurden, abrufbar unter: https://causa.tagesspiegel.de/gesellschaft/muss-das-staatskirchenrecht-ueberdacht-werden/die-focierte-pluralitaet-erfordert-anpassungen-die-gemacht-wurden.html (zuletzt aufgerufen am 31.05.2021).

Zusammenfassend ist festzustellen, dass ein zukunftsfähiges Begriffsverständnis des Zentralbegriffs der Religionsgemeinschaft der Schlüssel für die Lösung zahlreicher religionsverfassungsrechtlicher Probleme sein kann.

C. Verfassungsrechtliche Würdigung der gängigen Definition – Das Christentum als Verfassungsgrundlage?

Nicht-christliche Zusammenschlüsse und das institutionelle Religionsverfassungsrecht passen in der Praxis nicht, oder zumindest oft nicht konfliktfrei, zusammen. Dies liegt, wie soeben herausgearbeitet, an der christlichen Prägung der gängigen Definition des Begriffs der Religionsgemeinschaft, die wiederum auf die historisch gewachsene Kompatibilität von Staat und den christlichen Kirchen zurückgeht. Probleme für religiöse Minderheiten, aber auch für den religiös pluralistischen Staat, gehen damit einher. Definitorische Anpassungen erscheinen vor diesem Hintergrund als sich aufdrängender Problemlösungsansatz.

Der Anpassungsbedarf überkommener Grundlagen setzt allerdings die Reflexion der Grundlagen selbst voraus.[289] Die sich aus der Definition ergebenden Schwierigkeiten für religiösen Minderheiten wären dementsprechend hinzunehmen, wenn ein christlich geprägtes Verständnis des Begriffs der Religionsgemeinschaft aus verfassungsrechtlicher Sicht zwingend wäre. Ob das jetzige Begriffsverständnis und die damit einhergehenden Organisationsanforderungen zwingend sind, hängt vor allem davon ab, ob und inwieweit das Christentum als Grundlage der Verfassung anzusehen ist. Verlangt das Grundgesetz die Gleichbehandlung und Gleichheit aller Religionen, oder darf der Staat eine bestimmte kulturell-religiöse Option in besonderem Maße fördern, weil diese dessen Werte- und Funktionsgrundlagen entspricht?[290] Ist das Grundgesetz dem Christentum verpflichtet und nimmt Ungleichbehandlungen in Kauf? Um zu ermitteln, ob eine Bevorzugung der christlichen Kirchen im Verfassungsrecht – insbesondere im institutionellen Religionsverfassungsrecht – gerechtfertigt ist, soll im folgenden Abschnitt untersucht werden, ob das Christentum die Grundlage des (Religions-)Verfassungsrechts ist. Dazu soll sowohl aus einem abstrakten als auch aus einem normbezogenen Blickwinkel untersucht werden, ob das Grundgesetz eine christlich zu lesende Verfassung ist. Auf abstrakter Ebene verdient insbesondere das kulturelle Fundament des Grundgesetzes eine besondere Betrachtung. Auf normativer Ebene soll untersucht werden, ob bestimmte Normen des Grundgesetzes eine christliche Lesart der Verfassung und des Religionsverfassungsrechts erforderlich machen. In diesem Kontext soll vor allem der Gottesbezug der Präambel

---

[289] *Rennert*, Der Staat 58 (2019), 411 (413).

[290] So *Di Fabio*, in: Essener Gespräche 42 (2008), S. 129 (130).

näher untersucht werden. Daran anschließend soll untersucht werden, ob ein kirchenzentriertes Verständnis des Begriffs der Religionsgemeinschaft gar verfassungswidrig sein könnte. Dafür soll die gängige Definition an den Prinzipien der Parität, der Neutralität und der Säkularität gemessen werden.

I. Gebotenheit einer christlich geprägten Verfassungsauslegung?

Um festzustellen, ob das überkommene Begriffsverständnis verfassungsrechtlich geboten ist, ist eine Untersuchung der kulturellen Vorprägung des Grundgesetzes unerlässlich. Es herrscht Einigkeit darüber, dass die Bundesrepublik Deutschland kein christlicher Staat ist.[291] Gleichzeitig ist der historische Einfluss des Christentums auf die heutige Kultur, auch auf die heutige Rechtsordnung, unverkennbar und unbestreitbar.[292] Dass der moderne Verfassungsstaat in nicht unerheblichem Maße durch das Christentum geprägt wurde, kann somit nicht geleugnet werden.[293] Gerade das Religionsverfassungsrecht ist wie kaum ein anderes Rechtsgebiet historisch geprägt, weshalb sich die religionsverfassungsrechtlichen Regelungen, Normen und Begriffe nicht ohne einen Blick auf die Geschichte erklären lassen.[294] Es leuchtet ein, dass sich diese historischen Vorprägungen nicht von heute auf morgen abstreifen lassen.[295] Unklar ist allerdings, was aus dieser historischen Vorgeschichte im Einzelnen folgt, schließlich müssen die historischen Gegebenheiten nicht zwangsläufig auch ein christlich eingefärbtes Verständnis des (Religions-)Verfassungsrechts zur Konsequenz haben. Ob die christliche Dominanz in der Geschichte des Religions-

---

[291] *Hillgruber*, Wie viel Christentum braucht, wie viel Christentum verträgt der Staat des Grundgesetzes?, in: Kirchhof/Papier/Schäffer (Hrsg.), Rechtsstaat und Grundrechte – FS Merten, S. 23 (23).

[292] Auf rechtshistorische Aspekte und die Auswirkungen auf das heutige Recht kann nur exemplarisch eingegangen werden. Weiterführende Hinweise und Beispiel zu den christlichen Aspekten unserer heutigen Rechtsordnung finden sich beispielsweise bei *Ott*, Christliche Aspekte unserer Rechtsordnung; *Di Fabio*, Gewissen, Glaube, Religion, S. 79-94; *Dreier*, JZ 2002, 1-13.

[293] *Brenner*, Staat und Religion, VVDStRL 59 (2000), S. 264 (296).

[294] *Sacksofsky*, Religiöse Freiheit als Gefahr?, VVDStRL 68 (2008), S. 7 (28); *Korioth*, Vom institutionellen Staatskirchenrecht zum grundrechtlichen Religionsverfassungsrecht?, in: Brenner (Hrsg.), Der Staat des Grundgesetzes – FS Badura, S. 727 (733 ff.); *ders.* Entwicklung der Rechtsformen von Religionsgemeinschaften in Deutschland im 19. und 20. Jahrhundert, in: Kippenberg/Schuppert (Hrsg.), Die verrechtlichte Religion, S. 109 (111).

[295] *Dreier*, JZ 2002, 1 (12).

verfassungsrechts eine christliche Prägung des Verfassungsverständnisses mit sich bringt, soll im Folgenden geklärt werden. Sollte das Grundgesetz eine christlich auszulegende Verfassung sein, so wäre daran anknüpfend zu klären, welche Konsequenz dies für das Verständnis des Begriffs der Religionsgemeinschaft hätte. Eine christliche Prägung des (Religions-)Verfassungsrechts könnte schließlich die organisatorische Ausrichtung des institutionellen Religionsverfassungsrechts an den christlichen Großkirchen zur Folge haben. In diesem Fall wäre es hinzunehmen, dass es nicht-christliche Zusammenschlüsse deutlich schwerer als christliche Kirchen haben, als Religionsgemeinschaft im Sinne des Grundgesetzes angesehen zu werden.

1. Abstrakte christliche Prägung des Grundgesetzes?

Muss das Grundgesetz bzw. das Religionsverfassungsrechts aufgrund der historischen Prägekraft des Christentums aus einem christlichen Blickwinkel verstanden und interpretiert werden? Falls diese Frage mit „Ja" zu beantworten sein sollte, so wäre die gängige Definition des Begriffs der Religionsgemeinschaft nach *Gerhard Anschütz*, die sich an der organisatorischen Ausrichtung der christlichen Großkirchen orientiert, aus verfassungsrechtlicher Sicht geboten oder zumindest hinzunehmen. Dass nichtchristliche Zusammenschlüsse in diesem Fall kaum in den Genuss der Rechte der institutionellen Dimension des Religionsverfassungsrechts kommen könnten, wäre somit trotz der sich daraus ergebenden Probleme zu akzeptieren. Ob der historische Einfluss des Christentums Auswirkungen auf die Verfassungsauslegung hat, ist allerdings umstritten. Einige Stimmen in der Literatur sind der Ansicht, dass das Christentum dem geltenden Verfassungsrecht zugrunde liege, weshalb eine faktische Besserstellung der christlichen Kirchen gegenüber anderen religiösen Zusammenschlüssen anzunehmen sei. Schlösse man sich dieser Auffassung an, wäre ein an den christlichen Kirchen orientiertes Organisationsverständnis geboten und damit einhergehende Probleme für religiöse Minderheiten wären dementsprechend hinzunehmen. Andere Stimmen in der Literatur lehnen eine verfassungsrechtlich gebotene Besserstellung der christlichen Kirchen hingegen ab. Eine abstrakt gebotene Privilegierung der Kirchen gegenüber anderen religiösen Zusammenschlüssen wäre demnach nicht statthaft.

a) Abstrakte christliche Grundtendenz des Grundgesetzes

Diejenigen Stimmen in der Literatur, denen zufolge das Grundgesetz aufgrund der besonderen Prägekraft des Christentums in der Vergangenheit noch heute eine abstrakte christliche Grundausrichtung enthalte, fordern eine wertgebundene Verfassungsinterpretation.[296] Dass wertgebunden in diesem Kontext christlich geprägt bedeutet, macht die Verwendung von Begriffen wie „Identitätsvorbehalt"[297] und „Leitkultur"[298] deutlich. Besserstellungen der christlichen Kirchen gegenüber anderen religiösen Zusammenschlüssen sind nach dieser Ansicht hinzunehmen, wenn nicht sogar erwünscht. Übertragen auf den Begriff der Religionsgemeinschaft bedeutet dies, dass die organisatorische Ausrichtung des institutionellen Religionsverfassungsrechts an den christlichen Großkirchen aufrecht zu erhalten ist. Der begriffliche Status quo wäre demzufolge trotz der damit einhergehenden Probleme hinzunehmen.

Befürworter einer christlichen Grundtendenz des Grundgesetzes verweisen vor allem auf die historische parallele Entwicklung von Kirche und Staat. Der moderne Staat sei durch die Konflikte, aber auch durch das respektvolle Miteinanders beider Sphären, zu dem geworden, was er heute ist.[299] Erst das Christentum habe den Boden dafür bereitet, dass sich das Grundgesetz in der heute existierenden Form entwickeln konnte.[300] Ein christlich geprägter Blickwinkel auf das Grundgesetz könne daher nicht unerheblich

---

[296] *Isensee*, Die Zukunftsfähigkeit des deutschen Staatskirchenrechts, in: Isensee/Rees/Rüfner (Hrsg.), Dem Staate, was des Staates – der Kirche, was der Kirche ist – FS Listl, S. 67 (87); *Hollerbach*, Religion und Kirche im freiheitlichen Verfassungsstaat, S. 9; *Hillgruber*, Wie viel Christentum braucht, wie viel Christentum verträgt der Staat des Grundgesetzes?, in: Kirchhof/Papier/Schäffer (Hrsg.), Rechtsstaat und Grundrechte – FS Merten, S. 23; *ders.*, JZ 1999, 538 (546); *Uhle*, Staat – Kirche – Kultur, S. 140 ff.; *Scholz*, in: Essener Gespräche 26 (1992) 7 (28); *ders.*, Staat und Kirche – Chance für eine neue Partnerschaft?, in: Bernhardt/Mehnert (Hrsg.), Glaube und Politik, S. 63 (69 f.); *Ladeur/Augsberg*, JZ 2007, 12 (17); eine differenzierte Ansicht findet sich bei *Schwarz*, Das christlich-abendländische Fundament des Grundgesetze als Topos der Verfassungsinterpretation, in: Grote u.a. (Hrsg.), Die Ordnung der Freiheit – FS Starck, S. 419 (420, 429 f.), der einen christlichen Kulturvorbehalt ablehnt, die christlich-abendländische Tradition jedoch als Argumentationstopos anerkennt.

[297] *Uhle*, Staat – Kirche – Kultur, S. 140 et passim.

[298] *Isensee*, Blätter für deutsche und internationale Politik 2010, 79 (84); *Heinz*, VR 2010, 118 (119).

[299] *Di Fabio*, Staat und Kirche: Christentum und Rechtskultur als Grundlage des Staatskirchenrechts, in: Hillgruber (Hrsg.), Das Christentum und der Staat, S. 91 (91).

[300] Vgl. *Isensee*, AöR 131 (2006), 173 (206).

zum Verständnis des Grundgesetzes beitragen.[301] Insbesondere das institutionelle Religionsverfassungsrecht sei ohne die Ko-Evolution von Kirche und Staat nicht verständlich.[302] Diese kulturellen Grundlagen könnten weder auf politischem noch auf rechtlichem Wege ohne weiteres beseitigt werden.[303]

Unter anderem befürwortet *Paul Kirchhof* eine Sonderstellung des Christentums gegenüber anderen Religionen. Dem Christentum sei eine besondere Bedeutung für den Staat zu attestieren, weshalb der Staat nicht kulturblind sein dürfe, sondern unterscheiden müsse, welche Religionen ihn in der Vergangenheit historisch entfaltet hätten und ihn nun bereichern.[304] Das Christentum sei eine wesentliche und alternativlose Verfassungsstütze, weshalb sich auch die besondere Förderung und Privilegierung der christlichen Kirchen gegenüber anderen Religionen rechtfertige.[305]

Ähnlich argumentiert *Isensee,* der eine Ausrichtung des Verfassungsrechts an der christlichen Religion befürwortet. Insbesondere die Öffnung des institutionellen Religionsverfassungsrechts für die „Importkultur des Islam" sieht er kritisch, schließlich komme dem Religionsverfassungsrecht die Aufgabe zu, die christlich vorgeprägte Kulturidentität zu pflegen.[306] Noch weiter geht *Uhle*, der der Verfassung einen Identitätsvorbehalt zugunsten des Christentums entnimmt.[307] Bestimmten Religionsgemeinschaften, so *Uhle*, würden durch das institutionelle Religionsverfassungsrecht nur deshalb Rechte zuerkannt, weil diese über eine identitätsstärkende Wirkmächtigkeit verfügten und den Staat und dessen Verfassungsvoraussetzungen dadurch stärkten.[308] Der Staat fördere und pflege „mit dem konstitutiv-

---

[301] *Hillgruber*, Wie viel Christentum braucht, wie viel Christentum verträgt der Staat des Grundgesetzes?, in: Kirchhof/Papier/Schäffer (Hrsg.), Rechtsstaat und Grundrechte – FS Merten, S. 23 (24).

[302] *Di Fabio*, Staat und Kirche: Christentum und Rechtskultur als Grundlage des Staatskirchenrechts, in: Hillgruber (Hrsg.), Das Christentum und der Staat, S. 91 (91).

[303] *Di Fabio*, Staat und Kirche: Christentum und Rechtskultur als Grundlage des Staatskirchenrechts, in: Hillgruber (Hrsg.), Das Christentum und der Staat, S. 91 (109).

[304] *P. Kirchhof*, in: Essener Gespräche 39 (2005), 105 (116); ähnlich *Ladeur/Augsberg*, Toleranz – Religion – Recht, S. 84.

[305] *P. Kirchhof*, Die Wertgebundenheit des Rechts, ihr Fundament und die Rationalität der Rechtsfortbildung, in: Herms (Hrsg.), Menschenbild und Menschenwürde, S. 155 (162).

[306] *Isensee*, Die Zukunftsfähigkeit des deutschen Staatskirchenrechts, in: Isensee/Rees/Rüfner (Hrsg.), Dem Staate, was des Staates – der Kirche, was der Kirche ist – FS Listl, S. 67 (88).

[307] *Uhle*, Freiheitlicher Verfassungsstaat und kulturelle Identität, S. 420.

[308] *Uhle*, Staat – Kirche – Kultur, S. 146.

institutionellen Staatskirchenrecht seine eigenen, historisch gewachsenen ideellen bzw. kulturellen Grundlagen."[309] Daher könnten nur solche religiösen Zusammenschlüsse die Rechte des institutionellen Religionsverfassungsrechts in Anspruch nehmen, die als Nebenwirkung ihres religiösen Wirkens die Verfassungskultur stärken und stabilisieren.[310] Das institutionelle Religionsverfassungsrecht betrachtet er folglich als Prämierung jener religiöser Zusammenschlüsse, die dem Verfassungsstaat einen spezifischen Mehrwert bringen.[311] Konsequenterweise will *Uhle* deshalb auch nur solchen religiösen Zusammenschlüssen die Förderungen des institutionellen Religionsverfassungsrecht zugestehen, die zur Stärkung der abendländischen Kulturidentität beitragen.[312] Wer an den institutionellen Verbürgungen des Religionsverfassungsrechts teilhaben möchte, müsse danach einen grundgesetzlichen Mindestkatalog kulturell geprägter Kompatibilitätsanforderung erfüllen.[313] Zu den Kernbestandteilen der abendländischen Kulturidentität zählt *Uhle* sowohl das Neutralitäts- und Paritätsprinzip als auch die säkulare Staatsgestaltung.[314] Es genügt ihm zufolge allerdings nicht, dass religiöse Zusammenschlüsse diese grundgesetzlichen Prinzipien achten, vielmehr sei zu fordern, dass religiöse Zusammenschlüsse im Rahmen ihres religiösen Wirkens an der Stärkung der kulturellen Grundlagen der Verfassung tatkräftig mitwirkten.[315] *Uhle* streitet jedoch ab, dass ein solches Erfordernis im Endeffekt zur Folge hätte, dass nur christliche und jüdische Zusammenschlüsse in den Genuss der institutionellen Vergünstigungen des Religionsverfassungsrechts kämen.[316] Auch kulturfremden Religionen stünde das institutionelle Religionsverfassungsrecht weiterhin offen.[317] Gleichwohl unterstellt er dem Christentum pauschal die Stärkung der abendländischen Kultur, während nicht-etablierte Religionen dies erst aktiv unter Beweis stellen müssen.[318]

---

[309] *Uhle*, Staat – Kirche – Kultur, S. 146.
[310] *Uhle*, Das Staatskirchenrecht und der Islam, Kirche und Gesellschaft Nr. 354, S. 3 (9).
[311] *Uhle*, Das Staatskirchenrecht und der Islam, Kirche und Gesellschaft Nr. 354, S. 3 (9).
[312] *Uhle*, Staat – Kirche – Kultur, S. 145.
[313] *Uhle*, Das Staatskirchenrecht und der Islam, Kirche und Gesellschaft Nr. 354, S. 3 (9).
[314] *Uhle*, Staat – Kirche – Kultur, S. 148; *ders.*, Ein „rätselhafter Ehrentitel"?, in: Depenheuer/Heintzen/Jestaedt/Axer (Hrsg.), Staat im Wort – FS Isensee, S. 1033 (1056).
[315] *Uhle*, Das Staatskirchenrecht und der Islam, Kirche und Gesellschaft Nr. 354, S. 3 (9).
[316] *Uhle*, Ein „rätselhafter Ehrentitel"?, in: Depenheuer/Heintzen/Jestaedt/Axer (Hrsg.), Staat im Wort – FS Isensee, S. 1033 (1056).
[317] *Uhle*, Staat – Kirche – Kultur, S. 146.
[318] *Uhle*, Staat – Kirche – Kultur, S. 149.

Hillgruber formuliert seine Auffassung, wonach eine Bevorzugung des Christentums gegenüber anderen Religionen angezeigt sei, noch deutlicher. In Anlehnung an den sog. Tabak-Beschluss des Bundesverfassungsgerichts[319] deutet er an, dass der Verfassung zumindest verdeckt ein christlicher Kulturvorbehalt zu entnehmen sei, da letztlich „nur das Christentum den Verfassungsstaat westlicher Prägung als Ergebnis einer jahrhundertelangen abendländischen Kulturentwicklung zu tragen vermag."[320] Es unterliege keinem Zweifel, dass „das Staatskirchenrecht, wie schon der Name andeutet, auf die christlichen Kirchen zugeschnitten ist, ihnen einen Sonderstatus verfassungsrechtlich sichern sollte."[321] *Hillgruber* betrachtet das deutsche Religionsverfassungsrecht somit als auf die christlichen Kirchen zugeschnittenes Sonderrecht. Dass die religiöse Landschaft mittlerweile keine bloß christliche, sondern pluralistisch Geprägte ist, ändere daran nichts: Durch die Übernahme der sogenannten Weimarer Kirchenartikel, so *Hillgruber*, seien das Religionsverfassungsrecht aus der Weimarer Zeit und die damals vorherrschenden gesellschaftlichen Verhältnisse in gewisser Weise konserviert worden.[322] Dementsprechend müssten religiöse Minderheiten, die die institutionelle Dimension des Religionsverfassungsrechts wahrnehmen wollen, ihrer Verfassung nach den christlichen Kirchen entsprechen.[323] Dass eine solche Bevorzugung der christlichen Kirchen gegen die staatliche Pflicht zur religiös-weltanschaulichen Neutralität verstoßen könnte, lehnt *Hillgruber* ab: Zwar sei es dem Staat verboten, die Glaubenslehren einer Religion zu bewerten, die kulturellen Leistungen einer Religion dürfe der Staat hingegen durchaus beurteilen und verfassungsrechtliche Vergünstigungen daran knüpfen.[324] Bei der Interpretation des Grundgesetzes müsse daher zwischen solchen Regelungen differenziert werden, die die grundrechtliche Freiheit aller Religionen betreffen und solchen Regelungen, die die Förderung bestimmter Religionen bezweckten und damit die kulturelle Identität des Staates stabilisierten.[325] Mit den

---

[319] S. Seite 20 ff.

[320] *Hillgruber*, JZ 1999, 538 (547).

[321] *Hillgruber*, JZ 1999, 538 (546).

[322] *Hillgruber*, DVBl. 1999, 1155 (1171).

[323] *Hillgruber*, JZ 1999, 538 (546).

[324] *Hillgruber*, Wie viel Christentum braucht, wie viel Christentum verträgt der Staat des Grundgesetzes?, in: Kirchhof/Papier/Schäffer (Hrsg.), Rechtsstaat und Grundrechte – FS Merten, S. 23 (31).

[325] *Hillgruber*, Wie viel Christentum braucht, wie viel Christentum verträgt der Staat des Grundgesetzes?, in: Kirchhof/Papier/Schäffer (Hrsg.), Rechtsstaat und

rechtlichen Gewährleistungen des institutionellen Religionsverfassungsrechts bezwecke der Staat keine altruistischen Ziele, sondern verfolge ausschließlich sein ureigenes Interesse, den Kernbestand seiner Rechtskultur zu verteidigen.[326] Für eine verfassungsrechtliche Besserbehandlung des Christentums führt *Hillgruber* außerdem die Verfolgung von Christen in Staaten mit muslimischer Mehrheit an, die eine ausufernde Großzügigkeit gegenüber Muslimen, beispielsweise durch die Gewährung von religionsverfassungsrechtlichen Privilegien, nicht angebracht erscheinen lasse.[327]
Auch in der Rechtsprechung des Bundesverfassungsgerichts sind Tendenzen erkennbar, die eine Sonderstellung der christlichen Kirchen gegenüber sonstigen religiösen Zusammenschlüssen erkennen lassen. Hier ist der bereits erwähnte Tabak-Beschluss des Bundesverfassungsgerichts zu nennen, demzufolge das Grundrecht der Religionsfreiheit aus Art. 4 Abs.1 und 2 GG nicht sämtliche Glaubensbetätigungen schützen wolle, sondern lediglich solche, die sich bei den heutigen Kulturvölkern auf dem Boden gemeinsamer sittlicher Grundanschauungen herausgebildet haben.[328] Zwar nahm das Bundesverfassungsgericht im Rahmen seiner Ausführungen nicht explizit auf das Christentum Bezug, dennoch ist mit Blick auf die religiöse Zusammensetzung der Bundesrepublik der 1960-er Jahre eindeutig, dass vor allem das Christentum als kulturadäquat betrachtet wurde und gemeint war. Auch im sogenannten Kruzifix-Beschluss schreibt das Bundesverfassungsgericht dem christlichen Glauben und den christlichen Kirchen eine überragende Prägekraft für den heutigen Staat zu.[329] Die darauf zurückgehenden Denktraditionen, Sinnerfahrungen und Verhaltensmuster könnten auch dem religiös-weltanschaulich neutralen Staat nicht gleichgültig sein.[330]
Übertragen auf den grundgesetzlichen Begriff der Religionsgemeinschaft hätte die Annahme einer abstrakt-christlichen Prägung der Verfassung zur Folge, dass ein christlich-kirchlich geprägtes Verständnis des Begriffs der Religionsgemeinschaft nicht bedenklich, sondern sogar vorzugswürdig wäre.

Grundrechte – FS Merten, S. 23 (31).

[326] Vgl. *Hillgruber*, JZ 1999, 538 (547), der seine Ausführungen allerdings auf den Körperschaftsstatus bezieht.

[327] *Hillgruber*, JZ 1999, 538 (541); ähnlich *Isensee*, JZ 2010, 317 (321).

[328] BVerfGE 12, 1.

[329] BVerfGE 93, 1 (22).

[330] BVerfGE 93, 1 (22).

b) Das Grundgesetz als religionsneutral orientierte Verfassung

Die herrschende Meinung erkennt den Einfluss des Christentums auf die heutige Rechtsordnung zwar an, lehnt einen christlich-kirchlichen Kulturvorbehalt und eine daraus folgende christlich geprägte Verfassungsinterpretation gleichwohl ab.[331] Eine Bevorzugung der christlichen Kirchen dürfe nicht in das Religionsverfassungsrecht hineingelesen werden.[332] Auf den Begriff der Religionsgemeinschaft übertragen bedeutet dies, dass eine Ausrichtung des institutionellen Religionsverfassungsrechts an der Struktur der christlichen Großkirchen aus abstrakt-verfassungsrechtlicher Sicht nicht erforderlich ist.

Dreier steht dem von Teilen der Literatur geforderten Kulturvorbehalt kritisch gegenüber. Er sieht hierin eine Revitalisierung der längst verworfenen Kulturadäquanzformel.[333] Das deutsche Religionsverfassungsrecht sei kein Sonderrecht zugunsten der christlichen Großkirchen, sondern privilegierendes Sonderrecht für sämtliche Religionsgemeinschaften und Weltanschauungsgemeinschaften.[334] Die Entwicklung von einer religiös homogenen hin zu einer multireligiösen Gesellschaft und die damit einhergehenden Konflikte dürften nicht dazu führen, dass das Gleichheitsversprechen

---

[331] *Huster*, Die ethische Neutralität des Staates, S. 208-213; *Dreier*, Staat ohne Gott, S. 125; *ders.*, Zur (Un-)Möglichkeit religiös-weltanschaulicher Neutralität des Staates, in: Graf/Hartmann (Hrsg.), Religion und Gesellschaft, S. 49 (75); *Waldhoff*, Neue Religionskonflikte und staatliche Neutralität, Gutachten D zum 68. Deutschen Juristentag 2010, D 48 f.; *ders.*, NJW-Beilage 2010, 90 (91); *Korioth*, Das Religionsverfassungsrecht der Berliner Republik als Einweisung in die wechselseitige Indifferenz von Staat und Kirchen?, in: Große Kracht/Schreiber (Hrsg.), Wechselseitige Erwartungslosigkeit?, S. 237 (252); *Möllers*, Religiöse Freiheit als Gefahr?, VVDStRL 68 (2008), S. 47 (60); *Wittreck*, Perspektiven der Religionsfreiheit in Deutschland, in: Rees/Roca/Schanda (Hrsg.), Neuere Entwicklungen im Religionsrecht europäischer Staaten, S. 825 (851 f.); *Unruh*, Reformation – Staat – Religion, S. 219; *M. Wagner*, Kulturelle Integration und Grundgesetz, S. 461; *Palm*, Berechtigung und Aktualität des Böckenförde-Diktums, S. 74; *Dürig*, Die negative Religionsfreiheit und christlich geprägte Gehalte des Landesverfassungsrechts, S. 20.; *Czermak*, KritJ 33 (2000), 229 (241); *H. Weber*, NJW 2010, 2475 (2476); *Baer/Wrase*, DÖV 2005, 243 (249).

[332] *Korioth*, Das Religionsverfassungsrecht der Berliner Republik als Einweisung in die wechselseitige Indifferenz von Staat und Kirchen?, in: Große Kracht/Schreiber (Hrsg.), Wechselseitige Erwartungslosigkeit?, S. 237 (252).

[333] *Dreier*, Zur (Un-)Möglichkeit religiös-weltanschaulicher Neutralität des Staates, in: Graf/Hartmann (Hrsg.), Religion und Gesellschaft, S. 49 (74).

[334] Vgl. *Dreier*, Religion im Grundgesetz, in: Große Kracht/Schreiber (Hrsg.), Wechselseitige Erwartungslosigkeit?, S. 337 (349).

des Religionsverfassungsrechts aufgegeben werde.[335] Religiöse Zusammenschlüsse dürften keinesfalls danach sortiert werden, ob diese für den freiheitlichen Verfassungsstaat eine tragende Kraft darstellten oder nicht.[336]

Auch diejenigen, die die christliche Lesart des Grundgesetzes ablehnen, stützen sich auf die historische Entwicklung des deutschen Religionsverfassungsrechts, stellen dabei jedoch die freiheitliche Seite des Religionsverfassungsrechts stärker in den Vordergrund als Vertreter einer christlichen Lesart. So betrachtet *Heinig* das deutsche Religionsrecht nicht als ein auf die christlichen Kirchen zugeschnittenes Rechtsregime, sondern betont, dass schon die Weimarer Reichsverfassung den Weg zur Multireligiösität aus historischer Sicht vorangetrieben habe.[337] Die Annahme eines christlich-abendländischen Grundorientierung unterschätze die grundgesetzlich vorgesehene Offenheit gegenüber anderen Religionen.[338] *Heinig* kommt daher zu dem Schluss, dass diejenigen, die am Status quo trotz veränderter gesellschaftlicher Verhältnisse festhalten wollen, in der argumentativen Bringschuld seien.[339] *Borowski* weist darauf hin, dass schon im Preußen des 18. Jahrhunderts Toleranz gegenüber Nichtchristen geübt wurde, dass die Weimarer Reichsverfassung das Staatskirchentum offiziell beendet habe und allen Religionen Glaubensfreiheit gewährleistet wurde.[340] Die Verfassungstradition sei der Beschränkung auf das Christentum damit bereits zur Entstehungszeit des Grundgesetzes entwachsen.[341] Auch *Dreier* zufolge habe spätestens die rasante Entwicklung vom einer bikonfessionellen zu einer multireligiösen Gesellschaft der Vorstellung eines faktisch christlichen Staatswesens ein Ende bereitet.[342] *Martin Heckel* konstatiert, dass sich der christlich-konfessionelle Sinngehalt der religionsverfassungsrechtlichen Normen mit der Wandlung hin zum weltlich-

---

335 Vgl. *Dreier*, Religion im Grundgesetz, in: Große Kracht/Schreiber (Hrsg.), Wechselseitige Erwartungslosigkeit?, S. 337 (368).

336 Vgl. *Dreier*, Religion im Grundgesetz, in: Große Kracht/Schreiber (Hrsg.), Wechselseitige Erwartungslosigkeit?, S. 337 (368).

337 *Heinig*, Religion als Verfassungsvoraussetzung?, in: Funkschmidt (Hrsg.), Mit welchem Recht?, S. 15 (17).

338 *Heinig*, Öffentlich-rechtliche Religionsgemeinschaften, S. 38.

339 *Heinig*, Religion als Verfassungsvoraussetzung?, in: Funkschmidt (Hrsg.), Mit welchem Recht?, S. 15 (16).

340 *Borowski*, Die Glaubens- und Gewissensfreiheit des Grundgesetzes, S. 416.

341 *Borowski*, Die Glaubens- und Gewissensfreiheit des Grundgesetzes, S. 416.

342 *Dreier*, RW 2010, 11 (31).

pluralistischen Staat im 20. Jahrhundert vollständig verflüchtigt habe.[343] „Von der christlichen Tradition ‚des Abendlandes' […] findet sich in der Staatsverfassung keine Spur."[344] *Wagner* zufolge ist es gerade die Leistung des Grundgesetzes, dass das Gewand des christlich-abendländischen Staates zugunsten einer davon losgelösten Verfassung aufgegeben wurde.[345] Auch *Möllers* erteilt einer Sonderstellung des Christentums unter Verweis auf die Historie eine Absage: Die notorische Unterschätzung der religiösen Heterogenität vergangener Gesellschaften sei, so *Möllers*, eines der problematischen Elemente in der staatstheoretischen Diskussion um den Kulturvorbehalt.[346]

Ferner wird darauf hingewiesen, dass der säkulare Rechtsstaat in langwierigen politischen Auseinandersetzungen gegen die Kirchen erkämpft werden musste. *Dreier* erinnert daran, dass insbesondere die katholische Kirche ihren Frieden mit der modernen Grundrechtsdemokratie erst in der Mitte des 20. Jahrhunderts gemacht habe, ihr aber unabhängig davon seit 1919 die Privilegien des institutionellen Religionsverfassungsrechts zugestanden wurden.[347] Da dieses Spannungsverhältnis damals hingenommen wurde, dürfe heute nichts anderes gelten.[348] Selbst Verfechter einer christlichen Prägung geben zu, dass zahlreiche Werte, die die heutige Verfassung garantiert, erst gegen die Kirchen erkämpft werden mussten.[349]

Ebenso wird kritisiert, die Annahme einer christlichen Grundtendenz der Verfassung dränge die historische Auslegung zu stark in den Vordergrund. Die Annahme eines solchen Verfassungsprägung – oder gar eines christlichen Kulturvorbehalts – bringe die Gefahr mit sich, dass die Unterschiede zwischen Genese und Geltung sowie zwischen Verfassungsbestimmungen und Verfassungserwartungen verschwimmen könnten.[350] *Baer* weist

---

343 *M. Heckel*, Gleichheit oder Privilegien?, S. 40.

344 *M. Heckel*, Gleichheit oder Privilegien?, S. 40.

345 *M. Wagner*, Kulturelle Identität und Grundgesetz, S. 461.

346 *Möllers*, Religiöse Freiheit als Gefahr?, VVDStRL 68 (2008), S. 47 (61).

347 Vgl. *Dreier*, Religion im Grundgesetz, in: Große Kracht/Schreiber (Hrsg.), Wechselseitige Erwartungslosigkeit?, S. 337 (369).

348 Vgl. *Dreier*, Religion im Grundgesetz, in: Große Kracht/Schreiber (Hrsg.), Wechselseitige Erwartungslosigkeit?, S. 337 (369); ähnlich auch, *Möllers*, Religiöse Freiheit als Gefahr?, VVDStRL 68 (2008), S. 47 (61).

349 *Isensee*, AöR 131 (2006), 173 (206).

350 *Groh*, Bundesverfassungsgericht und Religion, in: Anter/Frick (Hrsg.), Politik, Recht und Religion, S. 159 (170); *Heinig*, ZevKR 53 (2008), 235 (245); vgl. auch *Korioth*, Loyalität im Staatskirchenrecht?, in: Erbguth/Müller/Neumann (Hrsg.), Rechtstheorie und Rechtsdogmatik im Austausch, S. 221 (242 f.).

darauf hin, dass der Verweis auf die christlich-abendländische Tradition des Grundgesetzes lediglich eine Aussage über die Entstehungsgeschichte enthalte, jedoch keinerlei Aussage über die normative Verbindlichkeit bestimmter Deutungen von Recht treffe und erst recht keine Legitimationsgrundlage für Schlechterstellung nicht etablierter Religionen biete.[351] Die Unterscheidbarkeit von kultureller Herkunft und rechtlicher Geltung dürfe, so betont *Möllers*, in einer Demokratie indes keinesfalls in Frage gestellt werden.[352] Der Entstehungszusammenhang des Religionsverfassungsrechts könne die Ausrichtung dieses Rechtsgebiets daher nicht abschließend festlegen.[353] Abgesehen davon dürfe nicht jede historische Grundlage Teil der Rechtsordnung werden, da es sonst keinerlei Möglichkeit gäbe, sich durch eine demokratische Entscheidung von solchen Überlieferungen zu lösen.[354] *Möllers* stellt daher fest: „Die Unterstellung abendländischer Identität als Verfassungsvoraussetzung [...] entzieht gesellschaftliche Probleme wie die Einbeziehung neuer Religionen demokratischer Gestaltung."[355]

Auch aus christlich-kirchlicher Sicht sei eine christliche Orientierung der Verfassung nicht erstrebenswert, da die Zugrundelegung des Christentums durch den Verfassungsstaat Risiken mit sich bringe. So weist *Möllers* darauf hin, dass es für das Christentum eine Zumutung sei, als Teil der Verfassungskultur angesehen und dadurch vereinnahmt zu werden.[356] Insbesondere die Annahme, das Grundgesetz enthalte einen christlich-abendländischen Kulturvorbehalt, berge die Gefahr, dass das Christentum zu einer blassen Zivilreligion werde.[357] Ebenso warnt *Korioth* davor, Religion zu domestizieren und diese in den Dienst der öffentlichen Ordnung zu stellen.[358]

---

[351] *Baer*, RuP 49 (2013), 90 (93 Fn. 18).

[352] *Möllers*, Pluralität der Kulturen als Herausforderung an das Verfassungsrecht? in: Dreier/Hilgendorf (Hrsg.), Kulturelle Identität als Grund und Grenze des Rechts, S. 223 (231); *Dreier*, Säkularisierung und Sakralität, S. 50.

[353] *Fritsche*, Der Kulturbegriff im Religionsverfassungsrecht, S. 161.

[354] *Möllers*, Pluralität der Kulturen als Herausforderung an das Verfassungsrecht? in: Dreier/Hilgendorf (Hrsg.), Kulturelle Identität als Grund und Grenze des Rechts, S. 223 (231).

[355] *Möllers*, Religiöse Freiheit als Gefahr?, VVDStRL 68 (2008), S. 47 (63).

[356] *Möllers*, Religiöse Freiheit als Gefahr?, VVDStRL 68 (2008), S. 47 (63).

[357] *Möllers*, Religiöse Freiheit als Gefahr?, VVDStRL 68 (2008), S. 47 (63); dem zustimmend *M. Wagner*, Kulturelle Integration und Grundgesetz, S. 464.

[358] *Korioth*, Gesellschaftstheoretische Modellbildungen und die Konstruktion religionsrechtlicher Ordnungsvorstellungen, in: Heinig/Walter (Hrsg.),

Auch mit Blick auf die zunehmende Pluralisierung wird die christliche Lesart der Verfassung kritisiert. *Droege* macht darauf aufmerksam, dass ein fruchtbringender Umgang mit kultureller Differenz kaum möglich sei, wenn man trotz der zunehmenden religiösen Pluralisierung auf einem christlich-abendländischen Kulturvorbehalt beharre. [359] *Wagner* betont, dass es indes gerade die Aufgabe des Grundgesetzes sei, Antworten auf die kulturelle Pluralität zu geben, was ein sich auf das christliche Abendland berufender Staat jedoch nicht leisten könne.[360] Darüber hinaus könnten sich religiöse Minderheiten oder areligiöse Personen mit einem christlich-abendländischen Staat zudem nur schwer identifizieren.[361] Eine enge Verknüpfung von Recht und Religion führe, so wird befürchtet, zu weiterer Polarisierung und Ausgrenzung.[362]

Ferner wird die Unbestimmtheit des Kulturvorbehalts beanstandet. *Möllers* zufolge existiere keine einheitliche christliche Kultur, weshalb schon es faktisch kaum möglich sei, der Verfassung einen christlichen Kulturvorbehalt zu unterstellen.[363] Zum gleichen Schluss kommt *Waldhoff*, der den modernen Verfassungsstaat als protestantische Erfindung begreift: Seiner Ansicht nach ist das Verhältnis zum Verfassungsstaat notwendigerweise konfessionell differenziert, weshalb es sich von vornherein verbiete, die Kirchen als Geburtshelfer des modernen Verfassungsstaats zu bezeichnen.[364]

Nach der soeben skizzierten Ansicht wäre eine abstrakt-christliche Prägung des Grundgesetzes abzulehnen. Übertragen auf den Begriff der Religionsgemeinschaft wäre ein an den christlichen Kirchen orientiertes Begriffsverständnis nicht schon aufgrund einer abstrakt-christlichen Prägung erforderlich.

Religionsverfassungsrechtliche Spannungsfelder, S. 283 (294).

[359] *Droege*, KritV 84 (2001), 466 (470).

[360] *M. Wagner*, Kulturelle Integration und Grundgesetz, S. 462.

[361] *Magen*, Neutralität und negative Religionsfreiheit im staatlichen verantworteten öffentlichen Raum, in: Häberle/Hattler (Hrsg.), Islam – Säkularismus – Religionsrecht, S. 95 (106).

[362] *Tanner*, Bekenntnis zum Grundgesetz?, in: Bräcklein/Meyer/Scherf (Hrsg.), Politisches Denken ist – FS Renesse, S. 97 (104).

[363] *Möllers*, Religiöse Freiheit als Gefahr?, VVDStRL 68 (2008), S. 47 (63).

[364] *Waldhoff*, Die Kirchen als Geburtshelfer und Begleiter des Verfassungsstaats?, in: Löhnig (Hrsg.), Staat und Religion in der Moderne, S. 21 (38).

c) *Keine abstrakte christliche Grundorientierung der Verfassung*

Auffällig ist, dass Befürworter der christlichen Prägung und des daraus folgenden Kulturvorbehalts insbesondere historische Argumente in den Fokus stellen, während Gegner eines christlich-abendländischen Kulturvorbehalts die freiheitliche Komponente des Religionsverfassungsrechts stärker betonen. Warum dem Grundgesetz richtigerweise keine abstrakte christliche Ausrichtung zu entnehmen ist, soll im Folgenden dargestellt werden.

aa) *Einseitige Überhöhung der historischen Auslegungsmethode*

Zunächst soll auf die These eingegangen werden, das Grundgesetz enthalte aufgrund der historischen Ko-Entwicklung von institutionellem Religionsverfassungsrecht und Kirche eine christlich-abendländische Grundtendenz. Das Grundgesetz entstammt unstreitig einem Rechtsraum, der über Jahrhunderte durch das Christentum und die christliche Kultur geprägt wurde. Die vorliegende Untersuchung verfolgt nicht das Ziel, diese historischen Umstände zu bestreiten oder zu marginalisieren. Das Religionsverfassungsrecht ist in besonderer Weise von seiner historischen Entstehungsgeschichte geprägt, weshalb eine Pfadabhängigkeit[365] des Rechtsgebiets nicht zu leugnen ist.[366] Gerade das institutionelle Religionsverfassungsrecht ist eine deutsche Eigenheit, die sich nur mit Blick auf die historischen

---

[365] *Koenig*, Pfadabhängigkeit und institutioneller Wandel im deutschen Religionsrecht, in: Heinig/Walter (Hrsg.), Staatskirchenrecht oder Religionsverfassungsrecht?, S. 91 (98), definiert Pfadabhängigkeiten als „Fälle institutioneller Persistenz, die nicht mit dem kontinuierlichen Wirken bereits in der Entstehung einer Institution wirksamer kausaler Faktoren zu erklären sind, sondern mit davon unabhängigen Mechanismen institutioneller Reproduktion [...] einmal eingeschlagene Pfade positiv verstärken.“; *ders.*, Pfadabhängigkeit und institutioneller Wandel von Religionspolitik, in: Gabriel/Höhn (Hrsg.), Religion heute – öffentlich und politisch, S. 149 (155); *Wißmann*, NJOZ 2021, 321 (323), definiert die pfadabhängige Verfassungsauslegung als lineare Auslegungsmethode, die einen früher auf Rechtsanwendungsebene gesetzten Impuls zugrunde lege und veränderte Lebensrealitäten an Definitionen messe, ohne dabei den zeit- und kontextabhängigen Besonderheiten ausreichend Rechnung zu tragen. Der pfadabhängigen Auslegung stellt er die verfassungsorientierte Neugestaltung gegenüber; *Zacher*, EuR 2002, 147 (149), versteht unter Pfadabhängigkeit im Recht die „prägende Kraft der Anfänge und des später jeweils Vorfindlichen“.

[366] *Hense*, Staatsverträge mit Muslimen, in: Mückl (Hrsg.), Das Recht der Staatskirchenverträge, S. 115 (165); *Jestaedt*, Unverstandenes Staatskirchenrecht, in: Bogner/Heimbach-Steins (Hrsg.), Freiheit – Gleichheit – Religion, S. 77 (78 f.); *Schönberger*, ZevKR 62 (2017), 333 (345); *Ogorek*, DÖV 2017, 575 (576); kritisch äußert sich *Fioole*, Freiheit von Religion?, S. 397, der darauf hinweist, eine Pfadabhängigkeit könne auch dann entstehen, wenn nur lange genug auf die Pfadabhängigkeit verwiesen werde.

Entwicklungen von Staat und Kirche und einer damals vorhandenen christlichen Mehrheitsgesellschaft erklären lässt.[367] Wäre nicht das Christentum, sondern eine andere Religion, die in der Vergangenheit vorherrschende Religion gewesen, würden die heutige Gesellschaft und Rechtskultur unzweifelhaft anders aussehen. Es ist somit festzuhalten, dass das deutsche Verfassungsrecht, insbesondere das pfadabhängige (institutionelle) Religionsverfassungsrecht, seiner Herkunft nach nicht neutral ist.[368] *Droege* weist allerdings völlig zurecht darauf hin, dass dem Staat aus diesem Woher und seiner kulturellen Herkunft keine gegenwärtige Aufgabe erwächst.[369] Aus der historischen Entwicklung einen christlich-abendländischen Kulturvorbehalt und eine daraus zu folgernde Bevorzugung der christlichen Kirchen abzuleiten, geht folglich zu weit.

Zu kritisieren ist zunächst, dass die Annahme eines christlichen Kulturvorbehalts vorverfassungsrechtliche Zustände in den Rang des Verfassungsrechts hebt.[370] Diese zwangsläufige Folge ist hochproblematisch, schließlich können vorverfassungsrechtliche Grundlagen aufgrund der fehlenden Normierung auf demokratischem Weg nur schwer beseitigt werden. Vorzugswürdig ist es daher, die vorverfassungsrechtlichen Zustände lediglich im Rahmen einer historischen Auslegung heranzuziehen. Ob eine christlich geprägte Auslegung des Religionsverfassungsrechts zu bejahen ist, hängt daher vor allem davon ab, inwieweit man die Historie zur Norminterpretation heranzieht.[371] Das Religionsverfassungsrecht ist aber keine Sondermaterie, die in besonderem Maße nach historischen Maßgaben zu verstehen wäre.[372] Es gelten keine anderen methodischen Regeln als sonst auch, weshalb die sonstigen Auslegungsmethoden nach *Savigny* gleichberechtigt zu beachten sind.[373] Die Historie der Verfassung und der jewei-

---

[367] *Lepsius*, Religion und Verfassung im Vergleich: Deutschland, Frankreich, USA, in: Adolf-Arndt-Kreis (Hrsg.), Nun sag, wie hast Du's mit der Religion?, S. 19 (35).

[368] *Korioth*, Das Religionsverfassungsrecht der Berliner Republik als Einweisung in die wechselseitige Indifferenz von Staat und Kirchen?, in: Große Kracht/Schreiber (Hrsg.), Wechselseitige Erwartungslosigkeit?, S. 237 (253).

[369] *Droege*, Der Religionsbegriff im deutschen Religionsverfassungsrecht, in: Hildebrandt/Brocker (Hrsg.), Der Begriff der Religion, S. 159 (162).

[370] Vgl. *Peuker*, Verfassungswandel durch Digitalisierung, S. 217 ff.

[371] Vgl. *M. Wagner*, Kulturelle Integration und Grundgesetz, S. 252.

[372] *Muckel*, ZevKR 63 (2018), 30 (49); vgl. auch *Heinig*, Eigenwert des Religionsverfassungsrechts, in: Vesting/Korioth (Hrsg.), Der Eigenwert des Verfassungsrechts, S. 221 (222).

[373] *Czermak/Hilgendorf*, Religions- und Weltanschauungsrecht, S. 18; *C. Haupt*, Religion-State Relations in the United States and Germany, S. 113 f.; *Emmerich-Fritsche*, Der

ligen Verfassungsnorm ist lediglich ein relevanter Faktor für die Verfassungsinterpretation.[374] Auch im pfandabhängigen Religionsverfassungsrecht muss die Auslegung aber im Einklang mit den übrigen Wertungen des Grundgesetzes stehen,[375] weshalb der bloße Verweis auf die Historie der Verfassung und des deutschen Religionsverfassungsrechts eine zu einseitige Herangehensweise darstellt. Die besondere historische Prägung des Religionsverfassungsrechts daher verlangt mitnichten eine Zementierung des Status quo.[376] Zudem hat das ständige Hervorheben der historischen Determiniertheit des Religionsverfassungsrechts zur Folge, dass das Religionsverfassungsrecht antiquiert wirkt und für die mit der religiösen Pluralisierung einhergehenden Probleme keine zufriedenstellende Lösung gefunden wird.[377] Das Religionsverfassungsrecht verfolgt jedoch nicht das Ziel, die historisch erklärbaren Privilegien der christlichen Großkirchen zu konservieren, sondern das Religionsverfassungsrecht neutral und paritätisch für sämtliche Religionen zu öffnen.[378] Der bloße Verweis auf die Geschichte des Religionsverfassungsrechts kann daher gar Ausdruck einer ahistorischen Betrachtungsweise sein.[379] Die Annahme einer abstrakten christlichen Verfassungsprägung aufgrund der historischen Vorgeschichte ist daher schon deshalb abzulehnen, weil eine solche Herangehensweise zu einer einseitigen Überhöhung der historischen Verfassungsauslegung führen würde.

bb) Gegenwartsblinde Herangehensweise

Der Annahme eines christlich-abendländischen Kulturvorbehalts bzw. eines christlich geprägten Verfassungsverständnisses ist zudem entgegenzuhalten, dass es sich um eine gegenwartsblinde Herangehensweise handelt. Schon *Rudolf Smend* hat darauf aufmerksam gemacht, dass das historische Argument nur begrenzt leistungsfähig sei, um (religiöse) Integrations-

---

Staat 58 (2019), 575 (600).

[374] *Janssen*, Aspekte des Status von Religionsgemeinschaften als Körperschaften des öffentlichen Rechts, S. 72; *Dürig*, Die negative Religionsfreiheit und christlich geprägte Gehalte des Landesverfassungsrechts, S. 20.

[375] *Janssen*, Aspekte des Status von Religionsgemeinschaften als Körperschaften des öffentlichen Rechts, S. 72.

[376] *Häberle*, DÖV 1976, 73 (75).

[377] *Renck*, ZRP 1996, 16 (16).

[378] *Muckel*, ZevKR 63 (2018), 30 (48 f.).

[379] *Mikat*, Die religionsrechtliche Ordnungsproblematik in der Bundesrepublik Deutschland, in: Listl (Hrsg.), Religionsrechtliche Schriften, S. 377 (387 Anm. 18.).

konflikte zufriedenstellend aufzulösen: „Die Würdigung der Geschichte als der kausalen Grundlage der Gegenwart oder als Gegenstand einer fortdauernden Zurechnung verkennt zugleich die Bedeutung und die Grenzen ihrer wirkenden, insbesondere ihrer integrierenden Kraft.“[380] Der Verweis auf die christlichen Wurzeln blendet die religiöse Pluralisierung der letzten 50 Jahre aus; die Mitgliederzahlen der christlichen Großkirchen sind rapide gesunken, während die religiöse Individualisierung zugenommen hat und nicht etablierte Religionen Zulauf verzeichnen konnten. Eine abstrakt-christliche Grundtendenz der Verfassung ungeachtet dieser Umbrüche anzunehmen, wird den heutigen gesellschaftlichen Realitäten nicht gerecht. Vergangene gesellschaftliche Realitäten werden durch ein solches Vorverständnis vielmehr als kaum veränderbarer Orientierungspunkt festgelegt, während kulturelle Veränderungen als unerheblich eingestuft werden. Entscheidet man sich jedoch dafür, der Verfassung eine Kultur zugrunde zu legen, so darf dabei nicht ausgeblendet werden, dass kulturelle Gehalte in freiheitlichen Verfassungsstaaten veränderlich sind.[381] *Häberle* spricht diesbezüglich vom ambivalenten Charakter des historischen Ansatzes im Religionsverfassungsrecht:

„Er [der historische Ansatz] ermöglicht auch die Relativierung des geschichtlich Gewordenen: auf der Folie der Einsicht, daß eine Rechtsposition aufgrund bestimmter Vorbedingungen so geworden ist. Wenn diese sich jetzt ändern, verlangt sie neue Legitimationsgründe oder aber die Anpassung.“[382]

Selbst die pfadabhängige Prägung des deutschen Religionsverfassungsrechts sieht keine strikte dogmatische Erstarrung, sondern flexible Reaktionsmöglichkeiten bei fundamentalen Umbrüche vor,[383] mögen diese im pfadabhängigen Religionsverfassungsrecht auch mit größerem Aufwand verbunden sein als in anderen Rechtsgebieten.[384]

Es bleibt festzuhalten, dass eine abstrakt-christlich Prägung der Verfassung spätestens mit der zunehmenden religiösen Pluralisierung verblasst ist.[385]

---

[380] *Smend*, Verfassung und Verfassungsrecht, S. 53.

[381] Vertiefte Hinweise zur Wandelbarkeit des Kulturbegriffs im pluralistischen Verfassungsstaat finden sich bei *Möllers*, Pluralität der Kulturen als Herausforderung an das Verfassungsrecht?, in: Dreier/Hilgendorf (Hrsg.), Kulturelle Identität als Grund und Grenze des Rechts, S. 223 (233).

[382] *Häberle*, Verfassung als öffentlicher Prozeß, S. 334; *ders.*, DÖV 1976, 73 (75).

[383] *Ogorek*, DÖV 2017, 575 (583).

[384] Vgl. *Fioole*, Freiheit von Religion?, S. 396.

[385] Vgl. *Richter*, Die Verteidigung tradierter Identitätsräume als Schranke der

Das Beharren auf einem christlich-abendländischen Kulturvorbehalt, und der daraus folgenden christlichen Verfassungsauslegung, verkennt faktisch gegebene gesellschaftliche Veränderungen und manifestiert kulturelle Gräben. Früher gegebene religionspolitische Selbstverständlichkeiten sind nicht mehr existent, eine Rückentwicklung zu einer heterogen christlich geprägten Gesellschaft ist nicht zu erwarten,[386] weshalb ein Verharren auf den christlichen Grundlagen des (Religions-)Verfassungsrechts nicht helfen wird, die neu entstandenen Herausforderungen zufriedenstellend zu lösen. Abgesehen davon kann es nicht Aufgabe der Verfassung sein, den gesellschaftlichen Prozess der Abnahme der christlichen Religiosität zu korrigieren.[387] Dass das Bundesverfassungsgericht die im Tabak-Beschluss entwickelte Kulturadäquanzformel mittlerweile aufgeben hat, zeigt zudem deutlich, dass sich auch das Bundesverfassungsgericht einem kulturell-religiösen Wandel nicht versperrt. Die Annahme einer christlichen Orientierung der Verfassung, oder gar eines christlich-abendländischen Kulturvorbehalts, hätte jedoch einen Rückfall zum überkommenen Kulturvorbehalt zur Folge, was mit Blick auf die zunehmende Pluralisierung der Religionslandschaft nicht wünschenswert erscheint. Somit ist eine abstrakt christliche Prägung aufgrund der Gegenwartsblindheit dieser Betrachtungsweise abzulehnen.

cc) Ergebnisorientiertes Argumentationsmuster

Weiterhin ist einem abstrakt-christlichen Kulturvorbehalt bzw. der Annahme einer christlichen Grundausrichtung der Verfassung entgegenzuhalten, dass es sich um ein ergebnisorientiertes Argumentationsmuster handelt. *Uhles* Einschätzung, auch nicht-christliche Religionen könnten die Gewährleistungen des institutionellen Religionsverfassungsrechts trotz eines abendländischen Kulturvorbehalts wahrnehmen, ist zweifelhaft. Schon der Begriff „abendländisch“ wird üblicherweise mit dem Christentum verbunden. Der Annahme eines christlich-abendländischen Kulturvorbehalts wohnt schon terminologisch eine Privilegierung etablierter Religionen und eine Exklusion nicht-christlicher Religionen inne. Auch die Begriffe der

---

Religionsfreiheit, in: Breuer/Epiney/Haratsch/Schmahl/Weiß (Hrsg.), Der Staat im Recht – FS Klein, S. 1263 (1282 f.).

[386] *Heinig*, Religion als Verfassungsvoraussetzung?, in: Funkschmidt (Hrsg.), Mit welchem Recht?, S. 15 (15).

[387] *C. Hufen*, Der Ausgleich verfassungsrechtlich geschützter Interessen bei der Ausgestaltung des Sonn- und Feiertagsschutzes, S. 152.

Kultur und kulturellen Differenz verleiten intuitiv dazu, der vermeintlich eigenen Identität eine vermeintlich fremde kulturelle Identität gegenüberzustellen.[388] Eine christlich geprägte Lesart der Verfassung hat folglich die pauschale Ausgrenzung religiöser Minderheiten aus dem Anwendungsbereich der religionsverfassungsrechtlich gewährleisteten Rechte zur Folge. Juristische Probleme werden durch Zugrundelegung des christlichen Kulturvorbehaltes nicht länger anhand methodischer Kriterien gelöst, sondern in eine ganz bestimmte Richtung gedrängt.[389] Die Einteilung in kulturfremde und kultureigene Religionen verstärkt darüber hinaus bestehende Vorurteile und vertieft gesellschaftliche Gräben noch weiter. Auch aus diesem Grund ist eine abstrakt-christliche Prägung der Verfassung abzulehnen.

dd) Vereinnahmung des Christentums

Die Indienstnahme des Christentums für die Identität birgt zudem das Risiko, die christlichen Kirchen gegen ihren Willen für staatliche Zwecke zu vereinnahmen.[390] Die Annahme einer abstrakt-christlichen Verfassungsprägung würde die christlichen Kirchen qua Monopolstellung geradezu zwingen, eine Leit- und Vorbildfunktion zu übernehmen.[391] Dies hätte wiederum eine gewisse Erwartungshaltung des Staates an die Kirchen zur Folge, diese Vorbildfunktion im Einklang mit den Werten des Staates auszuüben. Dadurch droht nicht weniger als die Instrumentalisierung der christlichen Kirchen. Mit der Inkorporation der religionsverfassungsrechtlichen Regelungen der Weimarer Reichsverfassung reagierte das Grundgesetz indes auf die Versuche des nationalsozialistischen Regimes, die Kirchen zu staatlichen Zwecken zu instrumentalisieren und deren Wirken dadurch zu pervertieren.[392] Ein christliches Verfassungsverständnis würde die Gefahr einer Instrumentalisierung jedoch wiederaufleben lassen.

---

[388] *El Idrissi*, Der juridische Umgang mit religiöser Fremdheit, S. 65; ähnlich *Möllers*, Pluralität der Kulturen als Herausforderung an das Verfassungsrecht? in: Dreier/Hilgendorf (Hrsg.), Kulturelle Identität als Grund und Grenze des Rechts, S. 223 (230).

[389] *Möllers*, Pluralität der Kulturen als Herausforderung an das Verfassungsrecht? in: Dreier/Hil-gendorf (Hrsg.), Kulturelle Identität als Grund und Grenze des Rechts, S. 223 (232).

[390] *Mensink*, Wieviel Eigensinn darf sein?, in: Bogner/Heimbach-Steins (Hrsg.), Freiheit – Gleichheit – Religion, S. 155 (159).

[391] *Droege*, KritV 84 (2001), 466 (470).

[392] *Heinig*, ZevKR 53 (2008), 235 (246).

Das Christentum als abstrakte Auslegungsgrundlage der Verfassung heranzuziehen, birgt ferner die Gefahr, dass religiöse Werte bagatellisiert werden. Der sogenannte Kruzifix-Beschluss des Bundesverfassungsgerichts veranschaulicht die Gefahr einer Bagatellisierung christlicher Werte und Symbole deutlich: So argumentierte der Bayerische Verwaltungsgerichtshof, dass das christliche Kreuz nicht Ausdruck des Bekenntnisses zu einem konfessionell gebundenen Glauben sei, sondern ein wesentlicher Gegenstand der allgemeinen christlich-abendländische Tradition und somit Gemeingut des christlich-abendländischen Kulturkreises.[393] Diese Argumentation mutet seltsam an. Bedenklich ist zunächst die unzulässige Interpretation und Bewertung religiöser Symbole durch den Staat.[394] Auffällig ist weiterhin, dass der christlich-abendländische Kultur einerseits besondere Bedeutung zugemessen wird, das christliche Kreuz aber gleichzeitig vom religiösen Bekenntnissymbol zum neutralen Schmuck degradiert wird.[395] Der Kulturfaktor des Christentums lässt sich jedoch nicht ohne seine religiöse Komponente denken, weshalb das Kreuz nicht nur kulturelles, sondern vor allem ein religiöses Symbol ist und bleibt.[396] Der Kruzifix-Beschluss wurde daher ausgerechnet von Vertretern der Kirche beanstandet, fürchteten diese eine Marginalisierung des Religiösen.[397] Eine solche Marginalisierung des Religiösen ist auch bei Annahme eines christlich-abendländischen Kulturvorbehalts zu befürchten.

ee) Freiheitsbeschränkender Ansatz

Gegen eine christliche Orientierung der Verfassung spricht zudem deren freiheitsbeschränkende Wirkung. Ein christlicher Kulturvorbehalt würde unvermeidlich Freiheitsbeschränkungen für religiöse Minderheiten mit sich bringen. Nicht-christlichen Zusammenschlüssen würde das Einfügen

---

393 BayVGH, NVwZ 1991, 1099 (1101).

394 *Dreier*, Staat ohne Gott, S. 128.

395 *Renck*, NVwZ 1994, 544 (546).

396 *Baade*, AöR 142 (2017), 566 (580); ähnlich *J. Ipsen*, RuP 54 (2018), 265 (266 f.).

397 *Korioth*, Das Religionsverfassungsrecht der Berliner Republik als Einweisung in die wechselseitige Indifferenz von Staat und Kirchen?, in: Große Kracht/Schreiber (Hrsg.), Wechselseitige Erwartungslosigkeit?, S. 237 (247); ähnliche Bedenken äußerte Kardinal Marx, Vorsitzender der Deutschen Bischofskonferenz, bezüglich des Bayerischen Kreuzerlasses aus dem Jahr 2018. „Wenn das Kreuz nur als kulturelles Symbol gesehen wird, hat man es nicht verstanden. […] Dann würde das Kreuz im Namen des Staates enteignet.“, abrufbar unter: https://www.sueddeutsche.de/bayern/kreuz-erlass-kardinal-marx-wirft-so-eder-spaltung-vor-1.3962223 (zuletzt aufgerufen am 31.06.2021); kritisch auch *Emmerich-Fritsche*, Der Staat 58 (2019), 575 (604 f.).

in das deutsche Religionsverfassungsrecht deutlich erschwert. Die institutionelle Dimension des Religionsverfassungsrechts, die die Religionsfreiheit ergänzt, könnte von nicht-christlichen Religionen kaum wahrgenommen werden und wäre faktisch den christlichen Kirchen vorbehalten. Ein solches Ergebnis käme jedoch einer Rückbesinnung auf die Kulturvölkerformel gleich. Das Bundesverfassungsgericht hat die Kulturvölkerformel jedoch mittlerweile zugunsten folgender Auffassung aufgegeben: „Der ‚ethische Standard' des Grundgesetzes ist vielmehr die Offenheit gegenüber dem Pluralismus weltanschaulich-religiöser Anschauungen. [...] In dieser Offenheit bewährt der freiheitliche Staat des Grundgesetzes seine religiöse und weltanschauliche Neutralität."[398] Die Rechtsprechung des Bundesverfassungsgerichts lässt folglich einen Umschwung von der exklusiven Bevorzugung der christlichen Religion hin zur religiösen Offenheit erkennen. Diesem Rechtsprechungsumschwung ist zuzustimmen, schließlich ist das Religionsverfassungsrecht nicht christlich, sondern freiheitlich konzipiert.[399] Durch die Artikel der Weimarer Reichsverfassung sollte der Zugang zum institutionellen Religionsverfassungsrecht über den Kreis der Kirchen hinaus geöffnet werden.[400] Die freiheitsgeprägte Konzeption ist sowohl durch die Unterdrückung religiöser Minderheiten als auch durch die jahrhundertelangen Unabhängigkeitskämpfe der beiden christlichen Kirchen historisch erklärbar.[401] Dieser historisch verankerten freiheitlichen Prägung des Religionsverfassungsrechts schenken Befürworter des christlich-abendländischen Kulturvorbehalts indes zu wenig Beachtung.

Insbesondere die Forderung, Muslimen sollten die Rechte des institutionellen Religionsverfassungsrechts vorenthalten werden, da auch Christen in einigen muslimischen Ländern die Anerkennung versagt werde, ist entschieden zurückzuweisen.[402] Die Gewährleistungen des Religionsver-

---

[398] BVerfGE 41, 29 (50).

[399] Vgl. *Heinig*, ZevKR 53 (2008), 235 (246).

[400] Vgl. *Dreier*, Religion im Grundgesetz, in: Große Kracht (Hrsg.), Wechselseitige Erwartungslosigkeit?, S. 337 (349).

[401] *Heinig*, ZevKR 53 (2008), 235 (246).

[402] So auch *Ehlers*, The State and Religious Communities: Their Relationship and its Development in Germany, in: Ehlers/Glaser (Hrsg.), State and Religion, S. 207 (220); *Lemmen*, Religionsfreiheit aus Sicht des Zweiten Vatikanischen Konzils, in: Isak/Schmid (Hrsg.), Christen und Muslime in Deutschland, S. 43 (43); *ders.*, Muslime in Deutschland, S. 132.

fassungsrechts sind kein reziprokes Tauschgeschäft.[403] Mit einer solchen Forderung wird die freiheitliche Ausrichtung des Grundgesetzes und die freiheitsverstärkende Tendenz des institutionellen Religionsverfassungsrechts an Gegenbedingungen geknüpft, auf die religiöse Minderheiten in Deutschland nicht einmal Einfluss nehmen können. Die institutionellen Rechte des institutionellen Religionsverfassungsrechts stehen religiösen Zusammenschlüssen dann offen, wenn die notwendigen Organisationsanforderungen erfüllt werden. Wie die Religionsfreiheit und der Umgang mit religiösen Minderheiten in anderen Ländern gehandhabt werden, ist für das deutsche Religionsverfassungsrecht irrelevant.[404] Zudem kann es keinesfalls das Ziel des freiheitlichen Verfassungsstaats sein, seine freiheitlichen Werten aufzugeben und sich an Theokratien oder autoritären Staaten zu orientieren.

Problematisch ist weiterhin, dass einige Vertreter eines christlichen Kulturvorbehalts den Zugang zum institutionellen Religionsverfassungsrecht vorrangig von der Nützlichkeit der jeweiligen Religionsgemeinschaft für die Gesellschaft abhängig machen. Eine solche Sichtweise verkennt, dass die Gewährleistungen des institutionellen Religionsverfassungsrechts nicht dem Staat, sondern vor allem der jeweiligen Religionsgemeinschaft nützen sollen: Weder ist die gesellschaftliche Nützlichkeit eine verfassungsrechtliche Kategorie, noch ist die Gewährung grundrechtlicher Freiheiten zweckgebunden.[405] *Dreiers* Forderung, wonach der Staat keine Noten zu vergeben habe, sondern die verschiedenartige und selbstzweckhafte Entfaltung des Sinnsystems Religion hinzunehmen habe,[406] verdient daher uneingeschränkte Zustimmung. Die vorrechtliche Erwartung eines nützlichen Gebrauchs der institutionellen Rechte des Religionsverfassungsrechts darf daher nicht zu einem ungeschriebenen Verleihungskriterium erhoben werden.[407] Außerdem birgt eine solche Erwartung die Gefahr, den Staat zum Auftraggeber der Religionen zu machen, was letztlich die ver-

---

[403] Vgl. *Laschet*, Religion und Gesellschaft, in: Isak/Schmid (Hrsg.), Christen und Muslime in Deutschland, S. 83 (84 f.).

[404] So auch, *Muckel*, Zur christlich-abendländischen Tradition als Problem für den Islam in deutschen Verfassungen und Gesetzen, in: Schneiders (Hrsg.), Islamfeindlichkeit, S. 253 (258).

[405] *Gärditz*, Säkularität und Verfassung, in: Depenheuer/Grabenwarter (Hrsg.), Verfassungstheorie, § 5 Rn. 52.

[406] *Dreier*, JZ 2019, 1005 (1012).

[407] *Walter*, Die Verschiedenheit der Religionen und ihre gleiche Freiheit unter dem Grundgesetz, in: Mellinghoff/Palm (Hrsg.), Gleichheit im Verfassungsstaat, S. 113 (131).

fassungsrechtlich vorgegebene Trennung von Religion und Staat in Frage stellen würde.[408] Die positiven Effekte religiöser Vergemeinschaftung für die Gemeinschaft und den Staat stehen nicht im Fokus der Rechte des institutionellen Religionsverfassungsrechts. Der soziale Nutzen einer Religionsgemeinschaft ist vielmehr möglicher, nicht aber notwendiger Reflex der Freiheitsgewährung.[409] Das Religionsverfassungsrecht muss religiösen Zusammenschlüssen zunächst Freiheit gewähren, damit diese wiederum ihren Dienst an der Freiheit leisten können.[410]

ff) Unbestimmbarkeit christlich-abendländischer Werte

Gegen einen christlichen Kulturvorbehalt im Grundgesetz spricht darüber hinaus, dass es kaum möglich ist, christlich-abendländische Werte anhand objektiver Kriterien festzulegen.[411] Zunächst ist darauf hinzuweisen, dass eine leitbildorientierte Verfassungsauslegung generell Probleme mit sich bringt, da verfassungsrechtliche Leitbilder kaum rationalisierbar sind.[412] Im Rahmen des Religionsverfassungsrechts ist bereits innerhalb des normativen Rechts kaum unterscheidbar, welche Normen kulturell imprägniert sind und welche nicht.[413] Mangels normativer Fixierung wäre es bei Annahme eines christlich-abendländischen Kulturvorbehalts beinahe unmöglich zu bestimmen, welche Werte überhaupt als christlich-abendländisch einzuordnen sind. Welche Werte im Einzelnen mit dem offenen Begriff der christlich-abendländischen Kultur assoziiert werden, kann nicht verallgemeinert werden, sondern hängt maßgeblich von der subjektiven religiösen Prägung ab. Schon zwischen Katholiken und Protestanten,[414] aber auch zwischen jungen und älteren Anhängern derselben Konfession,

---

[408] *Wißmann*, VerwArchiv 2005, 369 (395 f.).

[409] *Heinig*, Öffentlich-rechtliche Religionsgesellschaften, S. 264.

[410] *Heinig*, ZevKR 53 (2008), 235 (246); ähnlich *Germann*, Kirchliche Institutionen im modernen Verfassungsstaat, in: Arndt/Barth/Gräb (Hrsg.), Christentum – Staat – Kultur, S. 411 (431 f.).

[411] Vgl. *Rottenwallner*, KJ 50 (2017), 364 (367).

[412] Zu den Schwierigkeiten einer leitbildorientierten Verfassungsauslegung, *Volkmann*, AöR 134 (2009), 157 (185 f.).

[413] *Möllers*, Pluralität der Kulturen als Herausforderung an das Verfassungsrecht? in: Dreier/Hilgendorf (Hrsg.), Kulturelle Identität als Grund und Grenze des Rechts, S. 223 (231).

[414] Weiterführende Hinweise zum unterschiedlichen Verhältnis der Protestanten und Katholiken zum Verfassungsstaat finden sich bei *Waldhoff*, Die Kirchen als Geburtshelfer und Begleiter des Verfassungsstaats?, in: Löhnig (Hrsg.), Staat und Religion in der Moderne, S. 21-39.

können ganz unterschiedliche Vorstellungen darüber bestehen, welche Werte und Ansichten im Einzelnen christlich sind und welche nicht.[415] Die Individualität des Glaubens macht es schlicht unmöglich, ein am Christentum orientiertes verfassungsrechtliches Leitbild zu entwickeln.[416] Wäre dem Grundgesetz ein christlicher Kulturvorbehalt zu entnehmen, müsste der Staat zwangsläufig Partei ergreifen und Stellung beziehen, welche christlichen Werte die staatlich zugrunde zulegenden christlichen Werte sein sollen und welche Werte nicht darunter fallen. Es ist dem Staat jedoch verboten in religiösen Wahrheitsfragen Partei zu ergreifen. Ferner würde eine solche Parteinahme religiösen Unfrieden stiften.

Uhle bemüht sich darum, den konturlosen Begriff der christlich-abendländischen Werte mit Leben zu füllen und bringt dafür die Prinzipien der Neutralität, Parität und Säkularität ins Spiel.[417] Nur religiöse Zusammenschlüsse, die diese Prinzipien tatsächlich fördern, sollten in den Genuss der Gewährleistungen des institutionellen Religionsverfassungsrechts kommen. Die von *Uhle* genannten Begriffe füllen den konturlosen Begriff der christlich-abendländischen Werte zwar mit Leben, er verkennt dabei aber, dass die von ihm aufgezählten Werte nicht per se christlich-abendländisch sind, sondern erst gegen den Widerstand der christlichen Kirchen erkämpft werden mussten.[418] So brach die katholische Kirche erst im Jahr 1965 mit der lehramtlichen Tradition, die Legitimation eines Staates von seiner Nähe zum einzig wahren Glauben abhängig zu machen.[419] Selbst Befürworter einer Sonderstellung der christlichen Kirchen müssen deshalb einräumen, dass die katholische Kirche diesen Kriterien zufolge bis zum 2. Vaticanum nicht auf dem Boden des Grundgesetzes stand und demnach nicht hätte privilegiert werden dürfen.[420] Davon abgesehen ist lediglich der

---

[415] Exemplarisch für die generationsbedingten Meinungsverschiedenheiten innerhalb einer Konfession: *Öhler*, Ihr Kindelein, kommet – Junge Katholiken in Köln provozieren das Erzbistum, abrufbar unter: https://www.zeit.de/2019/53/junge-katholiken-koeln-kirche-kampagne-erzbistum (zuletzt aufgerufen am 31.05.2021).

[416] *C. Hufen*, Der Ausgleich verfassungsrechtlich geschützter Interessen bei der Ausgestaltung des Sonn- und Feiertagsschutzes, S. 157.

[417] S. Seite 59.

[418] Dazu, *Bielefeldt*, Muslime im säkularen Rechtsstaat, S. 54; *Hilgendorf*, JZ 2014, 821 (828); *Ekardt*, KritJ 38 (2005), 248 (258).

[419] *Stein*, Vorpolitische Grundlagen des liberalen Rechtsstaates – oder: Braucht der Staat Religion?, in: Ebner/Kraneis/Minkner/Neuefeind/Wolff (Hrsg.), Staat und Religion, S. 26 (29); vgl. auch *Dreier*, JZ 2019, 1005 (1012).

[420] So ist *Hillgruber* der Ansicht, die katholische Kirche hätte die Körperschaftsrechte lange nur aufgrund des Bestandsschutzes nach Art. 137 Abs. 5 WRV innegehabt, zitiert nach:

Staat an das Neutralitätsprinzip gebunden, während religiöse Zusammenschlüsse als solche nicht an dieses Rechtsprinzip gebunden sind.[421] Ob eine religiöse Vereinigung durch ihr Wirken die von *Uhle* genannten Werte fördert und stützt, ist für deren Einordnung in das institutionelle Religionsverfassungsrecht daher kein taugliches Differenzierungsmerkmal.

gg) Integrationshemmender Ansatz

Weiterhin ist das Konzept einer abstrakt-christlichen Verfassungsprägung integrationshemmend. Schon dem Verständnis eines Staates als Kulturstaat wohnt ein exklusives Element inne, da der Begriff eine Abgrenzung zum Fremden mit sich bringt.[422] Auch *Germann* meint, das Berufen auf die Kulturtradition führe dazu, religiöse Minderheiten der Dominanz des Etablierten auszusetzen.[423] Die Zugrundelegung eines christlich-abendländischen Fundaments bedeutet streng genommen nichts anderes, als dass nur derjenige zur Kultur gehört, der sich der christlichen Tradition verbunden fühlt, wohingegen jeder, der sich der Mehrheitstradition nicht zugehörig fühlt, exkludiert wird.[424] *Gutmann* beschreibt diese ausgrenzende Wirkung treffend:

„Die Rede von den ‚christlich-abendländischen' Fundamenten des deutschen Rechtsstaates behauptet letztlich nicht weniger, als dass nur derjenige möglicher demokratischer Mit-Autor des Rechts und damit *Bürger* sein könne, der sich selbst in die christliche Tradition einschreibe. Diese Behauptung untergräbt die Fundamente des Prinzips gleicher Glaubensfreiheit."[425]

Es macht den Eindruck, als diene die Berufung auf einen ungeschriebenen Kulturvorbehalt vor allem dazu, Ressentiments gegenüber nicht willkommenen Minderheiten zu rechtfertigen.[426] Der Ausschluss von religiösen Minderheiten aufgrund eines ungeschriebenen und konturlosen Kulturvor-

---

Heinig, ZevKR 53 (2008), 235 (253).

421 *Kästner*, in: BK-GG, Art. 140 Rn. 128.

422 *El Idrissi*, Der juridische Umgang mit religiöser Fremdheit, S. 65.

423 *Germann*, öarr 2014, 41 (58).

424 *Gutmann*, Recht als Kultur?, S. 56.

425 *Gutmann*, Zur Fragilität des Rechts auf gleiche Religionsfreiheit, in: Gerster/van Melis/Willems (Hrsg.), Religionspolitik heute, S. 162 (167).

426 *Richter*, Die Verteidigung tradierter Identitätsräume als Schranke der Religionsfreiheit, in: Breuer/Epiney/Haratsch/Schmahl/Weiß (Hrsg.), Der Staat im Recht – FS Klein, S. 1263 (1282); ähnlich *Dreier*, Staat ohne Gott, S. 127 f.; *Bielefeldt*, Menschenrechte in der Einwanderungsgesellschaft, S. 77; *Krüper*, JöR 53 (2005), 79 (91).

behalts wird bei den betroffenen religiösen Minderheiten ferner auf wenig Verständnis stoßen und gesellschaftliche Konflikte nur weiter befeuern.

d) Keine abstrakt-christliche Prägung der Verfassung

Die soeben skizierten Argumente machen deutlich, warum ein ungeschriebener christlich-abendländischer Kulturvorbehalt abzulehnen ist. Eine christlich geprägte Interpretation der religionsverfassungsrechtlichen Normen ist somit zumindest nicht aufgrund einer abstrakt-christlichen Ausrichtung des Grundgesetzes erforderlich. Demgemäß ist auch kein christlich-kirchlich geprägtes Verständnis des Begriffs der Religionsgemeinschaft aufgrund eines christlichen Kulturvorbehalts erforderlich. Die gängige, kirchenzentrierte Begriffsdefinition nach *Anschütz* ist demnach nicht zwingend vorgegeben.

2. Normative christliche Prägung der Verfassung?

Mit der Feststellung, dass der Verfassung keine abstrakte christliche Ausrichtung zu entnehmen ist, ist allerdings noch keine endgültige Ablehnung einer christlich-abendländisch geprägten Grundausrichtung der Verfassung verbunden. Tradition kann Geltung behalten, wenn und soweit sie sich in das geltende Verfassungsrecht einfügen lässt.[427] Denkbar bleibt daher die Herleitung einer christlichen Verfassungstendenz aufgrund normativer Regelungen des Grundgesetzes. Fänden sich im Grundgesetz Normen, aus denen eine Sonderstellung der christlichen Religion folgt, könnte auch die kirchenzentrierte Definition der Religionsgemeinschaft aus verfassungsrechtlicher Sicht hinzunehmen sein. Zwar ist der Verfassung keine explizite christliche Ausrichtung zu entnehmen, dennoch finden sich vereinzelte Normen, aus denen eine Sonderstellung des Christentums gegenüber anderen Religionen abgeleitet werden könnte. Zu denken ist insbesondere an die Präambel des Grundgesetzes, in welcher sich eine ausdrückliche Rückbesinnung auf „Gott“ findet. Die Nennung Gottes in der Präambel des Grundgesetzes erscheint mit Blick auf die Errungenschaften der freiheitlich geprägten Verfassung, insbesondere mit Blick auf die Religionsfreiheit und die religiös-weltanschauliche Neutralität, widersprüchlich.[428] Ob der Gottesbezug, der ein Bestandteil des Religionsver-

---

[427] *M. Heckel*, Religionsfreiheit und Staatskirchenrecht in der Rechtsprechung des Bundesverfassungsgerichts, in: Badura/Dreier (Hrsg.), Festschrift 50 Jahre Bundesverfassungsgericht, Bd. 2, S. 379 (385).

[428] *Häberle*, Präambeln im Text und Kontext von Verfassungen, in: Listl/Schambeck

fassungsrechts ist,[429] eine christliche Orientierung des Grundgesetzes, insbesondere des Religionsverfassungsrechts, zur Folge hat, soll im nächsten Abschnitt skizziert werden. Auf andere Normen, die möglicherweise Rückschlüsse auf eine christliche Ausrichtung der Verfassung zulassen, soll knapp eingegangen werden.

a) Der Gottesbegriff der Präambel und dessen Bedeutung

Die am Beginn des Grundgesetzes stehende Präambel spricht von der „Verantwortung vor Gott und den Menschen“.[430] Bei der Nennung Gottes zunächst an den Gott im christlichen Sinne zu denken, ist zumindest nicht fernliegend. Es stellt sich die Frage, ob der Gottesbegriff des Grundgesetzes tatsächlich christlich zu verstehen ist. Falls diese Frage bejaht werden sollte, ist weiterhin zu diskutieren, ob dieser Befund ein normativ vorgegebenes christliches Verfassungsverständnis mit sich bringt. Wäre der Gottesbezug des Grundgesetzes eine normativ verankerte Berufung auf das Christentum und die Christlichkeit der Verfassung, wäre ein kirchenzentriertes Verständnis des Begriffs der Religionsgemeinschaft trotz aller damit verbundenen Probleme hinzunehmen. Hätte die Präambel hingegen kein christliches Verfassungsverständnis zur Folge, so könnte die Präambel nicht herangezogen werden, um das christlich-abendländisch geprägte Verständnis des Begriffs der Religionsgemeinschaft weiterhin zu rechtfertigen. Ob der Gottesbezug der Präambel an den christlichen Gott anknüpft, und ob daraus eventuell eine normative Bevorzugung des Christentums zu folgern ist, soll daher im folgenden Abschnitt geprüft werden. Dazu sollen sowohl die Entstehungsgeschichte der Präambel als auch die normative Bedeutung der grundgesetzlichen Präambel beleuchtet werden.

(Hrsg.), Demokratie in Anfechtung und Bewährung – FS Broermann, S. 211 (242).

[429] *Häberle*, Verfassungslehre als Kulturwissenschaft, S. 955; *ders.*, AöR 131 (2006), 621 (634).

[430] Auch in einigen Landesverfassungen ist von Gott die Rede, so etwa in Art. 1 Abs. 1 LV BW: „Der Mensch ist berufen, [...] seine Gaben in Freiheit und in Erfüllung des christlichen Sittengesetzes [...] zu entfalten.“; nach Art. 7 Abs. 1 LVerfNRW ist die „Ehrfurcht vor Gott [...] vornehmstes Ziel der Erziehung.“; Art. 26 Abs. 1 S. 2 SaarlVerf ruft Eltern dazu auf, ihre Kinder „auf Grundlage des natürlichen und christlichen Sittengesetzes“ zu erziehen. Weitere Beispiele dazu bei *Czermak*, KritJ 33 (2000), 229 (245). Da im Rahmen der Arbeit jedoch nur der Begriff der Religionsgemeinschaft nach dem Grundgesetz untersucht werden soll, soll auf die Gottesbezüge in den verschiedenen Landesverfassungen nicht eingegangen werden.

aa) Befürworter einer christlichen Deutung

In der Literatur finden sich vereinzelte Stimmen, denen zufolge der Gottesbegriff der grundgesetzlichen Präambel ausschließlich den christlichen Gott meine.[431] Vereinzelt wird der Gottesbezug der grundgesetzlichen Präambel gar als theonome Spitze der Verfassung bezeichnet.[432] Insbesondere *Behrendt* spricht sich für ein christliches Gottesverständnis aus: „Die Anrufung Gottes in der Präambel des Grundgesetzes [...] meint den christlichen Gott.“[433] Ebenso ist *Pawlowski* der Ansicht, dass mit dem Gottesbezug des Grundgesetzes allein der christliche Gott – nicht auch Allah oder Buddha – gemeint sein könne.[434] *Hopfauf* betont die besondere Bedeutung des Christentums für den heutigen Verfassungsstaat und ordnet den Gottesbezug daher als Erinnerung an die überragende Prägekraft des Christentums für die heutige Kultur und den Verfassungsstaat ein.[435]

Obwohl nicht wenige Stimmen in der Literatur die Auffassung vertreten, mit dem Gott der Präambel könne nur der christliche Gott gemeint sein, finden sich in der Literatur kaum Stimmen, die aus dem Gottesbezug der Präambel die Notwendigkeit eines christlich geprägten Verfassungsauslegung ableiten wollen.[436] *Behrendt* will den Gottesbegriff der Präambel christlich deuten und für die Verfassungsinterpretation fruchtbar machen.[437] Der Gottesbezug der Präambel zeige, dass der christliche Gott als der „oberste [...] Wert der Verfassung“ zu qualifizieren sei.[438] Die

---

[431] *Behrendt*, Rechtsstaat und Christenbekenntnis, in: Behrendt (Hrsg.), Rechtsstaat und Christentum, Bd. I, S. 163 (185); *Hillgruber*, in: Epping/Hillgruber, Präambel Rn. 7; *ders.*, Das Grundgesetz und das deutsche Verfassungsverständnis, in: Böhr/Crawford/Hoffman (Hrsg.), Politik und Christentum – Kohärenzen und Differenzen, S. 243 (245); *ders.*, Staat und Religion, S. 59; *Detjen*, Die Werteordnung des Grundgesetzes, S. 56; *Isensee*, ZRP 1996, 10 (15).

[432] *Wertenbruch*, Grundgesetz und Menschenwürde, S. 160.

[433] *Behrendt*, Gott im Grundgesetz, S. 279.

[434] *Pawlowski*, Der Staat 28 (1989), 353 (357).

[435] *Hopfauf*, in: Schmidt-Bleibtreu/Hofmann/Hennecke, Präambel Rn. 34.

[436] So aber *Behrendt*, Gott im Grundgesetz, passim; *Wertenbruch*, Grundgesetz und Menschenwürde, S. 154-168; *v. Schlabrendorff*, abw. Meinung zu BVerfGE 33, 23 (39 f.); *Pawlowski*, Der Staat 28 (1989), 353 (357); andeutungsweise auch *Hillgruber*, Das Grundgesetz und das deutsche Verfassungsverständnis, in: Böhr/Crawford/Hoffman (Hrsg.), Politik und Christentum – Kohärenzen und Differenzen, S. 243 (246, 254), der in der Präambel eine Offenlegung der christlichen Grundlagen der Verfassung sieht, welche der Staat auch im Rahmen der Verfassungsauslegung zu pflegen habe.

[437] *Behrendt*, Rechtsstaat und Christenbekenntnis, in: Behrendt (Hrsg.), Rechtsstaat und Christentum, Bd. I, S. 163 (185 f.); *dies.*, Gott im Grundgesetz, passim.

[438] *Behrendt*, Gott im Grundgesetz, S. 132.

rechtsstaatliche Ordnung des Grundgesetzes werde durch die ersten sechs Worte der Verfassung christlich eingefärbt.[439] Die Präambel beziehe sich auf den christlichen Gott und enthalte einen Wertekodex und Leitwert für die gesamte Verfassung.[440] Der Gottesbezug ist *Behrendts* Ansicht nach „Rechtssatz im Sinne einer Rechts- und Pflichtengrundlage mit Relevanz für das gesamte Verfassungswerk."[441] Dementsprechend müsse christliches Gedankengut bei der Verfassungsinterpretation stärker berücksichtigt werden.[442] Die Bibelbringe über die Präambel Leitwerte „für die gesamte Verfassung [...] für alle Gewalten" ein.[443] *Behrendt* sieht die Präambel nicht nur als Maßstab für das geltende Recht, sondern auch als Richtschnur für zukünftiges Recht.[444]
Schlösse man sich *Behrendts* Auffassung an, wäre eine pro-christliche Verfassungsauslegung zwingend geboten. Übertragen auf den Begriff der Religionsgemeinschaft würde dies bedeuten, dass eine organisatorische Ausrichtung des institutionellen Religionsverfassungsrechts an den christlichen Großkirchen gewollt, wenn nicht sogar zwingend, wäre. Das gängige kirchenzentrierte Verständnis des Begriffs der Religionsgemeinschaft wäre demnach aus verfassungsrechtlicher Sicht hinzunehmen.

bb) Überwiegende Ablehnung einer christlichen Deutung

Die ganz herrschende Meinung lehnt es hingegen ab, aus dem Gottesbezug des Grundgesetzes eine normativ vorgegebene christliche Einfärbung des Grundgesetzes herzuleiten.[445] Dem Gottesbezug der Präambel könne we-

---

439 Vgl. *Behrendt*, Gott im Grundgesetz, S. 282; ähnlich *v. Schlabrendorff*, abw. Meinung zu BVerfGE 33, 23 (39 f.), der den Staat – auch mit Verweis auf die Präambel – als von Gott gestiftete Erhaltungsordnung begreift, welche zu bewahren sei.
440 *Behrendt*, Gott im Grundgesetz, S. 279.
441 *Behrendt*, Gott im Grundgesetz, S. 282.
442 *Behrendt*, Gott im Grundgesetz, S. 282.
443 *Behrendt*, Gott im Grundgesetz, S. 279.
444 *Behrendt*, Gott im Grundgesetz, S. 283.
445 *Boehl/Hobe*, in: Friauf/Höfling, Präambel Rn. 124; *Herdegen*, in Maunz/Dürig, Präambel Rn. 35; *Zuleeg*, in: AK-GG, Bd. 1, Präambel Rn. 14; *Dreier*, Dreier-GG I, Präambel Rn. 39; *ders.*, Staat ohne Gott, S. 187; *Häberle*, Verfassungslehre als Kulturwissenschaft, S. 955; *ders.*, „Gott" im Verfassungsstaat, in: Fürst u.a. (Hrsg.) – FS Zeidler Bd. 1, S. 3 (14 f.); *Lehmann-Brauns*, Die staatsrechtliche Bedeutung der Präambel des Grundgesetzes, S. 74; *Steiger*, "Verantwortung vor Gott und den Menschen...?", in: Raffelt (Hrsg.),Weg und Weite – FS Lehmann, S. 663 (669); *Neumann*, Von der Formung des Rechts auf Weltanschauungsfreiheit, in: Bublitz u.a. (Hrsg.), Recht – Philosophie – Literatur – FS Merkel, S. 1633 (1649); *C. Hufen*, Der Ausgleich verfassungsrechtlich geschützter Interessen bei

der eine Festlegung auf das Christentum noch eine pro-christliche Auslegungsvermutung der Verfassung entnommen werden.[446] Der Gottesbegriff des Grundgesetzes sei nicht christlich aufgeladen, sondern stehe sämtlichen religiös-transzendenten Inhalten gegenüber offen.[447] *Dreier* zufolge könne, dürfe und wolle der Staat des Grundgesetzes sich trotz des Gottesbezugs nicht als christlicher Staat begreifen.[448] Eine prochristliche Programmatik sei der Präambel daher nicht zu entnehmen.[449] *Häberle* weist darauf hin, dass sich ein christliches Gottesverständnis schon deshalb verbiete, weil der deutsche Staat sich als „Heimstatt aller Bürger" begreife und sich das Grundgesetz daher als Verfassung der religiösen Pluralität und Offenheit verstehe.[450] Der Gottesbezug der Präambel dürfe zudem keinesfalls dazu führen, die kulturelle Errungenschaft der religiös-weltanschaulichen Offenheit des Staates in Frage zu stellen.[451] Ebenso lehnt *Ennuschat* ein christliches Verständnis des Gottesbegriffs in der Präambel ab.

---

der Ausgestaltung des Sonn- und Feiertagsschutzes, S. 153; *Palm*, Berechtigung und Aktualität des Böckenförde-Diktums, S. 73; *Essen*, Sinnstiftende Unruhe im System des Rechts, S. 34 f.; *Classen*, Religionsrecht, S. 71; *Czermak/Hilgendorf*, Religions- und Weltanschauungsrecht, S. 34.

[446] *Boehl/Hobe*, in: Friauf/Höfling, Präambel Rn. 132; *Kunig/Kotzur*, in: v. Münch/Kunig, Bd. 1, Präambel Rn. 15; *v. Coelln*, in: Gröpl/Windthorst/von Coelln, Präambel Rn. 5; *Dreier*, Dreier-GG I, Präambel Rn. 39; *ders.*, Staat ohne Gott, S. 187; *Schlaich*, Konfessionalität – Säkularität – Offenheit, in: Rendtorff (Hrsg.), Charisma und Institution, S. 175 (187); *Streinz*, Gott im Verfassungsrecht – Warum nicht im EU-Verfassungsvertrag?, in: Gornig/Schöbener/Bausback/Irmscher (Hrsg.), Iustitia et Pax, S. 823 (831); *Ennuschat*, Militärseelsorge, S. 218; *Hentzschel*, Die staatlich anerkannten Feiertage, S. 134; *Weinholt*, Gott in der Verfassung, S. 213; *Fleischer*, Der Religionsbegriff des Grundgesetzes, S. 76; *Pottmeyer*, Religiöse Kleidung in der öffentlichen Schule in Deutschland und England, S. 45; *Heinemann*, Grundgesetzliche Vorgaben bei der staatlichen Anerkennung von Feiertagen, S. 188; *Mahrenholz*, JöR 57 (2009), 61 (63); *Emmerich-Fritsche*, Der Staat 58 (2019), 575 (599); *Gemeinsame Verfassungskommission*, BT-Drucksache 12/6000, S. 110; differenzierend *Vogt*, Der Gottesbezug in der Präambel des Grundgesetzes, S. 310, der aus der Präambel abgeleitete Vorrechte der christlichen Religion ablehnt, den Gottesbezug der Präambel jedoch als Anerkennung des christlichen Erbes betrachtet.

[447] *Häberle*, „Gott" im Verfassungsstaat, in: Fürst u.a. (Hrsg.) – FS Zeidler Bd. 1, S. 3 (14 f.); *Honecker*, Evangelische Christenheit in Politik, Gesellschaft und Staat, S. 105; *Waldhoff/Grefrath*, Gehört Gott in die Verfassung?, in: Anter/Frick (Hrsg.), Politik, Recht und Religion, S. 49 (60); *Goerlich*, Der Gottesbezug in Verfassungen, in: Goerlich/Huber/Lehmann (Hrsg.), Verfassung ohne Gottesbezug, S. 9 (17).

[448] *Dreier*, Dreier-GG I, Präambel Rn. 39.

[449] *Dreier*, Dreier-GG I, Präambel Rn. 39.

[450] *Häberle*, Verfassungslehre als Kulturwissenschaft, S. 951.

[451] *Häberle*, Verfassungslehre als Kulturwissenschaft, S. 957.

Anders als die irische Verfassung, welche explizit auf den dreifaltigen christlichen Gott Bezug nehme, erwähne die grundgesetzliche Präambel das Christentum nicht.[452]
Schlösse man sich der ganz herrschenden Meinung an, so wäre dem Gottesbezug keine pro-christliche Auslegungsregel zu entnehmen. Übertragen auf den Begriff der Religionsgemeinschaft hätte dies zur Folge, dass ein an der Organisation der christlichen Kirchen ausgerichtetes Begriffsverständnis nicht erforderlich wäre. Der Gottesbezug der Präambel stünde einer Miteinbeziehung von nicht-etablierten religiösen Zusammenschlüssen und religiösen Minderheiten in das institutionelle Religionsverfassungsrecht demnach nicht entgegen.

cc) Keine normative Christlichkeit durch Präambel

Zunächst ist festzustellen, ob es überhaupt darauf ankommt, wie der Gottesbegriff der Präambel zu verstehen ist. Da der Präambeltext den Artikeln des Grundgesetzes vorangestellt ist, stellt sich die Frage, ob der Präambel überhaupt irgendein rechtlicher Gehalt zu entnehmen ist. Wäre die Präambel ohne rechtlichen Gehalt, käme es nicht darauf an, wie der Gottesbegriff zu verstehen ist. Auch für das Verständnis des verfassungsrechtlichen Begriffs der Religionsgemeinschaft wäre die Präambel damit letztlich irrelevant.

(1) Rechtliche Relevanz der Präambel

Ob der Präambel ein rechtlicher Gehalt zukommt, wird uneinheitlich beantwortet. Einer Ansicht zufolge könne der Präambel nicht jeglicher normative Gehalt abgesprochen werden,[453] nach anderer Auffassung fehlt es der grundgesetzlichen Präambel an rechtlicher Relevanz.[454] Richtigerweise ist die Präambel als rechtlich relevant einzustufen. Dafür spricht schon, dass die Präambel ein Teil der Verfassung ist.[455] In der Präambel heißt es ausdrücklich, dass sich das Volk *dieses* Grundgesetz gegeben hat, und nicht etwa *folgendes* Grundgesetz.[456] Käme der Präambel des Grundge-

---

[452] *Ennuschat*, NJW 1998, 953 (954 f.).
[453] *Boehl/Hobe*, in: Friauf/Höfling, Präambel Rn. 125; *Dreier*, Dreier-GG I, Präambel Rn. 27; *Ennuschat*, NJW 1998, 953 (954).
[454] *Zuleeg*, in: AK-GG, Bd. 1, Präambel Rn. 14; *Renck*, ZRP 1996, 16 (19).
[455] *Boehl/Hobe*, in: Friauf/Höfling, Präambel Rn. 125.
[456] *Huber*, in: Sachs-GG, Präambel Rn. 8; *Naumann*, Eine religiöse Referenz in einem Europäischen Verfassungsvertrag, S. 38; *Ennuschat*, NJW 1998, 953 (954).

setzes kein Gehalt zu, hätte der Verfassungsgeber außerdem auch ganz auf die Präambel verzichten können. Der Parlamentarische Rat betonte indes, dass die Präambel rechtserhebliche Bewertungen und Feststellungen enthalte.[457] Dass die Präambel rechtliche Relevanz haben kann, hat auch das Bundesverfassungsgericht wiederholt klargestellt. Im KPD-Urteil konstatierte das Bundesverfassungsgericht, dass der Präambel des Grundgesetzes vor allem politische, aber auch rechtliche Bedeutung zukomme.[458] Aus der ursprünglichen Fassung der Präambel[459] leitete das Bundesverfassungsgericht das Wiedervereinigungsgebot her, wonach den staatlichen Organen das Ziel der Wiedervereinigung verfassungsrechtlich aufgetragen sei.[460] Der Präambel kann somit grundsätzlich rechtliche Bedeutung zukommen. Indes weisen nicht alle Aussagen der Präambel einen solch hohen Grad an Rechtsverbindlichkeit und Rechtserheblichkeit auf.[461] Die normative Dichte der Präambel unterscheidet sich vielmehr.[462] Jede Präambelaussage ist einzelfallbezogen zu betrachten, weshalb sich eine pauschalisierte Beurteilung der normativen Folgen verbietet.[463]

Dies wirft die Frage auf, ob auch dem Gottesbezug der Präambel ein rechtlicher Gehalt zu entnehmen ist. Die Gottesklausel enthält keinen Normbefehl,[464] weswegen die rechtliche Relevanz des Gottesbezugs nicht mit der rechtlichen Relevanz des Wiedervereinigungsgebots vergleichbar ist. Dies zeigt schon eine Gegenüberstellung des Wortlauts: Während das Volk dem ursprünglichen Präambeltext zufolge explizit dazu aufgerufen war, die Einheit Deutschlands zu vollenden, sind dem Gottesbezug weder Rechtspflichten noch verbindliche rechtliche Regelungen zu entnehmen.[465]

---

[457] JöR n.F. 1 (1951), 41.

[458] BVerfGE 5, 85 (127).

[459] Die Präambel des Grundgesetzes endete ursprünglich wie folgt: „Das gesamte Deutsche Volk bleibt aufgefordert, in freier Selbstbestimmung die Einheit und Freiheit Deutschlands zu vollenden.“ Im Zuge der Wiedervereinigung wurde diese Textpassage obsolet und daher ausgetauscht.

[460] BVerfGE 77, 137 (149).

[461] *Dreier*, Staat ohne Gott, S. 185.

[462] *Häberle*, Präambeln im Text und Kontext von Verfassungen, in: Listl/Schambeck (Hrsg.), Demokratie in Anfechtung und Bewährung – FS Broermann, S. 211 (241).

[463] *Naumann*, Eine religiöse Referenz in einem Europäischen Verfassungsvertrag, S. 38 f.; *Lehmann-Brauns*, Die staatsrechtliche Bedeutung der Präambel des Grundgesetzes, S. 79.

[464] *Isensee*, Europa – christliches Erbe und technokratische Organisation, in: Höffe/Kablitz (Hrsg.), Religion im säkularen Europa, S. 95 (103).

[465] *Dreier*, Staat ohne Gott, S. 187; *Hummes*, Brauchen wir Gott im Grundgesetz?, S. 9; *Geiger*, EuGRZ 1986, 121 (124).

Mahrenholz stellt treffend fest, dass sich der Gottesbezug „nicht in Münzen des Rechts schlagen“ lasse.[466] *Behrendts* Auffassung, dass aus dem Gottesbezug der Präambel konkrete Rechtspflichten folgen, ist daher schon wegen des Wortlauts zurückzuweisen.

(2) Bloße Nennung Gottes

Obwohl aus dem Gottesbezug keine konkreten Rechtspflichten folgen, bleibt es denkbar, dem Gottesbezug zumindest im Rahmen der Verfassungsauslegung Beachtung zu schenken. Ob der Gottesbezug eine christliche Grundtendenz des Grundgesetzes mit sich bringt, ist daher zu ermitteln.

Zunächst einmal tut es Not festzustellen, dass der Präambel keine invocatio dei[467] zu entnehmen ist, sondern lediglich eine nominatio dei.[468] Eine Anrufung Gottes kann nur dann angenommen werden, wenn die Verfassung im Namen Gottes erlassen und die Legitimation der Verfassung transzendental unterlegt wird.[469] Dass es sich beim Gottesbezug der Präambel nicht um eine Anrufung, sondern lediglich um eine Nennung Gottes handelt, zeigt ein Vergleich der Grundgesetzpräambel mit anderen Verfassungstexten: Die schweizerische Bundesverfassung beginnt mit den Worten „Im Namen Gottes des Allmächtigen“, die irische Verfassung enthält den Satz „Im Namen der Allerheiligsten Dreifaltigkeit, von der alle Autorität kommt.“[470] Eine derart explizite Berufung auf den (christlichen) Gott ist

---

[466] *Mahrenholz*, JöR 57 (2009), 61 (66).

[467] So aber *Huber*, Das Staatskirchenrecht – Übergangsordnung oder Zukunftskonzept?, in: Eichenhofer (Hrsg.), 80 Jahre Weimarer Reichsverfassung – Was ist geblieben?, S. 117 (120); *Blumenwitz*, Gott und Grundgesetz, in: Behrendt (Hrsg.), Rechtsstaat und Christentum, Bd. I, S. 127 (133); *Zais*, Rechtsnatur und Rechtsgehalt der Präambel des Grundgesetzes für die Bundesrepublik Deutschland vom 23. Mai 1949, S. 118; *Doehring*, Das Staatsrecht der Bundesrepublik Deutschland, S. 42; *Geiger*, EuGRZ 1986, 121 (124); *Wiegand*, JöR 43 (1995), 31 (48).

[468] *Murswiek*, in: BK-GG, Präambel Rn. 202; *Dreier*, Dreier-GG I, Präambel Rn. 32; *ders.*, Staat ohne Gott, S. 182; *Herdegen*, in: Maunz/Dürig, Präambel Rn. 33; *Wittreck*, Jesus Christus oder Immanuel Kant, in: Wittreck (Hrsg.), 60 Jahre Grundgesetz, S. 9 (15); *Di Fabio*, Gott im Text der Verfassung, in: Buttiglione/Spangenberger (Hrsg.), Gott ist treu – FS Cordes, S. 212 ff.; *A. Weiß*, Im Bewusstsein seiner Verantwortung vor Gott und den Menschen, in: Haering/Hirnsperger/Katzinger/Rees (Hrsg.), In mandatis meditari – FS Paarhammer, S. 883 (885); *Essen*, Sinnstiftende Unruhe im System des Rechts, S. 34; *Czermak*, NJW 1999, 1300 (1300).

[469] *Murswiek*, BK-GG, Präambel Rn. 202.

[470] *Häberle*, „Gott“ im Verfassungsstaat, in: Fürst u.a. (Hrsg.) – FS Zeidler Bd. 1, S. 3 (4); *Dreier*, Staat ohne Gott, S. 181 f.

der deutschen Verfassung nicht zu entnehmen. Schon weil Gott lediglich benannt wird, ist die von *Behrendt* vertretene Auffassung, aus der Erwähnung Gottes in der Präambel sei ein Staatsziel mit dem Inhalt der Durchsetzung christlichen Gedankenguts abzuleiten und eine staatliche Verpflichtung auf den christlichen Gott zu folgern, entschieden abzulehnen.[471] Befürwortern eines christlichen Verständnisses des Gottesbezugs ist zwar zuzugestehen, dass die Mitglieder des Parlamentarischen Rats den christlichen Gott vor Augen gehabt haben werden.[472] Dafür spricht, dass ein Großteil der Abgeordneten des Parlamentarischen Rates einer christlichen Konfession angehörte und in einer christlich geprägten Gesellschaft sozialisiert wurde.[473] Die Präambel darf jedoch nicht zusammenhangslos interpretiert werden, sondern muss im Kontext der übrigen Grundgesetznormen gelesen werden.[474] Die Verwendung des Wortes „Gott" allein kann nicht den pluralistisch-säkularen und religiös-weltanschaulich neutralen Gesamtcharakter des Grundgesetzes zugunsten einer christlichen Prägung aufweichen und den Regelungsgehalt der Verfassung auf den Kopf stellen.[475] Dies hätte den Rückfall zu einem längst überwundenen christlichen Staat oder Staatskirchentum zur Folge.[476] Gegen eine christliche Auslegung spricht auch, dass der Gottesbegriff aufgrund des säkularen Charakters der Verfassung insgesamt sehr sparsam verwendet wird.[477] Aus der grundgesetzlichen Präambel ein christliches Vorverständnis der Verfassung herzuleiten, ist daher mit Blick auf den gesamten Regelungsbereich des Religionsverfassungsrechts nicht tragfähig.[478] Wie der Gottesbegriff des Grundgesetzes zu verstehen ist, kann daher nicht vom subjektiven Verständnis der Mitglieder des Parlamentarischen Rates abhängen, sondern

---

[471] Vgl. *Dreier*, Staat ohne Gott, S. 187.

[472] *Ennuschat*, NJW 1998, 953 (954).

[473] *Murswiek*, in: BK-GG, Präambel Rn. 203.

[474] *Häberle*, Präambeln im Text und Kontext von Verfassungen, in: Listl/Schambeck (Hrsg.), Demokratie in Anfechtung und Bewährung – FS Broermann, S. 211 (242); *H. Schneider*, „Gott im Grundgesetz?", in: Greive (Hrsg.), „Gott im Grundgesetz?", S. 10 (14); ähnlich *Hofmann*, ZRP 1994, 215 (216).

[475] *Czermak*, Religions- und Weltanschauungsfreiheit in Deutschland und ihre juristische und gesellschaftliche Gefährdung, in: Große Kracht (Hrsg.), Wechselseitige Erwartungslosigkeit?, S. 209 (224); *ders.*, NJW 1999, 1300 (1301).

[476] *Häberle*, „Gott" im Verfassungsstaat?, in: Fürst/Herzog/Umbach (Hrsg.) – FS Zeidler, S. 3 (9 f.).

[477] *Waldhoff/Grefrath*, Gehört Gott in die Verfassung?, in: Anter/Frick (Hrsg.), Politik, Recht und Religion, S. 49 (49 f.).

[478] *Herdegen*, in: Maunz/Dürig, Präambel Rn. 35.

allein von den verfassungstypischen „Essentialia“ des Grundgesetzes, nämlich vom Verfassungsstaat als „Heimstatt aller Bürger“[479] und der Verfassung als Verfassung der „Offenheit“[480] in religiös-weltanschaulichen Angelegenheiten.[481] Die Präambel ist kein „theonomes Superverfassungsrecht“ [482], das aufgrund der exponierten Stellung im Grundgesetz die sonstigen Bestimmungen des Grundgesetzes überragt oder überlagert.
Selbst wenn mit dem Gottesbegriff der Präambel ausschließlich der christliche Gott gemeint wäre, hätte dies keine christlich geprägte Auslegung der Verfassung zur Konsequenz. *Schlaich* zufolge habe der Parlamentarische Rat zwar unzweifelhaft den christlichen Gott gemeint, ob die nachfolgenden Generationen dieses Zeugnis hören möchten, müssten diese allerdings selbst entscheiden, normativ aufdrängen lasse sich der christliche Gott nicht.[483] Das zeitgeschichtlich geprägte Verständnis des Parlamentarischen Rats kann daher nicht mit der heutigen normativen Bedeutung gleichgesetzt werden.[484] Vor dem Hintergrund der zunehmenden religiösen Pluralisierung Deutschlands muss das subjektiv-christliche Gottesverständnis des Parlamentarischen Rates verblassen.[485] *Wittreck* bringt diese notwendige Entwicklung des Gottesbegriffs prägnant auf den Punkt: „Wer ist gemeint? 1949 eindeutig der christliche Schöpfergott. Und 2009? Auch der von Judentum und Islam [...].“[486] Sogar diejenigen, die sich für ein christliches Gottesverständnis aussprechen, gelangen zu dem Ergebnis, dass dies aufgrund der staatlichen Neutralität in religiös-weltanschaulichen Angelegenheiten folgenlos bleiben müsse.[487] Dem ist mit Blick auf die Einheit der

---

[479] BVerfGE 19, 206 (216).
[480] BVerfGE 41, 29 (50).
[481] Vgl. *Häberle*, „Gott“ im Verfassungsstaat?, in: Fürst/Herzog/Umbach (Hrsg.) – FS Zeidler, S. 3 (9).
[482] *Blumenwitz*, Gott und Grundgesetz, in: Behrendt (Hrsg.), Rechtsstaat und Christentum Bd. 1, S. 127 (132).
[483] *Schlaich*, Konfessionalität – Säkularität – Offenheit, in: Rendtorff (Hrsg.), Charisma und Institution, S. 175 (187).
[484] *Herdegen*, in: Maunz/Dürig, Präambel Rn. 34; so auch *Schlaich*, Konfessionalität – Säkularität – Offenheit, in: Rendtorff (Hrsg.), Charisma und Institution, S. 175 (187), wonach die Präambel lediglich die subjektiven Empfindungen der Abgeordneten widerspiegelt.
[485] *M. Wagner*, Kulturelle Integration und Grundgesetz, S. 322.
[486] *Wittreck*, Jesus Christus oder Immanuel Kant, in: Wittreck (Hrsg.), 60 Jahre Grundgesetz, S. 9 (15); auch *Häberle*, Gott“ im Verfassungsstaat?, in: Fürst/Herzog/Umbach (Hrsg.) – FS Zeidler, S. 3 (14 f.) zufolge hat sich das christliche Gottesverständnis des historischen Verfassungsgebers der zunehmenden religiösen Vielfalt zu öffnen.
[487] *A. Weiß*, Im Bewusstsein seiner Verantwortung vor Gott und den Menschen, in: Haering/Hirnsperger/Katzinger/Rees (Hrsg.), In mandatis meditari – FS Paarhammer,

Verfassung zuzustimmen. Eine christliche Deutung des Gottesbezugs der Präambel verbietet sich zudem aus demselben Grund wie die Annahme eines ungeschriebenen christlich-abendländischen Kulturvorbehalts: Auch hier droht eine Instrumentalisierung des christlichen Gottes für staatliche Zwecke.[488] Somit bleibt festzuhalten, dass durch den Gottesbezug in der Präambel keine verfassungsrechtlich vorgegebene Sonderstellung des Christentums begründet wurde. Vielmehr ist auch nicht etablierten Religionen ausreichend Raum im Verfassungsstaat zu gewähren. Der Gottesbezug der Präambel wird gar für ein freiheitliches und integrationsoffenes Verständnis herangezogen. So ist *Hollerbach* der Ansicht, die Präambel unterstreiche durch ihre Verweisung in das Transzendente vielmehr den „Charakter der Weltlichkeit von Staat und Verfassung."[489] Für ein freiheitliches, allen Religionen gegenüber aufgeschlossenes Gottesverständnis, lässt sich auch der Wortlaut der Präambel heranziehen, der von der „Verantwortung vor Gott und den Menschen" spricht. Verantwortung signalisiert im Kontext der Präambel zwar Unterordnung, die Übernahme von Verantwortung erfordert zugleich aber auch Freiheit im Hier und Jetzt.[490] Die Annahme einer pro-christlichen Verfassungsauslegung aufgrund der Präambel liefe der freiheitlichen Intention der Präambel jedoch offen zuwider und würde sie gar in ihr Gegenteil verkehren.

Dennoch ist der Gottesbezug der Präambel nicht ohne Bedeutung. Ein Blick auf den geschichtlichen Hintergrund macht deutlich, was mit der Erwähnung Gottes bezweckt werden sollte. Führt man sich vor Augen, dass das Grundgesetz kurz nach dem Untergang des totalitären NS-Staats

---

S. 883 (887).

[488] Siehe S. 69; *Tanner*, Gehört Gott in die Verfassung?, Evangelische Kommentare 24 (1991), S. 260 (263), begreift den Gott der Präambel daher als „freiheitsnotwendige Leerstelle. [...] Gott gehört niemandem. Er gehört keiner Kirche, aber auch keiner Partei, selbst einer christlichen nicht;" aus diesem Grund sah auch *Heuss*, in: BT/BA, Ausschuß I, 19, v. 9.11.1948, S. 519 f. einen Gottesbezug in der Präambel kritisch: „Den lieben Gott für all die Dummheiten, die hier gemacht werden, unmittelbar verantwortlich zu machen, ist eine theologische Überhöhung."

[489] *Hollerbach*, in: Isensee (Hrsg.), HStR, Bd. VI, § 138 § Rn. 84.

[490] *Wittreck*, Jesus Christus oder Immanuel Kant, in: Wittreck (Hrsg.), 60 Jahre Grundgesetz, S. 9 (15); ebenso weist *Mahrenholz*, JöR 57 (2009), 61 (67) darauf hin, dass der Verantwortungsgedanke ernster genommen werden müsse; auch *Di Fabio*, Gott im Text der Verfassung, in: Buttiglione/Spangenberger (Hrsg.), Gott ist treu – FS Cordes, S. 212 (212 f.) weist auf die konstruktive Spannung der Präambel hin, da diese sowohl die Idee personaler Freiheit, als auch eine gewählte Bindung und Verantwortungen vor anderen normiert.

entstand, wird verständlich, dass die Präambel ein symbolisches und inhaltliches Mittel war, um sich gegenüber dem als gottlos empfundenen NS-Staat abzugrenzen.[491] Der Gottesbezug ist somit eine Absage an einen relativistischen Rechtspositivismus, der unabhängig vom Inhalt der Norm alles als rechtmäßig betrachtet, was gesetzlich festgelegt wurde.[492] Mit der Präambel und der Nennung Gottes bindet sich der Staat aus sittlicher Einsicht selbst und erkennt seine Grenzen an.[493] Der Gottesbezug ist somit eine bewusste Geste der Demut,[494] eine Chiffre für die Möglichkeit menschlichen Irrtums.[495] Die Präambel enthält jedoch mehr als die Absage an den als gottlos empfundenen Staat. Der Präambel ist ebenso eine Absage an die Verfolgung von religiösen und ethischen Minderheiten zu entnehmen.[496] Gerade vor dem Hintergrund, dass mit der Nennung Gottes in der Präambel eine Abgrenzung gegenüber dem totalitären NS-Staat, welcher religiöse Minderheiten systematisch verfolgte und tötete, erreicht werden sollte, ist ein ausschließlich christliches Gottesverständnis abzulehnen.[497] Der Gottesbezug der Präambel ist als Ausdruck der verfassungsgebenden Gewalt des Volkes zu verstehen, dass Religion als Bestandteil vielfältigen Lebens in Deutschland anerkannt wird.[498] Die nominatio dei steht somit nicht für eine Sonderstellung des Christentums, sondern für das Versprechen des Staates, die Entfaltung der kulturellen und religiösen

---

[491] *Czermak*, Das System des Weltanschauungsrechts im Grundgesetz, in: Neumann/Czermak/Merkel/Putzke (Hrsg.), Aktuelle Entwicklungen im Weltanschauungsrecht, S. 27 (51); *A. Weiß*, Im Bewusstsein seiner Verantwortung vor Gott und den Menschen, in: In mandatis meditari – FS Paarhammer, Haering/Hirnsperger/Katzinger/Rees (Hrsg.), S. 883 (888); *Isensee*, Rekurs des Verfassungsgebers auf Gott, in: Pazdan/ Sobański (Hrsg.), Valeat aequitas: Księga pamiątkowa ofiarowana Księdzu Profesorowi Remigiuszowi Sobańskiemu, S. 177 (198); *Di Fabio*, Gott im Text der Verfassung, in: Buttiglione/Spangenberger (Hrsg.), Gott ist treu – FS Cordes, S. 212 (214); *Häberle*, Verfassungslehre als Kulturwissenschaft, S. 954; *Ennuschat*, NJW 1998, 953 (954).

[492] *Hofmann*, ZRP 1994, 215 (217).

[493] *Di Fabio*, Der Gott der Verfassung und die Götter der Bürger, in: Meyer-Blanck/Hasselhoff (Hrsg.), Krieg der Zeichen?, S. 91 (91); *Honecker*, Evangelische Christenheit in Politik, Gesellschaft und Staat, S. 105 f.

[494] *Di Fabio*, Der Gott der Verfassung und die Götter der Bürger, in: Meyer-Blanck/Hasselhoff (Hrsg.), Krieg der Zeichen?, S. 91 (91).

[495] *Di Fabio*, Gott im Text der Verfassung, in: Buttiglione/Spangenberger (Hrsg.), Gott ist treu – FS Cordes, S. 212 (214).

[496] *Wiegand*, JöR 43 (1995), 31 (39).

[497] *Robbers*, Gott im Grundgesetz, in: Hauptabteilung Schule/Hochschule des Erzbischöflichen Generalvikariats Köln (Hrsg.), Gott – nicht zu fassen, S. 11 (11).

[498] *Mahrenholz*, JöR 57 (2009), 61 (67).

Identität zu respektieren und die grundrechtlich garantierte Religionsfreiheit zu fördern.[499] Der Gottesbezug der Präambel ist eine Erinnerung daran, dass der Mensch religiöse Bedürfnisse hat, welche der Verfassungsstaat respektiert, ohne dabei Partei für eine bestimmte Religion zu ergreifen.[500] Der Gottesbezug der Präambel kann daher nur „einschließend und nicht ausgrenzend oder gar ausschließend"[501] verstanden werden. Die Präambel verfolgt somit das Ziel der Offenheit gegenüber sämtlichen Religionen und Weltanschauungen.[502] Mit Blick auf den geschichtlichen Hintergrund der Präambel kann man den Gottesbegriff der Präambel daher gar für eine pluralistische Ausrichtung der Verfassung fruchtbar machen.

Es bleibt festzuhalten, dass aus der Präambel keine normative Bevorzugung des Christentums gefolgert werden kann. Auch wenn die Bevölkerung Deutschlands noch immer überwiegend christlich geprägt ist; juristisch betrachtet ist Deutschland kein christlicher Staat, woran auch die Nennung Gottes in der Präambel nichts zu ändern vermag.[503] Der Gottesbezug der Präambel ist nicht als Rückgewinnungsversuch verlorenen christlichen Terrains in Deutschland zu verstehen, sondern er erkennt die Faktizität und Bedeutung religiösen Lebens, in welcher Art und Weise auch immer, an.[504] Übertragen auf den grundgesetzlichen Begriff der Religionsgemeinschaft bedeutet dies, dass kein kirchenzentriertes Begriffsverständnis aus dem Gottesbezug der Präambel folgt. Im Gegenteil, die Präambel ist vielmehr ein Argument gegen eine Sonderstellung des christlichen Glaubens und damit auch gegen ein kirchenorientiertes Verständnis des Begriffs der Religionsgemeinschaft, schließlich soll die verfassungsrechtlich für alle Religionen gewährleistete Religionsfreiheit durch die Nennung Gottes nicht unterlaufen, sondern verstärkt werden. Daher ist auch die nominatio dei der Präambel kein Grund für die Beibehaltung des begrifflichen Status quo.

---

[499] Vgl. *Ennuschat*, NJW 1998, 953 (956); *M. Wagner*, Kulturelle Integration und Grundgesetz, S. 322; *Funke*, Die Religionsfreiheit im Verfassungsrecht der USA, S. 163.

[500] *Häberle*, „Gott" im Verfassungsstaat?, in: Fürst/Herzog/Umbach (Hrsg.) – FS Zeidler, S. 3 (12); *ders.*, Verfassungslehre als Kulturwissenschaft, S. 955.

[501] *Kunig/Kotzur*, in: v. Münch/Kunig, Bd. 1, Präambel Rn. 15.

[502] *Ennuschat*, Militärseelsorge, S. 218 f.

[503] *Waldhoff/Grefrath*, Gehört Gott in die Verfassung?, in: Anter/Frick (Hrsg.), Politik, Recht und Religion, S. 49 (61).

[504] Vgl. *Mahrenholz*, JöR 57 (2009), 61 (69).

b) *Sonstige Verfassungsnormen*

Eine christliche Einfärbung der Verfassung und ein daraus zu rechtfertigendes kirchenzentriertes Verständnis des Begriffs der Religionsgemeinschaft könnte sich jedoch aus anderen Grundgesetzartikeln ergeben.

aa) *Sonn- und Feiertagsgarantie*

Eine weitere Norm mit greifbarem Religionsbezug stellt die Sonn- und Feiertagsgarantie aus Art. 140 GG i. V. m. Art. 139 WRV dar.[505] Die Anknüpfung an die christliche Tradition ist unverkennbar.[506] Dass der Sonntagsschutz auf die religiösen Interessen der früher vorwiegend christlichen Bevölkerung zugeschnitten ist und im Ergebnis vor allem den christlichen Kirchen nützt, kann nicht bestritten werden.[507] Der in Art. 139 WRV normierte Sonntagsschutz ist nicht nur Element der Kooperation des Staates und den Religionsgemeinschaften allgemein, sondern insbesondere zwischen dem Staat und den christlichen Kirchen.[508] Allerdings kann auch die grundgesetzlich gewährleistete Sonntagsruhe keine pro-christliche Auslegungsregel der Verfassung begründen.[509] Durch den verfassungsrechtlichen Sonn- und Feiertagsschutz sollte nicht ausschließlich die Pflege der (christlichen) Religiosität erleichtert werden, wofür schon der Wortlaut des Art. 139 WRV spricht, welcher weder den Faktor Religion, geschweige denn das Christentum, erwähnt.[510] Der Begriff der „seelischen Erhebung“ ist vielmehr als säkularisierende Formel zu verstehen, welche den christlichen Hintergrund des Sonntagsschutzes zugunsten der nicht-christlichen Bevölkerung in eine allgemeine Formulierung verwandelt.[511] Dem Normtext des Art. 139 WRV fehlt es folglich schon an einer exklusiv christ-

---

[505] *Häberle*, „Gott“ im Verfassungsstaat?, in: Fürst/Herzog/Umbach (Hrsg.) – FS Zeidler, S. 3 (5).

[506] *Leibholz/Rinck*, GG, Art. 140 Rn. 432; *Hentzschel*, Die staatlich anerkannten Feiertage, S. 139 f.

[507] *Huster*, Die ethische Neutralität des Staates, S. 192.

[508] *Fritsche*, Der Kulturbegriff im Religionsverfassungsrecht, S. 138.

[509] *Huster*, Die ethische Neutralität des Staates, S. 193; 575 (602); *M. Wagner*, Kulturelle Integration und Grundgesetz, S. 287; *Mayer-Scheu*, Grundgesetz und Parität von Kirchen und Religionsgemeinschaften, S. 258; *Emmerich-Fritsche*, Der Staat 58 (2019), 575 (602).

[510] *Czermak*, Religions- und Weltanschauungsfreiheit in Deutschland und ihre juristische und gesellschaftliche Gefährdung, in: Große Kracht (Hrsg.), Wechselseitige Erwartungslosigkeit?, S. 209 (224).

[511] *Dietlein*, Das Feiertagsrecht in Zeiten des religiösen Wandels, in: Muckel (Hrsg.), Kirche und Religion im sozialen Rechtsstaat – FS Rüfner, S. 131 (139 f.); *Brämer*, Der moderne Staat, seine Werte und das Christentum, S. 72; *de Wall*, NVwZ 2000, 857 (860).

lichen Einfärbung.[512] Das Telos des Art. 139 WRV sieht vielmehr die Ermöglichung der Arbeitsruhe und seelischen Erhebung, unabhängig von der individuellen Glaubenszugehörigkeit, als weitere Komponente an.[513] Trotz des religiösen Ursprungs des grundgesetzlich gewährleisteten Sonntagsschutzes hat die Norm ihren religiös-appellativen Charakters somit mittlerweile hinter sich gelassen.[514] Eine christliche Bedeutung kann die Norm allenfalls durch das Verhalten des einzelnen Rechtsträgers entfalten.[515] Art. 139 WRV enthält folglich keine normative Grundlage für eine christlich-abendländische Prägung der Verfassung, die Norm ist vielmehr bewusst religiös-weltanschaulich neutral formuliert.[516] Eine aus Art. 139 WRV abgeleitete Auslegungsregel zugunsten des Christentums scheitert somit schon an einer ausschließlich christlichen Einfärbung der Norm.

Selbst wenn es sich bei Art. 139 WRV um eine ausschließlich dem Schutz des christlichen Ruhetags dienende Norm handeln würde, hätte dies keine pro-christliche Auslegung zur Folge. Art.139 WRV ist kein Rechtsfolgencharakter zu entnehmen, der auf die Anordnung einer christlich orientierten Auslegung schließen lässt. Durch den der christlichen Tradition entstammenden Sonntagsschutz soll der religionsverfassungsrechtliche Status quo nicht manifestiert werden.[517] Art. 140 GG i. V. m. Art. 139 WRV lässt sich somit nicht zur Rechtfertigung des überkommenen Begriffsverständnisses heranziehen.

bb) Religiöser Eid

Darüber hinaus veranschaulicht der in Art. 56 GG vorgesehene Eid „So wahr mir Gott helfe" die christliche Tradition des Grundgesetzes.[518] Dass der weltanschaulich neutrale Staat den religiösen Eid für seine Amtsträger als Regelfall vorgibt, entbehrt *Herzog* zufolge „nicht jeder Pikanterie."[519] Allerdings rechtfertigt auch die religiöse Eidesformel aus Art. 56 GG keine

---

[512] *Czermak*, ZRGG 63 (2011), 348 (359); *Emmerich-Fritsche*, Der Staat 58 (2019), 575 (601).

[513] *Unruh*, Religionsverfassungsrecht, 4. Aufl., S. 327.

[514] *Huster*, Die ethische Neutralität des Staates, S. 192.

[515] *Morlok/Heinig*, NVwZ 2001, 846 (851).

[516] *Morlok/Heinig*, NVwZ 2001, 846 (851).

[517] Vgl. *Häberle*, Feiertagsgarantien als kulturelle Identitätselemente des Verfassungsstaates, S. 62.

[518] *v. Arnauld*, in: v. Münch/Kunig, Bd. 1, Art. 56 Rn. 11.

[519] *Herzog*, in: Maunz/Dürig, Art. 56 Rn. 22.

christlich geprägte Verfassungsauslegung.[520] Zunächst ist darauf hinzuweisen, dass der Gottesbegriff der Eidesformel keineswegs auf den christlichen Gott begrenzt ist.[521] Auch die Freiwilligkeit der religiösen Bekräftigung,[522] welche wiederum Konsequenz der religiös-weltanschaulichen Neutralität des Staates ist,[523] spricht gegen die Notwendigkeit einer christlichen Verfassungsauslegung aufgrund des Art. 56 GG. Ferner unterstreicht das in Art. 56 GG normierte Wahlrecht den Respekt des Grundgesetzes vor verschiedenen religiösen und weltanschaulichen Überzeugungen.[524] Folglich folgt auch aus Art. 56 GG keine normative Festlegung auf das Christentum.

cc) Nennung im negativen Kontext

Betrachtet man das Grundgesetz, fällt auf, dass der Begriff der „Kirche" im Grundgesetz nur ein einziges Mal Erwähnung findet, und zwar im Zusammenhang des Verbots der Staatskirche nach Art. 140 GG i. V. m. Art. 137 Abs. 1 WRV.[525] Auch der Begriff „kirchlich" findet sich nur im negativen Kontext in der Verfassung wieder, nämlich in Art. 136 Abs. 4 WRV, wonach niemand zu einer kirchlichen Handlung oder Feierlichkeit gezwungen werden darf.[526] Die in Art. 140 GG i. V. m. Art. 137 Abs. 7 WRV normierte Gleichstellung von Religionsgemeinschaften und Weltanschauungsgemeinschaften macht ebenfalls deutlich, dass das Grundgesetz die christlichen Kirchen nicht besserstellen will als andere religiöse oder weltanschauliche Zusammenschlüsse.[527]

Die Zusammenschau der gerade genannten Normen zeigt deutlich, dass eine normativ begründete Besserstellung des Christentums gegenüber anderen Religionen abzulehnen ist, da das Grundgesetz eine religiös-weltanschaulich neutrale Verfassung ist.

---

[520] *v. Arnauld*, in: v. Münch/Kunig, Bd. 1, Art. 56 Rn. 11 Fn. 43; *C. Hufen*, Der Ausgleich verfassungsrechtlich geschützter Interessen bei der Ausgestaltung des Sonn- und Feiertagsschutzes, S. 155; *Hentzschel*, Die staatlich anerkannten Feiertage, S. 138.

[521] *Ennuschat*, NJW 1998, 953 (956).

[522] *Hentzschel*, Die staatlich anerkannten Feiertage, S. 138.

[523] *v. Arnauld*, in: v. Münch/Kunig, Bd. 1, Art. 56 Rn. 12; *Heun*, in: Dreier-GG II, Art. 56 Rn. 10.

[524] *v. Arnauld*, in: v. Münch/Kunig, Art. 56 Rn. 12.

[525] *Czermak*, KritJ 33 (2000), 229 (240).

[526] *Görisch*, NVwZ 2001, 885 (886); *Czermak*, KritJ 33 (2000), 229 (240).

[527] *Czermak*, Das System des Weltanschauungsrechts im Grundgesetz, in: Neumann/Czermak/Merkel/Putzke (Hrsg.), Aktuelle Entwicklungen im Weltanschauungsrecht, S. 27 (47).

c) *Keine Notwendigkeit einer christlich geprägten Verfassungsauslegung*

Abschließend ist festzuhalten, dass aus keiner grundgesetzlichen Norm eine christliche Prägung der Verfassung abzuleiten ist. Dem Grundgesetz sind keine Regelungen zu entnehmen, welche eine kirchenzentrierte Auslegung der (religions-)verfassungsrechtlichen Bestimmungen erforderlich machen. Ebenso wenig ist eine christlich geprägte Verfassungsauslegung aufgrund einer abstrakt-christliche Prägung notwendig. Dass das Verfassungsrecht – insbesondere das pfadabhängige Religionsverfassungsrecht – in besonderem Maße durch die christlichen Großkirchen beeinflusst und geprägt wurde, ist nicht zu leugnen. Dennoch ist dem Grundgesetz kein ungeschriebener oder geschriebener Kulturvorbehalt zugunsten des Christentums zu entnehmen. Das deutsche Religionsverfassungsrecht ist nicht christlich, sondern freiheitlich orientiert. Eine Bevorzugung des Christentums durch die Verfassung ist daher entschieden abzulehnen.
Übertragen auf den Begriff der Religionsgemeinschaft bedeuten diese Erkenntnisse, dass ein an den christlichen Großkirchen orientiertes Begriffsverständnis aus verfassungsrechtlicher Sicht nicht vorgegeben ist. Ebenso wenig ist eine Ausrichtung des institutionellen Religionsverfassungsrechts an der Organisationsstruktur der christlichen Kirchen vorgegeben. Die von *Gerhard Anschütz* begründete Definition, die noch immer gängig ist, ist aus verfassungsrechtlicher Sicht somit nicht zwingend erforderlich. Die überkommene Definition, und die damit einhergehenden Probleme für nicht etablierte religiöse Zusammenschlüsse, müssen nicht hingenommen werden. Um auf die Pluralisierung der religiösen Landschaft zu reagieren und religiöse Minderheiten besser als momentan in das institutionelle Religionsverfassungsrecht miteinzubeziehen, ist eine Angleichung des Begriffsverständnisses durchaus möglich. Das Grundgesetz steht einem solchen Vorhaben weder auf normativer noch auf abstrakter Ebene entgegen.

II. Die kirchenzentrierte Definition als verfassungsrechtlicher Verstoß?

Mit dieser Erkenntnis ist jedoch noch keine Aussage über die verfassungsrechtliche Notwendigkeit eines neuen Begriffsverständnisses verbunden. Die gängige Definition stellt gerade für nicht-christliche Zusammenschlüsse ein nur schwer zu bewältigendes Problem dar, ist sie doch der Grund dafür, dass religiöse Minderheiten die rechtlichen Gewährleistungen des institutionellen Religionsverfassungsrechts nicht wahrnehmen können. Dass ein bestimmter Personenkreis nicht den Schutz des Grundgesetzes genießt, ist nicht nur aus juristischer, sondern auch aus politscher Sicht problematisch.[528] Ebenso steht der Staat aufgrund der Begriffskontinuität bei zunehmender Diversifizierung der Religionslandschaft vor großen Herausforderungen. Vor diesem Hintergrund ist zu klären, ob das gängige Begriffsverständnis mit der Verfassung in Einklang steht. Ist die Definition verfassungsgemäß und sieht der Staat bezüglich des überkommenen Verständnisses des Begriffs der Religionsgemeinschaft keinen Handlungsbedarf, wäre diese rechtspolitische Entscheidung grundsätzlich zu akzeptieren. Die Rechtswissenschaft kann lediglich, aber immerhin, die Maximal- und Minimalgrenzen religionspolitischen Handelns aufzeigen.[529] Handlungsbedarf bestünde allerdings zwingend, wenn das gängige Begriffsverständnis gegen religionsverfassungsrechtliche Normen und Prinzipien verstoßen und die Minimalvorgaben der Verfassung unterschreiten würde. In diesem Fall wäre ein neues Begriffsverständnis nicht bloß möglich, sondern verfassungsrechtlich geboten. Die von *Gerhard Anschütz* entwickelte Definition ist daher näher zu beleuchten.

Der Begriff der Religionsgemeinschaft ist zwar bewusst säkular gefasst,[530] orientiert sich aus historischen Gründen gleichwohl stark am Organisationsverständnis der christlichen Kirchen, weshalb der Begriff faktisch nicht vollständig abstrahiert und generalisiert ist.[531] Dass religiöse Minderheiten infolgedessen nur unter erschwerten Bedingungen in den Genuss der Rechte des institutionellen Religionsverfassungsrechts kommen, könnte einen Verstoß gegen die Grundprinzipien des Religionsverfassungsrechts darstellen. In Betracht kommen insbesondere Verstöße gegen die Prinzipien der Neutralität, der Parität und der Säkularität. Darüber hinaus könnte die Religionsfreiheit aus Art. 4 Abs. 1 und 2 GG der gängigen Definition entgegenstehen. Im folgenden Abschnitt soll daher geprüft werden, ob das gängige Begriffsverständnis mit den gerade genannten Prinzipien und

---

[528] *Lennartz*, Dogmatik als Methode, S. 167.

[529] *Towfigh*, Religionsverfassungsrecht in der pluralen Gesellschaft, S. 15; *Holzke*, NVwZ 2002, 903 (911).

[530] *Heinig*, Der Körperschaftsstatus nach Art. 137 Abs. 5 S. 2 WRV – ein Gleichheitsversprechen, in: Reuter/Kippenberg (Hrsg.), Religionskonflikte im Verfassungsstaat, S. 93 (100).

[531] Anders *M. Heckel*, in: Listl/Pirson (Hrsg.), HdbStKirchR Bd. I, S. 617, der sämtliche Begriffe des Religionsverfassungsrechts für generalisiert und frei von religiösen Sinngehalten hält.

Normen vereinbar ist, oder ob eine Neuinterpretation des Begriffs vonnöten ist.

1. Religiös-weltanschauliche Neutralität

Wie soeben festgestellt, fällt es Zusammenschlüssen nicht etablierter Religionen aufgrund des kirchenzentrierten Begriffsverständnisses in der Praxis schwer, die Rechte des institutionellen Religionsverfassungsrechts wahrzunehmen. Das an den christlichen Großkirchen orientierte Begriffsverständnis könnte daher im Widerspruch zum grundgesetzlichen Gebot religiös-weltanschaulicher Neutralität stehen. Dass vor allem christliche Zusammenschlüsse von den gesetzlichen Regelungen profitieren, bedeutet indes nicht zwangsläufig, dass gegen das religionsverfassungsrechtliche Neutralitätsprinzip verstoßen wird. Um festzustellen, ob ein solcher Verstoß tatsächlich gegeben ist, muss zunächst die Reichweite des religionsverfassungsrechtlichen Neutralitätsgebots geklärt werden. Erst daraufhin wird es möglich sein, das gängige Begriffsverständnis auf seine Neutralitätstauglichkeit hin zu überprüfen.

a) Allgemeines zum Neutralitätsprinzip

Kein religionsverfassungsrechtliches Prinzip steht so häufig im Mittelpunkt religionspolitischer Auseinandersetzungen wie das Neutralitätsprinzip.[532] Dies mag daran liegen, dass das Neutralitätsprinzip als „Elementarprinzip"[533], als „Angelpunkt"[534] und als „Pfeiler des Religionsverfassungsrechts"[535] angesehen wird. Dessen ungeachtet sind Bedeutung und Reichweite des Neutralitätsprinzips im Einzelnen noch nicht ganz geklärt.[536] *Lepsius* attestiert dem Neutralitätsprinzip gar Konturenarmut.[537]

---

[532] *Magen*, Neutralität und negative Religionsfreiheit im staatlichen verantworteten öffentlichen Raum, in: Häberle/Hattler (Hrsg.), Islam – Säkularismus – Religionsrecht, S. 95 (100); *ders.*, Staatskirchenrecht als symbolisches Recht, in: Lehmann (Hrsg.), Koexistenz und Konflikt von Religionen, S. 30 (35).

[533] *Mückl*, in: Isensee/Kirchhof, HStR, Bd. VII, § 159 Rn. 67.

[534] *Heinig*, JZ 2009, 1136 (1136).

[535] *Jestaedt*, JRP 1995, 237 (244).

[536] *Towfigh*, Die rechtliche Verfassung von Religionsgemeinschaften, S. 31; *Pottmeyer*, Religiöse Kleidung in der öffentlichen Schule in Deutschland und England, S. 39; *Palm*, Berechtigung und Aktualität des Böckenförde-Diktums, S. 35; *Holzke*, NVwZ 2002, 903 (913).

[537] *Lepsius*, Religion und Verfassung im Vergleich: Deutschland, Frankreich, USA, in: Adolf-Arndt-Kreis (Hrsg.), Nun sag, wie hast Du's mit der Religion?, S. 19 (41); ähnliche Kritik äußert *Baldus*, Die religiös-weltanschauliche Neutralität des Staates, in: Anter/Frick

Grund dafür ist unter anderem, dass es sich um ein nicht verfassungstextlich verankertes Prinzip handelt.[538] Eine verfassungsrechtliche Herleitung und Konturierung des Neutralitätsprinzips erfolgte im Jahr 1965 durch das Bundesverfassungsgericht:

„Das Grundgesetz legt durch Art. 4 Abs. 1, Art. 3 Abs. 3, Art. 33 Abs. 3 GG sowie durch Art. 136 Abs. 1 und Abs. 4 und Art. 137 Abs. 1 WRV i. V. m. Art. 140 GG dem Staat als Heimstatt aller Bürger ohne Ansehen der Person weltanschaulich-religiöse Neutralität auf. Es verwehrt die Einführung staatskirchlicher Rechtsformen und untersagt auch die Privilegierung bestimmter Bekenntnisse."[539]

Die religiös-weltanschauliche Neutralität ermöglicht es dem Staat, seine Aufgaben in einer pluralistisch geprägten Gesellschaft wahrzunehmen, ohne Spannungen unter den Anhängern verschiedener Bekenntnisse hervorzurufen,[540] weshalb Neutralität umso wichtiger ist, je heterogener das religiöse Feld geprägt ist.[541] Vor dem Hintergrund einer zunehmenden Pluralisierung der Religionslandschaft und der Einordnung des Begriffs der Religionsgemeinschaft als „Schlüsselbegriff" des Religionsverfassungsrechts ist ein neutralitätskonformes Verständnis des Begriffs der Religionsgemeinschaft von überragender Bedeutung. Dass eine klar abgrenzbare Definition des religionsverfassungsrechtlichen Schlüsselbegriffs der Religionsgemeinschaft unverzichtbar ist, ist bereits mit Schwierigkeiten verbunden, da diesem unausweichlichen Definitionserfordernis bereits das Risiko einer parteilichen Begriffsbestimmung innewohnt.[542] Zwar bedeutet Definition nicht zwangsläufig Intervention und Distanzverlust,[543] dennoch ist die Gefahr eines parteilich geprägten Vorverständnisses nicht von der Hand zu weisen, schließlich handelt es sich bei Recht immer um in

---

(Hrsg.), Politik, Recht und Religion, S. 219 (227 f.), der sich deshalb für eine „rechtsdogmatische Tiefenanalyse" der religiös-weltanschaulichen Neutralität ausspricht.

[538] *Dreier*, Staat ohne Gott, S. 96; *Krüper*, JöR 53 (2005), 79 (80); *Herbolsheimer/Kukuczka*, DÖV 2020, 724 (725).

[539] BVerfGE 19, 206 (216).

[540] *Muckel*, in: Merten/Papier (Hrsg.), HGR IV, § 96 Rn. 29.

[541] *Dreier*, Staat ohne Gott, S. 101; *Kühling*, Wieviel Religion verträgt eine offene Gesellschaft?, in: Bodendieck-Engels (Hrsg.), Ein Recht, das die Gesellschaft braucht, S. 95 (109).

[542] Vgl. *Dreier*, Zur (Un-)Möglichkeit religiös-weltanschaulicher Neutralität des Staates, in: Graf/Hartmann (Hrsg.), Religion und Gesellschaft, S. 49 (71); *ders.*, Staat ohne Gott, S. 119.

[543] *Dreier*, Zur (Un-)Möglichkeit religiös-weltanschaulicher Neutralität des Staates, in: Graf/Hart-mann (Hrsg.), Religion und Gesellschaft, S. 49 (70).

Rechtsnormen gegossene politische Entscheidungen.[544] *Reuter* sieht hierin ein unlösbares Dilemma: Der Staat, der bestimmte religiöse Zusammenschlüsse als Religionsgemeinschaft einordne, andere wiederum nicht, werde selbst „unvermeidlich auch zum einem Akteur innerhalb des religiösen Feldes."[545] Die neutrale Ausgestaltung des Religionsverfassungsrechts und religionsverfassungsrechtlicher Begriffe ist daher nicht mühelos erreichbar. Die Pfadabhängigkeit des Religionsverfassungsrechts und die Gefahr parteilich geprägter Vorverständnisse machen deutlich, dass es nicht ausreicht, den Begriff der Religionsgemeinschaft auf den ersten Blick neutral zu gestalten. Da die religiös-weltanschauliche Neutralität es verbietet, eine bestimmte Religion durch terminologische Fixierung begrifflich zu privilegieren,[546] ist das Neutralitätsgebot schon bei der Interpretation verfassungsrechtlicher Begriffe zu beachten.[547] Dementsprechend ist es dem neutralen Staat untersagt, den Begriff der Religionsgemeinschaft seinem christlichen Herkommen entsprechend zu definieren.[548] Die Reichweite des Neutralitätsgebots erstreckt sich folglich schon auf die Definitionsebene. Andernfalls könnte das Neutralitätsprinzip ohne Weiteres durch die Vermeidung christlich konnotierter Begriffe unterlaufen werden und liefe letztlich leer.

b) Reichweite des religionsverfassungsrechtlichen Neutralitätsprinzips

Um die Neutralitätskonformität des überkommenen Begriffsverständnisses zu klären, ist der Umfang der religionsverfassungsrechtlichen Neutralität zu bestimmen. Auch wenn um einzelne Gehalte des Neutralitätsprinzips gestritten wird, herrscht dennoch Einigkeit über die grundlegenden Gehalte.

---

[544] *Waldhoff*, NJW-Beilage 2010, 90 (91); siehe auch *Dreier*, Staat ohne Gott, S. 105; *Engi*, Die religiöse und ethische Neutralität des Staates, S. 134 f.

[545] *Reuter*, Leviathan 35 (2007), 178 (183); siehe auch *Dreier*, Staat ohne Gott, S. 119 f.

[546] *Morlok*, Neutralität des Staates und religiöser Radikalismus, in: Masing/Jouanjan (Hrsg.), Weltanschauliche Neutralität, Meinungsfreiheit, Sicherungsverwahrung, S. 3 (19); *Schmidt-Salomon*, Der blinde Fleck des deutschen Rechtssystems, in: Neumann/Czermak/Merkel/Putzke (Hrsg.), Aktuelle Entwicklungen im Weltanschauungsrecht, S. 61 (80).

[547] *Leibholz/Rinck*, GG, Art. 140 Rn. 17; *Muckel/Tillmanns*, Die religionsverfassungsrechtlichen Rahmenbedingungen für den Islam, in: Muckel (Hrsg.), Der Islam im öffentlichen Recht des säkularen Verfassungsstaats, S. 234 (235).

[548] *H. Weber*, ZevKR 34 (1989), 337 (347).

aa) Unstreitige Gehalte des Neutralitätsprinzips

Unstreitig untersagt ist die staatliche Identifikation mit einem bestimmten Bekenntnis.[549] Der Staat identifiziert sich um der Freiheit seiner Bürger willen nicht mit einer bestimmten Konfession oder Religion,[550] sondern verwehrt sich einer Antwort auf die Frage der religiösen Wahrheit.[551] Mit diesem Neutralitätsverständnis geht auch eine klare Absage an einen ungeschriebenen christlich-abendländischen Kulturvorbehalt einher.[552] Einigkeit herrscht ebenfalls darüber, dass das Neutralitätsprinzip die strikte institutionelle Trennung von religiöser und staatlicher Sphäre erfordert.[553] Dementsprechend verbietet sich eine institutionelle Eingliederung von religiösen Zusammenschlüssen in die Staatsverwaltung.[554] Das Trennungsgebot darf allerdings nicht als Laizität missverstanden werden.[555] Eine Abdrängung des Religiösen in den privaten Bereich verlangt das Grundgesetz nicht,[556] ganz im Gegenteil kann und darf der Staat die religiösen Bedürfnisse seiner Bürger nicht ignorieren.[557] Die Neutralität des Grundgesetzes

---

[549] BVerfGE 93, 1 (17); 123, 148 (178); *Schlaich*, Neutralität als verfassungsrechtliches Prinzip, S. 170; *Dreier*, Staat ohne Gott, S. 98; *ders.*, Zur (Un-)Möglichkeit religiös-weltanschaulicher Neutralität des Staates, in: Graf/Hartmann (Hrsg.), Religion und Gesellschaft, S. 49 (52); *de Wall/Muckel*, Kirchenrecht, § 13 Rn. 4; *Krüper*, JöR 53 (2005), 79 (99).

[550] *Schlaich*, Radikale Trennung und Pluralismus – Zwei Modelle der weltanschaulichen Neutralität des Staates, in: Mikat (Hrsg.), Kirche und Staat in der neueren Entwicklung, S. 427 (437).

[551] *Meyer-Teschendorf*, Staat und Kirche im pluralistischen Gemeinwesen, S. 160.

[552] *Emmerich-Fritsche*, Der Staat 58 (2019), 575 (606); a.A. *Würtenberger*, „Unter dem Kreuz" lernen, in: Merten/Schmidt/Stettner (Hrsg.), Der Verwaltungsstaat im Wandel – FS Knöpfle, S. 397 (406), der die Präambel des Grundgesetzes zur Begrenzung der staatlichen Neutralität zugunsten des Christentums heranzieht.

[553] *Morlok*, in: Dreier-GG III, Art. 137 WRV Rn. 18; *Germann*, in: Epping/Hillgruber, Art. 140 Rn. 16.4; *Muckel*, Entwicklungen im deutschen Staatskirchenrecht, in: Ennuschat u.a. (Hrsg.), Wirtschaft und Gesellschaft im Staat der Gegenwart, S. 593 (604); *v. Campenhausen/de Wall*, Staatskirchenrecht, S. 90.

[554] *Germann*, in: Epping/Hillgruber, Art. 140 Rn. 16.

[555] *Würtenberger*, „Unter dem Kreuz" lernen, in: Merten/Schmidt/Stettner (Hrsg.), Der Verwaltungsstaat im Wandel – FS Knöpfle, S. 397 (405); *de Wall/Muckel*, Kirchenrecht, § 13 Rn. 6; *Krüper*, JöR 53 (2005), 79 (100); *Czermak*, ZRP 2001, 565 (565).

[556] *Bielefeldt*, Menschenrechte in der Einwanderungsgesellschaft, S. 80; *M. Wagner*, Kulturelle Integration und Grundgesetz, S. 254; *Janz/Rademacher*, NVwZ 1999, 706 (706).

[557] *Muckel*, Antworten des staatlichen Religionsrechts auf Herausforderungen durch den Islam, in: Häberle/Hattler (Hrsg.), Islam – Säkularismus – Religionsrecht, S. 61 (65); *ders.*, Entwicklungen im deutschen Staatskirchenrecht, in: Ennuschat u.a. (Hrsg.), Wirtschaft und Gesellschaft im Staat der Gegenwart, S. 593 (606); *H. Reuter*,

ist somit eine offene, alle Religionen gleichermaßen fördernde Neutralität.[558] Demgemäß ist auch die mit Rechten einhergehende Rechtsfigur der Religionsgesellschaft legitim, solange damit nicht nur einer bestimmten Religion Rechte zugestanden werden.[559]

bb) Begründungs- oder Ergebnisneutralität?

Dissens herrscht vor allem über den Umfang des grundgesetzlichen Neutralitätsprinzips, insbesondere darüber, ob Wirkungsneutralität oder lediglich Begründungsneutralität gefordert werden kann. Weitgehend Anklang findet das von *Stefan Huster* entwickelte Modell der Begründungsneutralität.[560] Diesem Modell zufolge verlangt das Neutralitätsprinzip keine völlig neutralen Auswirkungen staatlichen Handelns, sondern lediglich

---

Neutralität – Religionsfreiheit – Parität, in: Lienemann/Reuter (Hrsg.), Das Recht der Religionsgemeinschaften in Mittel-, Ost- und Südosteuropa, S. 15 (21); *Towfigh*, Die rechtliche Verfassung von Religionsgemeinschaften, S. 33; *Voßkuhle*, Religionsfreiheit und Religionskritik – Zur Verrechtlichung religiöser Konflikte, S. 10.

[558] *Schlaich*, Radikale Trennung und Pluralismus – Zwei Modelle der weltanschaulichen Neutralität des Staates, in: Mikat (Hrsg.), Kirche und Staat in der neueren Entwicklung, S. 427 (440 f.); *de Wall/Muckel*, Kirchenrecht, § 13 Rn. 4.

[559] *Grzeszick*, Verfassungstheoretische Grundlagen des Verhältnisses von Staat und Religion, in: Heinig/Walter (Hrsg.), Staatskirchenrecht oder Religionsverfassungsrecht?, S. 131 (143).

[560] *Huster*, Die ethische Neutralität des Staates, S. 98 f.; *ders.*, Der religiös-weltanschauliche Neutralität des Staates, in: Brugger/Huster (Hrsg.), Der Streit um das Kreuz in der Schule, S. 69 (74); *ders.*, Die Weltanschauliche Neutralität des Staates und die gesellschaftlichen Weltanschauungskonflikte, in: Kruip/Vögele (Hrsg.), Schatten der Differenz, S. 91 (97); *ders.*, Die Bedeutung des Neutralitätsgebotes für die verfassungstheoretische und verfassungsrechtliche Einordnung des Religionsrechts, in: Heinig/Walter (Hrsg.), Staatskirchenrecht oder Religionsverfassungsrecht?, S. 107 (114 f.); *ders.*, Gleichheit statt Freiheit, in: Heinig/Walter (Hrsg.), Religionsverfassungsrechtliche Spannungsfelder, S. 203 (216 f.); *ders.*, Das Prinzip der religiös-weltanschaulichen Neutralität des Staates, in: Krüper/Merten/Morlok (Hrsg.), An den Grenzen der Rechtsdogmatik, S. 5 (9); *Dreier*, Staat ohne Gott, S. 103; *ders.*, Zur (Un-)Möglichkeit religiös-weltanschaulicher Neutralität des Staates, in: Graf/Hartmann (Hrsg.), Religion und Gesellschaft, S. 49 (58); *H. Reuter*, Neutralität – Religionsfreiheit – Parität, in: Lienemann/Reuter (Hrsg.), Das Recht der Religionsgemeinschaften in Mittel-, Ost- und Südosteuropa, S. 15 (21 f.); *Hillgruber*, Kommentar, in: Dreier (Hrsg.), Säkularisierung und Sakralität, S. 119 (125); *Fateh-Moghadam*, Die religiös-weltanschauliche Neutralität des Strafrechts, S. 128; *Palm*, Berechtigung und Aktualität des Böckenförde-Diktums, S. 88; *Engi*, Die religiöse und ethische Neutralität des Staates, S. 123 f.; *Rathke*, Öffentliches Schulwesen und religiöse Vielfalt, S. 353; *Czermak*, NVwZ 2003, 949 (953); *Czermak/Hilgendorf*, Religions- und Weltanschauungsrecht, S. 43.

neutrale Begründungen.[561] Eine neutrale Begründung sei gegeben, wenn diese von jedem Regelungsadressaten und jeder gesellschaftlichen Gruppe prinzipiell gleichermaßen akzeptiert werden könne.[562] Zudem müsse die Norm rational und nicht bloß religiös begründbar sein.[563] Dementsprechend dürften Normen oder Maßnahmen nicht mit der Vorzugswürdigkeit eines bestimmten Bekenntnisses begründet werden.[564] Untersagt sei lediglich die gezielte Benachteiligung bestimmter ethischer Überzeugungen, nicht aber durch staatliches Handeln verursachte mittelbare und unbeabsichtigte Benachteiligungen.[565] Argumentiert wird, dass es schon nicht möglich sei, das Gemeinwesen und den freiheitlichen Staat derart auszurichten, dass allen Lebensformen und Überzeugungen gleichermaßen entsprochen werden könne.[566] Für das Konzept der Begründungsneutralität wird weiterhin vorgebracht, dass es kaum realisierbar sei, die mannigfaltigen Auswirkungen staatlicher Maßnahmen aus ex-ante-Sicht umfassend zu beurteilen.[567] Es müsse daher Aufgabe der verschiedenen Überzeugungen sein, sich innerhalb der vorgegebenen Ordnung zu arrangieren.[568] Dass dies manchen Bekenntnissen leichter falle als anderen, stelle keinen Neutralitätsverstoß dar, da keine Überzeugung ein Recht darauf habe, dass die Rechtsordnung ihren Bedürfnissen in besonderer Weise entgegenkomme.[569] Einen gewissen, historisch-kulturell gewachsenen Organisa-

---

[561] *Huster*, Die ethische Neutralität des Staates, S. 98 ff.; *ders*., Der Grundsatz der religiös-weltanschaulichen Neutralität des Staates – Gehalt und Grenzen, S. 12.

[562] *Huster*, Das Prinzip der religiös-weltanschaulichen Neutralität des Staates, in: Krüper/Merten/Morlok (Hrsg.), An den Grenzen der Rechtsdogmatik, S. 5 (9); *Rennert*, Der Staat 58 (2019), 411 (417); ähnlich *Zucca-Soest*, Zur Universalität von Normen, in: Ast/Hänni/Mathis/Zabel (Hrsg.), Gleichheit und Universalität, S. 165 (166).

[563] *Hillgruber*, Kommentar, in: Dreier (Hrsg.), Säkularisierung und Sakralität, S. 119 (125).

[564] *Huster*, Der Grundsatz der religiös-weltanschaulichen Neutralität des Staates – Gehalt und Grenzen, S. 8.

[565] *Morlok*, in: Dreier-GG III, Art. 137 WRV Rn. 22; *Huster*., Der Grundsatz der religiös-weltanschaulichen Neutralität des Staates – Gehalt und Grenzen, S. 13.

[566] *Huster*, Der Grundsatz der religiös-weltanschaulichen Neutralität des Staates – Gehalt und Grenzen, S. 12 f.

[567] *Engi*, Die religiöse und ethische Neutralität des Staates, S. 125; *Huster*, Die ethische Neutralität des Staates, S. 99.

[568] *Huster*, Der Grundsatz der religiös-weltanschaulichen Neutralität des Staates – Gehalt und Grenzen, S. 13.

[569] *Huster*, Die Weltanschauliche Neutralität des Staates und die gesellschaftlichen Weltanschauungskonflikte, in: Kruip/Vögele (Hrsg.), Schatten der Differenz, S. 91 (97); *ders*, Der Grundsatz der religiös-weltanschaulichen Neutralität des Staates – Gehalt und Grenzen, S. 13.

tionsgrad zu verlangen, sei demzufolge trotz der unterschiedlichen Auswirkungen hinzunehmen.[570]

Gegen das Modell der Begründungsneutralität werden indes auch Einwände erhoben.[571] Kritisiert wird unter anderem, das Modell der Begründungsneutralität sei zu eng gefasst, da das Modell zur Folge habe, religiöse Argumente unberechtigterweise vollkommen aus dem staatlichen Entscheidungsprozess auszublenden, wodurch sich der gesellschaftliche Pluralismus wiederum nicht optimal entfalten könne.[572] Das Neutralitätsprinzip dürfe daher nicht als Gebot strikter Begründungsneutralität interpretiert werden, weil Religionsgemeinschaften dadurch die Möglichkeit genommen werde, auf die öffentliche Debatte einzuwirken.[573] Ebenso wird kritisiert, dass das Modell der Begründungsneutralität die Vorgabe des Bundesverfassungsgerichts, der Staat müsse „Heimstatt aller Bürger" sein, nur verkürzt erfasse.[574] Das Modell der Begründungsneutralität schütze andere Religionen nicht immer ausreichend vor Benachteiligungen, da selbst säkulare Begründungen häufig bloß säkularisierte christliche Traditionen widerspiegeln.[575] Die alleinige Fokussierung auf eine neutrale Begründung blende gegebene kulturelle Vorverständnisse und politische Machtverhältnisse aus.[576] *Heinig* weist daher darauf hin, dass sich das Modell der Begründungsneutralität nicht nahtlos auf das Grundgesetz übertragen lasse, da das Grundgesetz von kulturellen Erfahrungen und oft unbewusst bestehenden Vorverständnissen geprägt sei.[577]

---

[570] *Huster*, Gleichheit statt Freiheit, in: Heinig/Walter (Hrsg.), Religionsverfassungsrechtliche Spannungsfelder, S. 203 (217).

[571] *Kästner*, in: BK-GG, Art. 140 Rn. 127; *Jestaedt*, Abschichten – eine tragfähige Alternative zum Abwägen?, in: Weilert/Hildmann (Hrsg.), Religion in der Schule, S. 171 (172 ff.); *Heinig*, JZ 2010, 357 (358 ff.); *ders.*, ZevKR 53 (2008), 235 (244 f.); *Möllers*, Grenzen der Ausdifferenzierung, in: Heinig/Walter (Hrsg.), Religionsverfassungsrechtliche Spannungsfelder, S. 9 (11 ff.); *ders.*, Religiöse Freiheit als Gefahr? VVDStRL 68 (2008), S. 47 (53 ff.); *ders.*, ZevKR 59 (2014), 115 (115 ff.); *Unruh*, Religionsverfassungsrecht· 3. Aufl., S. 65; *Grotefeld*, ARSP 89 (2003), 299 (307 ff.).

[572] *Kästner*, in: BK-GG, Art. 140 Rn. 127; *Morlok*, Neutralität des Staates und religiöser Radikalismus, in: Masing/Jouanjan (Hrsg.), Weltanschauliche Neutralität, Meinungsfreiheit, Sicherungsverwahrung, S. 3 (15).

[573] *Unruh*, in: v. Mangoldt/Klein/Starck Bd. 3, Art. 140 Rn. 25.

[574] *Unruh*, Religionsverfassungsrecht· 3. Aufl., S. 65.

[575] *Heun*, Trennung, Neutralität oder Gleichheit?, in: Honecker (Hrsg.), Gleichheit der Religionen im Grundgesetz?, S. 50 (62).

[576] Vgl. *Grotefeld*, ARSP 89 (2003), 299 (310).

[577] *Heinig*, JZ 2010, 357 (358).

Vereinzelt wird sogar der Ausgleich ungleicher Auswirkungen gefordert, schließlich sei es unerheblich, ob ungleich wirkende Folgen gezielt oder bloß aufgrund eines nicht intendierten Nebeneffekts verursacht würden.[578] Zudem sei das Grundgesetz auf Minderheitenschutz angelegt, weshalb die aktive staatliche Unterstützung religiöser Minderheiten geboten sei.[579] Diesem Verständnis nach erfordert es nicht bloß Begründungsneutralität, sondern Wirkungsneutralität.

c) *Neutralitätskonformität der gängigen Definition?*

Zwar ist die gängige Definition des Begriffs der Religionsgemeinschaft auf die christlichen Kirchen abgestimmt, jedoch geht damit weder eine institutionell-formelle Verflechtung zwischen Staat und Kirche einher noch nimmt der Staat durch die Anlehnung an das kirchliche Organisationsverständnis eine bestimmte Position in der religiösen Wahrheitsfrage ein. Somit verletzt die gängige Definition nicht den unstreitigen Kernbereich des Neutralitätsprinzips. Vielmehr sind die Regelungen des Religionsverfassungsrechts, ebenso wie der Begriff der Religionsgemeinschaft, bewusst neutral gehalten.[580]

Abhängig davon, welches Neutralitätsmodell vorzugswürdig ist, ist gleichwohl eine Verletzung des Neutralitätsprinzips denkbar. Auf den ersten Blick handelt es sich bei dem grundgesetzlichen Begriff der Religionsgemeinschaft um einen säkularen Begriff, der dem Grunde nach sämtlichen religiösen Zusammenschlüssen gleichermaßen offensteht. Obwohl bereits einzelne nicht-christliche Zusammenschlüsse als Religionsgemeinschaften im Sinne des Grundgesetzes angesehen werden, ist dennoch nicht zu leugnen, dass es religiösen Minderheiten deutlich schwerer fällt als Religionsgemeinschaft angesehen zu werden. Der Begriff der Religionsgemeinschaft und das gängige Begriffsverständnis mögen zwar nicht ausdrücklich christlich konnotiert sein, dem Begriff der Religionsgemeinschaft ist gleichwohl ein christlicher Bias zu attestieren,[581] weshalb die Neutralität des gängigen Begriffsverständnisses durchaus angezweifelt werden kann.

---

[578] *Britz*, Kulturelle Rechte und Verfassung, S. 233 Fn. 280; *dies.*, JZ 2000, 1127 (1133); kritisch *Walter*, in: Pirson/Rüfner/Germann/Muckel (Hrsg.), HdbStKirchR Bd. I, S. 750.

[579] *Renck*, DÖV 2002, 56 (67).

[580] *Muckel*, Staat und Kirche in Deutschland, in: Revista catalana de dret públic (2006), S. 267 (287).

[581] *Wittreck*, Das Christentum als Fundament des Grundgesetzes?, in Wittreck (Hrsg.), Grundlagen des Grundgesetzes – Geburtstagssymposium für Horst Dreier, S. 1 (8 Fn. 20); vgl. *Schmidt-Salomon*, Der blinde Fleck des deutschen Rechtssystems, in:

Dass die Einordnung als Religionsgemeinschaft an einen gewissen Grad der organisatorischen Verfestigung anknüpft, ist rational begründbar, schließlich zeichnet sich das institutionelle Religionsverfassungsrecht an vielen Stellen durch die freundschaftliche Kooperation von Staat und Religionsgemeinschaften aus, die wiederum ohne eine gewisse organisatorische Verfestigung oft nicht möglich ist. Diese Begründung ist prinzipiell für jedermann nachvollziehbar. Eine gezielte Benachteiligung nicht-christlicher Zusammenschlüsse war mit dem gängigen Begriffsverständnis zu keiner Zeit intendiert, was die verfassungsrechtliche Öffnung des Körperschaftsstatus für sämtliche religiöse Zusammenschlüsse durch Art. 140 GG i. V. m. Art. 137 Abs. 5 S. 2 WRV,[582] aber auch die Gleichstellung von Religionsgemeinschaften und Weltanschauungsgemeinschaften in Art. 140 GG i. V. m. Art. 137 Abs. 7 WRV, eindeutig belegt. Nach dem Modell der Begründungsneutralität wäre die gängige Definition somit neutralitätskonform.

Für das Modell der Begründungsneutralität spricht zunächst, dass eine rationale Begründbarkeit staatlicher Normen unverzichtbar ist, um die Akzeptanz einer Norm tatsächlich zu sichern. Abgesehen davon dürften die Auswirkungen einer Norm meist neutralitätswidrig sein, wenn schon auf der Begründungsebene einseitig zugunsten einer bestimmten Religion argumentiert wurde. Vor allem spricht aber die Praxisuntauglichkeit des Modells der Wirkungsneutralität für das Modell der Begründungsneutralität: Die These, wonach strikte Wirkungsneutralität im Sinne einer Ergebnisgleichheit nicht erreichbar ist, verdient Zustimmung, schließlich ist jede Definition notwendigerweise sowohl inklusiv als auch exklusiv,[583] was zwangsläufig zur Folge hat, dass Definitionen nicht allen Überzeugungen in gleicher Weise entsprechen können.[584] Zudem dürfte es unmöglich sein, sämtliche unbeabsichtigten und ungleichen Auswirkungen aus der ex-ante-Perspektive zu erkennen.[585] Strikte Ergebnisgleichheit ist in freiheitlichen politischen Ordnungen darüber hinaus auch nicht wünschenswert, da sich

---

Neumann/Czermak/Merkel/Putzke (Hrsg.), Aktuelle Entwicklungen im Weltanschauungsrecht, S. 61 (63).

582 *Jestaedt*, Unverstandenes Staatskirchenrecht, in: Bogner/Heimbach-Steins (Hrsg.), Freiheit – Gleichheit – Religion, S. 77 (78).

583 *A. Reuter*, Leviathan 35 (2007), 178 (187).

584 *Huster,* Das Prinzip der religiös-weltanschaulichen Neutralität des Staates, in: Krüper/Merten/
Morlok (Hrsg.), An den Grenzen der Rechtsdogmatik, S. 5 (12).

585 *Huster*, Die ethische Neutralität des Staates, S. 99.

ein Wettbewerb der Lebensentwürfe andernfalls nicht herauskristallisieren könnte.[586] Somit muss die gängige kirchenzentrierte Definition nicht mit Verweis auf das Modell der Wirkungsneutralität abgeschafft werden. Die gängige Definition kann allerdings ebenso wenig durch Heranziehung des Modells der Begründungsneutralität verteidigt werden, da dieses Modell ebenfalls problembehaftet und auf das Religionsverfassungsrecht nur bedingt übertragbar ist, trägt es den Besonderheiten des Religionsverfassungsrechts doch nicht ausreichend Rechnung. Die Anwendung des Modells der Begründungsneutralität ist im Religionsverfassungsrecht schon deshalb nicht sachgerecht, weil das Religionsverfassungsrecht an vielen Stellen auf eine Kooperation von Staat und religiösen Zusammenschlüssen angelegt ist.[587] Die Rechte und Kooperationsmöglichkeiten des institutionellen Religionsverfassungsrechts stehen und fallen daher häufig mit der Einordnung einer religiösen Gruppierung als Religionsgemeinschaft im Sinne des Grundgesetzes. Setzt die Verfassung einen solchen Status für eine mögliche Kooperation wiederum erst voraus, kann es nicht genügen, lediglich gezielte Benachteiligungen zu unterbinden und allein neutrale Begründungen genügen zu lassen. Das Grundgesetz enthält davon abgesehen ohnehin kaum Normen, denen eindeutig eine christliche Normenbegründung zu entnehmen ist. Trotz der historischen Pfadabhängigkeit des Religionsverfassungsrechts sind die spezifisch christlichen bzw. theologischen Gehalte der rechtlichen Begriffe nahezu vollständig aus dem Verfassungsrecht verschwunden.[588] Die offene und intendierte Benachteiligung bestimmter Religionen hat gesellschaftlich heutzutage einen schweren Stand, weshalb gezielte rechtliche Diskriminierungen die Ausnahme bilden.[589] Dass bestimmte Normen und Definitionen, die in Zeiten religiöser Homogenität entstanden sind, Minderheitenreligionen mittelbar benachteiligen, ist vielmehr der Normalfall. Für die betroffenen Minderheiten macht es im Ergebnis allerdings keinen Unterschied, ob ihnen gezielt Rechte

---

[586] *Huster*, Das Prinzip der religiös-weltanschaulichen Neutralität des Staates, in: Krüper/Merten/
Morlok (Hrsg.), An den Grenzen der Rechtsdogmatik, S. 5 (11).

[587] *Heinig*, JZ 2009, 1136 (1138).

[588] Vgl. *Gutmann/Jakl/Siep/Städtler*, Einleitung, in: Siep/Gutmann/Jakl/Städtler (Hrsg.), Von der religiösen zur säkularen Begründung staatlicher Normen, S. 1 (24).

[589] Das räumt auch *Huster*, Der Grundsatz der religiös-weltanschaulichen Neutralität des Staates – Gehalt und Grenzen, S. 9 ein, der das Modell der Begründungsneutralität befürwortet;; *ders.*, Die Weltanschauliche Neutralität des Staates und die gesellschaftlichen Weltanschauungskonflikte, in: Kruip/Vögele (Hrsg.), Schatten der Differenz, S. 91 (93).

vorenthalten werden oder der faktische Ausschluss lediglich ungewollter Nebeneffekt war.[590] Benachteiligungen, die auf historische Prägungen zurückgehen und daher unbewusst geschehen, werden ferner häufig nicht als Benachteiligungen erkannt und sind daher besonders schwer zu beseitigen, weshalb sie die Betroffenen noch härter treffen können als bewusste Diskriminierungen.[591] Deshalb sollten durch das Recht bedingte strukturellen Benachteiligungen nicht-christlicher Religionen nicht einfach ausgeblendet werden, auch wenn diese nicht intendiert sind,[592] schließlich soll mit dem Neutralitätsprinzip auch verhindert werden, dass religiös konnotierte Vorverständnisse Eingang in das Recht finden.[593]

Eine weitere Schwachstelle des Modells der Begründungsneutralität ist, dass ungleiche Auswirkungen ex-ante nicht in Überlegungen miteinbezogen werden. Dabei ist die präventive Konfliktvermeidung gerade in Zeiten des gesellschaftlichen Wandels eine zeitgemäße Notwendigkeit.[594] Insbesondere in einem Umfeld des gesellschaftlichen Wandels wirft das Modell der Begründungsneutralität daher Probleme auf. Auf die historische Prägekraft des Christentums zurückgehende Normen sind in einem christlichen Umfeld weitgehend reibungslos aufgegangen, stoßen in der zunehmend pluralistischen Gesellschaft allerdings häufig an ihre Grenzen.[595] Ursprünglich neutral begründete Begriffe und Definitionen entpuppen sich oft erst im Kontrast zur pluralistischen Religionslandschaft als neutralitätswidrig.[596] Die von *Gerhard Anschütz* entwickelte Definition der Religionsgemeinschaft ist ein Beispiel für einen Begriff, der in der früher fast ausschließlich bikonfesionell geprägten deutschen Religionslandschaft neutral ausgestaltet wirkte, in der heutigen Religionslandschaft jedoch an seine Grenzen stößt. Das gängige Verständnis des Begriffs der Religionsgemeinschaft macht damit deutlich, dass das Modell der Begründungsneutralität

---

[590] *Britz*, Kulturelle Rechte und Verfassung, S. 233 Fn. 280.

[591] *Mangold*, Demokratische Legitimität und Gleichheit, in: Herbst/Zucca-Soest (Hrsg.), Legitimität des Staates, S. 195 (200).

[592] Vgl. *Huster*, Die ethische Neutralität des Staates, S. 99, der ebenfalls zugesteht, dass er derartige strukturelle Auswirkungen gibt.

[593] *Baer/Wrase*, DÖV 2005, 243 (248).

[594] *E. Busse*, Das Prinzip staatlicher Neutralität und die Freiheit der Religionsausübung, S. 193.

[595] *Wittreck*, Das Christentum als Fundament des Grundgesetzes?, in Wittreck (Hrsg.), Grundlagen des Grundgesetzes – Geburtstagssymposium für Horst Dreier, S. 1 (8).

[596] *Schmidt-Salomon*, Der blinde Fleck des deutschen Rechtssystems, in: Neumann/Czermak/
Merkel/Putzke (Hrsg.), Aktuelle Entwicklungen im Weltanschauungsrecht, S. 61 (63).

in einem pluraler werdenden Umfeld nicht als einziger Prüfstein genügt. Auch wenn ungleiche Auswirkungen aus ex-ante Perspektive nicht immer erkennbar sind, darf der Staat die im Rahmen zunehmender Pluralisierung erkennbar werdenden Konflikte nicht mit einem Verweis auf die neutrale Begründbarkeit der Regelung ausblenden. Die Wirkungen staatlichen Handelns sollten aus Neutralitätsgründen daher im Voraus nicht vollständig ausgeblendet werden.[597]

Dafür, dass das Konzept der Begründungsneutralität im Religionsverfassungsrecht nicht uneingeschränkt überzeugen kann, spricht weiterhin das schon im Grundsatz hoch problematische Definitionserfordernis. Gerade weil der Staat kein Neutrum ist[598] und seine Entscheidungsträger durch soziale und kulturelle Vorverständnisse geprägt sind,[599] wirken christliche Traditionen im Recht trotz Säkularisierung häufig (unbemerkt) weiter fort.[600] Selbst ein Staat, der sich der religiös-weltanschaulichen Neutralität verpflichtet sieht, wird dazu neigen, die Kultur der Mehrheit zumindest indirekt zu fördern.[601] Dass mit bestimmten Regelungen verbundene Unbequemlichkeiten hinzunehmen seien, kann mit Blick auf das kulturelle Vorverständnis und die Pfadabhängigkeit des Religionsverfassungsrechts daher nicht pauschal überzeugen. Außerdem ist bei der Beurteilung der Definitionsproblematik ebenso zu bedenken, dass Verfassungsrecht der Sicherung des innerstaatlichen Friedens dient.[602] Auch aus diesen Gründen kann das Modell der Begründungsneutralität nicht zur Verteidigung des begrifflichen Status quo herangezogen werden.

Es bleibt festzuhalten, dass auch neutral begründete Regelungen Unbequemlichkeiten mit sich bringen können, die eine bestimmte gesellschaftliche Gruppe deutlich häufiger betreffen als andere Gruppen.[603] Deshalb ist die neutrale Begründung von Normen zwar ein unverzichtbares Kriterium, das allerdings nicht das Einzige sein sollte.[604] *Bornemann* sieht das

---

[597] *Engi*, Die religiöse und ethische Neutralität des Staates, S. 125.

[598] *Hollerbach*, Religion und Kirche im freiheitlichen Verfassungsstaat, S. 31; *Dreier*, Staat ohne Gott, S. 105; *Engi*, Die religiöse und ethische Neutralität des Staates, S. 131; *Nettesheim*, Liberaler Verfassungsstaat und gutes Leben, S. 31 f.

[599] Vgl. dazu auch *M. Müller*, Religion im Rechtsstaat, S. 84 f.

[600] *Britz*, JZ 2000, 1127 (1127).

[601] *Baade*, AöR 142 (2017), 566 (592).

[602] *Kästner*, ZevKR 34 (1989), 260 (276).

[603] *Zellentin*, ARSP 100 (2004), 347 (356).

[604] *Kästner*, in: BK-GG, Art. 140 Rn. 127; *Zellentin*, ARSP 100 (2004), 347 (358); vgl. *Bielefeldt*, Muslime im säkularen Rechtsstaat, S. 20.

Konzept der Begründungsneutralität daher zurecht als mangelhaften Schutzmechanismus an.[605]
Selbst wenn die Prophezeiung sämtlicher ungleicher Auswirkungen aus ex-ante Sicht nicht möglich ist, sollte man sich einer Problemanalyse ex-post nicht unter Berufung auf die neutrale Normbegründung verschließen. Die Neutralität in religiös-weltanschaulichen Angelegenheiten darf nicht mit der Feststellung einer neutralen Begründung enden, sondern muss auch die Möglichkeit umfassen, auf nicht intendierte Ungleichbehandlungen hinzuweisen und diese zu korrigieren.[606] Würde der Staat nicht tätig, obwohl er die ungleichen Auswirkungen bestimmter Normen und Definitionen erkennt, liefe der Neutralitätsgrundsatz letztlich leer. Mit der neutralen Begründung von Normen allein kann es somit nicht getan sein. Es bleibt festzuhalten, dass die neutrale Begründbarkeit einer Regelung daher ein notwendiges, nicht aber einzig erforderliches Kriterium zur Herbeiführung religiös-weltanschaulicher Neutralität ist. Das Neutralitätsgebot erfordert somit zumindest den Versuch der Schaffung gleicher Rahmenbedingungen.[607] Auch wenn Wirkungsneutralität aus den bereits genannten Gründen weder erstrebenswert noch durchführbar ist, bedeutet dies nicht, dass das Ziel des Modells der Wirkungsneutralität vollkommen verworfen werden müsste. Die Gewährleistungen des Religionsverfassungsrechts möglichst vielen Religionen zugänglich zu machen, ist ein legitimes Ziel, das möglichst umfassend verwirklicht werden sollte. Der Neutralitätsgrundsatz ist nicht auf die Distanzwahrung von Religion und Staat beschränkt, sondern ihm ist auch ein positives Element zu entnehmen, „da er ein Streben nach möglichster Objektivität […], nach Bemühen um ‚gerechte' Lösungen zum Ausdruck bringen will."[608] *Müller* beschreibt diese Zielsetzung des Neutralitätsgebots treffend: „Es geht nicht darum, absolut neutral zu sein, sondern allen Religionen und Weltanschauungen einen möglichst großen Freiraum zu geben, so dass sich möglichst alle Religionen und Weltanschauungen in dieser Heimstatt einrichten können."[609] Das Neutralitätsgebot im freiheitlichen Staat darf sich daher nicht allein darauf beschränken, religiöse Freiheit lediglich zuzulassen, vielmehr muss der Staat die Entfal-

---

605 *Bornemann*, Die religiös-weltanschauliche Neutralität des Staates, S. 230 ff.

606 *Bielefeldt*, Muslime im säkularen Rechtsstaat, S. 20.

607 Vgl. *M. Wagner*, Kulturelle Integration und Grundgesetz, S. 255.

608 *Maunz*, AfkKR 139 (1970), 427 (442).

609 *M. Müller*, Neutralität und Parität als dogmatikleitende Rechtsprinzipien des Religionsverfassungsrechts, in: Krüper/Merten/Morlok (Hrsg.), An den Grenzen der Rechtsdogmatik, S. 43 (58).

tungsmöglichkeiten der verschiedenen Religionen gleichberechtigt sichern.[610] Dass eine neutrale Begründung allein dies nicht immer gewährleisten kann, zeigt die gängige Definition des Begriffs der Religionsgemeinschaft anschaulich. *Huster* zufolge, der sich für das Modell der Begründungsneutralität stark macht, könne und solle der liberale Staat nicht mehr tun, als die Voraussetzungen dafür zu gewährleisten, dass die Bürger zur Wahrnehmung und begründeten Wahl der verfügbaren Angebote in der Lage seien.[611] Dieser Aussage ist uneingeschränkt zuzustimmen. Mit dem gängigen Verständnis des Begriffs der Religionsgemeinschaft erfüllt der Staat diese Anforderungen allerdings nicht ausreichend, schließlich fällt es religiösen Minderheiten aufgrund des kirchenzentrierten Begriffsverständnisses noch immer schwer als Religionsgemeinschaft im verfassungsrechtlichen Sinne angesehen zu werden und die Angebote des institutionellen Religionsverfassungsrechts wahrzunehmen. Der neutral begründete Begriff der Religionsgemeinschaft zeigt unverkennbar, dass eine neutrale Begründung allein nicht immer genügt, um tatsächlich gleiche Teilhabemöglichkeiten zu schaffen. Obwohl strikte Ergebnisgleichheit weder möglich noch wünschenswert ist, sollte sich der liberale Staat auch mit Blick auf die Auswirkungen einer Regelung um Neutralität bemühen.[612] Dafür spricht auch die friedenssichernde Komponente des Neutralitätsprinzips, die den gesellschaftlichen Frieden sichern soll, der durch religiöse Konflikte im Staat gefährdet sein kann.[613] Zumindest im Bereich des institutionellen Religionsverfassungsrechts verhindert die gängige Definition aber, dass der Staat tatsächlich „Heimstatt aller Bürger" ist, da religiöse Minderheiten die Rechte des institutionellen Religionsverfassungsrechts oft überhaupt nicht – oder nur nach lang andauernden Rechtsstreitigkeiten – in Anspruch nehmen können. Das Neutralitätsprinzip würde indes besser zur Wirkung gelangen, wenn die begrifflichen Voraussetzungen für nichtchristliche Zusammenschlüsse erfüllbar wären. Den Zentralbegriff der

---

610 *Schlaich*, Radikale Trennung und Pluralismus – Zwei Modelle der weltanschaulichen Neutralität des Staates, in: Mikat (Hrsg.), Kirche und Staat in der neueren Entwicklung, S. 427 (445); *Papier*, Aktuelle Herausforderungen im Verhältnis zwischen Staat und Kirche unter besonderer Berücksichtigung der staatlichen Neutralitätspflicht, in: Pitschas/Uhle (Hrsg.),Wege gelebter Verfassung in Recht und Politik – FS Scholz, S. 1123 (1127 f.).
611 *Huster*, Der religiös-weltanschauliche Neutralität des Staates, in: Brugger/Huster (Hrsg.), Der Streit um das Kreuz in der Schule, S. 69 (76).
612 *Engi*, Die religiöse und ethische Neutralität des Staates, S. 125; *Grotefeld*, ARSP 89 (2003), 299 (308 f.).
613 *Maunz*, AfkKR 139 (1970), 427 (438).

Religionsgemeinschaft möglichst allgemein und formal zu bestimmen, um nicht von vornherein bestimmte Gestaltungen auszuschließen, ist daher vonnöten.[614] Der freiheitliche, in religiös-weltanschaulichen Angelegenheiten neutrale Staat sollte das gängige Begriffsverständnis und die notwendigen Organisationsanforderungen daher überdenken und mittels juristischer Methodik möglichst „neutralisieren"[615], um auch in der Rechtspraxis Heimstatt aller Religionen und Weltanschauungen zu werden Allerdings ist darauf hinzuweisen, dass das Neutralitätsprinzip zwar ein nicht zu unterschätzender Prüfungsmaßstab ist,[616] es sich gleichwohl aber lediglich um ein ungeschriebenes, aus mehreren Normen hergeleitetes Verfassungsprinzip handelt. Das Neutralitätsprinzip ist keine „Übernorm",[617] sondern ein sich in das Verfassungsgefüge einfügendes Prinzip, das nicht singulär betrachtet werden darf.[618] *Heinig* weist daher zurecht darauf hin, dass das ungeschriebene Neutralitätsgebot die geschriebenen Normen, die es tragen, nicht überlagern dürfe.[619] Eine zu starke Gewichtung des Neutralitätsprinzips birgt die Gefahr, dass aus allgemeinen Rechtsprinzipien Rechtsfolgen abgeleitet werden, die den einzelnen verfassungsrechtlichen Bestimmungen so nicht zu entnehmen sind.[620] Daher kann es lediglich als Maßstabskonkretisierung innerhalb geschriebener Normen herangezogen werden.[621] Aus dem Neutralitätsprinzip können dementsprechend keine konkreten Forderungen abgeleitet werden.[622] Folglich kann kein spezi-

---

[614] *Dreier*, Staat ohne Gott, S. 122.

[615] Dieser Begriff findet sich bei *Waldhoff*, NJW-Beilage 2010, 90 (91).

[616] *Friedrich*, NVwZ 2018, 1007 (1009 f.).

[617] *Dreier*, Zur (Un-)Möglichkeit religiös-weltanschaulicher Neutralität des Staates, in: Graf/Hartmann (Hrsg.), Religion und Gesellschaft, S. 49 (64); *Waldhoff*, Was bedeutet religiös-weltanschauliche Neutralität des Staates?, in: Honecker (Hrsg.), Gleichheit der Religionen im Grundgesetz?, S. 17 (18); ähnlich *Maunz*, AfkKR 139 (1970), 427 (438).

[618] *M. Müller*, Neutralität und Parität als dogmatikleitende Rechtsprinzipien des Religionsverfassungsrechts, in: Krüper/Merten/Morlok (Hrsg.), An den Grenzen der Rechtsdogmatik, S. 43 (58).

[619] *Heinig*, JZ 2009, S. 1136 (1140); so auch *Konrad*, Der leitende Bezugspunkt des Staatskirchenrechts, in: Pitschas/Uhle (Hrsg.), Wege gelebter Verfassung in Recht und Politik – FS Scholz, S. 1097 (1109).

[620] *Konrad*, Der leitende Bezugspunkt des Staatskirchenrechts, in: Pitschas/Uhle (Hrsg.), Wege gelebter Verfassung in Recht und Politik – FS Scholz, S. 1097 (1109); *Hillgruber*, DVBl. 1999, 1155 (1173).

[621] Vgl. *Herbolsheimer/Kukuczka*, ZevKR 63 (2018), 367 (370).

[622] *Geis*, Zur Zulässigkeit des Kreuzes in der Schule aus verfassungsrechtlicher Sicht, in: Brugger/Huster, Der Streit um das Kreuz in der Schule, S. 41 (56); *Friedrich*, NVwZ 2018, 1007 (1009).

fisches Begriffsverständnis aus dem Neutralitätsprinzip gefolgert werden. Allerdings kann das Neutralitätsgebot im Rahmen der Interpretation verfassungsrechtlicher Normen von Bedeutung sein.[623] Das Neutralitätsgebot vermittelt dort, wo es eines Ausgleichs bedarf, zwischen den geltenden Verfassungsnormen und Vorverständnissen.[624] Das Neutralitätsprinzip wirkt somit dergestalt auf die Interpretation der Verfassung ein, dass die Gewährung gleicher Freiheit allen Religionen gleichermaßen zuteilwerden muss.[625]

2. Paritätsprinzip

Weiterhin ist der Begriff der Religionsgemeinschaft am Paritätsprinzip zu messen. *Renck* attestiert dem deutschen Religionsverfassungsrecht erhebliche Paritätsdefizite und spricht gar von der Unvollkommenheit der Parität.[626] Dies mag zunächst verwundern, steht das Religionsverfassungsrecht dem Grunde nach doch allen Religionen offen. Ebenso kann jede religiöse Gemeinschaft als Religionsgemeinschaft nach dem Grundgesetz angesehen werden, wenn sie die formellen Organisationsvoraussetzungen erfüllt. Die Mehrzahl der religionsrechtlichen Konflikte beruht allerdings nicht auf bewussten Differenzierungen, sondern auf Differenzblindheit.[627] Dass eine strikte formelle Gleichbehandlung allerdings zu erheblichen Asymmetrien führen kann,[628] verdeutlicht der Begriff der Religionsgemeinschaft: Während die christlichen Kirchen dank des auf ihre organisatorischen Besonderheiten zugeschnittenen Religionsverfassungsrechts kaum Probleme haben, fällt es religiösen Minderheiten schwer sich in das kirchenzentrierte Religionsverfassungsrecht einzufügen. Da die christlichen Großkirchen gegenüber anderen Religionen faktisch bevorteilt werden, stellt die kirchenzentrierte Prägung des Begriffs der Religionsgemeinschaft somit

---

[623] *Muckel*, in: Merten/Papier (Hrsg.), HGR IV, § 96 Rn. 28; *Schlaich*, Neutralität als verfassungsrechtliches Prinzip, S. 231; *Wrase*, Die Kontroverse um das Kopftuch der muslimischen Lehrerin, in: Reuter/Kippenberg (Hrsg.), Religionskonflikte im Verfassungsstaat, S. 360 (366); *Maunz*, Die religiöse Neutralität des Staates, AfkKR 139 (1970), S. 427 (442).
[624] *Schlaich*, Neutralität als verfassungsrechtliches Prinzip, S. 232.
[625] *Huster*, Die ethische Neutralität des Staates, S. 132.
[626] *Renck*, DÖV 2002, 56 (56, 66).
[627] *Huster*, Weltanschauliche Neutralität des Staates und die gesellschaftlichen Weltanschauungskonflikte, in: Kruip/Vögele (Hrsg.), Schatten der Differenz, S. 91 (94).
[628] *Wißmann*, ZRP 2019, 218 (219); ähnlich *Baade*, AöR 142 (2017), 566 (594); *Mangold*, Demokratische Legitimität und Gleichheit, in: Herbst/Zucca-Soest (Hrsg.), Legitimität des Staates, S. 195 (200).

ebenfalls ein Gleichheitsproblem dar.[629] Daher ist die Kompatibilität des gängigen Begriffs- und Organisationsverständnisses mit dem religionsverfassungsrechtlichen Paritätsprinzip zu untersuchen.

a) Allgemeines zum Paritätsprinzip

Das Paritätsprinzip ist eine tragende Säule des Religionsverfassungsrechts.[630] Es ist nicht verfassungstextlich verankert, sondern findet seine Grundlage in den religionsbezogenen Gleichheitsnormen der Art. 3 Abs. 1 und 3 GG, Art. 33 Abs. 3 GG, Art. 136 Abs. 1 und 2 WRV und Art. 137 Abs. 5 S. 2 und Abs. 7 WRV.[631] Mit der zunehmenden religiösen Pluralisierung hat das Paritätsprinzip in der religionsverfassungsrechtlichen Debatte an Gewicht gewonnen.[632]

b) Reichweite des religionsverfassungsrechtlichen Paritätsprinzips

Inhaltlich verlangt das Paritätsprinzip die Ausschaltung von Religion als Begründungskriterium, weshalb die Parität in religiös-weltanschaulichen Angelegenheiten auch der Neutralität dient.[633] Es gibt daher gewisse Überschneidungen zwischen dem Paritätsprinzip und dem Neutralitätsprinzip, gleichwohl handelt es sich beim Paritätsprinzip um ein eigenständiges Prinzip.[634] Während das Neutralitätsprinzip der Struktur der Freiheitsrechte folgt, ist das Paritätsprinzip gleichheitsrechtlich geprägt.[635] Folglich ergänzt das Paritätsprinzip das Neutralitätsprinzip um den Gesichtspunkt der Gleichbehandlung.[636] Das Paritätsprinzip verbietet nicht nur das Anknüpfen nachteiliger Konsequenzen an die Religionszugehörigkeit, sondern verbietet darüber hinaus die sachlich ungerechtfertigte Privilegierung

---

[629] *Morlok*, in: Dreier-GG III, Art. 140 Rn. 42; vgl. auch *Britz*, JZ 2000, 1127 (1133).

[630] *Muckel*, zur debatte 6/2014, 24 (24).

[631] *M. Heckel*, Gleichheit oder Privilegien?, S. 3; *Morlok*, in: Dreier-GG III, Art. 140 Rn. 43; *Towfigh*, Die rechtliche Verfassung von Religionsgemeinschaften, S. 33.

[632] *Huster*, Gleichheit statt Freiheit, in: Heinig/Walter (Hrsg.), Religionsverfassungsrechtliche Spannungsfelder, S. 203 (203).

[633] *Morlok*, in: Dreier-GG III, Art. 140 GG Rn. 42.

[634] *Kästner*, in: BK-GG, Art. 140 Rn. 133; *Schlaich*, Neutralität als verfassungsrechtliches Prinzip, S. 229; *Schrooten*, Gleichheitssatz und Religionsgemeinschaften, S. 28.

[635] *M. Müller*, Neutralität und Parität als dogmatikleitende Rechtsprinzipien des Religionsverfassungsrechts, in: Krüper/Merten/Morlok (Hrsg.), An den Grenzen der Rechtsdogmatik, S. 43 (68).

[636] *Morlok*, in: Dreier-GG III, Art. 140 Rn. 41; *Kästner/Droege*, in: Stern/Becker-GG, Art. 4 Rn. 178

oder Benachteiligung bestimmter Glaubensüberzeugungen.[637] Die religionsverfassungsrechtliche Parität ist daher das notwendige Korrektiv des neutralen, aber religionsfördernden Staates.[638] Untersagt ist nicht nur die ungleiche Behandlung von wesentlich Gleichem, sondern auch die gleiche Behandlung von wesentlich Ungleichem ohne vernünftigen Grund.[639] Dem Paritätsprinzip kommt damit eine friedenssichernde Funktion zu.[640] Das Paritätsprinzip verfügt sowohl über eine individuelle als auch über eine korporative Komponente[641] und wird demgemäß als „korporative Dimension des religiösen Diskriminierungsverbots" [642] bezeichnet. Darüber hinaus umfasst das Paritätsprinzip den Auftrag zur adäquaten Gleichstellung religiöser Zusammenschlüsse.[643]

aa) Die verschiedenen Paritätsentscheidungen des Grundgesetzes

Nach früher gefestigter Ansicht erforderte das Paritätsgebot keine schematische Gleichbehandlung der Religionsgemeinschaften, sondern erlaubte Differenzierungen nach Größe oder sozialer Bedeutung der Glaubensgemeinschaft.[644] In der Rechtsprechung ist mittlerweile allerdings eine Akzentverschiebung hin zu strikteren Gleichheitsanforderungen erkennbar.[645] So gilt nach höchstrichterlicher Rechtsprechung nun „das Gebot strikter Gleichbehandlung der verschiedenen Glaubensrichtungen".[646] Die früher üblichen Differenzierungskriterien dürften mit der zunehmend egalitären Tendenz in der Rechtspraxis daher an Bedeutung verlieren.[647] Diese

---

[637] *Towfigh*, Die rechtliche Verfassung von Religionsgemeinschaften, S. 34.

[638] *Kloepfer*, Verfassungsrecht Bd. I, S. 947.

[639] *Goerlich*, NVwZ 1998, 819 (821).

[640] *Mikat,* Rechtliche Bedeutung religiöser Interessen, in: Mikat (Hrsg.), Kirche und Staat in der neueren Entwicklung, S. 319 (337).

[641] *W. Weiß*, KritV 83 (2000), 104 (132); *Unruh*, Religionsverfassungsrecht 4. Aufl., S. 75.

[642] *Stern*, in: Stern/Sachs/Dietlein (Hrsg.), Das Staatsrecht der Bundesrepublik Deutschland, Bd. IV/2, § 119 IV 4; *Germann*, in: Epping/Hillgruber, Art. 140 Rn. 19.

[643] *Unruh*, in: v. Mangoldt/Klein/Strack Bd. 3, Art. 140 Rn. 33.

[644] BVerfGE 19, 1 (8 ff.); *M. Heckel*, in: Listl/Pirson (Hrsg.), HdbStKirchR Bd. I, S. 646; *Emmerich-Fritsche*, Der Staat 58 (2019), 575 (607); *Unruh*, Religionsverfassungsrecht 4. Aufl., S. 75.

[645] *Muckel*, Entwicklungen im deutschen Staatskirchenrecht, in: Ennuschat u.a. (Hrsg.), Wirtschaft und Gesellschaft im Staat der Gegenwart, S. 593 (608); *W. Weiß*, KritV 83 (2000), 104 (108 ff.)

[646] BVerfGE 108, 282 (298); so auch BVerwGE 121, 140 (151).

[647] *Goerlich*, Soziale Integration als Aufgabe des Rechts, in: Jaeckel/Kotzur/Zimmermann (Hrsg.), Zur zugewandten Säkularität – Beiträge auf dem Weg dahin, S. 129 (133).

Entwicklung ist grundsätzlich zu begrüßen, da es im Verfassungsrecht keine Majorisierung geben darf, schließlich gilt nicht der „Vorrang der Zahlreichen", sondern es ist „Rücksicht auf die Wenigeren" zu nehmen.[648] Andere wiederum sind der Ansicht, dass weder eine Differenzierung nach der Größe oder sozialen Bedeutung einer religiösen Gemeinschaft noch eine strikte Gleichbehandlung aller Religionen pauschal zielführend ist.[649] Das Grundgesetz enthalte, so *Mückl*, nicht „das" Paritätsprinzip schlechthin.[650] Auch *Weber* zufolge finden sich im Grundgesetz eine ganze Reihe unterschiedlicher Paritätsentscheidungen, weshalb eine Festlegung allgemeingültiger Differenzierungskriterien die Lage eher verdunkle als erhelle.[651] Ihnen zufolge verlange das Grundgesetz teilweise eine strikte Gleichbehandlung religiöser Gemeinschaften, an anderer Stelle sei lediglich eine Gleichbehandlung aller Religionsgemeinschaften, die den Körperschaftsstatus innehaben, vorgegeben.[652] Hinsichtlich dessen, was in der Literatur teilweise als religiöser „Kernstatus" bezeichnet wird, verlange das Grundgesetz die strikte Gleichbehandlung aller Religionen.[653] Zu diesem religiösen Kernstatus zählen *Mückl* und *Weber* im Bereich des institutionellen Religionsverfassungsrechts sowohl das religiöse Selbstbestimmungsrecht aus Art. 137 Abs. 3 WRV als auch die sogenannte Kirchengutsgarantie des Art. 138 Abs. 2 WRV.[654] Innerhalb dieses Kernstatus bleibe für Differenzierungen keinerlei Raum.[655] Differenzierungen lasse das Grundgesetz hingegen zwischen korporierten und nicht-korporierten Religionsgemeinschaften zu.[656] *Weber* schlägt somit eine normbezogene Betrachtung zur Lösung gleichheitsrechtlicher Fragen vor.

Richtigerweise kann weder das Konzept strikter Gleichbehandlung noch eine bloße Differenzierung nach Größe oder sozialer Bedeutung überzeugen, da das Grundgesetz – wie von *Weber* und *Mückl* gezeigt – verschie-

---

648 *Renck*, ZRP 1996, 16 (18).

649 *Mückl*, in: Isensee/Kirchhof, HStR, Bd. VII, § 159 Rn. 75 ff.; *H. Weber*, NJW 1983, 2541 (2543 f.).

650 *Mückl*, in: Isensee/Kirchhof, HStR, Bd. VII, § 159 Rn. 75.

651 *H. Weber*, NJW 1983, 2541 (2543 f.).

652 *H. Weber*, NJW 1983, 2541 (2543).

653 *Korioth*, in: Maunz/Dürig, Art. 137 WRV Rn. 69; *Mückl*, in: Isensee/Kirchhof, HStR, Bd. VII, § 159 Rn. 76; *H. Weber*, NJW 1983, 2541 (2543).

654 *Mückl*, in: Isensee/Kirchhof, HStR, Bd. VII, § 159 Rn. 76; *H. Weber*, NJW 1983, 2541 (2543); siehe auch *Korioth*, in: Maunz/Dürig, Art. 137 WRV Rn. 69, der zumindest das religiöse Selbstbestimmungsrecht dem religiösen Kernbereich zuordnet.

655 *Mückl*, in: Isensee/Kirchhof, HStR, Bd. VII, § 159 Rn. 76.

656 *H. Weber*, NJW 1983, 2541 (2543).

dene Paritätsentscheidungen trifft. Vorzugswürdig ist somit eine an den verschiedenen Normen des institutionellen Religionsverfassungsrechts orientierte Vorgehensweise. Ob Differenzierungen im Einzelfall zulässig sind, ist daher anhand der im Einzelfall einschlägigen Norm zu bestimmen.

bb) Keine strikte Ergebnisgleichheit

Eine Besserstellung der christlichen Großkirchen ist dem Verfassungstext nicht zu entnehmen, weshalb religiöse Minderheiten prinzipiell ebenso die Möglichkeit haben als Religionsgemeinschaft im Sinne des Grundgesetzes angesehen zu werden.[657] Eine verfassungstextliche Ungleichbehandlung religiöser Minderheiten existiert nicht, weshalb eine formelle Ungleichbehandlung der verschiedenen religiösen Zusammenschlüsse durch die Verfassung nicht gegeben ist. Obwohl die gängige Definition keine Schlechterstellung religiöser Minderheiten intendiert, fällt es nicht-christlichen Zusammenschlüssen aufgrund der organisatorischen Ausrichtung an den christlichen Kirchen gleichwohl deutlich schwerer als christlichen Zusammenschlüssen, als Religionsgemeinschaft angesehen zu werden. Ob das gängige Verständnis des Begriffs der Religionsgemeinschaft gegen die religionsverfassungsrechtliche Parität verstößt, hängt darum vor allem davon ab, ob das Paritätsgebot lediglich gezielte Benachteiligungen verbietet oder ob auch mittelbare Benachteiligungen untersagt sind. Insoweit sind Parallelen zur Diskussion über die Modelle der Begründungsneutralität und der Wirkungsneutralität erkennbar.

Richtigerweise verlangt das Paritätsprinzip keine strikte Ergebnisgleichheit.[658] Eine solche ist schon deshalb nicht erreichbar, da Rechtsgleichheit notwendigerweise differenzierend wirkt.[659] *Martin Heckel* betrachtet den

---

[657] *H. Weber*, Das deutsche „Kooperationsmodell" von Staat und Amtskirchen in seinen Auswirkungen auf religiöse Pluralität und gelebte Religionsfreiheit, in: Besier/Lübbe (Hrsg.), Politische Religion und Religionspolitik, S. 325 (328).

[658] *M. Heckel*, in: Listl/Pirson (Hrsg.), HdbStKirchR Bd. I, S. 625; *Mückl*, in: Isensee/Kirchhof, HStR, Bd. VII, § 159 Rn. 74; *Unruh*, in: v. Mangoldt/Klein/Starck Bd. 3, Art. 140 Rn. 34; *ders.*, Religionsverfassungsrecht[4], S. 75; *Hillgruber*, Staat und Religion, S. 52; *Walter*, Die Verschiedenheit der Religionen und ihre gleiche Freiheit unter dem Grundgesetz, in: Mellinghoff/Palm (Hrsg.), Gleichheit im Verfassungsstaat, S. 113 (131); *Sezgin*, Zur Gleichbehandlung der Religionen, in: Kritische Justiz (Hrsg.), Verfassungsrecht und gesellschaftliche Realität, S. 186 (192); *Heinig*, Öffentlich-rechtliche Religionsgesellschaften, S. 182; *Holterhus/Aghazadeh*, JuS 2016, 19 (23); anders wohl *Renck*, DÖV 2002, 56 (56 ff.).

[659] *M. Heckel*, in: Listl/Pirson (Hrsg.), HdbStKirchR Bd. I, S. 611; *ders.*, RDJB 2004, 39 (48).

Paritätsgrundsatz aus diesem Grund als „Januskopf der Egalisierung und Differenzierung".[660] Weder gibt es einen Verfassungsauftrag zur „Planier-Parität", wonach sämtliche faktische Ungleichheiten zu nivellieren sind,[661] noch ist das Religionsverfassungsrecht unitarisch geprägt.[662] Dass nicht alle religiösen Zusammenschlüsse als Religionsgemeinschaften im Sinne des Grundgesetzes angesehen werden, lässt sich aufgrund der differenzierenden Wirkung von Rechtsgleichheit daher nicht verhindern.[663] Angesichts der Diversität organisierter Religion ist es ausgeschlossen Organisationsanforderungen derart zu gestalten, dass diese sämtlichen religiösen Zusammenschlüssen gleichermaßen entsprechen.[664] Die strikte Gleichbehandlung sämtlicher Zusammenschlüsse ist weiterhin deshalb nicht möglich, weil es den einzelnen religiösen Gruppierungen frei steht, auf die gleichberechtigte Teilhabe zu verzichten.[665] Daher verlangt das Prinzip der Parität keine Garantie des gleichen Erfolgs. Rechtlich zwingend vorgegeben ist lediglich die Gleichheit vor dem Gesetz.[666] Dieses Ergebnis steht auch im Einklang mit der neuen Linie der Rechtsprechung zur Reichweite des Paritätsprinzips: Zwar gilt das Gebot strikter Gleichbehandlung der verschiedenen Glaubensrichtungen, ein Gebot strikter Gleichheit verlangt jedoch selbst die neue Richtung der höchstrichterlichen Rechtsprechung nicht.[667] Daher erfordert der Paritätsgrundsatz keine strikte Ergebnisgleichheit bezüglich des Begriffs der Religionsgemeinschaft.

cc) Chancengleichheit

Die Absage an das Konzept strikter Gleichheit ist allerdings keine Absage an die dahinter stehende Idee.[668] Abstrakte Gleichheitskonzepte allein

---

660 *M. Heckel*, in: Listl/Pirson (Hrsg.), HdbStKirchR Bd. I, S. 599.
661 *M. Heckel*, in: Listl/Pirson (Hrsg.), HdbStKirchR Bd. I, S. 599.
662 *Heinig*, Öffentlich-rechtliche Religionsgesellschaften, S. 183.
663 *M. Heckel*, in: Listl/Pirson (Hrsg.), HdbStKirchR Bd. I, S. 611; *Heinig*, Öffentlich-rechtliche Religionsgesellschaften, S. 182.
664 *Heinig*, Öffentlich-rechtliche Religionsgesellschaften, S. 182.
665 *Heinig*, Der Körperschaftsstatus nach Art. 137 Abs. 5 S. 2 WRV – ein Gleichheitsversprechen, in: Reuter/Kippenberg (Hrsg.), Religionskonflikte im Verfassungsstaat, S. 93 (116).
666 *M. Heckel*, in: Listl/Pirson (Hrsg.), HdbStKirchR Bd. I, S. 602; *ders.*, Gleichheit oder Privilegien?, S. 30.
667 vgl. Seite 119.
668 *Brosius-Gersdorf*, Freiheit und Gleichheit – Freiheit durch Gleichheit?, in: Wittreck (Hrsg.), Grundlagen des Grundgesetzes – Geburtstagssymposium für Horst Dreier, S. 93 (100).

reichen schließlich nicht aus, um Gleichheit praktisch erlebbar zu machen.[669] Auch wenn Ergebnisgleichheit nicht gefordert werden kann, sollte die Rechtsordnung den Gebrauch von Freiheiten durch alle Berechtigten so gut es geht ermöglichen.[670] Gerade weil die formelle Rechtsgleichheit oft mittelbare Benachteiligungen von religiösen Minderheiten mit sich bringt, dürfen ungleiche Auswirkungen nicht einfach ausgeblendet werden.[671] Dass es noch immer zu faktischen Ungleichbehandlungen kommt, indem sich viele Rechtsanwender unbemerkt christlicher Vorverständnisse bedienen, darf daher nicht ignoriert werden,[672] schließlich muss sich ethisch imprägnierte Rechtssetzung am liberalen Prinzip gleicher Freiheit messen lassen.[673] Auch wenn das Paritätsprinzip keine Ergebnisgleichheit fordert, verlangt es doch zumindest Chancengleichheit für die Religionsfreiheit und die Verwirklichung religiöser Interessen.[674] Das Paritätsprinzip gewährleistet daher die Gleichheit des Angebots, wonach allen religiösen Zusammenschlüssen dieselben Entwicklungschancen zu eröffnen sind.[675] Der Staat darf folglich keine unnötigen Hindernisse für die Rechtskategorie der Religionsgemeinschaft nach dem Grundgesetz aufstellen.[676] Übertragen auf den verfassungsrechtlichen Begriff der Religionsgemeinschaft bedeutet dies, dass der Staat das Ziel verfolgen muss, die Rechtskategorie der Religionsgemeinschaft möglichst vielen Zusammenschlüssen zugänglich zu machen. Dafür spricht auch der Angebotscharakter des institutionellen Religionsverfassungsrechts, der häufig mit der religiös-weltanschaulichen Parität in Verbindung gebracht wird,[677] schließlich umfasst

---

[669] *Baer*, ZRP 2001, 500 (501); *Kriele*, ZRP 2001, 495 (500).

[670] *Möllers*, Grenzen der Ausdifferenzierung, in: Heinig/Walter (Hrsg.), Religionsverfassungsrechtliche Spannungsfelder, S. 9 (31).

[671] *Unruh*, Religionsverfassungsrecht, 4. Aufl., S. 76.

[672] *Britz*, JZ 2000, 1127 (1128).

[673] *Nettesheim*, Liberaler Verfassungsstaat und gutes Leben, S. 57.

[674] *Renck*, DÖV 2002, 56 (67) *ders.*, BayVBl. 1988, 225 (229); dieses Erfordernis stellen auch Kritiker des Konzepts der strikten Ergebnisgleichheit auf: *Unruh*, Religionsverfassungsrecht· 4. Aufl., S. 75; *Heinig*, Öffentlich-rechtliche Religionsgesellschaften, S. 182; *de Wall*, Das Staatskirchenrecht des Grundgesetzes, in: Hildmann/Rößle (Hrsg.), Staat und Kirche im 21. Jahrhundert, S. 47 (50); *ders.*, Das Deutsche Staatskirchenrecht und die Religionsfreiheit, in: Ziebertz (Hrsg.), Religionsfreiheit, S. 35 (43); *Holterhus/Aghazadeh*, JuS 2016, 19 (23).

[675] *Kästner*, in: BK-GG, Art. 140 Rn. 140.

[676] *H. Weber*, Neuralgische Punkte in den Grundsatzfragen des Staatskirchenrechts, in: Geis (Hrsg.), Staat, Kirche, Verwaltung – FS Maurer, S. 469 (477); *Emmerich-Fritsche*, Der Staat 58 (2019), 575 (607).

[677] *Renck*, DÖV 2002, 56 (58).

das Paritätsprinzip auch die Gleichheit des Angebots religiöser Organisationsformen.[678] Der Angebotscharakter des institutionellen Religionsverfassungsrechts stellt religiöse Zusammenschlüsse vor die Wahl, ob sie die Kooperationsangebote und die damit einhergehenden Rechte des institutionellen Religionsverfassungsrechts in Anspruch nehmen oder ob sie in der staatsfreien Sphäre bleiben möchten.[679] Die Möglichkeit der freien Wahl setzt indes wiederum die tatsächliche Wahlmöglichkeit voraus.[680] Eine freie Wahlmöglichkeit verbietet allerdings das Aufstellen unüberwindbarer Hürden und die daraus zwangsläufig resultierende Begrenzung des Adressatenkreises.[681] Sind die Angebote des institutionellen Religionsverfassungsrechts aber derart gestaltet, dass es bestimmten religiösen Zusammenschlüssen gar nicht erst möglich ist, die Angebote wahrzunehmen, läuft der Angebotscharakter faktisch leer. Was nützt es nicht-christlichen Zusammenschlüssen, dass ihnen die Rechtsfigur der Religionsgemeinschaft angeboten wird, die Mindestvoraussetzungen für die Teilhabe an den institutionellen Gewährleistungen des Religionsverfassungsrechts aber kirchenanaloge Strukturen voraussetzen? Es verbietet sich daher religionsverfassungsrechtliche Normen so auszulegen, dass von vornerein nur etablierte Religionen die notwendigen Anforderungen erfüllen können.[682] *Renck* weist somit zurecht darauf hin, dass der Angebotscharakter mit Vorsicht zu betrachten ist, da ein Verweis auf den Angebotscharakter schnell dazu führt, religiöse Minderheiten selbst für die fehlende Gleichbehandlung verantwortlich zu machen und den Staat aus seiner Verantwortung zu entlassen.[683] Die Behauptung, bestimmte religiöse Zusammenschlüsse schlössen sich in Wahrnehmung ihrer Autonomie von bestimmten Rechten des institutionellen Religionsverfassungsrechts selbst aus,[684] verdient

---

[678] *M. Heckel*, in: Listl/Pirson (Hrsg.), HdbStKirchR Bd. I, S. 605; *Heinig*, Der Körperschaftsstatus nach Art. 137 Abs. 5 S. 2 WRV – in Gleichheitsversprechen, in: Reuter/Kippenberg (Hrsg.), Religionskonflikte im Verfassungsstaat, S. 93 (94); *Perçin*, Die Kompatibilität des säkularen Staates mit dem Islam, S. 64.

[679] *Waldhoff*, NJW-Beilage 2010, 90 (91).

[680] A.A. wohl *Kloepfer*, Verfassungsrecht Bd. I, S. 948, der es für ausreichend betrachtet, dass alle religiösen Zusammenschlüsse theoretisch die Möglichkeit haben, die Rechte des institutionellen Religionsverfassungsrechts wahrzunehmen.

[681] *H. Weber*, Neuralgische Punkte in den Grundsatzfragen des Staatskirchenrechts, in: Geis (Hrsg.), Staat, Kirche, Verwaltung – FS Maurer, S. 469 (477).

[682] *Muckel/Hentzschel*, KuR 26 (2020), 169 (182); anders wohl *de Maizière*, Religion im öffentlichen Raum, S. 22 f.

[683] *Renck*, DÖV 2002, 56 (58).

[684] So *Kunig*, Staat und Religion in Deutschland und Europa, in: Mahlmann/Rottleuther

daher zumindest keine uneingeschränkte Zustimmung. Das Grundgesetz beschränkt sich zudem nicht nur auf das Anbieten tauglicher Organisationsformen, sondern fördert auch die Wahrnehmung der institutionellen Garantien des Religionsverfassungsrechts.[685] Der Staat ist verfassungsrechtlich dazu aufgerufen, die gleichberechtigte Teilhabe verschiedener religiöser Zusammenschlüsse auch praktisch herbeizuführen.[686] Gerade weil die gängigen Organisationsanforderungen für nicht-christliche Zusammenschlüsse momentan weniger passend sind, ist eine „Optimierung von Freiheitsräumen" notwendig.[687]

Wie das Neutralitätsprinzip darf allerdings auch das Paritätsprinzip nicht verabsolutiert werden und die Auslegung verfassungsrechtlicher Normen einseitig überlagern.[688] Ein ganz bestimmtes, alle religiösen Zusammenschlüsse umfassendes Begriffs- und Organisationsverständnis, kann daher nicht mit Verweis auf das Paritätsprinzip verlangt werden. Dennoch spricht der gerade skizzierte Paritätsmaßstab für ein integrationsoffenes Begriffs- und Organisationsverständnis.

3. Säkularität

Die gängige Definition und das daraus folgende Organisationsverständnis sind darüber hinaus mit Blick auf die verfassungsrechtlich vorgegebene Säkularität des Staates kritisch zu hinterfragen. Nicht nur weil der Staat neutral ist, ist ihm in religiösen Angelegenheiten Zurückhaltung auferlegt. Auch weil der Staat säkular ist und deshalb auf weltliche Aufgaben beschränkt ist,[689] ist es ihm verboten bestimmte Bekenntnisse zu privilegieren und andere zu benachteiligen. Gerade in religiös-pluralistischen Gesellschaften ermöglicht die Weltlichkeit des Staates erst ein gedeihliches Zusammenleben.[690]

Die im Wesentlichen aus Art. 140 GG i. V. m. Art. 137 Abs. 1 WRV folgende Säkularität verbietet dem Staat die Positionierung in der religiösen

---

(Hrsg.), Ein neuer Kampf der Religionen?, S. 161 (173 f.).

685 *Morlok/Heinig*, NVwZ 1999, 697 (701).

686 *Heinig*, Der Körperschaftsstatus nach Art. 137 Abs. 5 S. 2 WRV – ein Gleichheitsversprechen, in: Reuter/Kippenberg (Hrsg.), Religionskonflikte im Verfassungsstaat, S. 93 (115).

687 *Heinig*, Öffentlich-rechtliche Religionsgesellschaften, S. 183 Fn. 254.

688 *Konrad*, Der leitende Bezugspunkt des Staatskirchenrechts, in: Pitschas/Uhle (Hrsg.),Wege gelebter Verfassung in Recht und Politik – FS Scholz, S. 1097(1109).

689 *Muckel*, AfkKR 183 (2014), 18 (20 f.); *de Wall/Muckel*, Kirchenrecht, § 13 Rn. 3.

690 *Rogall-Grothe*, ZAR 2009, 50 (52).

Wahrheitsfrage.[691] Dies steht allein den religiösen Zusammenschlüssen und deren Mitgliedern zu.[692] Dementsprechend ist es dem Staat untersagt, seinem Handeln religiöse Maßstäbe zugrunde zu legen,[693] da der säkulare Staat „nicht Wahrheits- oder Tugendstaat, sondern Freiheits- und Friedensordnung“[694] ist. Religiöse Maßstäbe legt der Staat an, wenn er sich auf religiöse Maßstäbe beruft.[695]

Allein durch das Heranziehen der Definition von Anschütz werden keine religiösen Maßstäbe zugrunde gelegt, da der gängigen Definition kein expliziter Verweis auf die Organisationsstruktur der christlichen Kirchen zu entnehmen ist. Das Säkularitätsprinzip verbietet indes nicht nur die ausdrückliche Zugrundelegung religiöser Maßstäbe, schließlich dürfte eine explizite Berufung auf religiöse Maßstäbe heutzutage ohnehin den absoluten Ausnahmefall darstellen. Ein ‚deus lo vult‘ wird in der heutigen Rechtswissenschaft wohl kaum als Begründungsargument zu finden sein.[696] Gerade im pfadabhängigen und historisch geprägten Religionsverfassungsrecht stellen unbewusste Vorverständnisse vielmehr den Normalfall dar.[697] Allerdings ist dem Staat nicht nur die Heranziehung religiöser Maßstäbe verboten, sondern ebenso die Bewertung religiöser Inhalte.[698] Dementsprechend hat der säkulare Staat auch Definitionen und Bestimmungen religiöser Inhalte zu unterlassen.[699]

Übertragen auf den Begriff der Religionsgemeinschaft bedeutet dies, dass dem Staat Grenzen auferlegt sind, wenn er über die organisatorische Struktur religiöser Zusammenschlüsse urteilt. Im Rahmen seiner Definitionskompetenz ist es dem Staat zwar erlaubt – und sogar aufgetragen – den Begriff der Religionsgemeinschaft zu definieren, er muss jedoch unbedingt darauf achten, dass die von ihm zugrunde gelegte Definition nicht

---

[691] *Dreier*, Staat ohne Gott, S. 59; vgl. auch *Emmerich-Fritsche*, Der Staat 58 (2019), 575 (602).

[692] *Munsonius*, Öffentliche Religion im säkularen Staat, S. 83.

[693] *Muckel*, Islam und Religionsverfassungsrecht, in: Ebner/Kraneis/Minkner/Neuefeind/Wolff (Hrsg.), Staat und Religion, S. 133 (134); *de Wall/Muckel*, Kirchenrecht, § 13 Rn. 3.

[694] *Dreier*, RG 19 (2011), 72 (73).

[695] *Herbolsheimer/Kukuczka*, ZevKR 63 (2018), 367 (372).

[696] *Herbolsheimer/Kukuczka*, ZevKR 63 (2018), 367 (372).

[697] Vgl. oben Seite 143 f.

[698] *Magen*, Neutralität und negative Religionsfreiheit im staatlich verantworteten öffentlichen Raum, in: Häberle/Hattler (Hrsg.), Islam – Säkularismus – Religionsrecht, S. 95 (102 f.); *Herbolsheimer/Kukuczka*, ZevKR 63 (2018), 367 (372).

[699] *Wick*, Die Trennung von Staat und Kirche, S. 15.

(unbewusst) von einer bestimmten Religion geprägt ist. Indem der Staat für den verfassungsrechtlichen Schlüsselbegriff der Religionsgemeinschaft allerdings das christliche Organisationsverständnis zugrunde legt, legt er das Organisationsverständnis der christlichen Großkirchen damit unweigerlich als richtigen Idealtypus fest, an dem sich auch ganz anders strukturierte religiöse Minderheiten orientieren müssen, wollen sie die Rechte des institutionellen Religionsverfassungsrechts wahrnehmen. Durch die Zugrundelegung der christlichen Organisationsstruktur als Leitbild wertet er andere Organisationsstrukturen unvermeidlich als falsch bzw. unzureichend organisiert ab und bezieht damit zwangsläufig Stellung in religiösen Angelegenheiten. Das Recht religiöser Minderheiten, ihr Leben nach den eigenen Grundsätzen zu gestalten, wird dadurch, zumindest mittelbar, beschränkt.

Daher ist die gängige Definition des Begriffs der Religionsgemeinschaft auch mit Blick auf die verfassungsrechtlich vorgegebene Säkularität des Staates verbesserungswürdig.

4. Individuelle Religionsfreiheit

Wird über den Begriff der Religionsgemeinschaft nach dem Grundgesetz gesprochen, stehen dabei meist religiöse Zusammenschlüsse und organisatorische Strukturfragen im Vordergrund der Diskussion. Das verwundert kaum, schließlich wird der Begriff der Religionsgemeinschaft vor allem in den durch Art. 140 GG inkorporierten Normen der Weimarer Reichsverfassung genannt, die wiederum institutionell geprägt sind. Das Religionsverfassungsrecht und die individuelle Religionsfreiheit standen sich dementsprechend lange Zeit als „juristische Antipoden“ gegenüber.[700] Daher gerät schnell aus dem Blick, dass es sich bei der Frage, ob ein religiöser Zusammenschluss eine Religionsgemeinschaft im Sinne des Grundgesetzes darstellt, nicht um eine abstrakte Frage handelt, die lediglich theoretischer Natur ist. In fast allen Fällen, in denen Gewährleistungen für kollektiv organisierte Religionsgemeinschaften im Mittelpunkt stehen, geht es faktisch um die dahinterstehenden Individuen.[701] Daher dürfen die Gläubigen nicht aus dem Blick geraten, deren Rechte durch die fehlende Anerkennung geschmälert werden und die unter Diskriminierungen leiden.[702] Mit der fehlenden rechtlichen Anerkennung gehen auch persönlich

---

[700] *Muckel*, Religionsfreiheit gestern, heute, morgen, S. 13.
[701] *v. Lewinski*, NJ 2020, 93 (95).
[702] *Bielefeldt/Wiener*, Religionsfreiheit auf dem Prüfstand, S. 82 f.

empfundene Herabstufungen einher, weshalb ein strenges Verständnis des Begriffs der Religionsgemeinschaft auch mit Blick auf die Anhänger religiöser Minderheiten abzulehnen sein könnte. Daher ist die gängige Definition und das gängige Organisationsverständnis nicht nur mit Blick auf die soeben genannten religionsverfassungsrechtlichen Prinzipien kritisch zu beurteilen. Ebenso könnte die individuelle, in Art. 4 Abs. 1 und 2 GG normierte Religionsfreiheit der gängigen Definition entgegenstehen.

a) *Reichweite der Religionsfreiheit*

Art. 4 Abs. 1 GG garantiert die Freiheit des Glaubens, des Gewissens und des Bekenntnisses, Art. 4 Abs. 2 GG das Recht der ungestörten Religionsausübung. Die ständige Rechtsprechung fasst beide Absätze zu einem einheitlichen Grundrecht zusammen.[703] Infolge der zunehmenden religiösen Pluralisierung ist das Grundrecht der Religionsfreiheit vermehrt in den Mittelpunkt religionsverfassungsrechtlicher Debatten gerückt.[704] Die Religionsfreiheit des Grundgesetzes ist weitreichend und schützt nicht nur die klassischen Ausübungsformen der Religion, sondern gewährleistet es dem Einzelnen, sein gesamtes Leben an den Lehren seiner Religion auszurichten.[705] Obwohl die Religionsfreiheit ein höchstpersönliches Recht darstellt, ist sie zugleich gemeinschaftsbezogen.[706] Geschützt ist nicht nur der individuelle Glaube, sondern auch die kollektive Glaubensfreiheit.[707]
Auch wenn die Religionsfreiheit gar als „Hort traditioneller Bräuche“ bezeichnet wird,[708] ist die Religionsfreiheit nicht auf christlich-jüdische Religionen beschränkt, sondern kommt religiösen Minderheiten gleichermaßen zugute.[709] Dies ist nicht selbstverständlich, betrachtet man die früher von der Rechtsprechung vertretene, aber wieder aufgegebene, sogenannte Kulturvölkerformel, durch die religiöse Minderheiten weitgehend aus dem Schutzbereich der Religionsfreiheit exkludiert wurden. Dass auch religiöse Minderheiten den Schutz aus Art. 4 Abs. 1 und 2 GG genießen, ist jedoch

---

[703] BVerfGE 24, 236 (246.); 44, 37 (49 f.); 83, 341 (354).
[704] *Voßkuhle*, EuGRZ 2010, 537 (539).
[705] BVerfGE 108, 282 (297).
[706] *Maurer*, Religionsfreiheit in der multikulturellen Gesellschaft, in: Eberle/Ibler/Lorenz (Hrsg.), Der Wandel des Staates vor den Herausforderungen der Gegenwart – FS Brohm, S. 455 (457).
[707] *Kloepfer*, Verfassungsrecht Bd. II, S. 244.
[708] *Tomuschat*, EuGRZ 2016, 6 (8).
[709] *Krugmann*, Das Recht der Minderheiten, S. 110; *Bock*, AöR 122 (1998), S. 444 (448); *H. Alexy*, JZ 2020, 541 (543).

nicht nur darauf zurückzuführen, dass dem Grundgesetz kein christlich-abendländischer Kulturvorbehalt zu entnehmen ist. Vielmehr wird der Staat erst durch die allgemeine Gewährleistung der Religionsfreiheit zu einem neutralen und säkularen Staat.[710] Die Religionsfreiheit lediglich auf den christlichen Glauben zu beziehen, würde ferner dem freiheitlichen Charakter der Religionsfreiheit und des Grundgesetzes zuwiderlaufen.[711] Dem weltlichen und neutralen Staat ist es daher untersagt, die Religionsfreiheit auf kulturell verwurzelte Religionen zu beschränken. Der Ausschluss religiöser Minderheiten ist dem Staat nicht nur verboten, es ist ihm aktiv aufgetragen gerade religiöse Minderheiten zu schützen. Insbesondere vor dem Hintergrund der existenzbedrohenden Verfolgung religiöser Minderheiten zur Zeit des Dritten Reichs beabsichtigt das Grundrecht der Religionsfreiheit, religionsbezogene Diskriminierungen und Intoleranz gegenüber religiösen Minderheiten im Alltag zu verhindern.[712] Die Religionsfreiheit schützt gerade Minderheiten,[713] weshalb die Religionsfreiheit im Sinne des Grundgesetzes nur die gleiche religiöse Freiheit aller Akteure bedeuten kann.[714] Die kollektive Dimension der Religionsfreiheit steht daher nicht nur den christlichen Großkirchen, sondern allen religiösen Akteuren zu.[715]

b) Verhältnis von Art. 4 GG zu den institutionellen Gewährleistungen des Religionsverfassungsrechts

Zu klären ist, inwiefern der Charakter der Religionsfreiheit als Freiheits- und Minderheitenrecht im Rahmen des institutionellen Religionsverfassungsrechts überhaupt von Belang ist, da das deutsche Religionsverfassungsrecht rechtstechnisch zwischen Individuum und Institution unterscheidet.[716] Schon die verfassungsrechtliche Systematik macht dies deutlich: Mit Ausnahme des Art. 7 Abs. 3 GG finden sich sämtliche

---

710 *Gutmann*, Zur Fragilität des Rechts auf gleiche Religionsfreiheit, in: Gerster/van Melis/Willems (Hrsg.), Religionspolitik heute, S. 162 (165); *Dreier*, RG 19 (2011), 72 (74).

711 *Bock*, AöR 122 (1998), 444 (448).

712 *Krugmann*, Das Recht der Minderheiten, S. 110.

713 *M. Heckel*, AöR 134 (2009), 309 (327).

714 *Wittreck*, Perspektiven der Religionsfreiheit, in: Ebner/Kraneis/Minkner/Neuefeind/Wolff (Hrsg.), Staat und Religion, S. 73 (99).

715 *Wißmann*, Freiheit braucht Form!?, in: Gerster/van Melis/Willems (Hrsg.), Religionspolitik heute, S. 177 (181).

716 *Magen*, Komplementarität und Konflikte, in: Heinig/Walter (Hrsg.), Religionsverfassungsrechtliche Spannungsfelder, S. 95 (98).

Regelungen, die den Begriff der Religionsgemeinschaft enthalten, in den institutionell geprägten und über Art. 140 GG inkorporierten Normen der Weimarer Reichsverfassung.[717] Diese systematische Trennung könnte ein Indiz dafür sein, dass strikt zwischen individueller Religionsfreiheit und institutionellem Religionsverfassungsrecht zu differenzieren ist und die individuelle Religionsfreiheit für Fragen der Organisation von religiösen Zusammenschlüssen deshalb irrelevant sein könnte.

Das Bundesverfassungsgericht verneint eine solche Trennung und betrachtet die institutionelle Gewährleistung des Körperschaftsstatus gar als Mittel zur Entfaltung der Religionsfreiheit.[718] Die institutionellen Gewährleistungen sind dem Bundesverfassungsgericht zufolge vielmehr insgesamt „funktional auf die Inanspruchnahme und Verwirklichung des Grundrechts der Religionsfreiheit" angelegt.[719] Nach Ansicht des Bundesverfassungsgerichts müssten die institutionellen Gewährleistungen des Grundgesetzes auch im Lichte der Religionsfreiheit ausgelegt werden.[720] Insoweit ist in der Rechtsprechung ein Paradigmenwechsel hin zur Religionsfreiheit unverkennbar.[721]

Diese sog. Vergrundrechtlichung des Religionsverfassungsrechts ist im Schrifttum nicht nur auf Zustimmung gestoßen.[722] So fürchtete *Muckel*, die Religionsfreiheit könne zum Weichmacher des institutionellen Religionsverfassungsrechts werden und das hervorragend funktionierende religionsverfassungsrechtliche Gefüge aus dem Gleichgewicht bringen.[723] Diese Kritikpunkte sind nicht ganz von der Hand zu weisen, schließlich wurde das Religionsverfassungsrecht lange Zeit aus der institutionellen Perspektive betrachtet, was auch der früher gängige Begriff des Staatskirchenrechts verdeutlicht. Dass mit dem Trend zur Vergrundrechtlichung

---

[717] *Magen*, Komplementarität und Konflikte, in: Heinig/Walter (Hrsg.), Religionsverfassungsrechtliche Spannungsfelder, S. 95 (98).

[718] BVerfGE 42, 312 (322); 102, 370 (387); 137, 273 (303).

[719] BVerfGE 102, 370 (387); 137, 273 (303); so auch BVerwG NVwZ 2013, 943 (944).

[720] BVerfGE 137, 273 (303).

[721] *Huber*, in: Essener Gespräche 54 (2019), 100 (106); *Wittreck*, Perspektiven der Religionsfreiheit, in: Ebner/Kraneis/Minkner/Neuefeind/Wolff (Hrsg.), Staat und Religion, S. 73 (87).

[722] *Hillgruber*, Sinn und Zweck des staatskirchenrechtlichen Körperschaftsstatus, in: Grabenwarter/Lüdecke (Hrsg.), Standpunkte im Kirchen- und Staatskirchenrecht, S. 79 (98); *ders.*, NVwZ 2001, 1347 (1347); *Muckel*, JURA 2001, 456 (462); *ders.*, StZ 2001, 463 (476).

[723] *Muckel*, StZ 2001, 463 (476); *ders.*, JURA 2001, 456 (462); nun anders *ders.*, Religionsfreiheit gestern, heute, morgen, S. 15.

altbekannte Strukturen infrage gestellt werden, ist daher nicht zu leugnen. Richtig ist auch, dass sich die inkorporierten Normen der Weimarer Reichsverfassung nicht allein aus der Religionsfreiheit herleiten lassen.[724] Dennoch ist der zunehmenden Bedeutung der individuellen Religionsfreiheit im Ergebnis zuzustimmen. Obwohl das deutsche Religionsverfassungsrecht institutionell geprägt ist, steht die individuelle Religionsfreiheit doch im Zentrum des Verhältnisses von Religion und Staat.[725] *De Wall* bezeichnet die Religionsfreiheit gar als inhaltlichen „Dreh- und Angelpunkt“[726] des Religionsverfassungsrechts und begreift die institutionellen Regelungen als Ergänzung und Konkretisierung der Religionsfreiheit.[727] Obwohl Religion *Häberle* zufolge häufig ein kollektives Phänomen sei, das ohne Vergemeinschaftung nur schwer denkbar sei,[728] sei das Religionsverfassungsrecht „ein Stück Verfassungsrecht der Gesellschaft, nicht nur […] Verfassung des Verhältnisses Staat/Kirche (bzw. Religionsgemeinschaften) […].“[729] Dieser Befund verdient Zustimmung. Der säkulare Staat schützt Religion nicht um ihrer selbst willen, sondern um seiner Bürger willen.[730] Dementsprechend dürfen die hinter den Zusammenschlüssen stehenden Gläubigen und deren Bedürfnisse nicht aus dem Blick geraten. Abgesehen davon schlagen Benachteiligungen von religiösen Zusammenschlüssen zwangsläufig auf die dahinterstehenden Mitglieder durch.[731] *Heinig* zufolge sind Religionsgemeinschaften „nichts anderes als die Summe ihrer Mitglieder.“[732] Religionsgemeinschaften allein auf die ihr

---

[724] *Germann*, öarr 2014, 41 (54).

[725] *Hillgruber*, DVBl. 1999, 1155 (1172); *Muckel*, ZevKR 63 (2018), 30 (45); *Wiese*, NLMR 2021, 5 (11).

[726] *de Wall*, Das Deutsche Staatskirchenrecht und die Religionsfreiheit, in: Ziebertz (Hrsg.), Religionsfreiheit, S. 35 (38 f.).

[727] *de Wall*, Das Verhältnis von Gesellschaft, Staat und Kirche in Deutschland, in: Kämper/Schlagheck (Hrsg.), Zwischen nationaler Identität und europäischer Harmonisierung, S. 85 (87).

[728] *Korioth*, Die Entwicklung der Rechtsformen von Religionsgemeinschaften in Deutschland im 19. und 20. Jahrhundert, in: Kippenberg/Schuppert (Hrsg.), Die verrechtlichte Religion, S. 109 (109); *Lepsius*, Leviathan 34 (2006), 321 (327).

[729] *Häberle*, DÖV 1976, 73 (78).

[730] *Droege*, Der Religionsbegriff im deutschen Religionsverfassungsrecht, in: Hildebrandt/Brocker (Hrsg.), Der Begriff der Religion, S. 159 (160).

[731] *Giegerich*, Religionsfreiheit als Gleichheitsanspruch und Gleichheitsproblem, in: Grote/Marauhn (Hrsg.), Religionsfreiheit zwischen individueller Selbstbestimmung, Minderheitenschutz und Staatskirchenrecht, S. 241 (277).

[732] *Heinig*, Staat und Religion – Traditionslinien bis zum Religionsverfassungsrecht, in: Abmeier (Hrsg.), Politik im Zeichen der Reformation, S. 21 (25).

angehörenden Mitglieder zu reduzieren, mag zu weit gehen. Dennoch sind die institutionellen Gewährleistungen des Religionsverfassungsrechts kein Selbstzweck,[733] sondern dienen vielmehr als institutionelle Hilfen für die freiheitliche Religionsausübung der Gläubigen.[734] Das bedeutet nicht, dass sämtliche institutionelle Regelungen aus der Religionsfreiheit abzuleiten sind, es bedeutet lediglich, dass die institutionellen Regelungen des Religionsverfassungsrechts die Verwirklichung der Religionsfreiheit fördern und faktisch häufig erst ermöglichen.[735] Dafür spricht auch, dass die Einordnung als Religionsgemeinschaft – und damit schlussendlich auch der Zugang zu vielen Rechten des institutionellen Religionsverfassungsrechts – immer wieder vom Vorhandensein eines personalen Substrats abhängig gemacht wird. Wenn Religionsausübung ohne Menschen undenkbar sein soll, warum sollten die Bedürfnisse der hinter den Zusammenschlüssen stehenden Menschen ausgeblendet werden? Aus diesem Grund sprechen die besseren Argumente dafür, die Bedürfnisse der Gläubigen auch im Rahmen der institutionellen Gewährleistungen im Blick zu behalten. Ohnehin dürfte eine strikte Grenzziehung zwischen dem institutionellen Religionsverfassungsrecht und der individuellen Perspektive weder zielführend noch faktisch möglich sein.[736] Die Religionsfreiheit miteinzubeziehen dürfte im Gegenteil dabei helfen, widersprüchliche Ergebnisse und Interpretationen zu vermeiden.[737]

Ferner bietet sich die grundrechtliche Betrachtungsweise gerade in Zeiten zunehmender religiöser Pluralisierung und Individualisierung an.[738] Zwar mag die institutionell geprägte Betrachtung des Religionsverfassungsrechts in der mehrheitlich christlich geprägten Gesellschaft hervorragend funktioniert haben, heute ist diesem Befund allerdings nicht mehr uneingeschränkt zuzustimmen. Der institutionelle Ansatz wurde gewissermaßen von der gesellschaftlichen Realität überholt. Der grundrechtliche Ansatz öffnet das institutionelle Religionsverfassungsrecht dagegen für

---

733 *H. Alexy*, JZ 2020, 541 (542).

734 *M. Heckel*, AöR 134 (2009), 309 (328); *v. Campenhausen/de Wall*, Staatskirchenrecht, S. 77.

735 *de Wall*, Das Deutsche Staatskirchenrecht und die Religionsfreiheit, in: Ziebertz (Hrsg.), Religionsfreiheit, S. 35 (51); *Germann*, öarr 2014, 41 (54).

736 Vgl. *Marauhn*, Bedürfnis- und Bedeutungsadäquanz rechtlicher Organisationsformen, in: Grote/Marauhn (Hrsg.), Religionsfreiheit zwischen individueller Selbstbestimmung, Minderheitenschutz und Staatskirchenrecht, S. 413 (421 f.).

737 *v. Campenhausen/de Wall*, Staatskirchenrecht, S. 77 f.

738 *Muckel*, Religionsfreiheit gestern, heute, morgen, S. 15 f.

unterschiedliche religiöse Traditionen und erleichtert damit insgesamt die Integration nicht-christlicher Zusammenschlüsse in das Gefüge des Religionsverfassungsrechts.[739] *Magen* konstatiert zutreffend, dass die grundrechtliche Sichtweise die religionsfreundlichen Gehalte der religionsverfassungsrechtlichen Tradition in eine der heutigen Rechtspraxis verständlichere Sprache übersetze und helfe, diese Tradition gerade dadurch zu bewahren.[740] Die grundrechtszentrierte Sichtweise kann somit helfen die bestehenden Asymmetrien im religionsverfassungsrechtlichen Bereich zu beseitigen.[741] Eine grundrechtliche Betrachtungsweise ist daher auch hinsichtlich der Zukunftsfähigkeit des Religionsverfassungsrechts sinnvoll. Da die Religionsfreiheit das Fundament des Religionsverfassungsrechts ist, sind auch die institutionellen Gewährleistungen nach diesem Richtmaß zu bestimmen.[742]

c) Religionsfreiheit als relevantes Kriterium

Es bleibt festzuhalten, dass die institutionellen Gewährleistungen des Religionsverfassungsrechts (auch) auf die Inanspruchnahme der Religionsfreiheit angelegt sind. Die Wertungen des Art. 4 GG sind folglich im Rahmen der institutionellen Gewährleistungen des Religionsverfassungsrechts zu beachten und auf die Bedürfnisse der hinter den religiösen Zusammenschlüssen stehenden Gläubigen ist Rücksicht zu nehmen. Die individualrechtliche Prägung des Religionsverfassungsrechts ist bei der Auslegung des Begriffs der Religionsgemeinschaft zu beachten.[743] Überträgt man diese Erkenntnisse auf den verfassungsrechtlichen Begriff der Religionsgemeinschaft und die notwendigen Organisationsanforderungen, spricht

---

[739] *Friehe*, NVwZ 2020, 1388 (1392), der sich allerdings auf den Körperschaftsstatus bezieht.

[740] *Walter*, Staatskirchenrecht oder Religionsverfassungsrecht, in: Grote/Marauhn (Hrsg.), Religionsfreiheit zwischen individueller Selbstbestimmung, Minderheitenschutz und Staatskirchenrecht, S. 215 (237); *Magen*, NVwZ 2001, 888 (888).

[741] *Willems*, ZfP 55 (2008), 64 (78).

[742] *M. Heckel*, AöR 134 (2009), 309 (329); *H. Alexy*, JZ 2020, 541 (545); vgl. *Muckel*, Religionsfreiheit gestern, heute, morgen, S. 16; ähnlich *Hollerbach*, in: Isensee (Hrsg.), HStR, Bd. VI, § 138 Rn. 2, der aber zurecht darauf hinweist, dass die institutionelle und die individuelle Betrachtungsweise nicht gegeneinander ausgespielt werden dürfen.

[743] *Heinig*, Art. 137 Abs. 5 S. 2 WRV – ein Gleichheitsversprechen in rechtswissenschaftlicher Theorie und Rechtsprechungspraxis, in: Heinig (Hrsg.), Die Verfassung der Religion, S. 213 (222); *ders.*, Gesetzgeberische Gestaltungsoptionen zur Verleihung und zum Verlust des Körperschaftsstatus für Religions- und Weltanschauungsgemeinschaften, in: Heinig (Hrsg.), Die Verfassung der Religion, S. 232 (239)

auch dies für eine Optimierung des begrifflichen Status quo. Die gängige Definition erschwert es nicht-christlichen Zusammenschlüssen als Religionsgemeinschaft im Sinne des Grundgesetzes angesehen zu werden, was wiederum zur Folge hat, dass auch den dahinterstehenden Gläubigen die Möglichkeit genommen wird, ihre Religion nach eigenem Belieben auszuleben und zu gestalten. Angesichts dessen sollte das gängige Begriffs- und Organisationsverständnisverständnis überdacht werden.

5. Ungenügende Verwirklichung religionsverfassungsrechtlicher Grundprinzipien

Es bleibt festzuhalten, dass die gängige und von *Gerhard Anschütz* begründete Definition nicht verfassungswidrig ist.[744] Da die Verfassung weder strikte Ergebnisneutralität noch Ergebnisgleichheit fordert, verlangt keines der genannten Prinzipien zwingend die Verwerfung der Anschütz'schen Definition, um religiösen Minderheiten den Zugang zum institutionellen Religionsverfassungsrecht zu ermöglichen. Die grundgesetzlichen Minimalanforderungen werden durch die gängige Definition nicht unterlaufen. Zu bedenken ist jedoch der umbruchhafte Wandel der religiösen Landschaft innerhalb der letzten 100 Jahre, der zur Folge hat, dass die gängige, früher der gesellschaftlichen Realität gerecht werdende Definition oft keine zufriedenstellenden Lösungen mehr bieten kann. Die Prinzipien der Säkularität, der Parität und der Neutralität werden mit der überkommenen Definition – anders als zur Zeit der überwiegend bikonfessionell geprägten Religionslandschaft – nicht länger optimal verwirklicht. Ebenso ist mit Blick auf die individuelle Religionsfreiheit zu kritisieren, dass Zusammenschlüsse religiöser Minderheiten nicht als Religionsgemeinschaft im Sinne des Grundgesetzes angesehen werden, gerade wenn man bedenkt, dass das Grundrecht der Religionsfreiheit (auch) ein Minderheitenrecht ist. Die Definition und das davon abhängende Organisationsverständnis laufen den religionsverfassungsrechtlichen Prinzipien insofern zuwider. Daher sollte einer neuen und inklusiven Definition, die den Grundprinzipien des Religionsverfassungsrechts besser als die jetzige Definition Rechnung trägt, der Vorzug gegeben werden. Die von *Gerhard Anschütz* entwickelte Definition ist in der früher homogen geprägten Religionslandschaft optimal

---

[744] Vgl. auch *Grasnick*, Entscheidungsgründe als Textcollage, in: Müller/Wimmer (Hrsg.), Neue Studien zur Rechtslinguistik: dem Gedenken an Bernd Jeand'Heur, S. 27 (34), der zurecht darauf hinweist, dass nicht jede Auslegung, die den Grundentscheidungen der Verfassung nicht optimal zur Entfaltung verhilft, als verfassungswidrig zu werten ist.

aufgegangen, sie stößt in der heutigen pluralistischen Religionslandschaft aber an ihre Grenzen. Es ist allerdings keinesfalls zielführend, dass Vorverständnisse und der Problemhorizont des frühen 20. Jahrhunderts auf die heutige, religionssoziologisch komplexere Gesellschaft, eins zu eins zu übertragen.[745] Auch aus rechtspolitischer Sicht bietet es sich daher an, den begrifflichen Status quo zu überdenken. Der Staat begreift sich als „Heimstatt aller Bürger", würdigt aber nur unzureichend, dass seine Bürger nicht mehr nur den christlichen Großkirchen angehören, sondern zunehmend auch anderen Religionen. Will der Staat seiner eigenen Zielvorgabe Heimstatt aller Bürger zu sein allerdings ernsthaft nachkommen, schuldet er auch den Bürgern, die religiösen Minderheiten angehören, den Zugang zum institutionellen Religionsverfassungsrecht. Dafür sprechen weiterhin die bereits erläuterte, nicht zu unterschätzende symbolische Wirkung[746] und integrative Kraft des Religionsverfassungsrechts.

Da das Neutralitätsprinzip und das Paritätsprinzip die verfassungsrechtliche Grundlage für die Offenheit und Flexibilität des Religionsverfassungsrechts gegenüber der zunehmend diversen Religionslandschaft darstellen,[747] stehen diese Prinzipien einem inklusiveren Verständnis des Begriffs der Religionsgemeinschaft daher nicht entgegen, sondern sprechen vielmehr für ein solches. Der Staat, der die Grundsätze religiöser Säkularität, Neutralität und Parität als religionsverfassungsrechtliche Leitprinzipien hat, sollte stets an der optimalen Verwirklichung dieser Prinzipien arbeiten und faktisch ungleiche Auswirkungen nicht einfach ignorieren. Aus verfassungsrechtlicher Sicht ist eine neue Definition daher zwar nicht zwingend, aber möglich und sinnvoll. Eine freiheitliche Verfassungsordnung gebietet schließlich ein Religionsverfassungsrecht, das den verfassungsrechtlichen Prinzipien und dem freiheitlich geprägten Grundrecht der Religionsfreiheit genügt und Chancengleichheit bestmöglich realisiert. Eine neue Definition würde dazu nicht unerheblich beitragen. Zwar sind auch religiöse Zusammenschlüsse, die mangels ausreichender Organisation nicht als Religionsgemeinschaft im Sinne des Grundgesetzes gelten, durch

---

[745] Vgl. *Kästner*, JZ 1998, 974 (975), der diese Einschätzung bezüglich der früheren Rechtsprechung des Bundesverfassungsgerichts in religionsverfassungsrechtlichen Angelegenheiten trifft.

[746] *Magen*, Staatskirchenrecht als symbolisches Recht, in: Lehmann (Hrsg.), Koexistenz und Konflikt von Religionen, S. 30 ff.; *Heinig*, Herausforderungen des deutschen Staatskirchen- und Religionsrechts aus verfassungsrechtlicher Sicht, in: Dingel/Tietz (Hrsg.), Kirche und Staat in Deutschland, Frankreich und den USA, S. 121 (133).

[747] *Muckel*, zur debatte 6/2014, 24 (24); *Chang*, Migration und Integration, S. 120.

die korporative und kollektive Religionsfreiheit geschützt,[748] dennoch knüpfen viele Rechte und Mitwirkungsmöglichkeiten an die Eigenschaft als Religionsgemeinschaft an. Da das heutige Religionsverfassungsrecht anderen Herausforderungen gegenübersteht als zur Entstehungszeit der klassischen Definition ist die gängige Definition im Ergebnis abzulehnen.[749]

6. Denkbare Lösungsansätze

Es bleibt zu klären, welche Maßnahmen in Frage kommen, um den Status quo zu überwinden und den Begriff der Religionsgemeinschaft optimal zu gestalten. Zunächst ist darauf hinzuweisen, dass nicht auf eine gewisse Organisationsstruktur verzichtet werden kann. Dies hätte die Beliebigkeit des rechtsfolgenreichen Begriffs der Religionsgemeinschaft zur Folge. Zudem sind mit dem Begriff der Religionsgemeinschaft häufig Rechte zur eigenen Aufgabenwahrnehmung verbunden, weshalb der säkulare und neutrale Staat nicht insgesamt auf die Selbstorganisation der religiösen Akteure verzichten kann.[750]

a) Aktive Fördermaßnahmen

Die kompensatorische Förderung von religiöser Minderheiten zur Beseitigung faktischer Nachteile muss als Lösungsansatz ausscheiden. Zunächst kommen gezielte kompensatorische Fördermaßnahmen einem Eingreifen des Staates gleich, was aufgrund der staatlichen Säkularität problematisch ist. Außerdem verlangt das Paritätsprinzip keine aktiv herzustellende Ergebnisgleichheit, weshalb spezielle Fördermaßnahmen zugunsten religiöser Minderheiten aus verfassungsrechtlicher Sicht zu unterlassen sind.[751] Gezielte kompensatorische Maßnahmen zugunsten religiöser Minderheiten bergen außerdem die Gefahr der Desintegration von Anhängern der Mehrheitsreligion und sind daher auch mit Blick auf den Neutralitätsgrundsatz abzulehnen.[752] Demzufolge kommen kompensatorische

---

748 *Muckel*, Staat und Kirche in Deutschland, in: Revista catalana de dret públic (2006), S. 267 (287).

749 *Muckel/Hentzschel*, KuR 26 (2020), 169 (184)¸*dies.*, DÖV 2020, 497 (503); dies deutet auch *Niestegge*, KuR 24 (2018), 140 (160) an.

750 *Heimann*, Was bedeutet Religionspolitik heute?, in: Abmeier/Jacobs/Köhler (Hrsg.), Rechtliche Optionen für Kooperationen zwischen deutschem Staat und muslimischen Gemeinschaften, S. 199 (207).

751 *Mückl*, in: Isensee/Kirchhof, HStR, Bd. VII, § 159 Rn. 78.

752 *Brugger*, Trennung, Gleichheit, Nähe, in: Reuter/Kippenberg (Hrsg.),

Fördermaßnahmen durch den Staat nicht in Betracht, um religiöse Minderheiten als Religionsgemeinschaft im Sinne des Grundgesetzes einzuordnen.

b) Befreiung von rechtlichen Voraussetzungen

Langenfeld schlägt vor, religiöse Minderheiten von bestimmten rechtlichen Regelungen zu befreien, um ihnen die Integration in das deutsche Religionsverfassungsrecht zu erleichtern.[753] Abweichungen vom religionsneutralen Gesetz kommen ihr zufolge allerdings nur im Ausnahmefall in Betracht, da ansonsten die Gefahr bestünde, dass die Normativität der Rechtsordnung insgesamt in Frage gestellt würde.[754] Religiöse Minderheiten von bestimmten rechtlichen Vorgaben zu befreien, muss allerdings als Lösungsansatz ausscheiden. Der Vorschlag kann schon nicht überzeugen, weil diese Lösung neutralitätswidrig ist und eine unzulässige Bevorzugung bestimmter Bekenntnisse darstellt.[755] Auch das Paritätsprinzip verbietet Ausnahmenregelungen zugunsten religiöser Minderheiten.[756] Ein solches Vorgehen würde die Asymmetrien des Religionsverfassungsrechts nicht beseitigen, sondern lediglich zulasten der Mehrheitsreligion verlagern.

c) Sondergesetze für religiöse Minderheiten

Auch gesetzliche Sonderregelungen für religiöse Minderheiten stehen immer wieder zur Debatte. So forderte *Jens Spahn* die Einführung eines Islamgesetzes, um die strukturelle Eingliederung des Islams in das deutsche Religionsverfassungsrecht zu ermöglichen.[757] Nur so könne verhindert werden, dass am Ende ein türkischer oder saudi-arabischer Islam in Deutschland ansässig werde.[758] Auch wenn *Spahns* Einschätzung, dass is-

---

Religionskonflikte im Verfassungsstaat, S. 119 (132 f.); a.A. *Renck*, DÖV 2002, 56 (67).

[753] *Langenfeld*, Religiöse Freiheit für Muslime – Gefahr oder Hilfe für die Integration?, in: Honecker (Hrsg.), Gleichheit der Religionen im Grundgesetz?, S. 30 (35).

[754] *Langenfeld*, Religiöse Freiheit für Muslime – Gefahr oder Hilfe für die Integration?, in: Honecker (Hrsg.), Gleichheit der Religionen im Grundgesetz?, S. 30 (35).

[755] *Hillgruber*, Staat und Religion, S. 52.

[756] *Lindner*, Entstehung und Untergang von Körperschaften des öffentlichen Rechts, S. 63 f.

[757] *Spahn*, Die Fragen regeln, wie der Islam in Deutschland ankommt, abrufbar unter: https://www.deutschlandfunk.de/forderung-nach-islam-gesetz-die-fragen-regeln-wie-der-islam.694.de.html?dram:article_id=383014 (zuletzt aufgerufen am 31.05.2021).

[758] *Spahn*, Die Fragen regeln, wie der Islam in Deutschland ankommt, abrufbar unter: https://www.deutschlandfunk.de/forderung-nach-islam-gesetz-die-fragen-regeln-wie-der-islam.694.de.html?dram:article_id=383014 (zuletzt aufgerufen am 31.05.2021).

lamische Zusammenschlüsse Schwierigkeiten mit der strukturellen Eingliederung in das Religionsverfassungsrecht hätten, zutrifft, kann sein Vorschlag im Ergebnis nicht überzeugen. Die Forderung nach einem deutschen Islamgesetz ist schon allein deshalb abzulehnen, weil es sich um ein verfassungswidriges, eine bestimmte Religion betreffendes, Sondergesetz handelt.[759] Außerdem ist es dem neutralen Staat untersagt einen „Euro-Islam“[760] zu forcieren und von religiösen Minderheiten eine kulturelle Assimilierung zu verlangen.[761] Zudem führen Sondergesetze nicht zur Integration religiöser Minderheiten, sondern haben vielmehr deren Desintegration zur Folge.[762] Abgesehen davon ist zu bezweifeln, dass ein Islamgesetz die momentanen Probleme des institutionellen Religionsverfassungsrechts tatsächlich beseitigen würde, schließlich ist der Islam nicht die einzige nichtetablierte Religion, der die Eingliederung in das institutionelle Religionsverfassungsrecht schwer fällt.[763]

d) Einführung einer neuen Rechtsform

Darüber hinaus wird die Einführung einer neuen Rechtsform unterhalb des Körperschaftsstatus diskutiert. So schlägt *Waldhoff* in Anlehnung an die österreichische Rechtsform der Bekenntnisgemeinschaft vor, organisationsstrukturelle Unterschiede durch die Einführung einer privatrechtlichen Rechtsform unterhalb des Körperschaftsstatus zu überwinden.[764] Die nach Art. 140 GG i. V. m. Art. 137 Abs. 4 WRV mögliche Anwendung des Vereinsrechts auf religiöse Zusammenschlüsse sei häufig unbefriedigend, da religiöse Zusammenschlüsse dadurch rechtlich auf die Stufe von Kegelvereinen oder Sportvereinen gestellt würden.[765] Aus rechtspolitischer Sicht

---

[759] *Muckel*, Ein Deutsches Islamgesetz?, in: Klöcker/Tworuschka (Hrsg.), Handbuch der Religionen IV, S. 11.

[760] *Isensee*, JZ 2010, 317 (321).

[761] *Tohidipur*, KritJ 37 (2004), 305 (311).

[762] *Heinig*, Herausforderungen des deutschen Staatskirchen- und Religionsrechts aus verfassungsrechtlicher Sicht, in: Dingel/Tietz (Hrsg.), Kirche und Staat in Deutschland, Frankreich und den USA, S. 121 (128).

[763] S. Seite 18 ff.

[764] *Waldhoff*, Neue Religionskonflikte und staatliche Neutralität, Gutachten D zum 68. Deutschen Juristentag 2010, D 87-89.; *ders.*, Organisationsprobleme von Religionsgemeinschaften unterhalb des Körperschaftsstatus, in: Abmeier/Jacobs/Köhler (Hrsg.), Rechtliche Optionen für Kooperationen zwischen deutschem Staat und muslimischen Gemeinschaften, S. 177 (184 ff.); dem zustimmend *Dreier*, JZ 2019, 1005 (1012).

[765] *Waldhoff*, Organisationsprobleme von Religionsgemeinschaften unterhalb des Körperschaftsstatus, in: Abmeier/Jacobs/Köhler (Hrsg.), Rechtliche Optionen für Kooperationen

ist der Vorschlag der Einführung einer neuen Rechtsform verständlich. *Walter* macht unter Verweis auf die österreichische Rechtslage aber darauf aufmerksam, dass mit der Einführung neuer Rechtsformen häufig Abgrenzungsprobleme zu schon bestehenden Rechtsformen einhergehen.[766] Zudem könnte eine eigenständige Rechtsform für religiöse Minderheiten den Eindruck verfestigen, es handle sich lediglich um eine Religion zweiter Klasse.[767] Die Einführung einer neuen Rechtsform birgt somit die Gefahr, strukturelle Probleme nicht zu beseitigen, sondern neue Ungleichbehandlungen zwischen religiösen Minderheiten und den christlichen Kirchen zu schaffen.[768] Aus diesem Grund kann die Einführung einer neuen Rechtsform zur Beseitigung begrifflicher und organisatorischer Probleme nicht überzeugen.

e) Abbau struktureller Benachteiligungen

Vorzugswürdig ist es, die Beseitigung von Disparitäten auf den Abbau struktureller Barrieren, die der Verwirklichung der Freiheitsrechte entgegenstehen und die der Betroffene nicht aus eigener Kraft beseitigen kann, zu begrenzen.[769] Abgesehen davon wäre die gerade skizzierten Lösungsansätze ohnehin nur dann erforderlich, wenn das Religionsverfassungsrecht nicht hinreichend flexibel wäre. Anstatt Ausnahmeregelungen zu schaffen oder Sondergesetze zu erlassen, sollte zur Lösung des Problems stattdessen vorrangig mit dem vorhandenen Normbestand gearbeitet werden. Es stellt sich die Frage, wie die Eingliederung religiöser Minderheiten in das christlich geprägte institutionelle Religionsverfassungsrecht gelingen soll. Die organisationsrechtlichen Schwierigkeiten können beispielsweise durch eine offene Lesart der institutionellen Gewährleistungen des Religionsverfassungsrechts erreicht werden.[770] Damit die Anforderungen,

---

zwischen deutschem Staat und muslimischen Gemeinschaften, S. 177 (178).

[766] *Walter*, DVBl. 2010, 993 (994).

[767] *Steinberg*, Vom Staatskirchenrecht zu einem zeitgemäßen Religionsrecht, S. 78; *Smets*, BRJ 2011, 139 (148).

[768] *Walter*, Die Herausforderungen eines modernen Religionsverfassungsrechts, in: Große Kracht/Große Kracht (Hrsg.), Religion – Recht – Republik, S. 185 (194).

[769] *Brosius-Gersdorf*, Freiheit und Gleichheit – Freiheit durch Gleichheit?, in: Wittreck (Hrsg.), Grundlagen des Grundgesetzes – Geburtstagssymposium für Horst Dreier, S. 93 (115).

[770] *H. Weber*, Das deutsche „Kooperationsmodell" von Staat und Amtskirchen in seinen Auswirkungen auf religiöse Pluralität und gelebte Religionsfreiheit, in: Besier/Lübbe (Hrsg.), Politische Religion und Religionspolitik, S. 325 (329 ff.); *Grzeszick*, ZevKR 62 (2017), 362 (387).

die eine freiheitliche Verfassung an ihre Interpreten stellt, auch eingehalten werden, sind zukunftsoffene Interpretationen unerlässlich.[771] Natürlich darf der bereits beschriebene Wandel der Religionslandschaft nicht dazu führen, dass der Sinngehalt eindeutiger verfassungsrechtlicher Regelungen geändert wird.[772] Das Religionsverfassungsrecht verfügt allerdings über eine relativ geringe Regelungsdichte und daher über eine besondere Adaptionsfähigkeit und Deutungsoffenheit.[773] Diese adaptive Offenheit zeichnet das Religionsverfassungsrecht aus, da es den sozialen Formwandel der Religion zu begleiten vermag.[774] Aus diesem Grund wird zurecht attestiert, das Religionsverfassungsrecht sei auch mit Blick auf die zunehmende Pluralisierung der Religionslandschaft zukunftsfähig.[775] Die Interpretation des Begriffs der Religionsgemeinschaft kann offener gestaltet werden als momentan, um auch nicht-christlichen Zusammenschlüssen leichter zur Verfügung zu stehen.[776] Welche organisatorischen Anforderungen an eine Religionsgemeinschaft nach dem Grundgesetz zu stellen sind, unterliegt der staatlichen Beurteilung durch Auslegung des Rechtsbegriffs der Religionsgemeinschaft.[777] An das von *Gerhard Anschütz* begründete Begriffsverständnis ist der Staat dabei nicht gebunden.[778]

Ein offenes Begriffsverständnis darf selbstverständlich nicht zur Folge haben, dass der ursprüngliche Wille des Gesetzgebers und der eindeutige Verfassungstext der interpretatorischen Beliebigkeit preisgegeben wird.[779] Dass ein liberales Begriffsverständnis möglich ist, ohne den Rechtsbegriff der Religionsgemeinschaft der Beliebigkeit preiszugeben, zeigt das Dach-

---

771 *Goerlich*, Menschenrechte und Verfassungen zwischen Aufklärung und Fundamentalismus, in: Jaeckel/Kotzur/Zimmermann (Hrsg.), Zur zugewandten Säkularität – Beiträge auf dem Weg dahin, S. 103 (125 f.).

772 *Ehlers*, Der Bedeutungswandel im Staatskirchenrecht, in: Pieroth (Hrsg.), Verfassungsrecht und soziale Wirklichkeit in Wechselwirkung, S. 85 (99).

773 *Towfigh*, Religionsverfassungsrecht in der pluralen Gesellschaft, S. 13.

774 *Heinig*, Eigenwert des Religionsverfassungsrechts, in: Vesting/Korioth (Hrsg.), Der Eigenwert des Verfassungsrechts, S. 221 (230).

775 *Waldhoff*, Neue Religionskonflikte und staatliche Neutralität, Gutachten D zum 68. Deutschen Juristentag 2010, D 65; *Ogorek*, DÖV 2017, 575 (578); *M. Heckel*, AöR 134 (2009), 309 (386); *Grzeszick*, ZevKR 62 (2017), 362 (387).

776 *Jochum*, Islam in der staatlichen Schule, in: Haratsch/Janz/Rademacher/Schmahl/Weiß (Hrsg.), Religion und Weltanschauung im säkularen Staat, S. 100 (111 f.); vgl. *Morlok*, Neutralität des Staates und religiöser Radikalismus, in: Masing/Jouanjan (Hrsg.), Weltanschauliche Neutralität, Meinungsfreiheit, Sicherungsverwahrung, S. 3 (19).

777 *Funke*, Die Religionsfreiheit im Verfassungsrecht der USA, S. 166.

778 *Tillmanns*, NuR 2002, 578 (584).

779 *Grzeszick*, AöR 129 (2004), 168 (199).

verbands-Urteil des Bundesverwaltungsgerichts.[780] Ein ebenfalls gelungenes Beispiel für die inklusive Auslegung des Begriffs der Religionsgemeinschaft findet sich im Schächt-Urteil des Bundesverfassungsgerichts,[781] wonach eine Religionsgemeinschaft im Sinne des § 4a Abs. 2 Nr. 2 TierSchG schon dann anzunehmen ist, wenn eine durch gemeinsame Glaubensüberzeugung verbundene Gruppe von Menschen vorliegt.[782] Damit hat das Bundesverfassungsgericht eine bereichsspezifische Definition entwickelt, die den organisatorischen Besonderheiten religiöser Minderheiten Rechnung trägt.[783] Dass die Rechtsprechung bei der Verleihung der Körperschaftsrechte nach Art. 140 GG i. V. m. Art. 137 Abs. 5 S. 2 WRV nicht mehr starr am dreißigjährigen Bestehen des religiösen Zusammenschlusses festhält, sondern stattdessen eine Gesamtbetrachtung vornimmt,[784] zeigt ebenfalls deutlich, dass offene Interpretationen und Auslegungen im Bereich des institutionellen Religionsverfassungsrechts möglich sind, ohne dieses gleichzeitig der Beliebigkeit preiszugeben. Indem der Staat wie in den gerade genannten Fällen ein offenes Begriffsverständnis zugrunde legt, kann er seinen Teil dazu beitragen, die noch bestehenden strukturellen Barrieren zulasten religiöser Minderheiten zu beseitigen. Abgesehen davon kann man nicht oft genug betonen, dass die Gewährung der institutionellen Gewährleistungen des Religionsverfassungsrechts keine großzügige Geste ist, sondern es sich um eine verfassungsrechtlich gewährleistete Selbstverständlichkeit handelt, aus der sowohl der Staat als auch die jeweiligen Gemeinschaften Vorteile ziehen können.[785]

Die Bringschuld liegt jedoch nicht allein auf Seiten des Staates, auch die religiösen Gruppierungen müssen die Kraft aufbringen, sich einem offenen Organisationstypus anzupassen.[786] Dass religiöse Minderheiten in der Lage und willens, sind sich zu organisieren und sogar Institutionen heraus-

---

[780] BVerwGE 123, 49 ff.; S. Seite 29 ff.; diese zukunftsoffene Interpretation befürwortet auch *Grzeszick*, ZevKR 62 (2017), 362 (370).

[781] So die Einschätzung von *Emmerich-Fritsche*, Der Staat 58 (2019), 575 (608); *Bagheri*, Der funktionsbestimmte Begriff der Religionsgemeinschaft, S. 36 ff; kritisch hingegen *Muckel*, in: Merten/Papier (Hrsg.), HGR IV, § 96 Rn. 85; *Tillmanns*, NuR 2002, 578 (584).

[782] BVerfGE 104, 337 (353 f.); dass der Begriff der Religionsgemeinschaft nach dem Tierschutzgesetz nicht automatisch mit dem grundgesetzlichen Begriff der Religionsgemeinschaft gleichgesetzt werden darf, hat das Bundesverfassungsgericht in seinem Urteil jedoch eindeutig klargestellt.

[783] *Bagheri*, Der funktionsbestimmte Begriff der Religionsgemeinschaft, S. 41.

[784] S. Seite 28 f.

[785] *Alexy*, JZ 2020, 541 (549).

[786] *Muckel/Hentzschel*, DÖV 2020, 497 (504).

zubilden, haben islamische Zusammenschlüsse beispielsweise durch die Bildung von Dachverbänden gezeigt.[787] Zur Lösung des problematischen Status quo müssen somit alle Akteure einen Schritt aufeinander zugehen.[788] Dass sowohl der Staat als auch religiöse Minderheiten zur gemeinsamen Suche nach zufriedenstellenden Lösungen bereit sind, zeigt die im Jahre 2006 ins Leben gerufene Deutsche Islamkonferenz, deren Ziel ein dauerhafter und regelmäßiger Dialog zwischen dem deutschen Staat und den in Deutschland lebenden Muslimen ist.[789]

---

[787] *N. Schröder*, Die deutsche Islamkonferenz und die muslimischen Verbände im Religionsverfassungsrecht, in: Hunger/Schröder (Hrsg.), Staat und Islam – Interdisziplinäre Perspektiven, S. 191 (208 ff.); *Wallkamm*, Muslimische Gemeinden in Deutschland im Lichte des Staatskirchenrechts, S. 259.

[788] *de Wall*, Das Staatskirchenrecht des Grundgesetzes, in: Hildmann/Rößle (Hrsg.), Staat und Kirche im 21. Jahrhundert, S. 47 (55); *Muckel*, in: Merten/Papier (Hrsg.), HGR IV, § 96 Rn. 52; *P. Kirchhof*, Staatsleistungen für Kirchen nicht abschaffen, abrufbar unter: https://www.katholisch.de/artikel/16603-kirchhof-staatsleistungen-fuer-kirchen-nicht-abschaffen (zuletzt aufgerufen am 31.05.2021); a.A. *Maier*, Über kirchenförmige Religion, in: in: Blankenagel/Pernice/Schulze-Fielitz (Hrsg.), Verfassung im Diskurs der Welt, S. 811 (819), der der Ansicht ist, dass Problem könne nur durch die Muslime allein gelöst werden, indem die in Deutschland lebenden Muslime einen deutschen, kirchenförmigen Islam entwickeln.

[789] *Liedhegener*, ZfP 55 (2008), 84 (104).

D. Anforderungen an neue Definition(en) des Begriffs der Religionsgemeinschaft

Es stellt sich die Frage, wie dem Neutralitäts- und Paritätsprinzip, der staatlichen Säkularität und der Religionsfreiheit religiöser Minderheiten mithilfe eines neuen Begriffs- und Organisationsverständnisses besser zur Verwirklichung verholfen werden kann.
Die mit der gängigen Definition einhergehenden Probleme für religiöse Minderheiten, aber auch für den Staat, sind Folge der kirchenzentrierten Definition und erscheinen aufgrund der vermeintlich feststehenden Definition und des daran anknüpfenden Organisationsverständnisses kaum lösbar. Zunächst ist festzuhalten, dass der Staat nicht bloß befugt, sondern sogar verpflichtet ist, den verfassungsrechtlichen Begriff der Religionsgemeinschaft mit Leben zu füllen,[790] denn was sich nicht definieren lässt, lässt sich auch nicht schützen.[791] Definitionswahrheiten stellen allerdings lediglich eine Erinnerung an eine früher einmal getroffene Feststellung über den Sprachgebrauch dar, es steht jedoch jedermann frei, sich vom konventionellen Sprachgebrauch zu distanzieren.[792] Durch die Rekonstruktion bisheriger Benennungsfestsetzungen durch Kommentare oder Gerichte gewinnt man *Felder* zufolge nicht „die Bedeutung“, sondern nur mögliche Handlungsmuster, gemäß derer man die bisherige Benennung fortsetzen, modifizieren oder auch ersetzen kann.[793] Auch *Mahrenholz* warnt insbesondere im Bereich des Religionsverfassungsrechts vor einer argumentativen Festlegung auf eine bestimmte Definition:
„Zunächst bedarf die Methode der Rechtsfindung durch Ableitung von bestimmten Rechtsfolgen aus selbstgewählten oder selbstgebildeten Schlüsselbegriffen [...] einer kritischen Bemerkung. Die Auslegung des Staatskirchenrechts leidet mehr als die anderen Rechtsmaterien an der Begriffsbildung. Ist der Begriff vom Augenschein gedeckt, dem Normtext nicht offenkundig widersprechend und ist er hinreichend prägnant (nicht etwa: präzise) im Sinne einer bestimmten Auffassung des Staatskirchenrechts, werden die zu beurteilenden Sachverhalte nicht mehr dem in Betracht

[790] *Muckel*, in: Merten/Papier (Hrsg.), HGR IV, § 96 Rn. 54.
[791] *Mückl*, in: Isensee/Kirchhof, HStR, Bd. VII, § 159 Rn. 89; *Augsberg*, Der Staat 48 (2009), 239 (243 f.); vgl. *Arndt*, NJW 1966, 25 (28).
[792] *Adomeit/Hähnchen*, Rechtstheorie mit Juristischer Methodenlehre, S. 22.
[793] *Felder*, Sprachnormierungs„kämpfe“ auf Wortebene, in: Felder (Hrsg.), Juristische Textarbeit im Spiegel der Öffentlichkeit, S. 179 (201 f.).

kommenden Text unmittelbar, sondern nur durch den Filter des zur Auslegung gebildeten Begriffs zur Prüfung unterworfen."[794]
Diese von *Mahrenholz* beschriebene Methode zeigt sich im Umgang mit dem grundgesetzlichen Begriff der Religionsgemeinschaft besonders deutlich. Anstatt die Eigenschaft als Religionsgemeinschaft religiöser Minderheiten mittels textbezogener Prüfung zu untersuchen, wird die Einordnung als Religionsgemeinschaft unter Heranziehung der Anschütz'schen Definition vorgenommen. Da der Begriff der Religionsgemeinschaft nirgendwo in der Verfassung näher konkretisiert oder gar definiert wird, gewinnt man mit der gängigen Definition allerdings nicht mehr als eine erste mögliche Annäherung.[795] Die auf *Gerhard Anschütz* zurückgehende Definition ist nach dem gerade Gesagten daher keine zwingende, sondern lediglich eine mögliche Definition.
Gegen ein starres Festhalten an der klassischen Definition und dem daraus folgenden Organisationsverständnis spricht auch die in der Rechtswissenschaft notwendige Kontextualisierung.[796] Spricht man über die gängige Definition des Begriffs der Religionsgemeinschaft, sollte nicht aus dem Blick geraten, dass die von *Anschütz* begründete Definition, welche von der Rechtsprechung und Literatur noch heute aufgegriffen und oft zugrunde gelegt wird, zur Zeit des religiösen Bikonfessionalismus entstanden ist. Gerade im Bereich des politisch und gesellschaftlich aufgeladenen Verfassungsrechts, ist eine Kontextualisierung, vor allem eine zeitliche Kontextualisierung, allerdings notwendigerweise in den Blick zu nehmen.[797] Dass der Begriff der Religionsgemeinschaft lange Zeit christlich geprägt ausgelegt wurde, leuchtet ein, wenn man sich vor Augen hält, dass auch die Mehrheit der Gesellschaft und die Mehrheit der Norminterpreten dem Christentum angehörten. Die religiöse Pluralisierung hat die Problematik der überkommenen Definition allerdings offen gelegt. Die (zeitliche) Kontextualisierung macht deutlich, dass die von der Rechtsprechung früher

---

[794] *Mahrenholz*, Der Staat 25 (1986), 79 (87 f.).
[795] *Mückl*, in: Isensee/Kirchhof, HStR, Bd. VII, § 159 Rn. 88; *de Wall*, Rechtsgutachten über die Eigenschaft von „DITIB Landesverband Hamburg e. V." „SCHURA – Rat der Islamischen Gemeinschaften in Hamburg e. V." und „Verband der Islamischen Kulturzentren e. V." Köln als Religionsgemeinschaften und weitere Aspekte ihrer Eignung als Kooperationspartner der Freien und Hansestadt Hamburg in religionsrechtlichen Angelegenheiten erstellt im Auftrag der Freien und Hansestadt Hamburg, in: Klinkhammer/de Wall (Hrsg.), Staatsvertrag in Hamburg mit Muslimen, S. 1 (9).
[796] Zur Notwendigkeit einer Kontextualisierung *Lepsius*, JZ 2019, 793-802.
[797] *Lepsius*, JZ 2019, 793 (799 f.).

selbstverständlich zugrunde gelegte Definition des Begriffs der Religionsgemeinschaft mit fortschreitenden Zeit – und fortschreitender religiöser Pluralisierung – überdacht werden sollte. Da der Begriff der Religionsgemeinschaft nicht legaldefiniert ist, erlaubt der heute ganz anders aussehende Kontext eine neue Definition. Dass die frühere Auslegung und das ursprüngliche Organisationsverständnis nicht der alles entscheidende Maßstab sind, zeigt beispielsweise die offene Begriffsauslegung im Dachverbandsurteil durch das Bundesverwaltungsgericht. Somit spricht auch die Notwendigkeit der Kontextualisierung gegen ein Verharren auf der klassischen Definition.

Da Definitionen allerdings nicht willkürlich festgelegt werden dürfen, sondern gewissen Regeln zu folgen haben, ist zu klären, welche (methodischen) Anforderungen eine juristische Definition im Allgemeinen erfüllen muss, welche methodischen Fehler zu vermeiden sind und was diese Anforderungen für die Definition des grundgesetzlichen Begriffs der Religionsgemeinschaft bedeuten. Dazu soll in aller Kürze auf die Besonderheiten des Religionsverfassungsrechts eingegangen werden. Anschließend sollen die Besonderheiten des grundgesetzlichen Begriffs der Religionsgemeinschaft skizziert werden. Insbesondere muss geklärt werden, ob der Begriff der Religionsgemeinschaft im Grundgesetz einheitlich zu verstehenden ist oder ob ein normbezogenes Verständnis vorzugswürdig ist. Erst nachdem diese Anforderungen und Besonderheiten herausgearbeitet wurden, kann im darauffolgenden Abschnitt (E) auf eine alternative Definition bzw. auf alternative Definitionen und Organisationsanforderungen eingegangen werden.

I. Allgemeine Anforderungen an juristische Definitionen

Wissenschaftliche Begriffsdefinitionen verfolgen grundsätzlich das Ziel, präzise gestaltet zu sein, sodass ihre Bedeutung unmissverständlich ist.[798] Verfassungen müssen hingegen ausreichend Raum für (politischen) Gestaltungsspielraum gewähren,[799] weshalb in der rechtswissenschaftlichen Begriffsbildung sowohl Präzision als auch Abstraktion angestrebt werden.[800] Absolute Präzision ist bei juristischen Begriffen daher weder

---

[798] *Felder*, Juristische Fachsprache oder wie Bedeutung im Recht entsteht, in: Deutsch (Hrsg.), Historische Rechtssprache des Deutschen, S. 81 (84); *Puppe*, Kleine Schule des juristischen Denkens, S. 68.

[799] Vgl. *Lennartz*, Dogmatik als Methode, S. 167.

[800] *Klappert*, Crossing im Recht, in: Dresen/Freitag (Hrsg.), Crossing: über Inszenierung

möglich noch sinnvoll, da die gesellschaftliche Vielfalt unmöglich abschließend durch Sprache umschrieben werden kann.[801] Sprachliche Offenheit ist vielmehr eine Funktionsbedingung des Rechts.[802]
Lennartz bringt die Dringlichkeit sprachlicher Offenheit treffend auf den Punkt: „Der Wert der Rechtsprechung liegt daher auch in dem, was sie gerade offenlässt. [...] Was juristisch so oft als Nachteil der Grundrechte und ihrer Dogmatik erscheint – die geringe begriffliche Durchdringung und Festlegung -, das ist gesellschaftlich gerade ein Vorteil! Sie hält das Verständnis der Grundrechte als Projektionsfläche offen und ermöglicht gerade dadurch ihre integrative Wirkung".[803]
Das wissenschaftliche Ideal begrifflicher Eindeutigkeit ist in der Rechtswissenschaft somit utopisch.[804] Zudem erschwert die zunehmende Diversifizierung gesellschaftlicher Erwartungen die akzeptanzfähige Begriffsbildung.[805] Diese Arbeit kann daher unmöglich das Ziel verfolgen, Begriffe und Organisationsvorgaben zu entwickeln, die jeden denkbaren Sachverhalt eindeutig lösen. Für die absolute Präzision von Definitionen besteht allerdings auch keine juristische Notwendigkeit, entscheidend ist, dass die Definition die Grenzen klarstellt.[806] Die Definition des Begriffs der Religionsgemeinschaft muss daher so bestimmt sein, dass die Grenzen der Definition präzise abgesteckt sind, gleichzeitig aber eine gewisse definitorische Offenheit gegeben ist.
Aus methodischer Sicht abzulehnen sind phänomenologische Definitionen, da eine Beschreibung der Wirklichkeit nicht zu einer juristischen Definition verhelfen kann.[807] Aus diesem Grund führen Selbstdefinitionen des Grundrechtsträgers bzw. des Normberechtigten allein nicht weiter.[808] Dass bestimmte religiöse Zusammenschlüsse sich als Religionsgemeinschaft im Sinne des Grundgesetzes bezeichnen, genügt nicht. Dennoch müssen

---

kultureller Differenzen und Identitäten, S. 201 (205).

801 *Christensen*, Die Wortlautgrenze, in: Felder/Vogel (Hrsg.), Handbuch Sprache im Recht, S. 187 (192).

802 *Thiel*, in: Krüper (Hrsg.), Grundlagen des Rechts, § 12 Rn. 22.

803 *Lennartz*, Eine Grammatik der Freiheit?, in: Heinig/Schorkopf (Hrsg.), 70 Jahre Grundgesetz, S. 67 (72).

804 *Thiel*, in: Krüper (Hrsg.), Grundlagen des Rechts, § 12 Rn. 21; *D. Busse*, Recht als Text, S. 33.

805 *Lennartz*, Dogmatik als Methode, S. 165.

806 *Isensee*, Wer definiert die Freiheitsrechte?, S. 48.

807 *Wank*, Die juristische Begriffsbildung, S. 143 ff.; *ders.*, Juristische Methodenlehre, S. 218.

808 *Wank*, Juristische Methodenlehre, S. 220.

Rechtsbegriffe und Definitionen die gesellschaftliche Realität in einer angemessenen Weise abbilden.[809] Folglich darf ebenso wenig ausgeblendet werden, dass die gängige Definition des Begriffs der Religionsgemeinschaft der gesellschaftlichen Realität nur noch teilweise gerecht wird, weil vielen Religionen kirchenanaloge Strukturen fehlen. Das Ziel der juristischen Interpretation, so *Morlok*, ist ein lebenspraktisches.[810] Um den Normzweck ideal zu verwirklichen, ist es daher unerlässlich, die Folgen eines bestimmten Begriffsverständnisses und die Interessen der unterschiedlichen Beteiligten und Betroffenen im Auge zu behalten.[811] Bei der Neubestimmung der Definition ist somit darauf zu achten, dass sie die gesellschaftliche Realität widerspiegelt, ohne das religiöse Selbstverständnis dabei einseitig argumentativ zu überhöhen.

Abzulehnen ist außerdem die Übernahme von Begriffsverständnissen aus anderen wissenschaftlichen Disziplinen.[812] Dass ein religiöser Zusammenschluss aus theologischer Perspektive als Religionsgemeinschaft eingeordnet wird, macht die Gruppierung daher nicht zu einem Zusammenschluss im Sinne des Grundgesetzes. Dennoch sollte sich die Rechtswissenschaft fachfremden Erkenntnissen bei der Rechtsanwendung nicht verschließen.[813] Es steht dem Gesetzgeber daher offen, auf Definitionen anderer wissenschaftlicher Disziplinen zurückzugreifen: Macht sich der Gesetzgeber Begriffe aus anderen wissenschaftlichen Bereichen zu eigen, so macht er sie zum Rechtsbegriff und gibt ihnen damit auch eine neue Begriffsqualität.[814]

Weiterhin gilt der Grundsatz der Relativität der Rechtsbegriffe,[815] wonach ein und derselbe Rechtsbegriff mehrdeutig sein kann.[816] Dass Rechts-

---

809 *Morlok*, Neutralität des Staates und religiöser Radikalismus, in: Masing/Jouanjan (Hrsg.), Weltanschauliche Neutralität, Meinungsfreiheit, Sicherungsverwahrung, S. 3 (6).

810 *Morlok*, Neue Erkenntnisse und Entwicklungen aus sprach- und rechtswissenschaftlicher Sicht, in: Ehrenzeller/Gomez/Kotzur/Thürer/Vallender (Hrsg.), Präjudiz und Sprache, S. 27 (66).

811 *Rüthers/Fischer/Birk*, Rechtstheorie, S. 119.

812 *Wank*, Juristische Methodenlehre, S. 223.

813 *Martens*, RT 42 (2011), 145 (164).

814 *Isensee*, Wer definiert die Freiheitsrechte?, S. 49; ähnlich *Martens*, RT 42 (2011), 145 (165).

815 *Wank*, Juristische Methodenlehre, S. 222; *ders.*, Die Auslegung von Gesetzen, S. 47; *Rüthers/Fischer/Birk*, Rechtstheorie, S. 119.

816 *Wank*, Juristische Methodenlehre, S. 220 f.; *Ryu/Silving/Piedras/Rico*, ARSP 59 (1973), 57 (81) hingegen sprechen nicht von der Mehrdeutigkeit der Rechtsbegriffe, sondern bevorzugen den Begriff der Mehrdimensionalität.

begriffe relativ zu verstehen sind, ergibt sich aus den verschiedenen Zwecken der Teilrechtsordnung.[817] Da sich die Begriffsbildung stets am Zweck des Gesetzes zu orientieren hat, muss ein Rechtsbegriff innerhalb eines Gesetzes, nicht einmal innerhalb ein und desselben Absatzes zwangsläufig dieselbe Bedeutung haben.[818] Ein und derselbe Rechtsbegriff kann demnach unterschiedliche Bedeutungen haben; theoretisch kann er so viele Bedeutungen haben, wie er in unterschiedlichen Normen genannt wird.[819] Wie ein Rechtsbegriff im Einzelnen zu verstehen ist, ist unter Berücksichtigung des Sinnzusammenhangs und aller Kontextfaktoren zu bestimmen, innerhalb derer der Begriff Verwendung findet.[820] Aus diesem Grund kann oder muss ein und derselbe Rechtsbegriff verschiedene Bedeutungen haben.[821]

Die gerade skizzierten Anforderungen sind bei der Neuausrichtung der Definition(en) zu beachten.

II. Anforderungen an Definitionen im Religionsverfassungsrecht

Darüber hinaus sind die Besonderheiten des Religionsverfassungsrechts zu berücksichtigen. Definitionen im Religionsverfassungsrecht müssen dergestalt formuliert werden, dass die Prinzipien der Neutralität und Parität möglichst optimal zur Wirkung gelangen, ohne die Rechtsbegriffe dabei der Beliebigkeit preiszugeben. Dass auch nicht-christliche Zusammenschlüsse die Möglichkeit haben müssen, als Religionsgemeinschaft im Sinne des Grundgesetzes angesehen zu werden, ist daher im Blick zu behalten. Da weder das Neutralitätsprinzip noch das Paritätsprinzip religionsverfassungsrechtliche Übernormen sind,[822] ist jedoch darauf zu achten, dass die beiden Prinzipien die Begriffsbildung im Religionsverfassungsrecht nicht ausschließlich bestimmen. Sinn, Zweck und Kontext der religionsverfassungsrechtlichen Norm sind bei der Begriffsbildung daher vorrangig zu bedenken.

Ebenso ist zu berücksichtigen, dass Diskussionen im Bereich des Religionsverfassungsrechts häufig emotional und vorgeprägt geführt werden. Da

---

[817] *Ryu/Silving/Piedras/Rico*, ARSP 59 (1973), 57 (76).

[818] *Wank*, Juristische Methodenlehre, S. 221.

[819] *Wank*, Die Auslegung von Gesetzen, S. 47.

[820] *Hermann*, Begriffsrelativität im Strafrecht und das Grundgesetz, S. 53; *Baumann*, Besitz an Daten, S. 55 f.; *Barczak*, JuS 2020, 905 (907).

[821] *Baumann*, Besitz an Daten, S. 55.

[822] S. Seite 112 und 121.

der Staat säkular ist und religiöse Inhalte daher nicht bewerten darf, ist daher darauf zu achten, dass sich die Begriffe des Religionsverfassungsrechts nicht am Inhalt einer bestimmten Religion orientieren dürfen. Definitionen im Religionsverfassungsrecht müssen daher möglichst nüchtern und losgelöst von Vorverständnissen formuliert sein.
Außerdem sind die Glaubensangehörigen und deren Bedürfnisse bei der Begriffsbildung im Religionsverfassungsrecht stets im Blick zu halten. Die Normen des Religionsverfassungsrechts, so *Martin Heckel*, wurden vom Verfassungsgeber für bestimmte Situationen der religiösen und sozialen Wirklichkeit erlassen und geschaffen.[823] *Martin Heckel* zufolge verkenne eine rein normative und wirklichkeitsfremde begriffsjuristische Auslegung den spezifischen Sinn des Religionsverfassungsrechts in gespenstischer Weise“.[824] Wie sich ein bestimmter Begriff auf die individuelle Religionsfreiheit der Gläubigen auswirkt, darf daher nicht außen vor bleiben.

III. Anforderungen an die Definition(en) des Begriffs der Religionsgemeinschaft

Der Begriff der Religionsgemeinschaft wird im Grundgesetz an verschiedenen Stellen genannt.[825] Daher drängt sich zunächst die Frage auf, ob der Begriff im Grundgesetz einheitlich zu verstehen ist oder ob ein relatives Begriffsverständnis möglich oder gar geboten ist. Ebenso stellt sich die Frage, inwiefern das religiöse Selbstverständnis religiöser Zusammenschlüsse zu beachten ist.

1. Relativität des Begriffs der Religionsgemeinschaft

Zunächst ist zu klären, ob der Begriff der Religionsgemeinschaft im Grundgesetz einheitlich zu verstehen ist. Die Bedeutung des Begriffs in einfachrechtlichen Gesetzen soll hierbei außen vor bleiben.[826] Ob der grundgesetzliche Begriff der Religionsgemeinschaft einheitlich oder relativ zu verstehen ist, wurde in Rechtsprechung und Literatur bislang kaum

[823] *M. Heckel*, Die religionsrechtliche Parität (II), in: Schlaich (Hrsg.), Gesammelte Schriften Bd. 1, S. 227 (278 f.).
[824] *M. Heckel*, Die religionsrechtliche Parität (II), in: Schlaich (Hrsg.), Gesammelte Schriften Bd. 1, S. 227 (278 f.).
[825] Eine Aufzählung sämtlicher Normen findet sich auf Seite 53 f.
[826] Zur Definition des Begriffs der Religionsgemeinschaft nach dem TierSchG BVerfGE 104, 337 (337 ff).

vertieft behandelt. Nur vereinzelt finden sich Stellungnahmen zu dieser Thematik.

Bagheri ist der Ansicht, dass der Begriff der Religionsgemeinschaft nicht einheitlich zu verstehen sei, sondern vielmehr funktionsdifferenziert ausgelegt werden müsse.[827] Zwar sei eine einheitliche Begriffsbestimmung ihr zufolge vertretbar, aus Gründen der Rechtsklarheit allerdings abzulehnen.[828] Den Vorteil einer funktionsdifferenzierten Auslegung des Begriffs sieht *Bagheri* darin, dass eine solche Lesart zu mehr Rechtsklarheit führen würde.[829] Abgesehen davon würde ein relatives Begriffsverständnis religiösen Minderheiten, denen eine institutionalisierte Vergemeinschaftung fremd ist, das Religionsverfassungsrecht zugänglich machen.[830] Sogar innerhalb des Art. 140 GG i. V. m. Art. 137 WRV sei es denkbar, dass der Begriff der Religionsgemeinschaft verschiedene Bedeutungen haben könnte.[831]

Auch *Tabbara* befürwortet es, die Anschütz'sche Definition zugunsten eines zweckgerichteten Begriffsverständnisses aufzugeben.[832] Da es kein allgemeines Anerkennungsverfahren für Religionsgemeinschaften gebe, son-

---

[827] *Bagheri*, Der funktionsbestimmte Begriff der Religionsgemeinschaft, S. 24-29; vgl. auch *Hentzschel*, DÖV 2019, 305 (308), der sich für ein kontextbezogenes Verständnis des Begriffs der Religionsgemeinschaft ausspricht, dabei aber offen lässt, ob der Begriff der Religionsgemeinschaft einheitlich zu verstehen ist; so auch *Schweizer*, Islamischer Religionsunterricht an öffentlichen Schulen nach dem Beiratsmodell in Nordrhein-Westfalen, S. 13.

[828] *Bagheri*, Der funktionsbestimmte Begriff der Religionsgemeinschaft, S. 29.

[829] *Bagheri*, Der funktionsbestimmte Begriff der Religionsgemeinschaft, S. 25.

[830] *Bagheri*, Der funktionsbestimmte Begriff der Religionsgemeinschaft, S. 28.

[831] *Bagheri*, Der funktionsbestimmte Begriff der Religionsgemeinschaft, S. 25, 75, die ein normbezogenes Verständnis innerhalb der Art. 137 ff WRV im Ergebnis allerdings doch ablehnt; für die Möglichkeit unterschiedlicher Begriffsbedeutungen im Rahmen des Art. 137 WRV ist auch *Muckel*, Wann ist eine Gemeinschaft Religionsgemeinschaft? in: Recht in Kirche und Staat – FS Listl, S. 715 (723) offen; *ders.*, Sind der DITIB-Landesverband Rheinland-Pfalz, die Schura Rheinland-Pfalz, der Verband der Islamischen Kulturzentren e. V. und die Ahmadiyya Muslim Jamaat Religionsgemeinschaften, die zur Durchführung eines islamischen Religionsunterrichts geeignet sind?, Rechtsgutachten erstattet dem Ministerium für Bildung, Wissenschaft, Weiterbildung und Kultur des Landes Rheinland-Pfalz, S. 18; differenzierend *ders.*, Muslimische Religionsgemeinschaften als Körperschaften des öffentlichen Rechts, in: Antes/Ceylan (Hrsg.), Muslime in Deutschland, S. 77 (86), wonach der Religionsbegriff in Art. 140 GG i. V. m. Art. 137 Abs. 5 Satz 2 WRV kein anderer sei als der des Art. 7 Abs. 3 Satz 2 GG, die Rechtsordnung es aber durchaus zulasse, dass der Begriff der Religionsgemeinschaft in unterschiedlichem rechtlichen Kontext verschiedene Bedeutung haben könne.

[832] *Tabbara*, ZAR 2009, 254 (255 f.).

dern vielmehr in jedem Rechtsbereich eigenständig geprüft werde, ob ein religiöser Zusammenschluss die Voraussetzungen einer Religionsgemeinschaft erfülle, biete sich ein differenziertes Begriffsverständnis an.[833]
Einen Mittelweg schlägt *Schrooten* ein, der zwischen Religionsgemeinschaften im engen und im weiten Sinne differenziert.[834] Der Begriff der Religionsgemeinschaft im weiten Sinn beschreibe lediglich die rechtliche Erfassung der tatsächlich vorgefundenen Vergemeinschaftung von Glauben.[835] *Schrooten* greift hierfür auf die von *Gerhard Anschütz* entwickelte Definition zurück und verlangt von Religionsgemeinschaften im weiten Sinne einen Zusammenschluss, der durch eine gemeinsame religiöse Auffassung getragen werde und der allseitigen Aufgabenerfüllung diene.[836] An Religionsgemeinschaften nach Art. 7 Abs. 3 S. 2 GG seien hingegen strengere Anforderungen zu stellen, weshalb Religionsgemeinschaften nach Art. 7 Abs. 3 S. 2 GG seiner Ansicht nach als Religionsgemeinschaften im weiten Sinne zu bezeichnen sind.[837] Er räumt dem Begriff der Religionsgemeinschaft nach Art. 7 Abs. 3 S. 2 GG somit eine Sonderstellung ein. Diese Unterscheidung bedeute *Schrooten* zufolge jedoch nicht, dass von zwei vollständig unterschiedlichen Definitionen auszugehen sei, vielmehr stelle die Religionsgemeinschaft im engeren Sinne nur eine Qualifikation dar, indem sie für Religionsgemeinschaften, die Religionsunterricht erteilen möchten, entsprechend höhere Anforderungen stelle. [838] Im Endeffekt befürwortet er somit eine einheitliche Begriffsdefinition,[839] erkennt zugleich aber die unterschiedlichen Zielrichtungen der jeweiligen Normen an.
Auch *Heimann* ist der Ansicht, dass der Begriff der Religionsgemeinschaft in Art. 7 Abs. 3 GG eine Sonderstellung einnehme.[840] Damit deutet er ebenfalls die Vorzugswürdigkeit eines differenzierten Begriffsverständnisses an. Anders als *Schrooten* ist er jedoch der Ansicht, dass der Begriff der Religionsgemeinschaft nach Art. 7 Abs. 3 GG großzügiger zu verstehen

---

[833] *Tabbara*, ZAR 2009, 254 (255 f.).
[834] *Schrooten*, Gleichheitssatz und Religionsgemeinschaften, S. 130.
[835] *Schrooten*, Gleichheitssatz und Religionsgemeinschaften, S. 131.
[836] *Schrooten*, Gleichheitssatz und Religionsgemeinschaften, S. 133.
[837] *Schrooten*, Gleichheitssatz und Religionsgemeinschaften, S. 136; vgl. auch *Korioth*, NVwZ 1997, 1041 (1046), der die Beteiligungsfähigkeit im Kontext des Art. 7 Abs. 3 S. 2 GG ebenfalls enger fassen möchte.
[838] *Schrooten*, Gleichheitssatz und Religionsgemeinschaften, S. 137.
[839] *Schrooten*, Gleichheitssatz und Religionsgemeinschaften, S. 137.
[840] *Heimann*, DÖV 2003, 238 (242).

sei.[841] Religionsgemeinschaft in Art. 7 Abs. 3 GG sei, so *Heimann*, als „Religionsunterrichtsgemeinschaft“ zu lesen.[842] Für den schulischen Religionsunterricht reiche es aus, dass ein religiöser Verein vorliege, dem die Mitglieder lediglich untechnisch angehörten.[843] Im Mittelpunkt stünde nicht die Organisationsform des Zusammenschlusses, sondern dessen religiöses Wirken.[844]

Andere sprechen sich gegen ein normbezogenes Begriffsverständnis und für ein einheitliches Verständnis des verfassungsrechtlichen Begriffs der Religionsgemeinschaft aus.[845] *Spriewald* hält es zwar nicht für ausgeschlossen, dass dem Begriff der Religionsgemeinschaft verschiedene Bedeutungsgehalte zukommen könnten und verweist in diesem Kontext auf den Rechtsbegriff der Gewalt, der im Strafgesetzbuch nicht gleichbedeutend verwendet werde.[846] Aus Gründen der Klarheit der verfassungsrechtlichen Dogmatik befürwortet sie dennoch eine einheitliche Definition.[847] Auch *Towfigh* geht von einem einheitlich zu verstehenden Begriff aus, hält ein differenziertes Verständnis allerdings mit gewichtigen Argumenten für vertretbar.[848] Für eine einheitliche Definition sprechen sich auch *Pieroth* und *Görisch* aus.[849] Nicht nur innerhalb des Grundgesetzes, sondern überall im Recht komme dem Begriff der Religionsgemeinschaft dieselbe Bedeutung zu.[850] Zwar erkennen sie die Figur der funktionsdifferenzierten Normauslegung je nach normativem Ort an, erklären einheitliche Begriffs-

---

[841] *Heimann*, DÖV 2003, 238 (242); vgl. auch *Bock*, Islamischer Religionsunterricht oder Religionskunde, in: Bock (Hrsg.), Islamischer Religionsunterricht?, S. 3 (14).

[842] *Heimann*, DÖV 2003, 238 (242).

[843] *Heimann*, DÖV 2003, 238 (242).

[844] *Heimann*, DÖV 2003, 238 (242).

[845] *Pieroth/Görisch*, JuS 2002, 937 (940); *Spriewald*, Rechtsfragen im Zusammenhang mit der Einführung von islamischem Religionsunterricht als ordentliches Lehrfach an deutschen Schulen, S. 106; *Hentzschel*, Die staatlich anerkannten Feiertage, S. 152 f.

[846] *Spriewald*, Rechtsfragen im Zusammenhang mit der Einführung von islamischem Religionsunterricht als ordentliches Lehrfach an deutschen Schulen, S. 105.

[847] *Spriewald*, Rechtsfragen im Zusammenhang mit der Einführung von islamischem Religionsunterricht als ordentliches Lehrfach an deutschen Schulen, S. 106.

[848] *Towfigh*, Die rechtliche Verfassung von Religionsgemeinschaften, S. 136.

[849] *Pieroth/Görisch*, JuS 2002, 937 (940); *Pieroth*, Muslimische Gemeinschaften als Religionsgesellschaften nach deutschem Recht, in: Oebbecke (Hrsg.), Muslimische Gemeinschaften im deutschen Recht, S. 109 (116 f.).

[850] *Pieroth/Görisch*, JuS 2002, 937 (940); *Pieroth*, Muslimische Gemeinschaften als Religionsgesellschaften nach deutschem Recht, in: Oebbecke (Hrsg.), Muslimische Gemeinschaften im deutschen Recht, S. 109 (116).

verständnisse allerdings zum juristischen Normalfall.[851] Verschiedene Begriffsverständnisse desselben Rechtsbegriffs verlangten „triftige Gründe" und seien daher die begründungsbedürftige Ausnahme.[852] Triftige Gründe, den Begriff der Religionsgemeinschaft zu variieren und abgeschwächte oder gesteigerte Anforderungen an die organisatorische Struktur der Zusammenschlüsse zu stellen, liegen *Pieroth* und *Görisch* zufolge allerdings nicht vor.[853] Unterschiedliche organisatorische Anforderungen könnten lediglich aus der Herleitung normativer Aussagen aus anderen Normen oder Normbestandteilen gefolgert werden, welche allerdings nur im Rahmen der systematischen Gesetzesauslegung beachtet werden könnten, nicht aber durch eine variierte Definition des Begriffs der Religionsgemeinschaft.[854]

a) Grundsatz der Relativität der Rechtsbegriffe

Vorzugswürdig ist ein relatives Verständnis des Begriffs der Religionsgemeinschaft. Dass die Mehrdeutigkeit von Begriffen innerhalb eines Gesetzes Entscheidungsprobleme mit sich bringt,[855] ist nicht zu leugnen. Dies ändert jedoch nichts daran, dass der Grundsatz der Relativität der Rechtsbegriffe gilt.[856] Dass ein und derselbe Rechtsbegriff prinzipiell einheitlich zu verstehen ist, ist nicht der zwingende Normalfall. Vielmehr finden sich für die Relativität der Rechtsbegriffe zahlreiche Beispiele: So ist der Begriff der „Sache" im BGB ein Beispiel dafür, dass ein Begriff selbst innerhalb des gleichen Gesetzes unterschiedliche Bedeutungen haben kann.[857]

---

[851] *Pieroth/Görisch*, JuS 2002, 937 (940); *Pieroth*, Muslimische Gemeinschaften als Religionsgesellschaften nach deutschem Recht, in: Oebbecke (Hrsg.), Muslimische Gemeinschaften im deutschen Recht, S. 109 (116).

[852] *Pieroth/Görisch*, JuS 2002, 937 (940); *Pieroth*, Muslimische Gemeinschaften als Religionsgesellschaften nach deutschem Recht, in: Oebbecke (Hrsg.), Muslimische Gemeinschaften im deutschen Recht, S. 109 (116); dem zustimmend *Dietrich*, Islamischer Religionsunterricht, S. 192.

[853] *Pieroth/Görisch*, JuS 2002, 937 (940); *Pieroth*, Muslimische Gemeinschaften als Religionsgesellschaften nach deutschem Recht, in: Oebbecke (Hrsg.), Muslimische Gemeinschaften im deutschen Recht, S. 109 (116).

[854] *Pieroth/Görisch*, JuS 2002, 937 (940); *Pieroth*, Muslimische Gemeinschaften als Religionsgesellschaften nach deutschem Recht, in: Oebbecke (Hrsg.), Muslimische Gemeinschaften im deutschen Recht, S. 109 (116 f.); ähnlich *Hentzschel*, Die staatlich anerkannten Feiertage, S. 153.

[855] *Herberger/Simon*, Wissenschaftstheorie für Juristen, S. 264.

[856] S. Seite 150 f.

[857] *Wank*, Juristische Methodenlehre, S. 221 ff.; dort finden sich auch weitere Beispiele für

Der Grundsatz der Relativität der Rechtsbegriffe spricht daher für ein relatives Begriffsverständnis des Begriffs der Religionsgemeinschaft.

b) Unterschiedliche Normberechtigte

Für ein relatives Begriffsverständnis des Begriffs der Religionsgemeinschaft spricht außerdem, dass die Normen des institutionellen Religionsverfassungsrechts verschiedene Personen tangieren.[858] So dient Art. 141 WRV den Anstaltsnutzern, die häufig Umständen ausgesetzt sind, welche die Wahrnehmung der Religionsfreiheit erschweren.[859]

Art. 141 WRV stellt somit kein originäres Recht der Religionsgemeinschaften dar, sondern dient vor allem den Anstaltsnutzern, die ein Bedürfnis nach Seelsorge haben.[860] Träger der Religionsgutsgarantie aus Art. 138 Abs. 2 WRV sind hingegen nur Religionsgemeinschaften und religiöse Vereine.[861] Ein Vergleich dieser beiden Normen des Religionsverfassungsrechts macht deutlich, dass die Normen, die den Begriff der Religionsgemeinschaft enthalten, unterschiedlichen Personen(gruppen) Rechte zugestehen. Ein Vergleich zwischen Art. 137 Abs. 5 S. 1 WRV und Art. 137 Abs. 5 S. 2 WRV zeigt sogar, dass selbst innerhalb ein und desselben Absatzes einer Norm unterschiedliche persönliche Schutzbereiche enthalten sind: Während Art. 137 Abs. 5 S. 1 WRV exklusiv altkorporierte Religionsgemeinschaften schützt, begründet S. 2 desselben Abschnitts ausschließlich einen Anspruch auf Erteilung des Körperschaftsstatus für solche religiösen Zusammenschlüsse, die den Körperschaftsstatus erstmals anstreben.

Dass die Normen des institutionellen Religionsverfassungsrechts verschiedene Personen(gruppen) tangieren und berechtigen, spricht daher ebenfalls für ein relatives Begriffsverständnis und damit auch für unterschiedliche Begriffsdefinitionen und Organisationsanforderungen.

---

die unterschiedliche Bedeutung identischer Rechtsbegriffe; Beispiele für die Begriffsrelativität im Strafrecht finden sich bei *Hermann*, Begriffsrelativität im Strafrecht und das Grundgesetz, S. 25 ff.

[858] So auch *Bagheri*, Der funktionsbestimmte Begriff der Religionsgemeinschaft, S. 25.

[859] *Ehlers*, in: Sachs-GG, Art. 141 WRV Rn. 1; *Morlok*, in: Dreier-GG III, Art. 141 Rn. 22.

[860] *Morlok*, in: Dreier-GG III, Art. 141 Rn. 10; a.A. *Ehlers*, in: Sachs-GG, Art. 141 WRV Rn. 1.

[861] *Morlok*, in: Dreier-GG III, Art. 138 WRV Rn. 36.

c) *Unterschiedliche Entstehungszeitpunkte*

Für ein relatives Verständnis des Begriffs der Religionsgemeinschaft spricht außerdem, dass die Normen des Grundgesetzes und die über Art. 140 GG inkorporierten Normen der Weimarer Reichsverfassung aus verschiedenen Epochen stammen. Dass Gesetze zu unterschiedlichen Zeitpunkten entstanden sind, ist häufig ein Indiz für Bedeutungsunterschiede bei ein und demselben Begriff.[862] Dass unterschiedliche Entstehungszeitpunkte Bedeutungsdifferenzen mit sich bringen, mag zwar kein allgemeingültiger Grundsatz sein. Die über Art. 140 GG inkorporierten Artikel der Weimarer Reichsverfassung sind jeweils auf eine besondere Konfliktlage oder eine durch geschichtliche Besonderheiten aufgeworfene Fragestellungen bezogen, die auf die Abwicklung der früheren Rechtsgemeinschaft von Staat und Kirche gerichtet sind, während die Normen im Grundrechtsteil auf eine andere Historie zurückblicken.[863] Gerade im historisch geprägten Religionsverfassungsrecht sind die unterschiedlichen Entstehungszeitpunkte daher ein Indiz für die Relativität des Begriffs der Religionsgemeinschaft.

d) *Unterschiedliche Funktionen*

Das stärkste Argument für ein relatives Verständnis des verfassungsrechtlichen Begriffs der Religionsgemeinschaft ist aber, dass die verschiedenen Normen ganz unterschiedliche Funktionen erfüllen. *Martin Heckel* macht zu Recht darauf aufmerksam, dass die einzelnen Garantien des Religionsverfassungsrechts verschiedene Funktionen aufweisen.[864] Selbst wenn man wie *Pieroth* und *Görisch* triftige Gründe für ein normbezogenes Verständnis des grundgesetzlichen Begriffs der Religionsgemeinschaft verlangt, so liegen diese doch vor. Es wäre geradezu widersinnig, die Rechtsbegriffe der Religionsgemeinschaft einheitlich zu verstehen, da dies zur Folge hätte, dass ein religiöser Zusammenschluss im Sinne des Art. 140 GG i. V. m. Art. 137 Abs. 3 WRV, der lediglich das Recht auf Selbstbestimmung in eigenen Angelegenheiten wahrnehmen möchte und vor staatlicher Einmischung geschützt sein will, dieselben organisatorischen Anforderungen erfüllen müsste wie ein religiöser Zusammenschluss, der Religions-

---

[862] *Herberger/Simon*, Wissenschaftstheorie für Juristen, S. 264.

[863] *Pirson*, Die zeitlose Qualität der Weimarer Kirchenartikel, in: Geis (Hrsg.), Staat, Kirche, Verwaltung – FS Maurer, S. 409 (411 f.).

[864] *M. Heckel*, Die religionsrechtliche Parität (II), in: Schlaich (Hrsg.), Gesammelte Schriften Bd. 1, S. 227 (279).

unterricht an staatlichen Schulen erteilen möchte oder den Körperschaftsstatus nach Art. 140 G i. V. m. Art. 137 Abs. 5 S. 2 WRV erlangen will. Ein weiterer Normzweck ist Art. 137 Abs. 5 S. 1 WRV zu entnehmen, der auf Bestandsschutz zugunsten altkorporierter Religionsgemeinschaften angelegt ist.[865] Es leuchtet nicht ein, abwehrrechtlich geprägten Normen des Religionsverfassungsrechts von den hohen organisatorischen Hürden abhängig zu machen, die beispielsweise im Rahmen des Art. 137 Abs. 5 S. 2 WRV gefordert werden. Insofern ist *Pieroths* und *Görischs* Auffassung, es gebe keine triftigen Gründe für abgeschwächte oder gesteigerte Anforderungen an die organisatorische Struktur religiöser Zusammenschlüsse, nicht zuzustimmen. Der Vergleich der institutionellen Regelungen des Religionsverfassungsrechts macht vielmehr deutlich, dass die verschiedenen Normen des Religionsverfassungsrechts unterschiedliche Zwecke aufweisen: Manche Gewährleistungen sind auf die aktive Mitwirkung religiöser Zusammenschlüsse am gesellschaftlichen Leben und die Zusammenarbeit mit dem Staat angelegt, während andere Normen hingegen auf die Abwehr staatlicher Interventionen abzielen.

Diese verschiedenen Normzwecke und Funktionen sollten sich auch in der Auslegung und dem zu fordernden Organisationsverständnis widerspiegeln. Aufgrund dieser höchst unterschiedlichen Zwecke der verschiedenen Normen und Absätze bietet sich ein differenziertes Begriffsverständnis an. Dafür spricht auch, dass das Grundgesetz nach hier vertretener Ansicht eine ganze Bandbreite verschiedener Paritätsentscheidungen trifft, welche wiederum variierende Gleichheitsanforderungen mit sich bringen. Diese unterschiedlichen Gleichheitsanforderungen sollten sich auch im Begriffs- und Organisationsverständnis wiederfinden, da die Prinzipien der Parität und Neutralität besser zur Geltung gelangen würde, wenn je nach Normzweck strenge oder abgeschwächte organisatorische Anforderungen aufgestellt würden. Dementsprechend hat auch das Bundesverfassungsgericht klargestellt, es hänge von den Charakteristika der jeweiligen Kooperationsangebote und den konkreten Vorgaben der auf Neutralität und Parität bedachten Verfassung ab, welchen Religionsgemeinschaften welche Kooperationsgebote offen stünden.[866] Mit Blick auf die Besonderheiten der verschiedenen Angebote des institutionellen Religionsverfassungsrechts

[865] *Morlok*, in: Dreier-GG III, Art. 137 WRV Rn. 91; *Walter*, Religionsverfassungsrecht, S. 549.

[866] BVerfGE 102, 370 (396).

und die unterschiedlichen Neutralitäts- und Paritätsvorgaben der Verfassung ist ein differenziertes Begriffsverständnis nur konsequent.
Nach dem gerade Gesagten ist der Begriff der Religionsgemeinschaft im Sinne des Grundgesetzes nicht einheitlich, sondern je nach Sachzusammenhang zu verstehen. Norm- und kontextbezogene Definitionen des Begriffs der Religionsgemeinschaft sind gegenüber einer allgemeingültigen Begriffsdefinition vorzugswürdig. Dementsprechend bietet es sich an, bei der Begriffsbildung anhand der verschiedenen Funktionen und Zwecke zu differenzieren.

2. Spielraum für die verschiedenen religiösen Selbstverständnisse

Wie bereits festgestellt, scheiden phänomenologische Definitionen aus. Zwar sind staatliche und religiöse Begriffsverständnisse aufeinander bezogen, gehen aber nicht ineinander auf.[867] Das nicht alle Religionskulturen eine Vergemeinschaftung des religiösen Lebens verlangen,[868] kann daher nicht zur Folge haben, dass insgesamt auf organisatorische Strukturen verzichtet wird. Ebenso verbieten sich Selbstdefinitionen. Dass sich ein religiöser Zusammenschluss selbst als Religionsgemeinschaft begreift oder sich als solcher bezeichnet, kann daher nicht genügen.[869]
Allerdings steht der Begriff der Religionsgemeinschaft unter dem Einfluss des Selbstverständnisses der jeweiligen Gemeinschaft, weshalb eine Definition vollkommen unabhängig vom Selbstverständnis des religiösen Zusammenschlusses ebenso wenig möglich ist.[870] Dementsprechend darf das religiöse Selbstverständnis bei der Begriffsbestimmung nicht vollkommen ausgeblendet werden.[871] Die Integration verschiedener religiöser Selbstverständnisse in die Tatbestände des Religionsverfassungsrechts ist außerdem ein wichtiger Schlüssel für die Integrationsoffenheit des Religionsver-

---

[867] *Pirson*, Kirchliches Recht in der weltlichen Rechtsordnung, in: FS Ruppel, S. 277 (280–284); *Albers/Munsonius*, ZevKR 65 (2020), 305 (312).

[868] *Heinig*, Der Körperschaftsstatus nach Art. 137 Abs. 5 S. 2 WRV – ein Gleichheitsversprechen, in: Reuter/Kippenberg (Hrsg.), Religionskonflikte im Verfassungsstaat, S. 93 (104); bezogen auf den Islam *Graf*, Götter global, S. 125.

[869] BVerfGE 83, 341 (353).

[870] *Muckel*, Wann ist eine Gemeinschaft Religionsgemeinschaft? in: Rees (Hrsg.), Recht in Kirche und Staat – FS Listl, S. 715 (726); *Pieroth/Kingreen*, NVwZ 2001, 841 (842).

[871] BVerfGE 83, 342 (353); *Muckel*, in: Merten/Papier (Hrsg.), HGR IV, § 96 Rn. 54; *Funke*, Die Religionsfreiheit im Verfassungsrecht der USA, S. 166; weiterführende Hinweise zum Selbstverständnis finden sich bei *Isak*, Das Selbstverständnis der Kirchen und Religionsgemeinschaften und seine Bedeutung für die Auslegung staatlichen Rechts, S. 140 ff.

fassungsrechts.[872] Das Organisationsrecht, das einen zentralen Bestandteil des religiösen Selbstbestimmungsrechts aus Art. 140 GG i. V. m. Art. 137 Abs. 3 WRV darstellt,[873] umfasst darüber hinaus auch das Recht über die organisatorische Struktur des religiösen Zusammenschlusses zu entscheiden.[874] Ebenso verlangt das Neutralitätsprinzip eine Berücksichtigung des religiösen Selbstverständnisses.[875] Durch das Abstellen auf das religiöse Selbstverständnis soll weiterhin ausgeschlossen werden, dass durch eine einseitige Fixierung auf das Verständnis der christlichen Kirchen Schutzlücken für nicht-etablierte Religionen entstehen.[876] Religiösen Minderheiten eine Verkirchlichung abzuverlangen, wäre mit dem Selbstbestimmungsrecht und der religiösen Neutralität daher nicht in Einklang zu bringen.[877] Abgesehen davon handelt es sich beim Rechtsbegriff der Religionsgemeinschaft um einen Begriff, der nicht durch Rechtsinstitutionen ausgefüllt wird, sondern durch die Gläubigen selbst.[878] Aus diesem Grund sollte das (organisatorische) Selbstverständnis verschiedener Gruppierungen nicht außen vor bleiben. Es bleibt festzuhalten, dass das Selbstverständnis des jeweiligen religiösen Zusammenschlusses zu beachten ist. Kirchenähnliche Strukturen dürfen von religiösen Minderheiten nicht gefordert werden.

Die gängige Definition verlangt nicht-christlichen Zusammenschlüssen allerdings kirchenanaloge Strukturen ab, die nicht immer mit der Organisation der Zusammenschlüsse übereinstimmen.[879] Um die „Anerkennung" als Religionsgemeinschaft nach dem Grundgesetz auch nicht-christlichen Zusammenschlüssen faktisch zu ermöglichen, müssen die neuen Definitionsvorschläge und Organisationsanforderungen so gestaltet sein, dass sie unterschiedlichen religiösen Selbstverständnisse ausreichend Raum lassen und nicht das organisatorische Selbstverständnis einer bestimmten Reli-

---

[872] *Germann*, öarr 2014, S. 41 (57).
[873] *Kazele*, VerwArchiv 2005, 415 (426).
[874] *M. Wagner*, Kulturelle Integration und Grundgesetz, S. 266.
[875] Vgl. *Heinig*, ZevKR 56 (2011), 94 (96).
[876] *Wittreck*, Religionsverfassungsrecht als Kompass einer modernen Religionspolitik?, in: Bogner/Heimbach-Steins (Hrsg.), Freiheit – Gleichheit – Religion, S. 53 (58 f.).
[877] *de Wall*, Das Verhältnis von Staat und Religionsgemeinschaften in Deutschland, in: Rohe u.a. (Hrsg.), Handbuch Christentum und Islam in Deutschland, Bd. 1, S. 189 (192 f.); a.A. wohl *Heinz*, VR 2010, 118 (121), der sich dafür ausspricht, muslimischen Gemeinschaften nur dann die institutionellen Rechte des Religionsverfassungsrechts zuzugestehen, wenn diese „kirchliche muslimische Organisationen" darstellen.
[878] Vgl. *Isensee*, Wer definiert die Freiheitsrechte?, S. 47 f.
[879] *Graf*, Götter global, S. 125.

gion oder Konfession zum Maßstab machen. Daher darf die christlich-theologische Organisationsstruktur nicht als Orientierungspunkt zugrunde gelegt werden. Das verbietet schon das Verbot der Übernahme von Begriffsverständnissen anderer wissenschaftlicher Disziplinen.

3. Abgrenzbarkeit zu ähnlichen Begriffen

Die Definition des Begriffs der Religionsgemeinschaft muss außerdem so gestaltet sein, dass Religionsgemeinschaften von ähnlichen Zusammenschlüssen präzise abgrenzbar sind. Zunächst ist eine Abgrenzung zu religiösen Vereinen vonnöten. Religiöse Vereine widmen sich im Gegensatz zu Religionsgemeinschaften lediglich der partiellen Pflege der Religion.[880] Vorschriften, die an die Eigenschaft als Religionsgemeinschaft anknüpfen, sind auf religiöse Vereine nicht anwendbar.[881] Insofern muss auch zwischen diesen beiden Formen organisierter Religion differenziert werden. Ferner muss der Begriff der Religionsgemeinschaft von dem ebenfalls im Grundgesetz erwähnten Begriff der Weltanschauungsgemeinschaft abgrenzbar sein. Weltanschauungsgemeinschaften sind nach Art. 137 Abs. 7 WRV solche Vereinigungen, die sich die gemeinschaftliche Pflege einer Weltanschauung zur Aufgabe machen. Zwar ist eine Weltanschauung ebenso wie eine Religion eine mit der Person des Menschen verbundene Gewissheit über bestimmte Aussagen zum Weltganzen sowie zur Herkunft und zum Ziel des menschlichen Lebens.[882] Eine Abgrenzung wird nach herrschender Meinung allerdings über die Kriterien der Immanenz und der Transzendenz vorgenommen.[883] Da eine Unterscheidung anhand dieser beiden Kriterien den Eigenarten von Religionen und Weltanschauungen nicht immer gerecht wird, werden „Transzendenz" und „Immanenz" als unzureichende Begriffsabgrenzungsmerkmale kritisiert.[884] Da Weltanschauungsgemeinschaften den Religionsgemeinschaften nach Art. 137 Abs. 7 WRV gleichgestellt sind, verliert die Notwendigkeit einer Abgrenzung mit Blick auf die Rechtsfolgen aber an Relevanz.[885]

---

880 *Muckel/Traub*, in: Pirson/Rüfner/Germann/Muckel (Hrsg.), HdbStKirchR Bd. I, S. 1106; *Korioth*, in: Maunz/Dürig, Art. 137 WRV Rn. 16.

881 *Korioth*, in: Maunz/Dürig, Art. 137 WRV Rn. 16.

882 *Jarass*, in: Jarass/Pieroth, Art. 4 Rn. 8; *Wolff*, in: HK-GG, Art. 4 Rn. 5.

883 BVerwGE 90, 112 (115); *Wolff*, in: HK-GG, Art. 4 Rn. 5.

884 S. dazu *Muckel*, Religiöse Freiheit und staatliche Letztentscheidung, S. 135 ff; *ders.*, in: Merten/Papier (Hrsg.), HGR IV, § 96 Rn. 61; *v. Campenhausen/de Wall*, Staatskirchenrecht, S. 118.

885 *Ehlers*, in: Sachs-GG, Art. 137 WRV Rn. 38; *v. Campenhausen/de Wall*,

Die im Folgenden zu erarbeitenden Definitionen und Organisationsanforderungen müssen somit derart gestaltet sein, dass eine begriffliche Abgrenzbarkeit zu den gerade genannten Zusammenschlüssen möglich ist.

4. Fazit

Der grundgesetzliche Begriff der Religionsgemeinschaft ist nicht einheitlich, sondern relativ zu verstehen. Dementsprechend ist es nicht nur zulässig, sondern gar vorzugswürdig, unterschiedliche Anforderungen bezüglich des Organisationsgrades religiöser Zusammenschlüsse zu stellen. Bei den begrifflichen Neubestimmungen ist darauf zu achten, dass keine religiöse Strömung begrifflich benachteiligt wird. Dies gelingt, indem man sich vor Augen hält, dass nicht alle Religionen über eine den christlichen Großkirchen ähnliche Organisationsstruktur verfügen und eine solche auch nicht zwangsläufig für religiös notwendig halten. Das bedeutet nicht, dass das religiöse Selbstverständnis christlicher Kirchen bei der Begriffsbestimmung irrelevant ist. Es bedeutet nur, dass kein bestimmtes religiöses Selbstverständnis zum Vorbild erhoben wird. Nur so können das Neutralitätsprinzip, das Paritätsprinzip, aber auch die Säkularität des Staates und die Religionsfreiheit optimal zur Geltung gelangen.

Staatskirchenrecht, S. 118.

E. Definitionsvorschläge

Das gängige Begriffs- und Organisationsverständnis verstößt nicht gegen die Grundprinzipien des Religionsverfassungsrechts, es verhilft aber ebenso wenig zur deren optimaler Verwirklichung. Wie zuvor skizziert, ist eine integrationsoffenere Lesart des Begriffs der Religionsgemeinschaft vorzugswürdig, um auch nicht-christliche Religionen und deren Anhänger faktisch in das institutionelle Religionsverfassungsrecht zu integrieren. Zugleich darf eine integrationsoffene Lesart keine beliebige Interpretation des religionsverfassungsrechtlichen Begriffs zur Folge haben. Es stellt sich daher die Frage, wie der Begriff der Religionsgemeinschaft definiert werden kann, ohne ihn der Beliebigkeit preiszugeben. Wie ein offenes Begriffs- und Organisationsverständnis bei gleichzeitiger Abgrenzungsklarheit gelingen kann, soll im folgenden Abschnitt geklärt werden.

Welche Mindestanforderungen an eine Religionsgemeinschaft zu stellen sind, macht der Wortlaut der Verfassung deutlich: Um von einer Religionsgemeinschaft im Sinne des Grundgesetzes sprechen zu können, müssen unzweifelhaft die dem Begriff der Religionsgemeinschaft eindeutig zu entnehmenden Kernmerkmale der „Religion" und der „Gemeinschaft" erfüllt sein.[886] Eine Gemeinschaft setzt zunächst eine Mehrzahl von Menschen voraus.[887] Weiterhin muss sich das Aufgabenfeld der Gemeinschaft auf die Religion beziehen.[888] *Bock* identifiziert insoweit drei Begriffselemente, die schon nach dem Verfassungswortlaut unverzichtbar sind.[889] Ein Blick auf den Wortlaut macht deutlich, dass der Begriff der Religionsgemeinschaft nicht beliebig ist, sondern durchaus an die Erfüllung gewisser Voraussetzung geknüpft ist. Verlangt wird dem Wortlaut zufolge also nicht weniger – aber auch nicht mehr – als eine Gemeinschaft, die sich auf eine Religion bezieht. Jeder religiöse Zusammenschluss, der als Religionsgemeinschaft angesehen werden will, muss zumindest diese Kernmerkmale

---

[886] *Bock*, Islamischer Religionsunterricht oder Religionskunde, in: Bock (Hrsg.), Islamischer Religionsunterricht?, S. 3 (11); *Spriewald*, Rechtsfragen im Zusammenhang mit der Einführung von islamischem Religionsunterricht als ordentliches Lehrfach an deutschen Schulen, S. 106.

[887] *de Wall*, Die Religionsverfassung des Grundgesetzes, in: Hasselfeldt/Männle (Hrsg.), Islam und Staat, S. 43 (48).

[888] *Bock*, Islamischer Religionsunterricht oder Religionskunde, in: Bock (Hrsg.), Islamischer Religionsunterricht?, S. 3 (11); *Böllhoff*, Die „Partnerschaft" zwischen Staat und Religionsgemeinschaften im Religionsunterricht, S. 21.

[889] *Bock*, Islamischer Religionsunterricht oder Religionskunde, in: Bock (Hrsg.), Islamischer Religionsunterricht?, S. 3 (11).

erfüllen, um die religionsverfassungsrechtlichen Gewährleistungen wahrnehmen zu können. Obwohl der Begriff der Religionsgemeinschaft nach hier vertretener Ansicht relativ zu verstehen ist, müssen diese dem Wortlaut eindeutig entnehmbaren Kernmerkmale im Kontext jeder Norm erfüllt werden.

Abgesehen von den eindeutig im Wortlaut vorgegebenen Begriffselementen können jedoch weitere über diese Kernmerkmale hinausgehende Voraussetzungen an religiöse Zusammenschlüsse gestellt werden. Wie bereits dargestellt, verfolgen die unterschiedlichen Normen, die den Begriff der Religionsgemeinschaft enthalten, ganz unterschiedliche Zwecke und Funktionen.[890] Diese unterschiedlichen Zwecke und Funktionen haben wiederum ein funktionsdifferenziertes Begriffsverständnis zur Folge. Welche Anforderungen konkret an den Begriff der Religionsgemeinschaft zu stellen sind, hängt daher vom Kontext der jeweiligen Norm ab. Im folgenden Abschnitt soll daher auf die unterschiedlichen Funktionen und Zwecke der jeweiligen Normen eingegangen werden, anhand derer weitere normabhängige Begriffselemente und notwendige Organisationsstrukturen herausgearbeitet werden.

I. Religion

Ob eine Religionsgemeinschaft im Sinne des Grundgesetzes vorliegt, hängt nicht allein vom Grad der Vergemeinschaftung ab. Zunächst muss das Tatbestandsmerkmal der „Religion" erfüllt sein. Dem neutralen Staat ist es verboten, den Religionsbegriff zugunsten des Christentums und damit zulasten religiöser Minderheiten zu verengen.[891] Um religiöse Minderheiten nicht schon durch vorgeprägte Vorverständnisse zu exkludieren, ist es nötig, den verfassungsrechtlichen Begriff der Religion möglichst allgemein zu bestimmen.[892] Den Religionsbegriff des Grundgesetzes im Sinne einer bestimmten Religion oder theologischen Strömung auszulegen, verbieten schon die Prinzipien der Parität, der Neutralität und der Säkularität.[893] Es ist zu klären, wie der verfassungsrechtliche Begriff der Religion

---

[890] S. Seite 152 ff.

[891] *Droege*, Der Religionsbegriff im deutschen Religionsverfassungsrecht, in: Hildebrandt/Brocker (Hrsg.), Der Begriff der Religion, S. 159 (166).

[892] *Dreier*, Staat ohne Gott, S. 122.

[893] Vgl. *Muckel/Tillmanns*, Die religionsverfassungsrechtlichen Rahmenbedingungen für den Islam, in: Muckel (Hrsg.), Der Islam im öffentlichen Recht des säkularen Verfassungsstaats, S. 234 (235); *Froese*, DÖV 2017, 228 (229).

definiert werden kann, ohne dabei die Prinzipien der Neutralität, der Parität und der Säkularität zu verletzen.

1. Problematische Begriffsbestimmung

Die Notwendigkeit, den Begriff der Religion zu definieren, bringt zahlreiche Probleme mit sich, weshalb eine von Konsens getragene Definition bis heute nicht gelungen ist. Dass eine von Konsens getragene Definition bislang nicht gelungen ist, liegt unter anderem daran, dass schon problematisch ist, wem die Definitionskompetenz innewohnt.[894] Zwar ist die Selbstdefinition religiöser Zusammenschlüsse allein nicht ausreichend,[895] dennoch muss das Selbstverständnis der verschiedenen Religionen in ausreichendem Maße Beachtung finden.[896] Den verschiedenen Religionen liegen allerdings verschiedene Religionsverständnisse zugrunde,[897] was eine Definition, die sich für sämtliche Religionen als neutral, säkular und paritätskonform darstellt, erschwert. Außerdem droht auch im Rahmen der Definition des Religionsbegriffs die Gefahr religiös geprägter Vorverständnisse, was wiederum mit Blick auf die religiös-weltanschauliche Neutralität Probleme bereitet.[898] Zudem handelt es sich beim Begriff der Religion um einen Begriff, der auch in anderen Wissenschaften von großer Relevanz ist und dort ebenfalls kontrovers diskutiert wird.[899] Ein Rückgriff auf fachfremde Disziplinen hilft bei der Lösung dieses Definitionsdilemmas[900] allerdings nur begrenzt weiter. Zwar könnten Religionsbegriffe aus anderen wissenschaftlichen Disziplinen von der Rechtswissenschaft übernommen werden, schließlich darf die Rechtswissenschaft auf Erkenntnisse aus anderen Disziplinen zurückgreifen und fachfremden Begriffen juristische Begriffsqualität geben.[901] Auch in anderen wissenschaftlichen Disziplinen, die sich mit dem Religionsbegriff auseinandersetzen, hat sich allerdings

---

[894] *Unruh*, Religionsverfassungsrecht, 4. Aufl., S. 67.

[895] *Dreier*, Staat ohne Gott, S. 123; *Griebel*, Die Religionsgesellschaft zwischen Staatsrecht und Europarecht, S. 35.

[896] S. Seite 154 ff.

[897] *Munsonius*, Öffentliche Religion im säkularen Staat, S. 85.

[898] *Hummes*, Brauchen wir Gott im Grundgesetz?, S. 16.

[899] Weiterführende Hinweise auf den Begriff der Religion in der Religionswissenschaft und der Religionssoziologie finden sich bei *Pollack*, Rückkehr des Religiösen?, S. 60-67; *ders.*, Säkularisierung – ein moderner Mythos?, S. 28-46; *A. Reuter*, Was ist Religion?, in: Heinig/Walter (Hrsg.), Religionsverfassungsrechtliche Spannungsfelder, S. 57-76; *Mostert*, ZThK 95 (1998), 217-231.

[900] Dazu *A. Reuter*, Leviathan 35 (2007), 178-192.

[901] S. Seite 144 f.

bislang keine von Konsens getragene Definition durchsetzen können,[902] weshalb die Rechtswissenschaft diesbezüglich ebenfalls nicht auf andere gesicherte wissenschaftliche Erkenntnisse zugreifen kann.[903]

2. Der Religionsbegriff in der Rechtswissenschaft

Der Begriff der Religion wird im Grundgesetz nicht als eigenständiger Begriff, sondern lediglich als Wortbestandteil gebraucht.[904] Das Grundgesetz enthält keine Begriffsdefinition, sondern es setzt diese stattdessen voraus, weshalb eine Begriffskonkretisierung notwendig ist.[905] Wie der Begriff der Religion in der Rechtspraxis verstanden wird, hängt dementsprechend vor allem vom Religionsverständnis der Gerichte ab. Obwohl die Bestimmung des Rechtsbegriffs der Religion notwendig ist, ist das Bundesverfassungsgericht einer eindeutigen Definition des Begriffs der Religion bislang schuldig geblieben.[906] Stattdessen zieht das Bundesverfassungsgericht zur Bestimmung der Religionsgemeinschaft das religiöse Selbstverständnis heran, um festzustellen, ob eine Religion im Sinne des Grundgesetzes anzunehmen ist.[907] Durch die Zugrundelegung des Selbstverständniskriteriums gelingt es dem Bundesverfassungsgericht, sich dem Definitionsdilemma zu entziehen, aber sich zugleich aber ein Entscheidungskriterium bereitzuhalten, mit dem es arbeiten kann.[908] Dass das Bundesverfassungsgericht das Selbstverständniskriterium heranzieht, ist einerseits sinnvoll, da die Prinzipien der Parität, der Neutralität und der Säkularität nur gewahrt werden können, wenn die unterschiedlichen Selbstverständnisse ausreichende Berücksichtigung finden. Gleichwohl leidet die Rechtssicherheit unter diesem interpretationsbedürftigen und subjektiven Kriterium.

---

[902] *Griebel*, Die Religionsgesellschaft zwischen Staatsrecht und Europarecht, S. 35.
[903] Zur Übernahme interdisziplinärer Begriffe s. Seite 144.
[904] *Mertesdorf*, Weltanschauungsgemeinschaften, S. 132.
[905] *Mertesdorf*, Weltanschauungsgemeinschaften, S. 132.
[906] *Kästner/Droege*, in: Stern/Becker-GG, Art. 4 Rn. 42; *Droege*, Der Religionsbegriff im deutschen Religionsverfassungsrecht, in: Hildebrandt/Brocker (Hrsg.), Der Begriff der Religion, S. 159 (173); *Ross*, Chancen der Vielfalt, in: Kiese/Lutz (Hrsg.), Religion und Politik, S. 257 (262); *Kreissl*, Die Religionsfreiheit juristischer Personen im Sinne des Art. 19 Abs. 3 GG, S. 90.
[907] BVerfGE 83, 341 (353), siehe auch Seite 69 ff.
[908] *Augsberg*, Ist religiöse Identität ein Problem für das Recht?, in: Anter/Frick (Hrsg.), Politik, Recht und Religion, S. 31 (34); ähnlich *Froese*, DÖV 2017, 228 (231 f.).

Im Gegensatz zum Bundesverfassungsgericht sah sich das Bundesverwaltungsgericht bereits mehrmals zu einer Definition des verfassungsrechtlichen Religionsbegriffs veranlasst. Im Jahre 1981 statuierte das Bundesverwaltungsgericht, dass es sich bei einer Religion um ein Glaubensbekenntnis handeln müsse, durch das sich die Glaubensangehörigen mit einer oder mehreren Gottheiten verbunden fühlen.[909] Da Weltreligionen wie der Buddhismus, aber auch Naturreligionen, das Konzept einer personifizierten Gottheit nicht kennen, wurde dieser eng gefasste Religionsbegriff in der Literatur zu Recht kritisiert.[910] In einem Urteil zur Church of Scientology definierte das Bundesverwaltungsgericht eine Religion als eine mit der Person des Menschen verbundene Gewissheit über bestimmte Aussagen zum Weltganzen sowie zur Herkunft und zum Ziel des menschlichen Lebens.[911] Dabei grenzte das Bundesverwaltungsgericht Religion und Weltanschauung mittels der Kriterien der „Immanenz“ und der „Transzendenz“ voneinander ab: Während Religion eine den Menschen überschreitende und umgreifende (»transzendente«) Wirklichkeit zugrunde lege, beschränke sich die Weltanschauung auf innerweltliche (»immanente«) Bezüge.[912] Diese Abgrenzungskriterien hatte das Bundesverwaltungsgericht schon in der Entscheidung zu den sog. Jugendreligionen herangezogen.[913] Zwar ist die Abgrenzungstauglichkeit der Kriterien der Immanenz und der Transzendenz in der Rechtswissenschaft nicht unumstritten,[914] gleichwohl stellt die gängige Definition eine ausreichende Rückbindung an den einzelnen Grundrechtsträger sicher und nimmt gleichzeitig das in der Religionssoziologie verbreitete Merkmal der Transzendenz auf.[915] Positiv ist weiterhin, dass dem gängigen Religionsbegriff kein christlicher Bias zu attestieren ist.[916] Dafür spricht, dass kein Glaube an den christlichen Gott, nicht einmal eine monotheistische Überzeugung, verlangt wird.[917] Gegen

---

[909] BVerwGE 61, 152 (155); zustimmend *K. Schmidt*, NJW 1988, 2574 (2576).

[910] *Müller-Volbehr*, JuS 1981, 728 (729); *Kopp*, NJW 1989, 2497 (2502).

[911] BVerwG NJW 2006, S. 1303 (1303); anders noch BVerwGE 61, 152.

[912] BVerwG NJW 2006, S. 1303 (1303).

[913] BVerwGE 90, 112 (115).

[914] *Muckel*, Religiöse Freiheit und staatliche Letztentscheidung, S. 136 f.; *Hilgendorf*, JZ 2014, 821 (824) bezeichnet die Abgrenzungskriterien der Immanenz und Transzendenz als „bemerkenswert blass“.

[915] *Kuntze*, Bürgerliche Mitgliedschaft in Religionsgemeinschaften, S. 65.

[916] *de Wall*, Das Deutsche Staatskirchenrecht und die Religionsfreiheit, in: Ziebertz (Hrsg.), Religionsfreiheit, S. 35 (38); *Walter*, Religionsverfassungsrecht, S. 216; *Hilgendorf*, JZ 2014, 821 (825).

[917] *Hilgendorf*, JZ 2014, 821 (825).

eine Ausrichtung des verfassungsrechtlichen Religionsbegriffs am Christentum lassen sich zahlreiche höchstrichterliche Urteile anführen: Im Verfassungsstreit der Zeugen Jehovas um deren Körperschaftsstatus vor dem Bundesverfassungsgericht wurde die Religionseigenschaft der Zeugen Jehovas nicht in Frage gestellt; umstritten war vor allem, ob es die ablehnende Haltung der Zeugen Jehovas gegenüber dem Staat verbietet, ihnen den Körperschaftsstatus zuzuerkennen.[918] Ebenso wenig wird bestritten, dass es sich beim Islam – der in Deutschland relevantesten Minderheitsreligion – um eine Religion im Sinne des Grundgesetzes handelt, die dementsprechend auch den Schutz des Grundgesetzes verdient.[919] Auch in der Rechtsprechung finden sich keine gegenteiligen Auffassungen zum Religionscharakter des Islams, was gegen ein christliches Vorverständnis des grundgesetzlichen Religionsbegriffs spricht. Als weiteres Beispiel gegen eine christliche Vorprägung des verfassungsrechtlichen Religionsbegriffs lässt sich die Bahá'í-Entscheidung des Bundesverfassungsgerichts anführen. Das Bundesverfassungsgericht sah den „Charakter des Bahá'í-Glaubens als Religion […] nach aktueller Lebenswirklichkeit, Kulturtradition und allgemeinem wie auch religionswissenschaftlichem Verständnis offenkundig" als gegeben an.[920] Zwar ist das Kriterium der Lebenswirklichkeit mit Vorsicht zu behandeln, da die Gefahr besteht, die abendländische Kulturtradition unbewusst als maßgebende Lebenswirklichkeit zugrunde zu legen.[921] Die gerade aufgezählten Entscheidungen zeigen allerdings, dass die Rechtsprechung den Religionsbegriff bislang pluralismusoffen ausgelegt hat. Dass der gängigen Definition kein christlicher Bias zugrunde liegt, verdeutlicht weiterhin die Aufgabe der sogenannten Kultur-

---

[918] *Strätz*, Religion als Gesetzesbegriff, in: Geis (Hrsg.), Staat, Kirche, Verwaltung – FS Maurer, S. 445 (448).

[919] *Muckel/Tillmanns*, Die religionsverfassungsrechtlichen Rahmenbedingungen für den Islam, in: Muckel (Hrsg.), Der Islam im öffentlichen Recht des säkularen Verfassungsstaats, S. 234 (235); *H. Weber*, Neuralgische Punkte in den Grundsatzfragen des Staatskirchenrechts, in: Geis (Hrsg.), Staat, Kirche, Verwaltung – FS Maurer, S. 469 (476); *ders.*, ZevKR 52 (2007), 354 (360); *Uhle*, Staat – Kirche – Kultur, S. 156; *Lemmen*, Muslime in Deutschland, S. 132; *Hillgruber*, JZ 1999, 538 (540); *ders.*, KuR 17 (2011), 225 (233); *Kloepfer*, DÖV 2006, 45 (46); *Sehl*, RuP 48 (2012), 44 (44 f.); *A. Reuter*, Leviathan 35 (2007), 178 (187).

[920] BVerfGE 83, 341 (353).

[921] Vgl. *Strätz*, Religion als Gesetzesbegriff, in: Geis (Hrsg.), Staat, Kirche, Verwaltung – FS Maurer, S. 445 (450).

völkerformel durch das Bundesverfassungsgericht und die Einordnung der Osho-Bewegung als Religion.[922]
Die soeben skizzierten Entscheidungen machen deutlich, dass dem gängigen grundgesetzlichen Religionsbegriff keine christliche geprägte Tendenz zu attestieren ist. Zwar stellt der Religionsbegriff die Rechtsprechung vereinzelt vor Abgrenzungsprobleme, was der Umgang der Rechtsprechung mit Bewegungen wie der Kirche des fliegenden Spaghettimonsters[923] und der Church of Scientology[924] deutlich macht. Diese Grenzfälle zeigen zwar, dass die gängige Religionsdefinition unklare Zuordnungen nicht insgesamt zu verhindern vermag, wodurch dem Recht allerdings kein grundsätzliches Problem erwächst.[925] Abgesehen davon dürfte eine abschließende Definition des Religionsbegriffs im rechtlichen Kontext aufgrund des zu beachtenden Selbstverständnisses der Grundrechtsträger ohnehin untunlich und unmöglich sein.[926] Die definitorische Zurückhaltung stellt daher keine Unterlassung dar, sondern ist vielmehr Ausdruck der konsequenten Einhaltung staatlicher Neutralität und Säkularität.[927] Der vom Bundesverwaltungsgericht entwickelte Religionsbegriff mag daher zwar kritikwürdig sein, er steht jedoch im Einklang mit den Prinzipien der Neutralität, Säkularität und Parität sowie der freiheitlichen und integrationsoffenen Ausrichtung des Religionsverfassungsrechts.

---

922 So die Einschätzung von *Walter*, Religionsverfassungsrecht, S. 216.
923 S. dazu die Entscheidung des OVG Hamburg NJW 2018, 2282; das OVG Hamburg lehnte die Religionseigenschaft der Kirche des fliegenden Spagehttimonsters ab, da es sich bei „offensichtlich" um eine Religionsparodie handle; das OLG Brandenburg lehnte die Religionseigenschaft der Kirche des fliegenden Spaghettimonsters ab, weil sich die Gemeinschaft selbst lediglich als Weltanschauungsgemeinschaft betrachte, OLG Brandenburg Urt. v. 2.8.2017 – 4 U 84/16, BeckRS 2017, 119265; weiterführende Hinweise zur Kirche des fliegenden Spaghettimonsters und den gerade genannten Entscheidungen finden sich bei *Rath*, Was ist eine Weltanschauungsgemeinschaft, in: Neumann/Czermak/Merkel/Putzke (Hrsg.), Aktuelle Entwicklungen im Weltanschauungsrecht, S. 103-115.
924 Ein umfassender Überblick zur Rechtsprechung deutscher Gerichte zur Church of Scientology findet sich bei *Taylor*, Scientology in the German Courts, Journal of Law and Religion 19 (2003), S. 153-198.
925 *Augsberg*, Ist religiöse Identität ein Problem für das Recht?, in: Anter/Frick (Hrsg.), Politik, Recht und Religion, S. 31 (34).
926 *Heinig*, Gesetzgeberische Gestaltungsoptionen zur Verleihung und zum Verlust des Körperschaftsstatus für Religions- und Weltanschauungsgemeinschaften, in: Heinig (Hrsg.), Die Verfassung der Religion, S. 232 (238).
927 *Droege*, Der Religionsbegriff im deutschen Religionsverfassungsrecht, in: Hildebrandt/Brocker (Hrsg.), Der Begriff der Religion, S. 159 (173).

Die Zukunftsfähigkeit des institutionellen Religionsverfassungsrechts muss sich daher vor allem durch die Bewältigung organisatorischer Fragestellungen beweisen.[928] Da organisationsrechtliche Fragen im Rahmen der vorliegenden Untersuchung im Vordergrund stehen, soll die vom Bundesverwaltungsgericht entwickelte Religionsdefinition zugrunde gelegt werden.[929] Der verfassungsrechtliche Begriff der Religion ist daher wie folgt zu definieren: Eine „Religion“ im Sinne des Grundgesetzes ist eine mit der Person des Menschen verbundene Gewissheit über bestimmte Aussagen zum Weltganzen sowie zur Herkunft und zum Ziel des menschlichen Lebens. Während Religion eine den Menschen überschreitende und umgreifende (»transzendente«) Wirklichkeit zugrunde legt, beschränkt sich die Weltanschauung auf innerweltliche (»immanente«) Bezüge.

II. Gemeinschaft

Das Erfüllen des Tatbestandsmerkmals „Religion“ allein genügt allerdings nicht, um in den Genuss der institutionellen Rechte des Religionsverfassungsrechts zu kommen. Eine Religion an sich kann nicht Träger dieser Rechte sein, sondern lediglich die aus der Religion hervorgehenden Religionsgemeinschaft.[930] Das Grundgesetz verknüpft die individuelle Religionsfreiheit an vielen Stellen mit der Zugehörigkeit zu einer Glaubensgemeinschaft, welche dem Staat wiederum als organisatorische Einheit gegenübertritt.[931] Daher muss im Kontext des institutionellen Religionsverfassungsrechts stets auch eine Gemeinschaft vorliegen. Der Grad der organisatorischen Verfestigung, den eine religiöse Gemeinschaft aufweisen muss, steht in der verfassungsrechtlichen Debatte meist im Mittelpunkt und verursacht in der Rechtspraxis deutlich häufiger Probleme als die Frage nach der Religionseigenschaft. Welche konkreten Anforderungen an die Vergemeinschaftung von Religionsgemeinschaften zu stellen sind, lässt das Grundgesetz offen.[932] Sogar eine rechtlich unverbundene Mehr-

---

928 *Walter*, DVBl. 2010, 993 (1000).

929 Eine vertiefte Auseinandersetzung mit dem juristischen Religionsbegriff findet sich bei *Droege*, Der Religionsbegriff im deutschen Religionsverfassungsrecht, in: Hildebrandt/Brocker (Hrsg.), Der Begriff der Religion, S. 159-176; *Strätz*, Religion als Gesetzesbegriff, in: Geis (Hrsg.), Staat, Kirche, Verwaltung – FS Maurer, S. 445-467; *Fleischer*, Der Religionsbegriff des Grundgesetzes; *Mertesdorf*, Weltanschauungsgemeinschaften, S. 130-142; *Hilgendorf*, JZ 2014, 821-829.

930 *Lemmen*, Muslime in Deutschland, S. 184.

931 *Korioth*, NVwZ 1997, 1041 (1049).

932 *Heimann*, Islamischer Religionsunterricht und Integration, S. 42.

zahl von Gläubigen genießt den Schutz der kollektiven Religionsfreiheit aus Art. 4 GG, was verdeutlicht, dass es der Verfassung grundsätzlich gleichgültig ist, wie ein religiöser Zusammenschluss organisiert ist.[933] Sobald ein religiöser Zusammenschluss allerdings die institutionellen Rechte des Religionsverfassungsrechts in Anspruch nehmen möchte, darf der Staat ein Minimum an organisatorischer Verfestigung verlangen, da die Gewährung dieser Rechte für den Staat andernfalls unmöglich wäre.[934] Allerdings ist nur eine rudimentäre verbandsmäßige Organisation zu fordern.[935]

Dennoch stellt sich die Frage, ob das Kriterium des organisatorischen Minimums in der Rechtspraxis überzeugend gehandhabt wird. Noch immer fällt es vielen religiösen Minderheiten schwer sich in das deutsche Religionsverfassungsrecht einzufügen. Vor allem islamischen Zusammenschlüssen, denen eine mitgliedschaftliche Struktur fremd ist, ist eine ausreichende Vergemeinschaftung bislang überwiegend nicht gelungen. Mangelnden Einsatz kann man den in Deutschland lebenden Muslimen dabei nicht pauschal zum Vorwurf machen. Nicht wenige der in Deutschland lebenden Muslime schließen sich mittlerweile in Dachverbänden und sonstigen Gruppierungen zusammen.[936] Da die Prinzipien der Parität, Neutralität und Säkularität, wie bereits skizziert, nicht optimal zur Verwirklichung kommen, verdichtet sich der Eindruck, dass die Literatur und die Rechtsprechung die verfassungsrechtlichen Anforderungen zu strikt handhaben. Um das organisatorische Minimum so zu gestalten, dass tatsächlich alle Religionen dieses Kriterium gleichermaßen erfüllen können, ist die überkommene Definition des Begriffs der Religionsgemeinschaft zu überdenken. Zur Lösung des Definitionsproblems bietet sich nach hier vertretener Ansicht ein relatives Begriffsverständnis an, das nach der jeweiligen Funktion der Norm zu bestimmen ist. Im folgenden Abschnitt werden daher die verschiedenen Normfunktionen und der daraus herzuleitende notwenige Organisationsgrad bestimmt.

1. Religiöser Binnenbereich

Wie bereits dargestellt, gibt es religionsverfassungsrechtliche Normen, die auf die Abwehr staatlicher Eingriffe ausgerichtet sind. Dazu zählen sowohl

---

[933] *Heimann*, Islamischer Religionsunterricht und Integration, S. 42 f.

[934] *Heimann*, Islamischer Religionsunterricht und Integration, S. 43.

[935] *Hillgruber*, KuR 17 (2011), 225 (231).

[936] Auf Dachverbände soll später noch eingegangen werden, s. Seite 232 ff.

die Selbstbestimmungsgarantie des Art. 140 GG i. V. m. Art. 137 Abs. 3 WRV als auch die Religionsgutsgarantie aus Art. 140 GG i. V. m. Art. 138 Abs. 2 WRV. Im Bereich dieser Gewährleistungen herrscht ein strenger Paritätsmaßstab, der Differenzierungen zwischen den verschiedenen Religionen grundsätzlich verbietet.[937] Auf den Begriff der Religionsgemeinschaft übertragen bedeutet dies, dass der Begriff und die erforderliche Organisationsstruktur so zu gestalten sind, dass die Religionsgutsgarantie und das religiöse Selbstbestimmungsrecht möglichst allen Religionen zugänglich sind. Um den Prinzipien der Parität und der Neutralität optimal zur Wirkung zu verhelfen, sollte schon auf Definitionsebene darauf geachtet werden, auch faktische Gleichberechtigung zu erreichen. Dementsprechend ist das Heranziehen des christlichen Organisationsverständnisses im Bereich dieser Normen noch problematischer als in anderen Bereichen des Religionsverfassungsrechts. Obgleich für die Religionsgutsgarantie und das religiöse Selbstbestimmungsrecht ein strikter Paritätsmaßstab gilt, dürfen auch diese Gewährleistungen nicht der Beliebigkeit preisgegeben werden. Der Verweis auf den strengen Paritätsmaßstab kann daher nicht genügen, um den Begriff der Religionsgemeinschaft in diesem Kontext bedingungslos zu öffnen. Welches Begriffsverständnis möglich und sinnvoll ist, muss daher anhand der Normfunktionen bestimmt werden.

a) *Selbstbestimmungsrecht (Art. 140 GG i. V. m. Art. 137 Abs. 3 WRV)*

Die Garantie des Art. 140 GG i. V. m. Art. 137 Abs. 3 S. 1 WRV legt fest: „Jede Religionsgemeinschaft ordnet und verwaltet ihre Angelegenheiten selbständig innerhalb der Schranken des für alle geltenden Gesetzes.“
Nach Art. 140 GG i. V. m. Art. 137 Abs. 3 S. 2 WRV verleihen die Religionsgemeinschaften ihre Ämter ohne Mitwirkung des Staates oder der bürgerlichen Gemeinde. Die Verfassung gesteht allen religiösen Zusammenschlüssen das Recht zur Selbstbestimmung zu, unabhängig von deren gesellschaftspolitischen Kraft oder zahlenmäßigen Stärke.[938]

aa) *Freiheitlicher Bestandteil der Trennung von Religion und Staat*

Das Selbstbestimmungsrecht aus Art. 140 GG i. V. m. Art. 137 Abs. 3 WRV ist Bestandteil des Trennungsregimes von Religion und

---

937 *Mückl*, in: Isensee/Kirchhof, HStR, Bd. VII, § 159 Rn. 76; *H. Weber*, NJW 1983, 2541 (2543).

938 *Masing*, Die Formen der Religionsgesellschaften, in: Classen/Harder/Ohlemacher/Onnasch (Hrsg.), Kirche, Staat und Wirtschaft, S. 105 (109).

Staat.[939] Mit dem Selbstbestimmungsrecht gesteht die Verfassung religiösen Zusammenschlüssen die Freiheit von staatlicher Aufsicht und Bevormundung zu.[940] Religionsgemeinschaften dürfen dementsprechend frei nach eigenen Vorstellungen handeln.[941] Verkürzungen der Freiheit von Religionsgemeinschaften durch den Staat sollen verhindert werden,[942] weshalb das Selbstbestimmungsrecht teleologisch in enger Verbindung mit der individuellen Religionsfreiheit steht und diese um die korporative Komponente ergänzt.[943] *Morlok* betrachtet das Selbstbestimmungsrecht aufgrund der umfassenden Freiheitsgewährung als „wichtigste Absicherung der korporativen Dimension der Religionsfreiheit",[944] *Müller* bezeichnet das Selbstbestimmungsrechts gar als „Königsrecht" des korporativen Religionsverfassungsrechts.[945] Aufgrund dessen wird das Selbstbestimmungsrecht dogmatisch überwiegend als offenes Freiheitsrecht verstanden.[946] Der freiheitlichen Prägung entsprechend ist der Norm ein Abwehrcharakter zu attestieren.[947] Auch *Martin Heckel* spricht sich für eine abwehrrechtliche Zwecksetzung der Norm aus und spricht vom status negativus des Art. 140 GG i. V. m. Art. 137 Abs. 3 WRV.[948] Die Norm bezweckt keine Kooperation zwischen Religion und Staat, sondern sichert die Eigenständigkeit religiöser Zusammenschlüsse gegenüber dem Staat ab. Religiösen

---

[939] *Czermak*, Grundfragen des sogenannten Selbstbestimmungsrechts der Religionsgemeinschaften, in: Neumann/Czermak/Merkel/Putzke (Hrsg.), Aktuelle Entwicklungen im Weltanschauungsrecht, S. 89 (90).

[940] *Unruh*, in: v. Mangoldt/Klein/Starck, Art. 137 WRV Rn. 22; *Morlok*, in: Dreier-GG III, Art. 137 WRV Rn. 44; *v. Campenhausen/de Wall*, Staatskirchenrecht, S. 99; *Masing*, Die Formen der Religionsgesellschaften, in: Classen/Harder/Ohlemacher/Onnasch (Hrsg.), Kirche, Staat und Wirtschaft, S. 105 (108).

[941] *Morlok*, in: Dreier-GG III, Art. 137 WRV Rn. 48.

[942] *Morlok*, in: Dreier-GG III, Art. 137 WRV Rn. 54.

[943] *Korioth*, in: Pirson/Rüfner/Germann/Muckel (Hrsg.), HdbStKirchR Bd. I, S. 661; *Germann*, in: Epping/Hillgruber, Art. 140 Rn. 32.

[944] *Morlok*, in: Dreier-GG III, Art. 137 WRV Rn. 45.

[945] *P. Müller*, Das Verhältnis von Staat und Kirche aus staatlicher Sicht, in: Mückl/Uhle (Hrsg.), Kirche und Staat in West-, Süd- und Nordeuropa, S. 31 (39).

[946] *Korioth*, in: Pirson/Rüfner/Germann/Muckel (Hrsg.), HdbStKirchR Bd. I, S. 652; *Morlok*, in: Dreier-GG III, Art. 137 WRV Rn. 44; *ders*, JURA 2021, 501 (502); *Unruh*, in: v. Mangoldt/Klein/Starck, Art. 137 WRV Rn. *25; M. Heckel*, ZevKR 12 (1966/67), 1 (23); *Muckel*, Religiöse Freiheit und staatliche Letztentscheidung, S. 191; *ders.*, DÖV 1995, 311 (313); *Grzeszick*, AöR 129 (2004), 168 (187); a.A. *Wieland*, Der Staat 25 (1986), 321 (347 f.).

[947] *Morlok*, in: Dreier-GG III, Art. 137 WRV Rn. 54.

[948] *M. Heckel*, ZevKR 12 (1966/67), 1 (35 Fn. 7 sub. 2).

Zusammenschlüssen wird durch Art. 140 GG i. V. m. Art. 137 Abs. 3 WRV das Recht zugestanden, sich vom Staat und von dessen Kontrolle abzugrenzen.
Dass die Norm auf die Abwehr staatlicher Eingriffe und die freiheitliche Wahrnehmung interner Aufgaben – und nicht auf die Kooperation mit dem Staat – angelegt ist, spricht für ein offenes Begriffsverständnis, schließlich erfordert das religiöse Wirken frei von staatlicher Kontrolle keine strikte organisatorische Struktur. Dies spricht dafür, das zu fordernde organisatorische Minimum möglichst niedrigschwellig zu halten. Auch die enorme Relevanz des Selbstbestimmungsrechts spricht für ein liberales Begriffs- und Organisationsverständnis, schließlich sollte die wichtigste Absicherung der korporativen Religionsfreiheit sämtlichen Religionen zugänglich sein.

bb) Organisationsfreiheit im Binnenbereich

Doch lässt sich nicht nur der freiheitliche Charakter der Norm für ein offenes Begriffsverständnis heranziehen. Ebenso spricht der sachliche Schutzbereich für ein liberales Begriffs- und Organisationsverständnis. Vordergründig sichert das religiöse Selbstbestimmungsrecht die Freiheit der inneren Formgebung religiöser Gemeinschaften.[949] So gewährleistet das Selbstbestimmungsrecht den Religionsgemeinschaften die freie Ordnung und Verwaltung ihrer eigenen Angelegenheiten. Wie die Begriffe des Ordnens und Verwaltens zu verstehen sind, hat das Bundesverfassungsgericht konkretisiert:
„Die Garantie freier Ordnung und Verwaltung der eigenen Angelegenheiten erweist sich als notwendige […] Gewährleistung, die der Freiheit des religiösen Lebens und Wirkens der Kirchen und Religionsgemeinschaften die zur Wahrnehmung dieser Aufgaben unerläßliche Freiheit der Bestimmung über *Organisation*, Normsetzung und Verwaltung hinzufügt.“[950]
Das Bundesverfassungsgericht stellt damit nicht nur klar, dass dem Selbstbestimmungsrecht freiheitliche Elemente innewohnen, sondern es macht gleichzeitig deutlich, dass das Selbstbestimmungsrecht Religionsgemeinschaften das Recht einräumt, sich so zu organisieren, wie sie es für richtig halten. Die interne Organisationsstruktur nach eigenem Gutdünken zu

---

[949] *Masing*, Die Formen der Religionsgesellschaften, in: Classen/Harder/Ohlemacher/Onnasch (Hrsg.), Kirche, Staat und Wirtschaft, S. 105 (109).
[950] BVerfGE 53, 366 (401); ähnlich BVerfGE 72, 278 (289); Hervorhebung durch die Verfasserin.

gestalten, fällt daher in den Schutzbereich der Norm.[951] Ferner räumt Art. 137 Abs. 3 WRV Religionsgemeinschaften die eigenverantwortliche Gestaltung des eigenen Mitgliedschaftsrechts ein.[952] Dass die eigenverantwortliche Binnenorganisation in den sachlichen Schutzbereich des Selbstbestimmungsrechts fällt, spricht dafür, den Begriff der Religionsgemeinschaft im Rahmen des Selbstbestimmungsrechts liberal zu verstehen und das organisatorische Minimum nicht allzu hoch anzusetzen. Wenn religiöse Zusammenschlüsse die verfassungsrechtlich verankerte Freiheit haben, über ihre eigene Organisation und die Gestaltung ihres Mitgliedschaftsrechts frei zu entscheiden, darf diese Entscheidung nicht durch ein zu enges Verständnis des Begriffs der Religionsgemeinschaft faktisch vorweggenommen werden. Ein kirchenanaloges Begriffsverständnis würde nicht-christliche Gemeinschaften vor die Wahl stellen, das ihnen fremde Organisationsverständnis gegen ihren Willen zu akzeptieren oder auf die elementaren Gewährleistungen des Art. 140 GG i. V. m. Art. 137 Abs. 3 WRV zu verzichten. Durch das Zugrundelegen eines quasichristlichen Begriffsverständnisses würde der Staat das verfassungsrechtlich verbriefte religiöse Selbstbestimmungsrecht – zumindest bezüglich der Organisationsfreiheit im Binnenbereich – damit im Ergebnis erheblich aushöhlen. Dies wäre wiederum nicht mit den Prinzipien der Parität und Neutralität in Einklang zu bringen. Vor diesem Hintergrund ist im Rahmen des Selbstbestimmungsrechts ein Begriffsverständnis vorzugswürdig, welches möglichst vielen Organisationsformen offen steht.

cc) Freiheitliche Normreichweite

Auch der persönliche Schutzbereich der Norm spricht für ein weites Begriffsverständnis. Obwohl explizit nur Religionsgemeinschaften als Schutzsubjekte genannt werden, geht der Anwendungsbereich des Selbst-

---

[951] *Muckel*, in: Friauf/Höfling, Art. 140/Art. 137 WRV Rn. 38; *Unruh*, in: v. Mangoldt/Klein/Starck, Art. 137 WRV Rn. 30; *Korioth*, in: Pirson/Rüfner/Germann/Muckel (Hrsg.), HdbStKirchR Bd. I, S. 671; *Masing*, Die Formen der Religionsgesellschaften, in: Classen/Harder/Ohlemacher/Onnasch (Hrsg.), Kirche, Staat und Wirtschaft, S. 105 (107); *Gartner*, Der religionsrechtliche Status islamischer und islamistischer Gemeinschaften, S. 326.

[952] *Muckel*, in: Friauf/Höfling, Art. 140/Art. 137 WRV Rn. 41; *Ehlers*, in: Sachs-GG, Art. 137 WRV Rn. 8; *Unruh*, in: v. Mangoldt/Klein/Starck, Art. 137 WRV Rn. 45; *Korioth*, in: Pirson/Rüfner/Germann/Muckel (Hrsg.), HdbStKirchR Bd. I, S. 669; *Jurina*, Der Rechtsstatus der Kirchen und Religionsgemeinschaften im Bereich ihrer eigenen Angelegenheiten, S. 64; *Morlok*, JURA 2021, 501 (505).

bestimmungsrechts darüber hinaus: Erfasst sind auch die rechtlich eigenständigen und untergeordneten Einrichtungen der Religionsgemeinschaften.[953] Das großzügige Verständnis des persönlichen Schutzbereichs ist logische Folge der im Rahmen des religiösen Selbstbestimmungsrechts gewährleisteten Organisationsfreiheit. Die Einbeziehung religiöser Vereine und sonstiger Umfeldorganisationen spricht für ein weiteres Begriffsverständnis. Zwar steht Umfeldorganisationen das Selbstbestimmungsrecht nicht selbst zu, sondern es handelt sich um ein von den Religionsgemeinschaften abgeleitetes Recht.[954] Dennoch können die Umfeldorganisationen selbständig vom verfassungsrechtlichen Selbstbestimmungsrecht Gebrauch machen.[955] Vor dem Hintergrund, dass sogar religiöse Vereine und Umfeldorganisationen, die der Rechtsfähigkeit insgesamt entbehren, in den Schutzbereich des religiösen Selbstbestimmungsrechts einbezogen werden, wäre es widersinnig, den Begriff der Religionsgemeinschaft im Rahmen des Art. 140 GG i. V. m. Art. 137 Abs. 3 WRV eng auszulegen und strenge organisatorische Anforderungen zu stellen. Wenn religiösen Zusammenschlüssen ohne Rechtsfähigkeit zugetraut wird, das religiöse Selbstbestimmungsrecht aus Art. 140 GG i. V. m Art. 137 Abs. 3 WRV selbst auszuüben, sollte dies auch bei Religionsgemeinschaften der Fall sein, die nicht ähnlich strikt und hierarchisch organisiert sind wie die christlichen Kirchen. Es bleibt daher festzuhalten, dass die Wahrnehmung des religiösen Selbstbestimmungsrechts keine strikte organisatorische Struktur verlangt. Das organisatorische Minimum ist im Bereich des Selbstbestimmungsrechts niedrig anzusetzen. Für die Wahrnehmung dieser von der staatlichen Sphäre abgegrenzten Tätigkeiten, bedarf es keiner kirchenanalogen strikten organisatorischen Verfestigung.

dd) Selbstbestimmungsrecht als Abgrenzungsrecht

Fasst man das soeben Gesagte zusammen, handelt es sich bei dem in Art. 140 GG i. V. m. Art. 137 Abs. 3 WRV normierten religiösen Selbst-

---

[953] BVerfGE 46, 73 (85); *Unruh*, in: v. Mangoldt/Klein/Starck, Art. 137 WRV Rn. 26; *Morlok*, in: Dreier-GG III, Art. 137 WRV Rn. 54; *Ehlers*, in: Sachs-GG, Art. 137 WRV Rn. 5; *Muckel*, Religiöse Freiheit und staatliche Letztentscheidung. S. 193; *Schleithoff*, Innerkirchliche Gruppen als Träger der verfassungsmäßigen Rechte der Kirchen, S. 122 f; a.A. *Wieland*, Der Staat 25 (1986), 321 (343).

[954] *Morlok*, in: Dreier-GG III, Art. 137 WRV Rn. 53; *Muckel*, Religiöse Freiheit und staatliche Letztentscheidung. S. 194.

[955] *Germann*, in: Epping/Hillgruber, Art. 140 Rn. 40.2; VGH München NVwZ-RR 2005, 315 (316).

bestimmungsrecht um ein Freiheitsrecht mit Abwehrcharakter. Die Norm verfolgt den Zweck, religiösen Zusammenschlüssen eine Sphäre frei von staatlicher Kontrolle und Einflussnahme zu gewährleisten und eröffnet Religionen die Möglichkeit zur selbstbestimmten Organisation. Die Kooperation zwischen Staat und Religion steht im Rahmen des Art. 140 GG i. V. m. Art. 137 Abs. 3 WRV nicht im Vordergrund. Vielmehr steht im Rahmen des freiheitlichen und abwehrrechtlich geprägten Selbstbestimmungsrechts die eigenverantwortliche Binnenorganisation im Mittelpunkt. Eine strikte und den christlichen Großkirchen ähnelnde Organisationsstruktur bedarf es zur Wahrnehmung des religiösen Selbstbestimmungsrechts somit nicht. Weder zur Eigenorganisation noch zur Abgrenzung von der staatlichen Sphäre braucht es einen strikten Organisationsaufbau.
Mit Blick auf den Normzweck und den Normcharakter spricht daher alles für eine liberale Auslegung des Begriffs der Religionsgemeinschaft im Kontext des Art. 140 GG i. V. m. Art. 137 Abs. 3 WRV. Eine offene Interpretation des Begriffs ist zudem vorzugswürdig, um die Prinzipien der Neutralität, Säkularität und der Parität in ihrer Wirkung zu optimieren. Es wäre nicht vertretbar, muslimischen Zusammenschlüssen die „wichtigste Absicherung der korporativen Dimension der Religionsfreiheit“[956] zu verwehren, nur weil sie nicht hierarchisch und mitgliedschaftlich organisiert sind.[957] Für die Wahrnehmung des Selbstbestimmungsrechts ist ein derartiger Organisationsgrad schließlich nicht notwendig. Es bietet sich daher eine Definition des Begriffs der Religionsgemeinschaft an, die für sämtliche Organisationsstrukturen offensteht. Im Rahmen des Art. 140 GG i. V. m. Art. 137 Abs. 3 WRV bedarf es lediglich eines durch gemeinsame Glaubensüberzeugung verbundenen Zusammenschluss mehrerer Menschen.[958] Wie das organisatorische Band, das die Gläubigen zusammenhält, im Einzelnen aussieht, entscheidet jede religiöse Gruppierung selbst.

---

[956] *Morlok*, in: Dreier-GG III, Art. 137 WRV Rn. 45; s. Seite 168.

[957] Dass muslimischen Zusammenschlüssen das Selbstbestimmungsrecht aus Art. 140 GG i. V. m. Art. 137 Abs. 3 WRV zusteht, wird trotz der überkommenen Anschütz'schen Definition nicht bezweifelt. Dass muslimische Zusammenschlüsse unzweifelhaft als Träger des Selbstbestimmungsrechts – und damit auch als Religionsgemeinschaft im Sinne der Norm – angesehen werden, während die Eigenschaft muslimischer Zusammenschlüsse als Religionsgemeinschaft vor allem im Zusammenhang des schulischen Religionsunterrichts immer wieder bestritten wird, macht die Vorzugswürdigkeit eines relativen Begriffsverständnisses besonders deutlich.

[958] Diese offene Definition entwickelte das Bundesverfassungsgericht im sog. Schächt-Urteil, s. Seite 137 f.

Erforderlich ist weder eine formelle Regelung der Mitgliedschaft noch braucht es eine religiöse Instanz. Dem Staat steht es lediglich zu, im Rahmen einer Plausibilitätskontrolle festzustellen, ob der Mantel der Religion unbilligerweise ausgenutzt wird.

b) Religionsgutsgarantie (Art. 140 GG i. V. m. Art. 138 Abs. 2 WRV)

Die Religionsgutsgarantie aus Art. 140 GG i. V. m. Art. 138 Abs. 2 WRV gewährleistet das Eigentum und andere Rechte der Religionsgesellschaften und religiösen Vereine an ihrem für Kultus-, Unterrichts- und Wohltätigkeitszwecke bestimmten Anstalten, Stiftungen und sonstigen Vermögen. Zunächst ist darauf hinzuweisen, dass die oft als Kirchengutsgarantie bezeichnete Norm sämtliche Religionen erfasst,[959] schließlich eint alle Religionen doch das Bedürfnis nach einem effektiven Schutz ihrer vermögenswerten Berechtigungen, auch wenn sich die Vermögensverhältnisse der verschiedenen Religionen deutlich unterscheiden.[960] Die weit verbreitete Bezeichnung als Kirchengutsgarantie bezweckt keine Begrenzung der Norm auf die christlichen Kirchen und ist daher irreführend. Vorzugswürdig ist der Begriff der Religionsgutsgarantie. Eine Eingrenzung des Schutzbereichs auf die christlichen Kirchen wäre mit den Prinzipien der Säkularität, Neutralität und Parität zudem nicht in Einklang zu bringen.[961] Geboten ist vielmehr eine paritätskonforme Auslegung der Norm,[962] weshalb auch nicht-christliche Zusammenschlüsse von der Kirchengutsgarantie profitieren. Darüber hinaus genießen sogar ausländische Religionsgemeinschaften und religiöse Vereine den Schutz des Art. 140 GG i. V. m. Art. 138 Abs. 2 WRV.[963]

---

[959] *Unruh*, in: v. Mangoldt/Klein/Starck, Art. 138 WRV Rn. 25; *Kästner*, in: Pirson/Rüfner/Germann/Muckel (Hrsg.), HdbStKirchR Bd. III, S. 2806 f.

[960] *Kästner*, in: Pirson/Rüfner/Germann/Muckel (Hrsg.), HdbStKirchR Bd. III, S. 2800; *ders.*, Die zweite Eigentumsgarantie im Grundgesetz, in: Anke/Couzinet/Traulsen (Hrsg.), Gesammelte Schriften, S. 464 (468); *Unruh*, Religionsverfassungsrecht· 3. Aufl., S. 298; a.A. *Wehdeking*, Die Kirchengutsgarantien und die Bestimmungen über Leistungen der öffentlichen Hand an die Religionsgesellschaften im Verfassungsrecht des Bundes und der Länder, S. 61, der Art. 138 Abs. 1 WRV als Grundnorm für das Vermögensrecht der christlichen Kirchen einordnet.

[961] *Unruh*, in: v. Mangoldt/Klein/Starck, Art. 138 WRV Rn. 25; *ders.*, Religionsverfassungsrecht³, S. 298; vgl. auch *Kästner*, Die zweite Eigentumsgarantie im Grundgesetz, in: Anke/Couzinet/Traulsen (Hrsg.), Gesammelte Schriften, S. 464 (468).

[962] *Morlok*, in: Dreier-GG III, Art. 138 WRV Rn. 36.

[963] *Morlok*, in: Dreier-GG III, Art. 138 WRV Rn. 36.

Aus der Feststellung, dass auch nicht-christliche Zusammenschlüsse und ausländische Religionsgemeinschaften den Schutz der Religionsgutsgarantie dem Grunde nach genießen können, ergibt sich jedoch noch keine taugliche Definition. Welche Definition des Begriffs der Religionsgemeinschaft und welche Organisationsanforderungen sich im Rahmen des Art. 140 GG i. V. m. Art. 138 Abs. 2 WRV anbieten, um die Prinzipien der Neutralität, Parität und Säkularität optimal zu verwirklichen, ist anhand der Normfunktion zu bestimmen.

aa) Spezifischer Eigentumsschutz

Zunächst schützt Art. 140 GG i. V. m. Art. 138 Abs. 2 WRV religiöse Zusammenschlüsse vor Zugriffen auf deren religiöses Vermögen[964] und religionsgemeinschaftliches Vermögen vor einer durch den Staat erzwungenen Funktionsänderung.[965] Daher ist der Religionsgutsgarantie eine gewisse Nähe zur primär abwehrrechtlich geprägten[966] Eigentumsgarantie des Art. 14 GG zu attestieren.[967] Zweck der Norm ist somit der besondere Schutz sämtlicher vermögenswerter Rechte, soweit sie einen religiösen Zweck erfüllen.[968] Insofern kommt der Norm sowohl ein vermögensschützender als auch ein funktionsschützender Charakter zu.[969]

bb) Säkularisierungsverbot

Dennoch geht die Schutzdimension und Schutzrichtung des Art. 140 GG i. V. m. Art. 138 Abs. 2 WRV über die eigentumsrechtliche Komponente hinaus. Die Norm schützt religiöse Zusammenschlüsse nicht nur vor der Wegnahme religiöser Vermögenswerte,[970] sondern darüber hinaus vor

---

[964] BVerwGE NVwZ 1991, S. 774 (775); *Ehlers*, in: Sachs-GG, Art. 138 WRV Rn. 6; *Morlok*, in: Dreier-GG III, Art. 138 WRV Rn. 37.

[965] *Heinig*, Öffentlich-rechtliche Religionsgesellschaften, S. 215; *Lücke*, JZ 1998, 534 (535).

[966] *Axer*, in: Epping/Hillgruber, Art. 14 Rn. 17.

[967] *Kästner*, in: Pirson/Rüfner/Germann/Muckel (Hrsg.), HdbStKirchR Bd. III, S. 2803 f; *Lücke*, JZ 1998, 534 (537); weiterführende Hinweise zum Verhältnis von Art. 14 GG und Art. 138 Abs. 2 WRV und zum diesbezüglichen Meinungsstand finden sich bei *Kremer*, Enteignung von Kirchengebäuden, S. 16-24.

[968] *Czermak/Hilgendorf*, Religions- und Weltanschauungsrecht, S. 208.

[969] *Stern*, in: Stern/Sachs/Dietlein (Hrsg.), Die einzelnen Grundrechte, Bd IV/2, § 119 5a), S. 1321; *Mikat*, in: Benda/Maierhofer/Vogel (Hrsg.), § 29 Rn. 32.

[970] *Pirson*, Kirchengut – Religionsfreiheit – Selbstbestimmung, in: Isensee/Rees/Rüfner (Hrsg.), Dem Staate, was des Staates – der Kirche, was der Kirche ist - FS Listl, S. 611 (615).

säkularisierenden Akten.[971] Die Religionsgutsgarantie wird daher auch als Säkularisationsverbot bezeichnet.[972] Folglich kann der Religionsgutsgarantie ein abwehrrechtlicher Charakter attestiert werden.[973] Die Funktion des Art. 140 GG i. V. m. Art. 138 Abs. 2 WRV ist der Schutz vor Zugriffen auf religiöses Vermögen durch die staatliche Gewalt.[974] Anhand dieser Zweckbestimmung ist die Norm auszulegen.[975] Der in der Norm enthaltene Begriff der Religionsgemeinschaft und das daran anknüpfende Organisationsverständnis sind vor diesem Hintergrund auszulegen. Insgesamt spricht die abwehrrechtliche Funktion der Religionsgutsgarantie für ein weites Verständnis des Begriffs der Religionsgemeinschaft.

cc) Freiheitliche Normausrichtung

Überdies wohnt der Religionsgutsgarantie eine freiheitliche Komponente inne: Art. 140 GG i. V. m. Art. 138 Abs. 2 WRV ist eng mit der Selbstbestimmungsgarantie aus Art. 140 GG i. V. m. Art. 137 Abs. 3 WRV verbunden, da sie einen vermögensbezogenen Anwendungsfall des Selbstbestimmungsrechts darstellt.[976] Ebenso ist die Religionsgutsgarantie eng mit der Religionsfreiheit verknüpft, schließlich könne sich die religiöse Entfaltungsfreiheit, so *Kästner*, ohne den Schutz religiösen Vermögens als leere Hülse erweisen.[977] Die tatsächliche Reichweite der Religionsfreiheit hänge nicht unerheblich von den materiellen Rahmenbedingungen und der tatsächlichen Realisierbarkeit ab.[978] Würden die zur Religionsausübung er-

---

[971] BVerwGE NVwZ 1991, S. 774 (775); *Unruh*, in: v. Mangoldt/Starck/Klein, Art. 138 WRV Rn. 23; *Germann*, in: Epping/Hillgruber, Art. 140 Rn. 128; *J. Heckel*, Kirchengut und Staatsgewalt, S. 103 (129); *Stürz*, Die staatliche Förderung der christlichen karitativen Kirchentätigkeit im Spiegel des europäischen Beihilferechts, S. 34; *v. Campenhausen/de Wall*, Staatskirchenrecht, S. 272; *Czermak/Hilgendorf*, Religions- und Weltanschauungsrecht, S. 208; *Winter*, Staatskirchenrecht der Bundesrepublik Deutschland, S. 255.

[972] *Mager*, in: v. Münch/Kunig-GG, Bd. 2, Art. 140 Rn. 88; *Unruh*, Religionsverfassungsrecht, 4. Aufl., S. 302; *Winter*, Staatskirchenrecht der Bundesrepublik Deutschland, S. 255.

[973] *Morlok*, in: Dreier-GG III, Art. 138 WRV Rn. 37; *Kästner*, Die zweite Eigentumsgarantie im Grundgesetz, in: Anke/Couzinet/Traulsen (Hrsg.), Gesammelte Schriften, S. 464 (466 f.); *Ost*, Kirchengut und Religionsverfassungsrecht, S. 85 f.

[974] *v. Campenhausen/de Wall*, Staatskirchenrecht, S. 275.

[975] *v. Campenhausen/de Wall*, Staatskirchenrecht, S. 275.

[976] *Lücke*, JZ 1998, 534 (537); vgl. auch *Kästner*, in: Pirson/Rüfner/Germann/Muckel (Hrsg.), HdbStKirchR Bd. III, S. 2802; *Wolff*, in HK-GG, Art. 140 Rn. 23.

[977] *Kästner*, in: Pirson/Rüfner/Germann/Muckel (Hrsg.), HdbStKirchR Bd. III, S. 2803.

[978] *Kästner*, Die zweite Eigentumsgarantie im Grundgesetz, in: Anke/Couzinet/Traulsen (Hrsg.), Gesammelte Schriften, S. 464 (465).

forderlichen sachlichen Grundlagen in Frage gestellt, bliebe das Recht der Religionsfreiheit bloße Theorie.[979] Ebenso macht *Unruh* darauf aufmerksam, dass das vom Selbstbestimmungsrecht erfasste Ordnen und Verwalten der eigenen Angelegenheiten ohne die durch die Religionsgutsgarantie geschützten materiellen Ressourcen kaum möglich wäre.[980] Dass die Gewährleistung religiöser Güter zur Erfüllung des religiösen Auftrags essentiell ist, hat auch das Bundesverwaltungsgericht in seinem Urteil zur Nutzung der St. Salvador Kirche in München ausgeführt:
„Die Autonomie der Religionsgesellschaften und ihr freies Wirken müßten Schaden nehmen, wenn ihnen nicht zugleich auch die Erhaltung der materiellen Güter und Mittel gewährleistet wäre, die sie zur Erfüllung ihres religiösen Auftrags benötigen[981]
Zweck der Norm ist daher auch die freiheitsrechtliche Gewährleistung der korporativen Religionsfreiheit.[982]

dd) Offener persönlicher Schutzbereich

Zudem lässt sich auch der persönliche Schutzbereich der Norm für ein liberales Begriffsverständnis heranziehen. Nicht nur Religionsgemeinschaften, sondern auch religiöse Vereine sind explizit genannte Schutzsubjekte des Art. 140 GG i. V. m. Art. 138 Abs. 2 WRV. Darüber hinaus schützt die Religionsgutsgarantie religiöse Zusammenschlüsse unabhängig von deren Organisationsform.[983] Diese Tatsache spricht ebenfalls gegen strikte Organisationsanforderungen. Es wäre widersinnig, im Rahmen des Art. 138 Abs. 2 WRV strenge Anforderungen an die organisatorische Verfestigung von Religionsgemeinschaften zu stellen, gleichzeitig aber religiöser Vereine einzubeziehen und organisatorische Anforderungen dadurch wieder aufzuweichen. Eine allseitige Aufgabenerfüllung sollte von reli-

---

[979] *Kästner*, Die zweite Eigentumsgarantie im Grundgesetz, in: Anke/Couzinet/Traulsen (Hrsg.), Gesammelte Schriften, S. 464 (465).

[980] *Unruh*, Religionsverfassungsrecht, 4. Aufl., S. 302 f.

[981] BVerwGE 87, 115 (122); zustimmend *Droege*, ZevKR 55 (2010), 339 (343).

[982] *Morlok*, in: Dreier-GG III, Art. 138 WRV Rn. 28.

[983] BVerfGE 99, 100 (120); *Ehlers*, in: Sachs-GG, Art. 138 WRV Rn. 8; *Morlok*, in: Dreier-GG III, Art. 138 WRV Rn. 36; *Mager*, in: v. Münch/Kunig-GG, Bd. 2, Art. 140 Rn. 91; *Kästner*, Die zweite Eigentumsgarantie im Grundgesetz, in: Anke/Couzinet/Traulsen (Hrsg.), Gesammelte Schriften, S. 464 (467 f.); a. A. *Opitz*, Der Schutz von Kirchengut und Kirchenvermögen nach dem Bonner Grundgesetz, S. 86, der sich für eine einschränkende Auslegung der Norm ausspricht und nur Religionsgemeinschaften als geschützt ansieht, die den Körperschaftsstatus innehaben.

giösen Zusammenschlüssen im Rahmen der Religionsgutsgarantie daher nicht gefordert werden.

Es wäre außerdem nicht zu erklären, dass das Vermögen mitgliedschaftlich und hierarchisch organisierter religiöser Zusammenschlüsse besser vor staatlichen Zugriffen und säkularisierenden Akten geschützt werden sollte als das Vermögen anderer Zusammenschlüsse. Aus diesem Grund können auch solche religiösen Zusammenschlüsse in den Genuss der verfassungsrechtlichen Religionsgutsgarantie kommen, die keine kirchenähnliche Organisationsstruktur aufweisen.

ee) Religionsgutsgarantie als freiheitliche Abgrenzungsnorm

Insgesamt ist festzuhalten, dass die Religionsgutsgarantie den Zweck verfolgt, sämtliche Vermögenswerte religiöser Zusammenschlüsse zu schützen, soweit sie einen religiösen Zweck erfüllen. Außerdem schützt Art. 140 GG i. V. m. Art. 138 Abs. 2 WRV vor säkularisierenden Akten. Die Norm ermöglicht es religiösen Zusammenschlüssen daher, staatliche Eingriffe abzuwehren und außerhalb der staatlichen Sphäre frei zu wirken. Auf kooperatives Zusammenwirken mit dem Staat ist die Norm hingegen nicht angelegt. Die Funktion der Normen spricht eindeutig für ein offenes Begriffsverständnis. Um religiösen Zusammenschlüssen diese Abschottung vor staatlichen Eingriffen und Schutz vor Säkularisierungen zu ermöglichen, bedarf es keiner strikten Organisationsstruktur. Das Zugrundelegen strikter organisatorischer Anforderungen ist im Kontext der Religionsgutsgarantie ebenso wenig nötig wie im Bereich des religiösen Selbstbestimmungsrechts.

Da die Religionsgutsgarantie aus Art. 140 GG i. V. m. Art. 138 Abs. 2 WRV nicht auf Kooperation mit dem Staat, sondern auf die Abwehr staatlicher Eingriffe angelegt ist, bietet sich ein weites Verständnis des Begriffs der Religionsgemeinschaft an. Das strenge, von *Gerhard Anschütz* entwickelte, Begriffsverständnis ist im Rahmen der Religionsgutsgarantie des Art. 140 GG i. V. m. Art. 138 Abs. 2 WRV daher nicht notwendig. Eine derartig strikte Definition ist nicht nur nicht notwendig, sie ist mit Blick auf den strikten Paritätsmaßstab im Kontext der Art. 138 Abs. 2 WRV und Art. 137 Abs. 3 WRV gar problematisch. Ein weites Begriffsverständnis ist im Bereich der Religionsgutsgarantie daher zu befürworten, da ein solches Begriffsverständnis dem strikt anzuwendenden Paritätsprinzip, aber auch den Prinzipien der Neutralität und der Säkularität, besser zur Wirkung verhelfen würde.

Konkret bedeutet dies, dass der Begriff der Religionsgemeinschaften nach Art.140 GG i. V. m. Art. 138 Abs. 2 WRV lediglich einen durch gemeinsame Glaubensüberzeugung verbundenen Zusammenschluss mehrerer Menschen verlangt.[984] Der Zusammenschluss kann relativ lose organisiert sein. Weder bedarf es einer formellen mitgliedschaftlichen Organisation, noch bedarf es einer Lehrautorität, die religiöse Inhalte verbindlich festlegt. Diese strikten Organisationsforderungen lassen sich weder durch den Normtext, noch durch die Normfunktion rechtfertigen.

c) Begriff der Religionsgemeinschaft im religiösen Binnenbereich

Das religiöse Selbstbestimmungsrecht und die Religionsgutsgarantie betreffen vor allem den Binnenbereich der Religionsgemeinschaften. Im Rahmen dieser Normen gilt ferner ein besonders strikter Paritätsmaßstab. Dass sämtliche Religionen auch in der Rechtspraxis gleich behandelt werden und die gleichen Chancen haben, ist im Kontext dieser Normen daher von besonders hoher Relevanz. Betrachtet man die Funktion der Art. 140 GG i. V. m. Art. 137 Abs. 3 WRV bzw. Art. 138 Abs. 2 WRV, wird deutlich, dass die Normen nicht auf eine Kooperation von religiösen Zusammenschlüssen mit dem Staat angelegt sind, sondern religiösen Zusammenschlüssen einen Rückzug aus der staatlichen Sphäre ermöglichen. Aufgrund der freiheitlichen und abwehrrechtlichen Prägung der Normen und dem besonders strikten Paritätsmaßstab, ist das organisatorische Minimum im Rahmen des religiösen Kernstatus niedrig anzusetzen. Im Bereich der Religionsgutsgarantie und des religiösen Selbstbestimmungsrechts kann daher lediglich ein durch gemeinsamen Glaubensüberzeugung verbundener Zusammenschluss mehrerer Menschen gefordert werden. Ob dieser Zusammenschluss mitgliedschaftlich organisiert ist oder nicht bzw. ob er über eine Lehrautorität verfügt oder nicht, ist irrelevant. Die überkommene und von *Gerhard Anschütz* begründete Definition sollte im Kontext des Selbstbestimmungsrechts und der Religionsgutsgarantie daher aufgegeben werden.

2. Historische Garantien

Von den Regelungen des religiösen Kernstatus zu unterscheiden sind Art. 140 GG i. V. m. Art. 137 Abs. 5 S. 1 WRV bzw. Art. 140 GG i. V. m.

---

[984] Diese offene Definition entwickelte das Bundesverfassungsgericht im sog. Schächt-Urteil, s. Seite 137 f.

Art. 138 Abs. 1 WRV. Diese beiden Regelungen haben gemeinsam, dass sie selbst für das pfadabhängige Religionsverfassungsrecht in besonderem Maße historisch geprägt sind, weshalb der strikte Paritätsmaßstab, der im Bereich der Religionsgutsgarantie und des religiösen Selbstbestimmungsrechts herrscht, hier nicht greifen kann. Wie der Begriff der Religionsgemeinschaft im Kontext von Art. 140 GG i. V. m. Art. 137 Abs. 5 S. 1 WRV bzw. von Art. 140 GG i. V. m. Art. 138 Abs. 1 WRV zu verstehen ist, soll im Folgenden anhand der jeweiligen Normfunktionen und Normzwecke herausgearbeitet werden.

a) *Altkorporierte Religionsgemeinschaften (Art. 140 GG i. V. m. Art. 137 Abs. 5 S. 1 WRV)*

Art. 140 GG i. V. m. Art. 137 Abs. 5 S. 1 WRV zufolge bleiben Religionsgemeinschaften Körperschaften des öffentlichen Rechts, soweit sie solche bisher waren, während der Körperschaftsstatus anderen Religionsgemeinschaften nach Art. 137 Abs. 5 S. 2 WRV nur auf Antrag verliehen wird. Das Grundgesetz unterscheidet somit zwischen sog. geborenen und gekorenen Körperschaften bzw. zwischen altkorporierten und neukorporierten Körperschaften.[985] Altkorporierten Religionsgemeinschaften bleibt der Körperschaftsstatus nach Maßgabe des Art. 137 Abs. 5 S. 1 WRV unmittelbar kraft Grundgesetzes erhalten,[986] während die Korporationsrechte anderen Religionsgemeinschaften nur verliehen werden, wenn sie die Voraussetzungen der Norm erfüllen und einen Antrag stellen. Die Norm sichert altkorporierten Religionsgemeinschaften somit deren verfassungsrechtlichen Status quo[987] und verfolgt den Zweck historisch gewachsene institutionelle Interessen zu schützen.[988] Folglich wird Art. 137 Abs. 5 S. 1 WRV auch als „Bleibensklausel“[989] oder als „Bewahrensklausel“[990] bezeichnet. Durch die Gewährung der Körperschaftsrechte sollte verhindert werden, Kirchen auf ein rein privatrechtliches Niveau herab-

---

985 *Quaas*, NVwZ 2009, 1400 (1400 f.).

986 *Magen*, in: Pirson/Rüfner/Germann/Muckel (Hrsg.), HdbStKirchR Bd. I, S. 1088.

987 *v. Campenhausen/de Wall*, Staatskirchenrecht, S. 129; *J. Heckel*, Kirchengut und Staatsgewalt, S. 103 (109).

988 *Morlok*, in: Dreier-GG III, Art. 137 WRV Rn. 79; *Heinig*, Öffentlich-rechtliche Religionsgesellschaften, S. 261; *Morlok/Heinig*, NVwZ 1999, 697 (700); *Quaas*, NVwZ 2009, 1400 (1401).

989 *Morlok*, in: Dreier-GG III, Art. 137 WRV Rn. 79.

990 *Mager*, in: v. Münch/Kunig-GG, Bd. 2, Art. 140 Rn. 52.

zustufen.[991] Die Norm ist eine Fortführung des historisch Überkommenen[992] und kann daher als bestandsschützende Bestimmung eingeordnet werden.[993] Insbesondere das Wirken der christlichen Großkirchen sollte durch die Regelung des Art. 140 GG i. V. m. Art. 137 Abs. 5 S. 1 WRV verfassungsrechtlich anerkannt werden.[994] Auch wenn die christlichen Kirchen angesichts sinkender Mitgliedszahlen und zunehmender religiöser Vielfalt an Strahlkraft eingebüßt haben, bleibt der Bestandsschutz weiterhin aufrechterhalten; den bestandsschützenden Charakter dieser Regelung aufgrund der gewandelten gesellschaftlichen Verhältnisse abzulehnen, ist vom Standpunkt des geltenden Rechts nicht vertretbar.[995]

Die Einordnung als Bewahrensklausel bzw. Bleibensklausel macht deutlich, dass Religionsgemeinschaften im Sinne des Art. 140 GG i. V. m. Art. 137 Abs. 5 S. 1 WRV nur solche sein können, die schon bei Inkrafttreten der Weimarer Reichsverfassung, das heißt am 11. August 1919, Körperschaften des öffentlichen Rechts waren.[996] Die Norm garantiert altkorporierten Religionsgemeinschaften verfassungsrechtlich somit den vor 1919 geltenden Status quo.[997] Über welche Organisationsstruktur die altkorporierten Religionsgemeinschaften heute verfügen bzw. damals verfügten, ist nicht von Bedeutung. Unabhängig von der heutigen Organisationsstruktur wohnt geborenen Körperschaften weiterhin der Körperschaftsstatus inne. Dieser Status kann den geborenen Körperschaften nur durch Änderung der Verfassung wieder entzogen werden.[998] Neu etablierte religiöse

---

[991] *Muckel*, DÖV 1995, 311 (313).

[992] *Mager*, in: v. Münch/Kunig-GG, Bd. 2, Art. 140 Rn. 52.

[993] *Morlok*, in: Dreier-GG III, Art. 137 WRV Rn. 79; *ders.*, Selbstverständnis als Rechtskriterium, S. 549; *Janssen*, Aspekte des Status von Religionsgemeinschaften als Körperschaften des öffentlichen Rechts, S. 56.

[994] *Unruh*, in: v. Mangoldt/Klein/Starck Bd. 3, Art. 137 WRV Rn. 196.

[995] *Morlok*, in: Dreier-GG III, Art. 137 WRV Rn. 79; *Heinig*, Öffentlich-rechtliche Religionsgesellschaften, S. 261.

[996] BVerfGE 102, 370 (371); *Korioth*, in: Maunz/Dürig, Art. 137 WRV Rn. 63; *Germann*, in: Epping/Hillgruber, Art. 140 Rn. 70; *v. Campenhausen/de Wall*, Staatskirchenrecht, S. 134; *Janssen*, Aspekte des Status von Religionsgemeinschaften als Körperschaften des öffentlichen Rechts, S. 56; *Demel*, Gebrochene Normalität, S. 170; a.A *Wolff*, in HK-GG, Art. 140 Rn. 17, der auch die Religionsgemeinschaften zu den altkorporierten Körperschaften zählt, die den Körperschaftsstatus unter der Geltung der Weimarer Reichsverfassung erlangt haben; ähnlich auch *Quaas*, NVwZ 2009, 1400 (1400 f.), der unter Art. 137Abs. 5 S. 1 WRV solche Körperschaften subsumiert, die vom Grundgesetz vorgefunden wurden.

[997] *J. Heckel*, Kirchengut und Staatsgewalt, S. 103 (109).

[998] *Friesenhahn*, in: Friesenhahn/Scheuner (Hrsg.), HdbStKirchR Bd. I, S. 555; *Mager*, in:

Zusammenschlüsse können hingegen keine Religionsgemeinschaften im Sinne des Art. 137 Abs. 5 S. 1 WRV werden, mögen sie auch noch so kirchenähnlich organisiert sein.
Religionsgemeinschaft im Sinne des Art. 140 GG i. V. m. Art. 137 Abs. 5 S. 1 WRV ist folglich jeder religiöse Zusammenschluss, der bereits vor dem 11. August 1919 über die Korporationsrechte verfügte. Insofern kann die überkommene, von *Gerhard Anschütz* begründete Definition im Kontext des Art. 140 GG i. V. m. Art. 137 Abs. 5 S. 1 WRV beibehalten werden. Das Problem, dass religiöse Minderheiten durch diese kirchenzentrierte Definition benachteiligt werden, stellt sich aufgrund der historischen Bedingtheit der Norm und der Möglichkeit, die Körperschaftsrechte nach Art. 140 GG i. V. m. Art. 137 Abs. 5 S. 2 WRV zu erlangen, nicht.

b) Historische Staatsleistungen

Auch in Art. 140 GG i. V. m. Art. 138 Abs. 1 WRV wird der Begriff der Religionsgemeinschaft genannt. Nach Art. 140 GG i. V. m. Art. 138 Abs. 1 WRV werden die auf Gesetz, Vertrag oder sonstigen Rechtstiteln beruhenden Staatsleistungen an die Religionsgesellschaften durch die Landesgesetzgebung abgelöst.

aa) Bestandsschützender Charakter

Mit den nach Art. 140 GG i. V. m. Art. 138 Abs. 1 WRV gewährleisteten Staatsleistungen verfolgt der Staat das Ziel, „die vermögensrechtliche Stellung der Kirchen, soweit sie auf dem bisherigen Zusammenhang mit dem Staate beruht, bis zur Neuregelung des finanziellen Verhältnisses zwischen Staat und Kirche aufrecht zu erhalten.“[999] Art. 140 GG i. V. m. Abs. 138 Abs. 1 WRV kann daher als zwiespältige Verfassungsnorm bezeichnet werden, da die Norm einerseits das Ziel verfolgt, die vermögensrechtlichen Belange von Staat und Kirche zu entflechten, die Norm gleichzeitig aber Religionsgemeinschaften vor einer entschädigungslosen Beseitigung der

---

v. Münch/Kunig-GG, Bd. 2, Art. 140 Rn. 58; *v. Campenhausen/de Wall*, Staatskirchenrecht, S. 134; *Janssen*, Aspekte des Status von Religionsgemeinschaften als Körperschaften des öffentlichen Rechts, S. 56; *Demel*, Gebrochene Normalität, S. 149; *Doose*, Die rechtliche Stellung der evangelischen Freikirchen in Deutschland, S. 182 f.; *Kunig/Uerpmann*, DVBl. 1997, 248 (252); a.A. OVG Berlin, NVwZ 1997, S. 396 (398); *Walter*, Religionsverfassungsrecht, S. 574; vermittelnd *Heinig*, Gesetzgeberische Gestaltungsoptionen zur Verleihung und zum Verlust des Körperschaftsstatus für Religions- und Weltanschauungsgemeinschaften, in: Heinig (Hrsg.), Die Verfassung der Religion, S. 232 (252 ff.).
[999] RGZ 111, 134 (138).

Staatsleistungen schützt.[1000] Aus dieser zwiespältigen Normausrichtung kann bereits die erste Normfunktion entnommen werden, die für die Auslegung des Begriffs der Religionsgemeinschaft relevant ist. Das Ablösungsgebot verbietet eine entschädigungslose Ablösung der Staatsleistungen, weshalb der Norm ein bestandsschützender Charakter zuzuschreiben ist.[1001]

bb) Besondere historische Determiniertheit

Außerdem ist kaum ein anderes Rechtsinstitut so stark durch Historie und Tradition geprägt wie das der Staatsleistungen.[1002] Die historische Ausprägung der Norm ist auf den Umstand zurück zu führen, dass das Ablösungsgebot in Art. 140 GG i. V. m. Art. 138 Abs. 1 WRV Säkularisationsfolgenrecht darstellt.[1003] Staatsleistungen werden als Ausgleich für einen vergangenen und unrechtmäßigen Vermögensentzug geleistet[1004] und dienen insofern der Tilgung von Altlasten.[1005] Auch das Bundesverfassungsgericht weist auf die historische Bedingtheit der Norm hin: „Das Recht auf Staatsleistungen hat sich historisch entwickelt und wird aus bestimmten historischen Maßnahmen des Staates gegenüber den Kirchen hergeleitet."[1006] Zu den nach Art. 140 GG i. V. m. Art. 138 Abs. 1 WRV abzu-

---

[1000] *Isensee*, in: Listl/Pirson (Hrsg.), HdbStKirchR Bd. I, S. 1015 f; *Weber*, Staatsleistungen an jüdische Religionsgemeinschaften, in: Osterloh/Schmidt/Weber (Hrsg.), Staat, Wirtschaft, Finanzverfassung – FS Selmer, S. 261 (275 f.).

[1001] *Muckel*, in: Friauf/Höfling, Art. 140/Art. 138 WRV Rn. 23; *Heun*, in: Pirson/Rüfner/Germann/Muckel (Hrsg.), HdbStKirchR Bd. III, S. 3065; *Mager*, HdbStKirchR^3 III, S. 2772; *Germann*, in: Epping/Hillgruber, Art. 140 Rn. 123; *T. Schmidt*, DÖV 2020, 624 (626).

[1002] *Heun*, in: Pirson/Rüfner/Germann/Muckel (Hrsg.), HdbStKirchR Bd. III, S. 3024.

[1003] *Muckel*, in: Friauf/Höfling, Art. 140/Art. 138 WRV Rn. 4; *Morlok*, in: Dreier-GG III, Art. 138 WRV Rn. 2; *Heun* in: Pirson/Rüfner/Germann/Muckel (Hrsg.), HdbStKirchR Bd. III, S. 3025; *Isensee*, in: Listl/Pirson (Hrsg.), HdbStKirchR Bd. I, S. 1009 f.; *Müller-Franken*, Die öffentliche Finanzierung der Religionsgemeinschaften in Deutschland, in: Uhle (Hrsg.), Kirchenfinanzen in der Diskussion, S. 43 (64); *Droege*, Staatsleistungen an Religionsgemeinschaften im säkularen Kultur- und Sozialstaat, S. 178; *Czermak/Hilgendorf*, Religions- und Weltanschauungsrecht, S. 210 f.; *Sailer*, ZRP 2001, 80 (81); *Renck*, LKV 2005, 146 (147).

[1004] *Müller-Franken*, Die öffentliche Finanzierung der Religionsgemeinschaften in Deutschland, in: Uhle (Hrsg.), Kirchenfinanzen in der Diskussion, S. 43 (64).

[1005] *Isensee*, in: Listl/Pirson (Hrsg.), HdbStKirchR Bd. I, S. 1020 f.; *Rozek*, Der unerfüllte Verfassungsauftrag, in: Holzner/Ludyga (Hrsg.), Entwicklungstendenzen des Staatskirchen- und Religionsverfassungsrechts, S. 421 (423).

[1006] BVerfGE 19, 1 (13).

lösenden Leistungen zählen daher nur solche, die bereits vor Inkrafttreten der Weimarer Reichsverfassung bestanden haben.[1007] Beim Ablösungsgebot handelt es sich um eine „provisorische Status-quo-Garantie“,[1008] um eine „retrospektive Übergangsvorschrift“[1009] zur Abwicklung historisch bestehender Leistungen. Aus diesem Grund ist eine Neubegründung von Staatsleistungen im Sinne des Art. 140 GG i. V. m. Art. 138 Abs. 1 WRV seit 1919 nicht mehr möglich.[1010] Den Empfängerkreis der Staatsleistungen zu erweitern, obwohl die Norm eindeutig auf die Abwicklung von Säkularisationsfolgen gerichtet ist, wäre abgesehen davon inkonsequent.[1011]

[1007] *Korioth*, in: Maunz/Dürig, Art. 138 WRV Rn. 4; *Germann*, in: Epping/Hillgruber, Art. 140 Rn. 127; *Wolff*, in HK-GG, Art. 140 Rn. 22; *Isensee*, in: Listl/Pirson (Hrsg.), HdbStKirchR Bd. I, S. 1034; *Stern*, in: Stern/Sachs/Dietlein (Hrsg.), Das Staatsrecht der Bundesrepublik Deutschland, Bd IV/2, § 119 5 b) β), S. 1328; *v. Campenhausen/de Wall*, Staatskirchenrecht, S. 282; *Wachter*, Die Staatsleistungen an die Kirchen, in: Althaus/Schmidt (Hrsg.), Staat und Religion, S. 250 (253); *Droege*, Staatsleistungen an Religionsgemeinschaften im säkularen Kultur- und Sozialstaat, S. 180; *Mertesdorf*, Weltanschauungsgemeinschaften, S. 542; *Wehdeking*, Die Kirchengutsgarantien und die Bestimmungen über Leistungen der öffentlichen Hand an die Religionsgesellschaften im Verfassungsrecht des Bundes und der Länder, S. 116.

[1008] *Isensee*, Die Finanzquellen der Kirchen im deutschen Staatskirchenrecht, in: Hense (Hrsg.), Staat und Religion, S. 571 (579); ähnlich *Heun*, in: Pirson/Rüfner/Germann/Muckel (Hrsg.), HdbStKirchR Bd. III, S. 3065.

[1009] *Unruh*, in: v. Mangoldt/Klein/Starck, Bd. 3, Art. 138 WRV Rn. 19; *ders.*, Religionsverfassungsrecht[4], S. 323.

[1010] *Heun*, in: Pirson/Rüfner/Germann/Muckel (Hrsg.), HdbStKirchR Bd. III, S. 3068; *Germann*, in: Epping/Hillgruber, Art. 140 Rn. 127; *Unruh*, in: v. Mangoldt/Klein/Starck, Bd. 3, Art. 138 WRV Rn. 19; *Korioth*, in: Maunz/Dürig, Art. 138 WRV Rn. 14; *Stern*, in: Stern/Sachs/Dietlein (Hrsg.), Das Staatsrecht der Bundesrepublik Deutschland, Bd IV/2, § 119 5 b) β), S. 1328; *Isensee*, Zwischen Ablösungsauftrag und Bestandsgarantie, in: Hense (Hrsg.), Staat und Religion, S. 643 (644); *Unruh*, Religionsverfassungsrecht, 4. Aufl., S. 324; *Czermak*, DÖV 2004, 110 (113); *Czermak/Hilgendorf*, Religions- und Weltanschauungsrecht, S. 214; a.A. *Wachter*, Die Staatsleistungen an die Kirchen, in: Althaus/Schmidt (Hrsg.), Staat und Religion, S. 250 (253); *T. Schmidt*, DÖV 2020, 624 (628).

[1011] *Czermak*, DÖV 2004, 110 (113); dass der Ablösungsauftrag bis heute nicht erfüllt wurde, führt aufgrund des Übergangscharakters der Norm immer wieder zu Kritik; so z.B. *J. A. Haupt*, Kirchensteuer und Historische Staatsleistungen im Konflikt mit dem Grundgesetz, in: Neumann/Czermak/Merkel/Putzke (Hrsg.), Aktuelle Entwicklungen im Weltanschauungsrecht, S. 245 (257-267); *Rozek*, Der unerfüllte Verfassungsauftrag, in: Holzner/Ludyga (Hrsg.), Entwicklungstendenzen des Staatskirchen- und Religionsverfassungsrechts, S. 421 (431); *Sailer*, ZRP 2001, 80 (83); *Heinig*, Arbeitsauftrag aus Weimar, abrufbar unter: https://www.zeit.de/2020/14/kirche-staatsleistungen-coronakrise-bundestag-saekularisation/komplettansicht (zuletzt aufgerufen am 31.05.2021); auch in der Politik werden die Forderungen lauter, den Ablösungsauftrag endlich zu erfüllen: Die Fraktionen der FDP, Die Linke und Bündnis 90/Die Grünen haben im Mai 2020 den Gesetzesentwurf

Diese historische Prägung ist zugleich der Schlüssel für die Auslegung der Norm und für den in Art. 140 GG i. V. m. Art. 138 Abs. 1 WRV genannten Begriff der Religionsgemeinschaft. Nur solche Religionsgemeinschaften, die bereits 1919 als Religionsgemeinschaften galten und Staatsleistungen erhalten haben, sind Leistungsempfänger der Staatsleistungen nach Art. 140 GG i. V. m. Art. 138 Abs. 1 WRV. Da die christlichen Großkirchen und deren Gliedkörperschaften die größten Säkularisationsopfer erbracht haben, sind die Kirchen Hauptleistungsempfänger der Staatsleistungen.[1012] Trotz der Verwendung des an sich neutralen Begriffs der Religionsgemeinschaft erhalten daher faktisch nur etablierte Religionsgemeinschaften Staatsleistungen.[1013] Religionen, die sich erst nach 1919 oder in der Bundesrepublik etabliert haben, haben demzufolge keinen Anspruch auf die historischen Staatsleistungen im Sinne von Art. 140 GG i. V. m. Art. 138 Abs. 1 WRV. Dementsprechend können religiöse Zusammenschlüsse, die sich in Deutschland neu angesiedelte haben, nicht als Religionsgemeinschaften im Sinne von Art. 138 Abs. 1 WRV angesehen werden, mögen sie noch so kirchenähnlich organisiert sein. Im Kontext des Art. 140 GG i. V. m. Art. 138 Abs. 1 WRV stellt sich das Problem der Kompatibilität des Begriffs der Religionsgemeinschaft für in Deutschland neu etablierte Religionen daher nicht.[1014] Islamische Zusammenschlüsse und andere religiöse Minderheiten können folglich unabhängig von ihrer Organisationsstruktur keine Empfänger von Staatsleistungen werden.

cc) Paritäts- und neutralitätskonforme Praxis

Dass hauptsächlich die christlichen Großkirchen Empfänger der Staatsleistungen sind, wird im Hinblick auf das Paritätsprinzip vereinzelt kritisch gesehen.[1015] Da die Staatsleistungen allerdings Säkularisationsfolgenrecht

---

„Grundsätzegesetz zur Ablösung der Staatsleistungen" vorgelegt (BT-Drs. 19/19273), dazu *Unruh*, DÖV 2020, 953-960; die AFD spricht sich ebenfalls für die Abschaffung der Staatsleistungen aus und hat Ende Mai 2020 das „Staatsleistungsablösungsgesetz" vorgelegt (BT-Drs. 19/19649).

[1012] *Isensee*, in: Listl/Pirson (Hrsg.), HdbStKirchR Bd. I, S. 1033 f; *v. Campenhausen/de Wall*, Staatskirchenrecht, S. 281; *Schrooten*, Gleichheitssatz und Religionsgemeinschaften, S. 246; *Wehdeking*, Die Kirchengutsgarantien und die Bestimmungen über Leistungen der öffentlichen Hand an die Religionsgesellschaften im Verfassungsrecht des Bundes und der Länder, S. 119.

[1013] *Heun*, in: Pirson/Rüfner/Germann/Muckel (Hrsg.), HdbStKirchR Bd. III, S. 3051.

[1014] *Droege*, Staatsleistungen an Religionsgemeinschaften im säkularen Kultur- und Sozialstaat, S. 180.

[1015] *Weber*, Staatsleistungen an jüdische Religionsgemeinschaften, in:

darstellen und selbst für das Religionsverfassungsrecht in besonders hohem Maße historisch geprägt sind, ist die Vorrangstellung der christlichen Kirchen durch Art. 140 GG i. V. m. Art. 138 Abs. 1 WRV nicht als Paritätsverstoß zu werten.[1016] Die nach Art. 140 GG i. V. m. Art. 138 Abs. 1 WRV gewährleisteten Staatsleistungen sind keine willkürlich verteilten Geschenke des Staates, sondern historisch erklärbare Ersatzleistungen.[1017] Dass die christlichen Großkirchen durch Art. 138 Abs. 1 WRV faktisch gegenüber anderen Religionen bevorzugt werden, ist aufgrund der historischen Bedingtheit somit unvermeidbar. Insofern stellt die historisch bedingte Norm des Art. 140 GG i. V. m. Art. 138 Abs. 1 WRV einen Differenzierungsgrund dar.[1018] Es gilt somit nicht der strikte Paritätsmaßstab, der im Kontext der Art. 140 GG i. V. m. Art. 138 Abs. 2 WRV bzw. Art. 137 Abs. 3 WRV gilt.

Ebenso wenig verstößt Art. 140 GG i. V. m. Art. 138 Abs. 1 WRV gegen das Neutralitätsprinzip, schließlich können Ausgleichszahlungen für tatsächlich erlittene Rechtsverluste keinen derartigen Verstoß begründen.[1019] *Heun* zufolge schirmt Art. 140 GG i. V. m. Art. 138 Abs. 1 WRV die Prinzipien der Neutralität und der Parität sogar ab und erlaubt daher Staatsleistungen, die diesen Prinzipien nicht entsprechen.[1020] Zu bedenken ist auch, dass Bundesrepublik die Pflicht zur Zahlung von Staatsleistungen nicht selbst eingegangen ist, sondern diese Pflicht lediglich durch Rechtsnachfolge übernommen hat, weshalb der Staat durch die Zahlung von Staatsleistungen weder das Christentum zum einzig wahren Glauben erklärt noch

---

Osterloh/Schmidt/Weber (Hrsg.). Staat, Wirtschaft, Finanzverfassung – FS Selmer, S. 261 (278 f.). Es ist allerdings darauf hinzuweisen, dass sich Webers Überlegungen auf jüdische Religionsgemeinschaften beziehen. Aufgrund der Zerschlagung der jüdischen Gemeinden und der Zerstörung jüdischer Einrichtungen durch das Nazi-Regime seien Ersatzleistungen nach Art. 138 Abs. 1 WRV für jüdische Gemeinden verfassungsrechtlich zulässig, wenn nicht sogar geboten. Auch Weber vertritt somit keine allgemeine Öffnung des Art. 138 Abs. 1 WRV für sämtliche Religionen aus Gründen der Parität; *Renck*, LKV 2005, 146 (148 f.).

1016 *Unruh*, in: v. Mangoldt/Klein/Starck Bd. 3, Art. 138 WRV Rn. 17; *Morlok*, in: Dreier-GG III, Art. 138 WRV Rn. 19; *Opris*, Sind die historischen Staatsleistungen an die Religionsgemeinschaften i.S.v. Art. 140 GG i. V. m. Art. 138 Abs. 1 WRV heutzutage noch rechtmäßig?, S. 53 ff.

1017 *Unruh*, in: v. Mangoldt/Klein/Starck, Bd. 3, Art. 138 WRV Rn. 17; *Wolff*, ZRP 2003, 12 (12).

1018 *Schrooten*, Gleichheitssatz und Religionsgemeinschaften, S. 246.

1019 *Unruh*, in: von Mangoldt/Klein/Starck, Bd. 3, Art. 138 WRV Rn. 17.

1020 *Heun*, in: Pirson/Rüfner/Germann/Muckel (Hrsg.), HdbStKirchR Bd. III, S. 3069.

sich mit den christlichen Glaubensinhalten identifiziert.[1021] Es bleibt festzuhalten, dass die Zahlung von Staatsleistungen an die christlichen Kirchen keine paritäts- und neutralitätswidrige Förderung darstellt.

dd) Art. 138 Abs. 1 WRV als historisch festschreibende Norm

Religionsgemeinschaften im Sinne des Art. 140 GG i. V. m. Art. 138 Abs. 1 WRV sind daher religiöse Zusammenschlüsse, die schon vor 1919 als Religionsgemeinschaft angesehen wurden und Staatsleistungen erhalten haben. Religiöse Zusammenschlüsse, die momentan Staatsleistungen erhalten, bekommen diese aufgrund des bestandsschützenden Charakters der Norm auch weiterhin, unabhängig von ihrer heutigen Organisationsstruktur. Andererseits können neu etablierte religiöse Zusammenschlüsse keine Leistungsempfänger nach Art. 138 Abs. 1 WRV werden, mögen sie organisatorisch auch noch so kirchenähnlich strukturiert sein. Auch insofern kann an der überkommenen, von *Gerhard Anschütz* begründeten Definition im Rahmen des Art. 140 GG i. V. m. festgehalten werden.[1022] Die Einschränkung des Empfängerkreises bedeutet allerdings nicht, dass nichtchristliche Religionen insgesamt von staatlichen Zuwendungen ausgenommen sind. Der Staat kann neu etablierte Religionen in Form von Subventionen unterstützen, wenn und soweit diese Förderung im Einklang mit dem Säkularitätsprinzip steht und nicht gegen das Prinzip der Parität verstößt.[1023] Dafür spricht auch die Tatsache, dass allein die Neubegründung von Staatsleistungen im Sinne des Art. 138 Abs. 1 WRV ausgeschlossen ist, nicht aber die Neubegründung anders begründeter Ansprüche zugunsten anderer religiöser Zusammenschlüsse.

c) Historische Normen als kirchenzentrierte Normen

Art. 140 GG i. V. m. Art. 137 Abs. 5 S. 1 WRV und Art. 140 GG i. V. m. Art. 138 Abs. 1 WRV zeichnen sich durch ihre besondere historische Bedingtheit aus. Beide Normen knüpfen an den bei Inkrafttreten der Weimarer Reichsverfassung geltenden Rechtszustand an, weshalb diesen Normen ein „konservierender Normgehalt“[1024] attestiert werden kann.

[1021] *Opris*, Sind die historischen Staatsleistungen an die Religionsgemeinschaften i. S. v. Art. 140 GG i. V. m. Art. 138 Abs. 1 WRV heutzutage noch rechtmäßig?, S. 53.

[1022] *Droege*, Staatsleistungen an Religionsgemeinschaften im säkularen Kultur- und Sozialstaat, S. 180.

[1023] *Unruh*, Religionsverfassungsrecht, 4. Aufl., S. 322.

[1024] Diese Formulierung findet sich bei *M. Heckel*, Die religionsrechtliche Parität (II), in:

Dass beide Normen insbesondere die christlichen Großkirchen erfassen, während neu etablierte Religionen aus dem Geltungsbereich der Normen ausgeklammert werden, lässt sich daher nicht vermeiden. Die Prinzipien der Neutralität und der Parität werden indes nicht verletzt, da die Bevorzugung der christlichen Kirchen aus historischer Sicht erklärbar ist. Aus diesem Grund können im Rahmen der altkorporierten Religionsgemeinschaften und des Ablösungsgebots weiterhin die von *Anschütz* begründete Definition des Begriffs der Religionsgemeinschaft und das daraus folgende Organisationsverständnis herangezogen werden, ohne dass dadurch neu etablierte Religionen benachteiligt werden. Die Prinzipien der Neutralität, Parität und Säkularität werden somit trotz Heranziehung der überkommenen Definition nicht verletzt. Eine Definitionsänderung ist daher nicht vonnöten.

3. Außenwirkungsbereich

Darüber hinaus ist der Begriff der Religionsgemeinschaft in Art. 7 Abs. 3 S. 2 GG und in Art. 140 GG i. V. m. Art. 137 Abs. 5 S. 2 WRV zu finden. Diese Normen dienen primär weder der Abwehr staatlicher Eingriffe, noch zeichnen sie sich durch eine besondere historische Bedingtheit aus. Diese Normen zeichnet vielmehr aus, dass Religionsgemeinschaften das öffentliche Wirken erleichtert wird. Es handelt sich um solche Normen, die auf eine Zusammenarbeit zwischen Staat und religiösem Zusammenschluss angelegt sind. Religiösen Zusammenschlüssen, die in Zusammenarbeit mit dem Staat öffentlich wirken wollen, kann nicht die gleiche organisatorische Offenheit zugestanden werden wie solchen Zusammenschlüssen, die lediglich das religiöse Selbstbestimmungsrecht wahrnehmen möchten oder sich auf die Religionsgutsgarantie berufen. Kooperationen zwischen Religionsgemeinschaften und dem Staat schaffen Nähe, kosten Geld, betreffen Dritte und können Bevorzugungen schaffen.[1025] All dies ist rechtfertigungsbedürftig, weshalb in einem solchen Kontext durchaus strenge Anforderungen an die innere Organisation gestellt werden dürfen.[1026] Je eher sich religiöse Zusammenschlüsse auf eine Zusammenarbeit

---

Schlaich (Hrsg.), Gesammelte Schriften Bd. 1,S. 227 (279). *Heckel* nutzt diesen Begriff allerdings in einem allgemeinen Kontext und nicht in Bezug auf Art. 137 Abs. 5 S. 1 WRV und Art. 138 Abs. 1 WRV.

[1025] *Wißmann*, Freiheit braucht Form!?, in: Gerster/van Melis/Willems (Hrsg.), Religionspolitik heute, S. 177 (177).

[1026] *Wißmann*, Freiheit braucht Form!?, in: Gerster/van Melis/Willems (Hrsg.),

mit dem Staat einlassen, umso stärker müssen sie sich Organisationsstrukturen unterwerfen.[1027] Der Begriff der Religionsgemeinschaft kann im Kontext der Normen des Außenwirkungsbereichs folglich nicht so liberal ausfallen wie im religiösen Binnenbereich. Ebenso wenig kann man auf die aus historischen Gründen kirchenzentrierte Definition des Begriffs der Religionsgemeinschaft, die im Bereich der historisch geprägten Garantien gilt, abstellen.

Um herauszufinden, welche Definitionen sich im Bereich der eben genannten Normen anbieten, sind die jeweiligen Normzwecke der Art. 7 Abs. 3 S. 2 GG und Art. 140 GG i. V. m. Art. 137 Abs. 5 S. 2, Abs. 6 WRV zu untersuchen. Anhand der Normzwecke können bestenfalls Begriffsdefinitionen aufgezeigt werden, die den Prinzipien der Neutralität, der Parität und der Säkularität besser als die von *Anschütz* begründete Definition zur Wirkung verhelfen.

a) Körperschaftsstatus (Art. 140 GG i. V. m. Art.137 Abs. 5 S. 2 WRV)

Die Einordung als Religionsgemeinschaft ist zwingende Voraussetzung für die Gewährung der Körperschaftsrechte nach Art. 140 GG i. V. m. Art. 137 Abs. 5 S. 2 WRV. Es steht religiösen Zusammenschlüssen frei, ob sie die Körperschaftsrechte erwerben möchten oder nicht. Allerdings erfreut sich der Körperschaftsstatus auch unter religiösen Minderheiten und neu etablierten Religionen großer Beliebtheit. Dies mag daran liegen, dass mit dem Körperschaftsstatus zahlreiche einfachrechtlich gewährleistete Rechte und gegenüber sonstigen Vereinigungen eingeräumte Besserstellungen verbunden sind,[1028] die häufig als „Privilegienbündel“[1029] bezeichnet werden. Darüber hinaus haben Körperschaften im Sinne des Art. 140 GG i. V. m. Art. 137 Abs. 5 WRV das durch Art. 140 GG i. V. m.

Religionspolitik heute, S. 177 (177).

[1027] *Heun*, ZevKR 64 (2019), 24 (45).

[1028] Eine Aufzählung der einfachgesetzlich gewährleisteten Rechte findet sich bei *Unruh*, in: v. Mangoldt/Klein/Starck, Bd. 3, Art. 137 WRV Rn. 236 f.

[1029] *Korioth*, in: Maunz/Dürig, Art. 137 WRV Rn. 92; *Hofmann*, in: Schmidt-Bleibtreu/Hof-mann/Hennecke, Art. 140 Rn. 19; *Muckel*, ZevKR 63 (2018), 30 (53); *ders.*, Der Staat 38 (1999), 569 (578); Kritik am Begriff des „Privilegienbündels“ äußern *Unruh*, in: v. Mangoldt/Klein/Starck, Bd. 3, Art. 137 WRV Rn. 235; *Heinig*, Art. 137 Abs. 5 S. 2 WRV – ein Gleichheitsversprechen in rechtswissenschaftlicher Theorie und Rechtsprechungspraxis, in: Heinig (Hrsg.), Die Verfassung der Religion, S. 213 (216); *Muckel*, Muslimische Religionsgemeinschaften als Körperschaften des öffentlichen Rechts, in: Antes/Ceylan (Hrsg.), Muslime in Deutschland, S. 77 (80).

Art. 137 Abs. 6 WRV verfassungsrechtlich eingeräumte Recht, Steuern zu erheben. Das Besteuerungsrecht ist die einzige explizit in der Verfassung geregelte Rechtsfolge des Körperschaftsstatus.[1030] Das Recht zur Besteuerung erleichtert religiösen Zusammenschlüssen die Finanzierung ihres Wirkens und ihrer Organisation, da sie nicht auf die Erhebung und auf dem Privatrechtsweg erfolgende Geltendmachung von Mitgliedsbeiträgen angewiesen sind.[1031] Die Einordnung als Religionsgemeinschaft im Sinne des Art. 140 GG i. V. m. Art. 137 Abs. 5 WRV ist demgemäß von nicht zu unterschätzender Bedeutung, hängt damit doch eine Möglichkeit finanzieller Ausstattung der Gemeinschaft zusammen. Der Körperschaftsstatus bietet religiösen Zusammenschlüssen gegenüber zivilrechtlichen Organisationsmöglichkeiten insofern materielle, institutionelle und ideelle Vorzüge.[1032] Mit der Gewährleistung des Körperschaftsstatus gesteht der Staat religiösen Zusammenschlüssen einen Sonderstatus gegenüber anderen Verbänden zu.[1033] Eine paritätische und neutralitätskonforme Handhabe des Körperschaftsstatus ist für die Legitimation der Körperschaftsrechte daher von nicht zu unterschätzender Bedeutung.[1034]
Auch zahlreiche nicht-christliche Zusammenschlüsse verfügen mittlerweile über den Körperschaftsstatus, weshalb beim Körperschaftsstatus keinesfalls von einer „exklusiven Veranstaltung der beiden großen christlichen Kirchen" die Rede sein kann.[1035] Dennoch fällt es religiösen Minderheiten oft schwer, den Körperschaftsstatus zu erlangen. Der langjährige Rechtsstreit der Zeugen Jehovas zeigt, dass Verfahren für religiöse Minderheiten oft mit hohen zeitlichen und verfahrensrechtlichen Hürden verbunden sind. In der Rechtspraxis warten dementsprechend viele nicht-christliche Zusammenschlüsse bis heute vergeblich auf die Verleihung der Körperschaftsrechte. Insbesondere muslimische Gemeinschaften mit Körperschaftsstauts sind noch immer eine Seltenheit. Eine Ausnahme bleibt

---

[1030] *Morlok*, in: Dreier-GG III, Art. 137 WRV Rn. 77; *Germann*, in: Epping/Hillgruber, Art. 140 Rn. 80.

[1031] *Hillgruber*, NVwZ 2001, 1347 (1351).

[1032] *Morlok*, in: Dreier-GG, Bd. 3, Art. 137 WRV Rn. 78.

[1033] *Meyer-Teschendorf*, AöR 103 (1978), 289 (306).

[1034] *Muckel*, ZevKR 63 (2018), 30 (46).

[1035] *Heinig*, Art. 137 Abs. 5 S. 2 WRV – ein Gleichheitsversprechen in rechtswissenschaftlicher Theorie und Rechtsprechungspraxis, in: Heinig (Hrsg.), Die Verfassung der Religion, S. 213 (216 f.); dort findet sich auch eine Aufzählung der mit dem Körperschaftsstatus ausgestatteten Religionsgemeinschaften.

die Gemeinschaft der Ahmadiyya Muslim Jamaat, welche in Hessen und Hamburg den Körperschaftsstatus innehat.[1036]
Die Verleihungspraxis steht auf den ersten Blick im Widerspruch zum relativ offen gehaltenen und religionsneutralen Wortlaut des Art. 140 GG i. V. m. Art. 137 Abs. 5 S. 2 WRV, der nur geringe Anforderungen stellt.[1037] Teilweise wird daher eine „behutsame Öffnung der bisherigen Anforderungen" gefordert.[1038] Es stellt sich die Frage, ob die zurückhaltende Verleihung des Körperschafsstatus an religiöse Minderheiten durch legitime Gründe gerechtfertigt ist oder ob die Verleihungspraxis ein Vollzugsdefizit aufweist.[1039] Eine neue Auslegung des Begriffs der Religionsgemeinschaft im Kontext des Körperschaftsstatus könnte dabei helfen, die tatsächliche Integration religiöser Minderheiten in das deutsche Religionsverfassungsrecht voranzutreiben.

aa) Funktionen und Rechtscharakter

Ob ein neues Begriffsverständnis im Rahmen des Art. 140 GG i. V. m. Art. 137 Abs. 5 S. 2 WRV möglich ist, hängt allerdings von der Funktion der Norm ab. Wie der Begriff der Religionsgemeinschaft im Sinne des Art. 140 GG i. V. m. Art. 137 Abs. 5 S. 2 WRV zu verstehen ist, ist anhand der systematischen Einordnung der Norm unter Berücksichtigung des sonstigen Religionsverfassungsrechts zu ermitteln.[1040]

(1) Art. 137 Abs. 5 S. 2 WRV als Gleichheitsversprechen

Zunächst fungiert Art. 140 GG i. V. m. Art. 137 Abs. 5 S. 2 WRV als „Gleichheitsversprechen"[1041] und als „elementarer Gesichtspunkt der Parität"[1042]. Dass auch religiöse Zusammenschlüsse, die den Körperschaftsstatus im Jahre 1919 noch nicht innehatten, den Körperschaftsstatus erlangen

---

[1036] S. Seite 6.
[1037] *Friehe*, Das Religionsverfassungsrecht vor den Herausforderungen der Globalisierung, in: Friehe/Piecha (Hrsg.), Rechtskultur und Globalisierung, S. 13 (30).
[1038] *Kloepfer*, DÖV 2006, 45 (53).
[1039] *Heinig*, Art. 137 Abs. 5 S. 2 WRV – ein Gleichheitsversprechen in rechtswissenschaftlicher Theorie und Rechtsprechungspraxis, in: Heinig (Hrsg.), Die Verfassung der Religion, S. 213 (217 f.).
[1040] *Morlok*, in: Dreier-GG III, Art. 137 WRV Rn. 77.
[1041] *Heinig*, Art. 137 Abs. 5 S. 2 WRV – ein Gleichheitsversprechen in rechtswissenschaftlicher Theorie und Rechtsprechungspraxis, in: Heinig (Hrsg.), Die Verfassung der Religion, S. 213 ff.
[1042] *Germann*, in: Epping/Hillgruber, Art. 140 Rn. 72.

können, ist zudem eine zwingende und logische Konsequenz des Neutralitätsprinzips.[1043] Neukorporierte Religionsgemeinschaften sollen gegenüber altkorporierten Religionsgemeinschaften nicht schlechter gestellt werden. Art. 137 Abs. 5 S. 2 WRV ordnet insoweit streng formale Gleichheit an,[1044] weshalb die Norm (auch) gleichheitsrechtlich geprägt ist.[1045] Art. 140 GG i. V. m. Art. 137 Abs. 5 S. 2 WRV ist daher Ausdruck eines verfassungsrechtlichen Gleichheitsversprechens, das „für die Tektonik des gesamten grundgesetzlichen Staatskirchen- und Religionsverfassungsrechts"[1046] von enormer Bedeutung ist. Eine exkludierende Lesart wäre daher weder mit dem Paritätsprinzip noch mit dem Neutralitätsprinzip vereinbar.[1047] Zusammenfassend handelt es sich bei Art. 140 GG i. V. m. Art. 137 Abs. 5 S. 2 WRV um eine integrationsoffene und gleichheitsgeprägte Norm.

(2) Mittel zur Entfaltung der Religionsfreiheit

Zumindest für die Praxis entschieden, in der Literatur aber noch immer umstritten, ist das Telos des Körperschaftsstatus. Welchen Sinn und Zweck der Körperschaftsstatus erfüllt, ist nicht bloß von theoretischem Interesse, sondern mit weitreichenden dogmatischen Konsequenzen verbunden, schließlich wirkt sich das Telos auch auf die Verleihungsvoraussetzungen aus.[1048] Im Wesentlichen stehen sich zwei Auffassungen gegenüber, welche von *Unruh* als „Verbindungsthese" und „Grundrechtsthese" bezeichnet werden.[1049]

[1043] *Unruh*, in: v. Mangoldt/Klein/Starck, Bd. 3, Art. 137 WRV Rn. 196; *Mager*, in: v. Münch/
Kunig-GG, Bd. 2, Art. 140 Rn. 52.

[1044] *Heinig*, Öffentlich-rechtliche Religionsgesellschaften, S. 372 f., der eine strikte Gleichbehandlung von Religionsgemeinschaften mit Körperschaftsstatus auf der Ebene des einfachen Rechts allerdings nicht als zwingend ansieht.

[1045] *Magen*, in: Pirson/Rüfner/Germann/Muckel (Hrsg.), HdbStKirchR Bd. I, S. 1059; *Morlok*, in: Dreier-GG III, Art. 137 WRV Rn. 104; *ders.*, Selbstverständnis als Rechtskriterium, S. 562; *Unruh*, in: v. Mangoldt/Klein/Starck, Bd. 3, Art. 137 WRV Rn. 198; *Heinig*, Öffentlich-rechtliche Religionsgesellschaften, S. 371 f.; *Arning*, Grundrechtsbindung der kirchlichen Gerichtsbarkeit, S. 41; *Muckel*, ZevKR 63 (2018), 30 (36, 42).

[1046] *Heinig*, Art. 137 Abs. 5 S. 2 WRV – ein Gleichheitsversprechen in rechtswissenschaftlicher Theorie und Rechtsprechungspraxis, in: Heinig (Hrsg.), Die Verfassung der Religion, S. 213 (230).

[1047] *Stempel*, ZAR 1988, 108 (113).

[1048] *Unruh*, Religionsverfassungsrecht· 4. Aufl., S. 182.

[1049] *Unruh*, in: v. Mangoldt/Klein/Starck, Bd. 3, Art. 137 WRV Rn. 198; *ders.*,

Vertreter der Verbindungsthese betrachten den gemeinnützigen Charakter und die gemeinwohlorientierte Kooperation von Staat und religiöser Gemeinschaft als Zweck der Körperschaftsrechte.[1050] Der Körperschaftsstatus lasse sich nicht mit der Freiheit religiöser Zusammenschlüsse begründen, vielmehr rechtfertige der gemeinnützige Charakter von Religion den Körperschaftsstatus.[1051] Der Körperschaftsstatus bezwecke das am Gemeinwohl orientierte Wirken von religiösen Gemeinschaften.[1052] Nur die Gemeinwohlerwartung rechtfertige die Übertragung von Hoheitsrechten und die Beleihung mit öffentlich-rechtlichen Befugnissen.[1053] *Uhle* deutet den öffentlich-rechtlichen Status für Religionsgemeinschaften als Mittel zur „Pflege von Gemeinschaftsinteressen im Bereich des Öffentlichen“[1054] und betrachtet den Körperschaftsstatus als eine vom Staat angebotene „institutionalisierte Form der Mitwirkung am Gemeinwohl“.[1055] Zwar wird die freiheitliche Prägung des Art. 137 Abs. 5 S. 2 WRV nicht geleugnet, allerdings würde die Freiheit durch die Verpflichtung zu einer allgemeinnützigen Hoheitsausübung beschränkt.[1056] *Röger* bezeichnet den Körperschaftsstatus daher als „ambivalent“.[1057] Religiöse Minderheiten und neu auftre-

---

Religionsverfassungsrecht· 4. Aufl., S. 182.

[1050] BVerwGE 105, 117 (120); *P. Kirchof*, in: Listl/Pirson (Hrsg.), HdbStKirchR Bd. I, S. 667 f; *Uhle*, Die Integration des Islam in das Staatskirchenrecht der Gegenwart, in: Heinig/Walter (Hrsg.), Staatskirchenrecht oder Religionsverfassungsrecht?, S. 299 (319 f.); *Röger*, Die Aberkennung des Körperschaftsstatus von Religionsgemeinschaften im Lichte der Schutzpflichtenlehre, in: Muckel (Hrsg.), Kirche und Religion im sozialen Rechtsstaat – FS Rüfner, S. 749 (749 ff.); *Hillgruber*, Der öffentlich-rechtliche Körperschaftsstatus nach Art. 137 Abs. 5 WRV, in: Heinig/Walter (Hrsg.), Staatskirchenrecht oder Religionsverfassungsrecht?, S. 213 (221 f.); *ders.*, Das Verhältnis von Staat und Religion(sgemeinschaften) und seine Bedeutung für die öffentliche Wirksamkeit von Religion, in: Stüwe (Hrsg.), Religion und Politik in der freiheitlichen Demokratie, S. 187 (209); *ders.*, NVwZ 2001, 1347 (1350); *ders.*, Hat das deutsche Staatskirchenrecht Bestand?, KuR 24 (2018), 1 (5); *Tillmanns*, DVBl. 2002, S. 336 (338).

[1051] *Hillgruber*, NVwZ 2001, 1347 (1350).

[1052] *Tillmanns*, DVBl. 2002, 336 (338).

[1053] *P. Kirchof*, in: Listl/Pirson (Hrsg.), HdbStKirchR Bd. I, S. 668.

[1054] *Uhle*, Staat – Kirche – Kultur, S. 135.

[1055] *Uhle*, Die Integration des Islam in das Staatskirchenrecht der Gegenwart, in: Heinig/Walter (Hrsg.), Staatskirchenrecht oder Religionsverfassungsrecht?, S. 299 (320).

[1056] *Röger*, Die Aberkennung des Körperschaftsstatus von Religionsgemeinschaften im Lichte der Schutzpflichtenlehre, in: Muckel (Hrsg.), Kirche und Religion im sozialen Rechtsstaat – FS Rüfner, S. 749 (752).

[1057] *Röger*, Die Aberkennung des Körperschaftsstatus von Religionsgemeinschaften im Lichte der Schutzpflichtenlehre, in: Muckel (Hrsg.), Kirche und Religion im sozialen Rechtsstaat – FS Rüfner, S. 749 (752).

tende religiöse Gruppierungen hätten es bei Zugrundelegung der Verbindungsthese schwer als Körperschaft des öffentlichen Rechts anerkannt zu werden. Grund dafür ist, dass religiöse Minderheiten aufgrund ihrer geringen gesellschaftlichen Verankerung nicht im selben Maße gesellschaftlich wirken wie die christlichen Großkirchen.
Vertreter der Grundrechtsthese begreifen den Körperschaftsstatus hingegen vorrangig als Mittel zur Entfaltung der Religionsfreiheit.[1058] An die Zeugen-Jehovas-Entscheidung des Bundesverfassungsgerichts anknüpfend,[1059] wird der primäre Zweck des Körperschaftsstatus darin gesehen, religiösen Zusammenschlüssen einen rechtlichen Rahmen für die Entfaltung der Religionsfreiheit und des religiösen Selbstbestimmungsrechts zu ermöglichen.[1060] Insoweit diene der Körperschaftsstatus der Grundrechtsverwirklichung durch Organisation.[1061] *Meyer-Teschendorf* zufolge leiste der Staat mit Gewährung des Körperschafsstatus organisatorische Hilfe zur Umsetzung von Freiheitsrechten in reale Freiheitschancen.[1062] Vertreter der Grundrechtsthese sehen den Körperschaftsstatus somit als Mittel zur Schaffung und Effektivierung von Grundrechtschancen.[1063] Der Körperschaftsstatus existiere vorrangig um der Religion willen, nicht um des Staates willen.[1064] Auch Vertreter der Grundrechtsthese erkennen die mit dem Körperschaftsstatus einhergehenden positiven Effekte für das Gemeinwohl an, messen der sozialen Nützlichkeit allerdings einen anderen Stellenwert zu. *Magen* erkennt die Sozialdienlichkeit von Religion an, ist aber der

---

[1058] VG Mainz, NVwZ-RR 2012, 417 (419); *Unruh*, in: v. Mangoldt/Klein/Starck, Bd. 3, Art. 137 WRV Rn. 198; *ders.*, Religionsverfassungsrecht[4], S. 182 f.; *Germann*, in: Epping/Hillgruber, Art. 140 Rn. 69; *Magen*, in: Pirson/Rüfner/Germann/Muckel (Hrsg.), HdbStKirchR Bd. I, S. 1060 f.; *ders.*, Körperschaftsstatus und Religionsfreiheit, S. 222 f.; *ders.*, NVwZ 2001, 888 (888 f.); *Heinig*, Öffentlich-rechtliche Religionsgesellschaften, S. 262 ff.; *Arning*, Grundrechtsbindung der kirchlichen Gerichtsbarkeit, S. 43 f.; *Friehe*, Dienstherrnfähigkeit der Kirchen, S. 138 ff; *ders.*, NVwZ 2020, 1388 (1391 f.); *Weber*, ZevKR 57 (2012), 347 (353).

[1059] BVerfGE 102, 379 (378).

[1060] *Germann*, in: Epping/Hillgruber, Art. 140 Rn. 69.

[1061] *Heinig*, Öffentlich-rechtliche Religionsgesellschaften, S. 265; *Magen*, Körperschaftsstatus und Religionsfreiheit, S. 222.

[1062] *Meyer-Teschendorf*, AöR 103 (1978), 289 (301).

[1063] *Morlok*, in: Dreier-GG III, Art. 137 WRV Rn. 80; *Heinig*, Öffentlich-rechtliche Religionsgesellschaften, S. 265 f.; *Meyer-Teschendorf*, AöR 103 (1978), 289 (301); *Morlok/Heinig*, NVwZ 1999, 697 (700).

[1064] *Isensee*, Die Zukunftsfähigkeit des deutschen Staatskirchenrechts, in: Isensee/Rees/Rüfner (Hrsg.), Dem Staate, was des Staates – der Kirche, was der Kirche ist - FS Listl, S. 67 (82).

Auffassung, dass sich diese Funktion nur in Unabhängigkeit von Staat und Wirtschaft entfalten könne.[1065] *Heinig* bewertet die soziale Nützlichkeit eines religiösen Zusammenschlusses lediglich als möglichen und typisch prognostizierbaren Reflex, ohne dass diesbezüglich aber Gewissheit bestünde.[1066] Die Gemeinwohldienlichkeit könne folglich lediglich eine Verfassungserwartung, nicht aber anspruchsvernichtende Voraussetzung zur Verleihung der Körperschaftsrechte, darstellen.[1067]
Nach dem gerade Gesagten wird deutlich, dass das Telos der Norm nicht nur für die Funktion des Körperschaftsstatus relevant ist, sondern auch für die Frage, inwiefern die christlichen Großkirchen im Rahmen des Körperschaftsstatus als organisatorisches Vorbild herangezogen werden können.[1068]

i. Problematisches Nützlichkeitskriterium

An der Verbindungsthese ist zunächst zu kritisieren, dass Religion und Staat durch Nützlichkeitserwägungen in gefährliche Nähe zueinander gestellt werden.[1069] Der Verbindungsthese wohnt damit eine gewisse staatskirchliche Ausrichtung inne.[1070] Ein weiteres Problem der Verbindungsthese ist, dass das Kriterium der sozialen Nützlichkeit nur schwer fassbar ist.[1071] Da das Kriterium nicht gesetzlich verankert und daher im besonderen Maße interpretationsbedürftig ist, fehlt es dem Kriterium an dogmatischer Greifbarkeit.[1072] Was der Eine als gesamtgesellschaftlich nützlich ansieht, muss von Anderen nicht ebenfalls als nützlich eingeordnet werden. Da der Staat nicht über die Kompetenz verfügt, die Gemeinwohldienlichkeit religiöser Zusammenschlüsse zu prüfen, bleibt die soziale Nützlichkeit eine verfassungsrechtliche Vermutung, welche die freiheitliche Grundausrichtung des Körperschaftsstatus nicht zu beseitigen vermag.[1073] Zudem

---

[1065] *Magen*, NVwZ 2001, 888 (889).
[1066] *Heinig*, Öffentlich-rechtliche Religionsgesellschaften, S. 264.
[1067] *Heinig*, Öffentlich-rechtliche Religionsgesellschaften, S. 264; *Magen*, Körperschaftsstatus und Religionsfreiheit, S. 186; .); *H. Weber*, ZevKR 57 (2012), 347 (354).
[1068] *N. Schröder*, Die Deutsche Islamkonferenz und die muslimische Verbände im Religionsverfassungsrecht, in: Hunger/Schröder (Hrsg.), Staat und Islam, S. 191 (196).
[1069] *Arning*, Grundrechtsbindung der kirchlichen Gerichtsbarkeit, S. 43; vgl. auch *Korioth*, in: Maunz/Dürig, Art. 137 WRV Rn. 64.
[1070] *Friehe*, Dienstherrnfähigkeit der Kirchen, S. 141.
[1071] *Heinig*, Öffentlich-rechtliche Religionsgesellschaften, S. 263; *Arning*, Grundrechtsbindung der kirchlichen Gerichtsbarkeit, S. 43.
[1072] *Arning*, Grundrechtsbindung der kirchlichen Gerichtsbarkeit, S. 43.
[1073] *Magen*, in: Pirson/Rüfner/Germann/Muckel (Hrsg.), HdbStKirchR Bd. I, S. 1058.

hätte das Kriterium der Gemeinwohldienlichkeit zur Folge, dass religiöse Zusammenschlüsse einer staatlichen Prüfung unterworfen würden.[1074] Eine derartige Prüfung ist dem Staat aus Gründen der Neutralität und der Parität allerdings untersagt.[1075] Darüber hinaus ist darauf hinzuweisen, dass das karitative Tätigwerden in den christlichen Großkirchen weit verbreitet sein mag, manchen religiösen Minderheiten hingegen fremd ist. Daher ist dem Kriterium der sozialen Nützlichkeit ebenfalls ein christlich-kirchlich geprägter Bias zu attestieren. Damit läuft das Kriterium der Gemeinnützigkeit darauf hinaus, dass weltlich engagierte Religionsgemeinschaften gegenüber lediglich religiös engagierten oder weltlichen Belangen abgewandten Religionen neutralitätswidrig und paritätswidrig bevorzugt würden.[1076]

ii. Fehlende Verwurzelung als Problem

Gegen die Verbindungsthese spricht außerdem, dass vor allem die christlichen Kirchen auf ihre sozialen Dienste und Projekte verweisen können, während kleinere Religionen (noch) nicht über ähnliche Angebote im Wohlfahrtsbereich verfügen. Religiöse Minderheiten und neu etablierte Zusammenschlüsse können nicht auf dieselbe historische Verwurzelung in Deutschland zurückblicken wie die christlichen Kirchen. Dementsprechend können sie auch nicht auf denselben gesellschaftlichen Einfluss und Rückhalt verweisen. Indem an die soziale Nützlichkeit einer religiösen Gruppierung angeknüpft wird, geht damit eine Differenzierung zwischen großen Religionsgemeinschaften und kleinen Religionsgemeinschaften einher, denen dadurch pauschal eine geringe Wertigkeit unterstellt wird.[1077] Abgesehen davon bedarf es erst finanzieller Ressourcen, um sozial nützliche Projekte finanzieren zu können. Diese können in größerem Umfang häufig erst durch Steuereinnahmen erlangt werden, wofür es wiederum die Anerkennung als Körperschaft braucht. Auch aus diesem Grund ist das Kriterium der sozialen Nützlichkeit im Rahmen des Körperschaftsstatus kritisch einzuordnen.

[1074] VG Mainz, NVwZ-RR 2012, 417 (419).

[1075] Vgl. *Magen*, in: Pirson/Rüfner/Germann/Muckel (Hrsg.), HdbStKirchR Bd. I, S. 1059.

[1076] *Korioth*, Loyalität im Staatskirchenrecht?, in: Erbguth/Müller/Neumann (Hrsg.), Rechtstheorie und Rechtsdogmatik im Austausch, S. 221 (242 f.); *Magen*, Körperschaftsstatus und Religionsfreiheit, S. 181.

[1077] *Unruh*, in: v. Mangoldt/Klein/Starck, Bd. 3, Art. 137 WRV Rn. 198; *ders.*, Religionsverfassungsrecht[4], S. 182.

iii. Verbindungsthese widerspricht Gleichstellungscharakter

Darüber hinaus spricht die gleichstellende und neutralitätsschaffende Funktion des Art. 140 GG i. V. m. Art. 137 Abs. 5 S. 2 WRV gegen die Gemeinwohldienlichkeit als Zweck des Körperschaftsstatus.[1078] Durch Art. 140 GG i. V. m. Art. 137 Abs. 5 S. 2 WRV sollten religiösen Minderheiten, welche die Körperschaftsrechte 1919 noch nicht innehatten, mit altkorporierten Religionsgemeinschaften gleichgestellt werden, wenn die Voraussetzungen der Norm erfüllt sind.[1079] Die gleichstellende Prägung der Norm lässt sich mit der Verbindungsthese nur schwer in Einklang bringen. Für die grundrechtliche Deutung lassen sich außerdem die mit dem Körperschaftsstatus verbundenen Rechtsfolgen heranziehen, welche auf die optimale Verwirklichung der religiösen Freiheit abzielen.[1080]

iv. Vorzugswürdigkeit der Grundrechtsthese

Vorzugswürdig ist daher die Grundrechtsthese. Der Nutzen für den Staat stellt nicht den primären Zweck des Körperschaftsstatus dar, sondern ist lediglich eine – wenn auch nicht unerwünschte – Nebenfolge.[1081] Den Körperschaftsstatus als Mittel zur Entfaltung der Religionsfreiheit zu begreifen, ist daher vorzugswürdig. So wichtig und wünschenswert Kooperation im Rahmen des Körperschaftsstatus auch sein mag, handelt es sich dabei nur um eine mögliche und gewünschte Folge des Körperschaftsstatus, nicht aber um dessen Hauptsinn und Zweck.[1082] Auch mit Blick auf die zunehmende Pluralisierung der Religionslandschaft ist es vorzugswürdig, den Körperschaftsstatus als Mittel zur Entfaltung der Religionsfreiheit zu betrachten. Indem das Bundesverfassungsgericht den Fokus von der sozialen Nützlichkeit und den kulturellen Errungenschaften auf die Religionsfreiheit, die für alle Religionen gilt, verschoben hat, hat das Gericht die Funktion des Körperschaftsstatus an die religiöse Pluralisierung ange-

---

[1078] *Unruh*, in: v. Mangoldt/Klein/Starck, Bd. 3, Art. 137 WRV Rn. 198; *ders.*, Religionsverfassungsrecht[4], S. 182.

[1079] Siehe S. 239.

[1080] *Germann*, in: Epping/Hillgruber, Art. 140 Rn. 69.

[1081] *Isensee*, Die Zukunftsfähigkeit des deutschen Staatskirchenrechts, in: Isensee/Rees/Rüfner (Hrsg.), Dem Staate, was des Staates – der Kirche, was der Kirche ist – FS Listl, S. 67 (82 f.).

[1082] *Robbers*, Sinn und Zweck des Körperschaftsstatus im Staatskirchenrecht, in: Kästner/Nörr/Schlaich (Hrsg.), Festschrift für Martin Heckel zum siebzigsten Geburtstag, S. 411 (419).

passt.[1083] Da ein pluralismusoffenes Verständnis des Körperschaftsstatus wiederum notwendig ist, um den Körperschaftsstatus gesellschaftlich akzeptanzfähig zu halten,[1084] ist es zu begrüßen, dass der Fokus von der sozialen Nützlichkeit hin zur Religionsfreiheit verschoben wurde. Die Grundrechtsthese verhilft den Prinzipien der Parität, Neutralität und Säkularität besser zur Wirkung. Somit ist es vorzugswürdig, den Körperschaftsstatus als Mittel zur Entfaltung der Religionsfreiheit zu sehen. Dass manche religiösen Minderheiten nicht über eine kirchenähnliche Wohlfahrt verfügen, steht der Verleihung der Körperschaftsrechte damit aus organisatorischer Sicht nicht entgegen.

(3) Befugnisse gegenüber den zugehörigen Gläubigen

Weiterhin ist zu beachten, dass es bei der Verleihung der Körperschaftsrechte nicht um die Auszeichnung mit einem Gütesiegel, sondern um die Verleihung mit dem Körperschaftsstatus zusammenhängender Rechte geht.[1085] Dementsprechend müssen religiöse Zusammenschlüsse, die den Körperschaftsstatus anstreben, in der Lage sein, die mit dem Körperschaftsstatus verbundene Rechtsstellung auszufüllen.[1086]
Ein wesentlicher Teil der mit dem Körperschaftsstatus einhergehenden Befugnisse betrifft die Glaubensangehörigen.[1087] So sind Religionsgemeinschaften berechtigt, Steuern mithilfe des staatlichen Finanzamtes einzuziehen.[1088] Die sogenannten „Kirchensteuer“[1089] wird gegen ein Entgelt von den staatlichen Steuerbehörden als Annex zur Einkommensteuer eingezogen und an die Religionsgemeinschaft weitergeleitet.[1090] Es handelt sich

[1083] *Ogorek*, DÖV 2017, 575 (581).
[1084] *Friehe*, Dienstherrnfähigkeit der Kirchen, S. 141.
[1085] *Munsonius*, Quo vadis „Staatskirchenrecht“?, DÖV 2013, S. 93 (101).
[1086] *Robbers*, Sinn und Zweck des Körperschaftsstatus im Staatskirchenrecht, in: Kästner/Nörr/Schlaich (Hrsg.), Festschrift für Martin Heckel zum siebzigsten Geburtstag, S. 411 (412); a.A. *Muckel*, DÖV 1995, 311 (316).
[1087] *Muckel*, Muslimische Religionsgemeinschaften als Körperschaften des öffentlichen Rechts, in: Antes/Ceylan (Hrsg.), Muslime in Deutschland, S. 77 (108).
[1088] *Muckel*, Der Staat 38 (1999), 569 (575).
[1089] Da nicht nur Kirchen, sondern allen Religionsgemeinschaften mit Körperschaftsstatus das Besteuerungsrecht zusteht, ist der gängige Begriff „Kirchensteuer“ ungenau. Dieser ebenfalls christlich geprägte Begriff soll hier lediglich aus Gründen der Verständlichkeit verwendet werden.
[1090] *Muckel/Hentzschel*, Die Finanzierung muslimischer Organisationen in Deutschland, in: Molthagen/Friedrich-Ebert-Stiftung (Hrsg.), Die Finanzierung muslimischer Organisationen in Deutschland, S. 6 (9), abrufbar unter http://library.fes.de/pdf-files/dialog/14198.pdf

beim Kirchensteuereinzug um eine besondere Form der Erhebung von Mitgliedsbeiträgen.[1091] Das Besteuerungsrecht steht dabei allen Religionsgemeinschaften mit Körperschaftsstatus zu, unabhängig davon, ob es sich um geborene oder gekorene Körperschaften handelt.[1092] Art. 140 GG i. V. m. Art. 137 Abs. 6 WRV stellt ein vom Staat abgeleitetes Hoheitsrecht dar, das von den Religionsgemeinschaften nur unter Einhaltung der Verfassung wahrgenommen werden kann.[1093] Zwar steht es Religionsgemeinschaften mit Körperschaftsstatus frei, ob und in welchem Umfang sie das Angebot zur Steuererhebung annehmen.[1094] Gerade die kleineren öffentlich-rechtlichen Religionsgemeinschaften nehmen das Besteuerungsrecht nur vereinzelt wahr.[1095] Da jedoch alle Religionsgemeinschaften mit öffentlich-rechtlichem Status berechtigt sind, Steuern zu erheben, sollte dieses in der Praxis wahrnehmbare Recht nicht außen vor bleiben. Aus diesem Grund muss ein religiöser Zusammenschluss, der den Körperschaftsstatus begehrt, derart organisiert sein, dass er die aus dem Status folgenden Rechte wahrnehmen kann.

(4) Verschiedene Funktionen des Art. 140 GG i. V. m. Art. 137 Abs. 5 S. 2 WRV

Es bleibt festzuhalten, dass Art. 140 GG i. V. m. Art. 137 Abs. 5 S. 2 WRV verschiedene Funktionen erfüllt. Zunächst handelt es sich um eine gleichheits- und freiheitsrechtlich geprägte Norm, die auf Integrationsoffenheit angelegt ist. Der freiheitlichen und gleichheitsrechtlichen Komponente ist im Rahmen der Bestimmung des Begriffs der Religionsgemeinschaft ausreichend Rechnung zu tragen. Ferner dient die Regelung als Mittel zur Entfaltung der Religionsfreiheit und soll die Grundrechtsverwirklichung durch Organisation ermöglichen. Die Entwicklung hin zu

---

(zuletzt aufgerufen am 31.05.2021).

[1091] *de Wall*, Das Verhältnis von Staat und Religionsgemeinschaften in Deutschland, in: Rohe u.a. (Hrsg.), Handbuch Christentum und Islam in Deutschland, Bd. 1, S. 189 (218).

[1092] *Unruh*, in: v. Mangoldt/Klein/Starck, Bd. 3, Art. 137 WRV Rn. 248.

[1093] BVerfGE 30, 415 (422); *Morlok*, in: Dreier-GG III, Art. 137 WRV Rn. 122; *Unruh*, in: v. Mangoldt/Klein/Starck, Bd. 3, Art. 137 WRV Rn. 244; *Mager*, in: v. Münch/Kunig-GG, Bd. 2, Art. 140 Rn. 70.

[1094] *Unruh*, in: v. Mangoldt/Klein/Starck, Bd. 3, Art. 137 WRV Rn. 248 mit einem Überblick über das Vorgehen verschiedener Religionsgemeinschaften; *Isensee*, Die Finanzquellen der Kirchen im deutschen Staatskirchenrecht, in: Hense (Hrsg.), Staat und Religion, S. 571 (580); *Muckel*, DÖV 1995, 311 (316).

[1095] *Muckel*, in: Friauf/Höfling, Art. 140/Art. 137 WRV Rn. 109.

einer grundrechtlichen Deutung des Körperschaftsstatus wirkt sich daher auch auf die Auslegung des Tatbestandsmerkmals der „Religionsgemeinschaft" aus.[1096] Dass ein religiöser Zusammenschluss, der die Körperschaftsrechte beantragt, derart organisiert ist, dass er sozialdienlich handeln kann, ist somit nicht erforderlich. Darüber hinaus erfüllt Art. 140 GG i. V. m. Art. 137 Abs. 5 S. 2 WRV den Zweck, den korporierten Religionsgemeinschaften bestimmte Rechte zu verleihen. Auf verfassungsrechtlicher Ebene ist das Besteuerungsrecht aus Art. 140 GG i. V. m. Art. 137 Abs. 6 WRV zu nennen. Die mit dem Körperschaftsstatus einhergehenden Rechte sind bei der Frage, welche organisatorischen Anforderungen ein religiöser Zusammenschluss erfüllen muss, ebenfalls zu beachten.

bb) Organisatorische Anforderungen

Anhand der gerade skizzierten Funktionen des Körperschaftsstatus lässt sich herausarbeiten, welche organisatorischen Anforderungen eine Gemeinschaft erfüllen muss, will sie die Körperschaftsrechte nach Art. 140 GG i. V. m. Art. 137 Abs. 5 S. 2 WRV erlangen.

Zunächst einmal ist festzuhalten, dass Art. 140 GG i. V. m. Art. 137 Abs. 5 S. 2 WRV keine bestimmte Organisationsstruktur verlangt. Zwar stellen die christlichen Kirchen historisch bedingt den Prototyp körperschaftlich organisierter Religionsgemeinschaften dar,[1097] allerdings steht religiösen Zusammenschlüssen aufgrund ihrer religiösen Vereinigungsfreiheit die Wahl einer mit ihrem religiösen Selbstverständnis in Einklang stehenden Rechtsform offen.[1098] Das Fordern einer ganz konkreten Organisationsstruktur ist dementsprechend nicht mit dem religiösen Selbstbestimmungsrecht aus Art. 140 GG i. V. m. Art. 137 Abs. 3 WRV in Einklang zu bringen, weshalb der Körperschaftsstatus ganz unterschiedlich organisierten religiösen Zusammenschlüssen offensteht.[1099] Dass unterschiedliche Organisationsstrukturen möglich sind, ist nicht nur auf das religiöse Selbstbestimmungsrecht zurückzuführen, sondern auch auf die

[1096] *Heinig*, Art. 137 Abs. 5 S. 2 WRV – ein Gleichheitsversprechen in rechtswissenschaftlicher Theorie und Rechtsprechungspraxis, in: Heinig (Hrsg.), Die Verfassung der Religion, S. 213 (222); *Ogorek*, DÖV 2017, 575 (581).

[1097] *Ogorek*, DÖV 2017, 575 (579).

[1098] *Hillgruber*, KuR 17 (2011), 225 (225).

[1099] *Mager*, in: v. Münch/Kunig-GG, Bd. 2, Art. 140 Rn. 53.

grundrechtlichen Lesart der Art. 140 GG i. V. m. Art. 137 Abs. 5 S. 2 WRV und die Einordnung der Norm als „Gleichheitsversprechen".[1100]

(1) Mitgliedschaftliche Organisation

Vor allem die unklaren Mitgliedschaftsregelungen islamischer Gemeinschaften erschweren die Verleihung der Körperschaftsrechte in der Praxis.[1101] Art. 140 GG i. V. m. Art. 137 Abs. 5 S. 2 GG nimmt Bezug auf die „Zahl der Mitglieder", weshalb der Wortlaut der Norm eindeutig für die Notwendigkeit einer mitgliedschaftlichen Organisation spricht.[1102] Allerdings legt Art. 140 GG i. V. m. Art. 137 Abs. 5 S. 2 GG nicht fest, wie die Mitgliedschaft im Einzelnen geregelt sein muss. Eine den christlichen Kirchen entsprechende Mitgliedschaftsregelung ist zumindest dem Wortlaut der Norm nach nicht zwingend. Die Relevanz des religiösen Selbstverständnisses, aber auch die Prinzipien der Neutralität, der Parität und der Säkularität sprechen vielmehr dafür, dass den religiösen Zusammenschlüssen selbst überlassen wird, wie sie ihre Mitgliedschaft konkret regeln möchten. Demzufolge bedarf es dem Wortlaut nach zwar einer mitgliedschaftlichen Organisation, eine formell-mitgliedschaftliche Organisation ist dem Verfassungstext zufolge hingegen nicht zwingend.

Allerdings macht das Besteuerungsrecht deutlich, dass nicht jedweder irgendwie mitgliedschaftlich organisierte Zusammenschluss die weitreichenden Rechte, die Religionskörperschaften zugutekommen, wahrnehmen kann. Es besteht Konnexität zwischen der Steuerpflicht nach Art. 140 GG i. V. m. Art. 137 Abs. 6 WRV und der Mitgliedschaft.[1103] Der in religiös-weltanschaulichen Angelegenheiten neutrale Staat kann und darf nicht festlegen, wer einer religiösen Gemeinschaft angehört, da diese Kompetenz den religiösen Zusammenschlüssen aufgrund ihres Selbstbestimmungsrechts zukommt.[1104]

[1100] *Heinig*, Art. 137 Abs. 5 S. 2 WRV – ein Gleichheitsversprechen in rechtswissenschaftlicher Theorie und Rechtsprechungspraxis, in: Heinig (Hrsg.), Die Verfassung der Religion, S. 213 ff.; s. Seite 191.

[1101] *Muckel*, in: Friauf/Höfling, Art. 140/Art. 137 WRV Rn. 92.

[1102] *Muckel*, Muslimische Religionsgemeinschaften als Körperschaften des öffentlichen Rechts, in: Antes/Ceylan (Hrsg.), Muslime in Deutschland, S. 77 (89).

[1103] *Morlok*, in: Dreier-GG III, Art. 137 WRV Rn. 122; *Leibholz/Rinck*, GG, Art. 140 Rn. 336.

[1104] BVerfGE 30, 415 (422); *Germann*, in: Epping/Hillgruber, Art. 140 Rn. 113; *Isensee*, Die Finanzquellen der Kirchen im deutschen Staatskirchenrecht, in: Hense (Hrsg.), Staat und Religion, S. 571 (582).

Uneindeutige Regelungen auf Seiten der religiösen Gruppierung hätten nicht hinnehmbare Rechtsunklarheiten zur Folge. Keinesfalls dürfen einem religiösen Zusammenschluss aber Hoheitsbefugnisse über Personen verliehen werden, die der Glaubensgemeinschaft nicht angehören.[1105] Vielmehr dürfen nur diejenigen Personen der Steuerpflicht unterworfen werden, die einer steuerberechtigten Religionsgemeinschaft angehören.[1106] Daher muss eindeutig und zweifelsfrei feststellbar sein, wer einem religiösen Zusammenschlusses angehört und wer nicht.[1107] Rechtsunklarheiten können nur durch eine eindeutige mitgliedschaftliche Organisation verhindert werden. Zwar wird eingewendet, dass der Körperschaftsstatus nicht davon abhängig gemacht werden dürfe, ob die Religionsgemeinschaft willens und fähig ist, die mit dem Körperschaftsstatus verbundenen Rechte tatsächlich auszuüben, schließlich beinhalte der Körperschaftsstatus lediglich das Angebot, die damit verbundenen Rechte wahrzunehmen.[1108] Es ist richtig, dass es Religionsgemeinschaften mit Körperschaftsstatus freisteht, ob sie das Besteuerungsrecht wahrnehmen oder nicht. Dennoch ist es für die Verleihung der Körperschaftsrechte relevant, ob der jeweilige religiöse Zusammenschluss die mit dem Körperschaftsstatus einhergehenden Rechte zumindest theoretisch wahrnehmen kann, schließlich hat jede öffentlichrechtliche Religionsgemeinschaft das Recht, Steuern zu erheben. Der Staat kann eine Steuererhebung durch Religionskörperschaften nicht mit Verweis auf eine nicht ausreichende Organisationsstruktur untersagen. Ansonsten wäre der Staat gezwungen, innerhalb der Gruppe der Religionsgemeinschaften mit Körperschaftsstatus zu differenzieren, obwohl in der Gruppe korporierter Religionsgemeinschaften strikte Parität herrscht.[1109] Mit Blick auf den strikten Paritätsmaßstab innerhalb des Körperschaftsstatus ist daher zu fordern, dass der religiöse Zusammenschluss zumindest theoretisch in der Lage ist, die mit dem Körperschaftsstatus verbundenen Rechte wahrzunehmen. Der Angebotscharakter des Besteuerungsrechts wird dadurch nicht infrage gestellt, da die Religionsgemeinschaften weiterhin selbstbestimmt entscheiden können, ob sie das Besteuerungsrecht praktisch wahrnehmen oder nicht.

[1105] BVerfGE 19, 206 (216); *Morlok*, in: Dreier-GG III, Art. 137 WRV Rn. 122.
[1106] BVerfGE 19, 226 (235 f.); 30, 415 (421 f); 44, 37 (50).
[1107] *Muckel*, Muslimische Religionsgemeinschaften als Körperschaften des öffentlichen Rechts, in: Antes/Ceylan (Hrsg.), Muslime in Deutschland, S. 77 (108).
[1108] *Muckel*, DÖV 1995, 311 (316).
[1109] *Weber*, NJW 1983, 2541 (2543).

Das Fordern einer mitgliedschaftlichen Organisationsstruktur erscheint mit Blick auf die Prinzipien der Neutralität und der Parität problematisch, da eine mitgliedschaftliche Organisation insbesondere dem christlichen Organisationsverständnis entgegenkommt, während muslimischen Gemeinschaften eine solche Struktur fremd ist. Ebenso könnte das Mitgliedschaftserfordernis mit Blick auf die freiheitliche und gleichheitsrechtliche Prägung des Art. 140 GG i. V. m. Art. 137 Abs. 5 S. 2 WRV angezweifelt werden. Das Erfordernis einer mitgliedschaftlichen Organisation stellt allerdings eine funktionsbedingt erklärbare Differenzierung und keine ungerechtfertigte Benachteiligung religiöser Minderheiten gegenüber dem Christentum dar. Zudem handelt es sich bei der Kategorie der Religionsgemeinschaft um eine Rechtsfigur, die eine Unterscheidbarkeit von Mitgliedern und Nichtmitgliedern ermöglicht und damit nicht nur dem Schutz der Gläubigen, sondern auch der Religionsfreiheit der Nichtgläubigen dient.[1110] Die negative Religionsfreiheit nichtgläubiger Personen stellt ein hochrangiges Verfassungsgut dar, das der weltanschaulich-neutrale und am Prinzip der Parität orientierte Staat ebenfalls zu schützen hat.[1111] Niemand darf zur Finanzierung einer Religionsgemeinschaft, welcher er nicht angehört, gezwungen werden.[1112] Um der negativen Finanzierungsfreiheit[1113] nichtreligiöser Menschen ausreichend Rechnung zu tragen, bedarf es einer eindeutig feststellbaren Mitgliedschaftsstruktur, da sonst die Gefahr bestünde, die Steuereinziehung gegenüber nichtreligiösen Personen durchzusetzen. Im Rahmen des Art. 140 GG i. V. m. Art. 137 Abs. 5 S. 2WRV kann daher trotz grundrechtlicher Lesart und den Prinzipien der Neutralität und Parität nicht auf die strikte Anforderung eines mitgliedschaftlichen Aufbaus verzichtet werden. Den verschiedenen religiösen Selbstverständnissen wird ausreichend Rechnung getragen, da sich die

---

1110 *Heinig*, Gesetzgeberische Gestaltungsoptionen zur Verleihung und zum Verlust des Körperschaftsstatus für Religions- und Weltanschauungsgemeinschaften, in: Heinig (Hrsg.), Die Verfassung der Religion, S. 232 (237).

1111 *Heinig*, Art. 137 Abs. 5 S. 2 WRV – ein Gleichheitsversprechen in rechtswissenschaftlicher Theorie und Rechtsprechungspraxis, in: Heinig (Hrsg.), Die Verfassung der Religion, S. 213 (223); ähnlich *Morlok*, in: Dreier-GG III, Art. 137 WRV Rn. 122.

1112 BVerfGE 19, 206 (216); *Mager*, in: v. Münch/Kunig-GG, Bd. 2, 7. Auflage, Art. 140 Rn. 73.

1113 *Muckel*, in: Friauf/Höfling, Art. 140/Art. 137 WRV Rn. 111; *Germann/Rüfner*, in: Pirson/Rüfner/Germann/Muckel (Hrsg.), HdbStKirchR Bd. II, S. 1223; *Morlok*, in: Dreier-GG III, Art. 137 WRV Rn. 123; *Unruh*, in: v. Mangoldt/Klein/Starck, Bd. 3, Art. 137 WRV Rn. 248; *Germann*, in: Epping/Hillgruber, Art. 4 Rn. 21.7.

Feststellung der Mitgliedschaft nach innerreligiösem Recht richtet.[1114] Ob die Mitgliedschaft durch eine Taufe, einen aktiven Eintritt oder auf sonstige Weise erfolgt, ist irrelevant, solange die Mitgliedschaft klar feststellbar ist. Dadurch wird religiösen Minderheiten ein ausreichender Gestaltungsspielraum abseits christlicher Zuordnungskategorien zugestanden.

(2) Ansprechpartner

Da Religionsgemeinschaften mit Körperschaftsstatus mithilfe des Staates Steuern erheben können, braucht es im Außenverhältnis vertretungsbefugte Organe auf Seiten der Religionsgemeinschaft. Die Organisationsstruktur muss Instanzen benennen können, die dem Staat gegenüber als Ansprechpartner zur Verfügung stehen.[1115] Diese Voraussetzung wird schon im Rahmen einer vereinsrechtlichen Organisation gefordert, weshalb Vereine über die notwendige Verfasstheit verfügen dürften.[1116]

(3) Kein Lehramt erforderlich

Darüber hinaus stellt sich die Frage, ob eine lehramtliche Organisation im Rahmen des Art. 140 GG i. V. m. Art. 137 Abs. 5 S. 2 WRV erforderlich ist. Betrachtet man die mit dem Körperschaftsstatus verbundenen Funktionen und Befugnisse, ist die Notwendigkeit eines verbindlichen Lehramts zu verneinen.[1117] Da Art. 140 GG i. V. m. Art. 137 Abs. 5 S. 2 WRV ein Mittel zur Entfaltung der Religionsfreiheit darstellt und es sich um eine auch gleichheitsrechtlich geprägte Norm handelt, ist das Erfordernis eines verbindlichen Lehramts – das wiederum dem katholischen Organisationsverständnis zu entnehmen ist[1118] – abzulehnen. Weder kann eine solche Voraussetzung dem Wortlaut entnommen werden,[1119] noch ist eine lehr-

---

[1114] *Isensee*, Die Finanzquellen der Kirchen im deutschen Staatskirchenrecht, in: Hense (Hrsg.), Staat und Religion, S. 571 (582).

[1115] *Muckel/Tillmanns*, Die religionsverfassungsrechtlichen Rahmenbedingungen für den Islam, in: Muckel (Hrsg.), Der Islam im öffentlichen Recht des säkularen Verfassungsstaats, S. 234 (254); *Hillgruber*, KuR (17) 2011, 225 (232).

[1116] *Friehe*, Das Religionsverfassungsrecht vor den Herausforderungen der Globalisierung, in: Friehe/Piecha (Hrsg.), Rechtskultur und Globalisierung, S. 13 (32).

[1117] *Friehe*, Das Religionsverfassungsrecht vor den Herausforderungen der Globalisierung, in: Friehe/Piecha (Hrsg.), Rechtskultur und Globalisierung, S. 13 (32); a.A. *Hollerbach*, in: Isensee (Hrsg.), HStR, Bd. VI, § 138 Rn. 135.

[1118] *Friehe*, Das Religionsverfassungsrecht vor den Herausforderungen der Globalisierung, in: Friehe/Piecha (Hrsg.), Rechtskultur und Globalisierung, S. 13 (32).

[1119] *Friehe*, Das Religionsverfassungsrecht vor den Herausforderungen der Globalisierung, in: Friehe/Piecha (Hrsg.), Rechtskultur und Globalisierung, S. 13 (32).

amtliche Organisation praktisch notwendig, um die mit dem Körperschaftsstatus verbundenen Rechte wahrzunehmen.

cc) Fazit

Religiöse Zusammenschlüsse, die Körperschaften im Sinne des Art. 140 GG i. V. m. Art. 137 Abs. 5 S. 2 WRV werden wollen, müssen strengere organisatorische Anforderungen erfüllen als solche, die lediglich Rechte aus dem religiösen Binnenbereich wahrnehmen möchten und sich der staatlichen Sphäre entziehen wollen. Mit Blick auf die soeben skizzierten Funktionen des Körperschaftsstatus bedeutet dies, dass ein religiöser Zusammenschluss mitgliedschaftlich organisiert sein muss. Aufgrund des Rechts zur Steuererhebung nach Art. 140 GG i. V. m. Art. 137 Abs. 6 WRV kann auf eine mitgliedschaftliche Organisation nicht verzichtet werden. Ansonsten wäre nicht feststellbar, wer im Einzelnen steuerpflichtig ist und wer nicht. Die Möglichkeit der Selbstzuordnung kann eine klare mitgliedschaftliche Regelung nicht adäquat ersetzen. Vor allem islamische Zusammenschlüsse stellt das Mitgliedschaftskriterium vor Probleme, während diese Organisationsstruktur insbesondere christlichen Zusammenschlüssen entgegenkommt. Vor dem Hintergrund staatlicher Neutralität und Parität, aber auch mit Blick auf die freiheitsfördernde Funktion des Körperschaftsstatus, erscheint das Erfordernis einer mitgliedschaftlichen Organisationsstruktur daher problematisch. Da jedoch keine strikte Ergebnisgleichheit verlangt werden kann, sind begründbare Differenzierungen zulässig. Grund für die mittelbare Ungleichbehandlung im Kontext des Körperschaftsstatus ist das damit einhergehende Besteuerungsrecht. Es handelt sich um eine funktionsbedingt erklärbare Differenzierung und keine ungerechtfertigte Benachteiligung religiöser Minderheiten gegenüber dem Christentum.

Doch obwohl auf die strikte Anforderung einer mitgliedschaftlichen Organisationsstruktur nicht verzichtet werden kann, steht dies einer zukunftsoffenen Lesart des Art. 140 GG i. V. m. Art. 137 Abs. 5 S. 2 WRV nicht insgesamt entgegen. Im Rahmen des Körperschaftsstatus nach Art. 137 Abs. 5 S. 2 WRV ergibt sich eine Besonderheit: Anders als die anderen Regelungen des Grundgesetzes, die den Begriff der Religionsgemeinschaft nennen, enthält Art. 137 Abs. 5 S. 2 WRV ausdrücklich weitere Anforderungen, die ein religiöser Zusammenschluss erfüllen muss, will er in den Genuss der Körperschaftsrechte kommen. Um den Prinzipien der Parität und der Neutralität, aber auch der Religionsfreiheit, besser zur Wirkung zu verhelfen, könnten die sonstigen geschriebenen Tatbestandsmerkmale der Norm liberaler als momentan üblich ausgelegt werden.[1120] Dass eine offene Lesart der Körperschaftsmerkmale „Gewähr der Dauer“ und „Zahl ihrer Mitglieder“ in der Rechtspraxis möglich ist, haben das Bundesverwaltungsgericht[1121] und das VG Arnsberg[1122] aufgezeigt. So besteht im Rahmen der Mitgliederzahl die Möglichkeit, die weltweite Verbreitung der Religion miteinzubeziehen, anstatt die Mitgliederzahl lediglich in ein Verhältnis zur Bevölkerungszahl des jeweiligen Bundeslandes zu setzen.[1123] Ebenso muss bei der Verleihung der Körperschaftsrechte nicht zwingend eine Mindestbestandszeit von 30 Jahren zugrunde gelegt werden. Einerseits findet das Kriterium des dreißigjährigen Bestehens keinen Rückhalt im Gesetz. Und auch mit Blick auf den Sinn und Zweck ist dieser Bestehenszeitraum nicht erforderlich. Das Merkmal „Gewähr der Dauer“ soll die Zuerkennung der Körperschaftsrechte lediglich bei neu entstandenen Bewegungen verhindern, deren weiterer Weg nicht abzusehen ist.[1124] Bewertet man die Merkmale der „Gewähr der Dauer“ und „Zahl ihrer Mitglieder“ nicht isoliert, sondern betrachtet diese wie vom Bundesverwaltungsgericht und VG Arnsberg vorgeschlagen „im Lichte notwendiger weiterer Bewertungsfaktoren“[1125], ermöglicht man eine der pluralistischen Religionslandschaft gerecht werdende Auslegung des Art. 137 Abs. 5 S. 2 WRV. So lässt sich das Gleichheitsversprechen trotz der Notwendigkeit einer mitgliedschaftlichen Organisationsstruktur einlösen.

b) Religionsunterricht (Art. 7 Abs. 3 GG)

Eine weitere Norm, in welcher der Begriff der Religionsgemeinschaft genannt wird, ist Art. 7 Abs. 3 S. 2 GG, wonach Religionsunterricht in Über-

---

[1120] Vgl. *Heinig*, Öffentlich-rechtliche Religionsgesellschaften, S. 324, der das dreißigjährige Bestehen lediglich als Richtgröße sieht, die sich in das Gesamtgefüge der Kriterien und Subkriterien einfügen müsse. Aus diesem Grund hält *Heinig* die Jahrhunderte dauernde kulturgeschichtliche Etabliertheit des Islams für relevant; ähnlich *Friehe*, Das Religionsverfassungsrecht vor den Herausforderungen der Globalisierung, in: Friehe/Piecha (Hrsg.), Rechtskultur und Globalisierung, S. 13 (30), der die Eigenschaft des Islams als Weltreligion im Rahmen prognostischer Entscheidungen für bedeutsam hält; s. auch *H. Weber*, ZevKR 57 (2012), 347 (369), der die Kriterien der Mitgliederzahl und der Verfassung nur als Indizien für die Gewähr der Dauer einordnet.

[1121] S. Seite 29 ff.

[1122] S. Seite 27 ff.

[1123] BVerwG NVwZ 2013, 943 (943); VG Arnsberg, KirchE 61, 414 (419).

[1124] BVerwG NVwZ 2013, 943 (944); VG Arnsberg, KirchE 61, 414 (414).

[1125] BVerwG NVwZ 2013, 943 (943); VG Arnsberg, KirchE 61, 414 (419).

einstimmung mit den Grundsätzen der Religionsgemeinschaft erteilt wird. Angesichts der zunehmenden Entchristlichung und der zunehmenden religiösen Pluralisierung der Gesellschaft steht das Modell des konfessionsgebundenen Religionsunterrichts allerdings unter Druck.[1126] Ob religiöse Minderheiten – insbesondere islamische Gruppierungen – Religionsunterricht im Sinne des Art. 7 Abs. 3 S. 2 GG erteilen dürfen, ist einer der häufigsten Streitpunkte im Religionsverfassungsrecht. Die Eingliederung muslimischer Gemeinschaften in das staatliche Schulwesen wird gar als „Lackmustest“ für die Zukunftsfähigkeit des Religionsverfassungsrechts bezeichnet.[1127] Dass das Modell des konfessionsgebundenen Religionsunterrichts vor dem Hintergrund der zunehmenden Entchristlichung der Gesellschaft Kritik ausgesetzt ist, verwundert kaum. Überraschend ist jedoch, dass auch die zunehmende religiöse Pluralisierung den konfessionsgebundenen Religionsunterricht unter Druck setzt. Zwar wurde der Religionsunterricht für die christlichen Kirchen in das Grundgesetz aufgenommen,[1128] gleichwohl steht Religionsunterricht nicht nur der religiösen Mehrheit, sondern auch religiösen Minderheiten zur Verfügung.[1129] Dem Grunde nach darf jede Religionsgemeinschaft Religionsunterricht im Sinne des Art. 7 Abs. 3 S. 2 GG erteilen, da die Norm nicht auf historisch, kulturell oder soziologisch vorherrschende Religionen beschränkt ist.[1130] Mit Art. 7 Abs. 3 GG öffnet sich das Grundgesetz im schulischen Bereich für unterschiedliche kulturelle und religiöse Strömungen der pluralen Gesellschaft.[1131] Integrationsangebote an religiöse Minderheiten erscheinen vor diesem Hintergrund nicht bloß möglich, sondern gar verfassungsrechtlich vorgegeben.[1132] Indes ist nicht zu leugnen, dass die Garantie des Religions-

---

[1126] *Heinig*, Religionsunterricht nach Art. 7 Abs. 3 GG – Rechtslage und Spielräume, in: Heinig (Hrsg.), Die Verfassung der Religion, S. 338 (342).

[1127] *Rohe*, jM 2019, 297 (298); ähnlich *Sehl*, RuP 48 (2012), 44 (44).

[1128] *M. Heckel*, Die religionsrechtliche Parität (II), in: Schlaich (Hrsg.), Gesammelte Schriften Bd. 1 ,S. 227 (280).

[1129] *Ogorek*, in: Pirson/Rüfner/Germann/Muckel (Hrsg.), HdbStKirchR Bd. II, S. 1802; *M. Heckel*, ZThK 102 (2005), S. 246 (255); *Bagheri*, Der funktionsbestimmte Begriff der Religionsgemeinschaft, S. 230.

[1130] *Germann*, in: Epping/Hillgruber, Art. 7 Rn. 55; *Winter*, Staatskirchenrecht der Bundesrepublik Deutschland, S. 140; *M. Heckel*, RdJB 2004, 39 (43).

[1131] *M. Wagner*, Kulturelle Integration und Grundgesetz, S. 207.

[1132] *Muckel*, Deutsches Staatskirchenrecht als Integrationschance für islamische Religionsgemeinschaften, in: Ohly/Haering/Müller (Hrsg.), Rechtskultur und Rechtspflege in der Kirche – FS Rees, S. 1079 (1083).

unterrichts vor allem auf die christlichen Kirchen zugeschnitten ist,[1133] weshalb die historisch bedingte christliche Vorprägung der Norm nicht zu leugnen ist.[1134] Dementsprechend verlangen manche Gerichte und Behörden immer noch eine an die christlichen Kirchen angelehnte Binnenorganisation.[1135] Es verwundert angesichts dessen nicht, dass es religiösen Minderheiten schwer fällt, als Religionsgemeinschaft im Sinne des Art. 7 Abs. 3 S. 2 GG eingeordnet zu werden. In Anbetracht der christlichen Vorprägung droht die Gefahr einer zumindest mittelbaren Diskriminierung nicht-christlicher Religionen, weshalb es nicht genügen kann, allein auf die Gleichheit des staatlichen Angebots zu verweisen.[1136] Das Problem ist nicht im Normativen, sondern im Faktischen angesiedelt[1137] und versteckt sich im Begriff der Religionsgemeinschaft; je enger man diesen Begriff im Rahmen des Art. 7 Abs. 3 S. 2 GG auslegt, desto eher scheidet islamischer Religionsunterricht aus.[1138] Daher wird vorgeschlagen, dass sich der Begriff der Religionsgemeinschaft im Sinne des Art. 7 Abs. 3 S. 2 GG anstatt an christlichen Vorprägungen besser an den im Rahmen des Religionsunterrichts zu bewältigenden Aufgaben orientieren solle.[1139] Ob die im Kontext des Art. 7 Abs. 3 S. 2 GG gängige aber strikte Auslegung des Begriffs der Religionsgemeinschaft notwendig ist, soll daher im folgenden Abschnitt geklärt werden. Dafür sollen die Funktionen und der Rechtscharakter des Religionsunterrichts herausgearbeitet werden.

[1133] *Thiel*, in: Sachs-GG, Art. 7 Rn. 41; *Muckel/Tillmanns*, Die religionsverfassungsrechtlichen Rahmenbedingungen für den Islam, in: Muckel (Hrsg.), Der Islam im öffentlichen Recht des säkularen Verfassungsstaats, S. 234 (265); *Schulten*, Die Integration jüdischer und muslimischer Gemeinschaften in die religionsverfassungsrechtlichen Ordnungsgefüge Deutschlands und Österreichs – einige rechtsvergleichende Gedanken, in: Ohly/Haering/Müller (Hrsg.), Rechtskultur und Rechtspflege in der Kirche – FS Rees, S. 1211 (1214); *Meckel*, Religionsunterricht im Recht, S. 278; *Leimgruber/Müller*, Religionsunterricht zwischen Norm und Wirklichkeit, S. 40; *Böllhoff*, Die „Partnerschaft“ zwischen Staat und Religionsgemeinschaften im Religionsunterricht, S. 22; *Mückl*, AöR 122 (1997), 513 (550); *Heun*, ZevKR 64 (2019), 24 (45); *Renck*, NVwZ 1992, 1171 (1171); *Şen/Sauer*, ZAR 2006, 14 (18).

[1134] *Korioth*, NVwZ 1997, 1041 (1046).

[1135] *Kreß*, ZRP 2010, 14 (14).

[1136] *Beaucamp/Wißmann*, DVBl. 2017, 1517 (1521).

[1137] *M. Heckel*, Vom Religionskonflikt zur Ausgleichsordnung, S. 105.

[1138] *Beaucamp/Wißmann*, DVBl. 2017, 1517 (1519).

[1139] *Hohenlohe*, ZevKR 64 (2019), 79 (96).

aa) Funktionen und Rechtscharakter

Um festzustellen, welche begrifflichen Mindestanforderungen unverzichtbar sind, muss der Sinn und Zweck religiöser Unterweisung an Schulen untersucht werden. Im folgenden Abschnitt soll dargestellt werden, welche Funktionen der verfassungsrechtlich vorgesehene Religionsunterricht erfüllt und welchen Rechtscharakter die Norm aufweist. Anschließend lässt sich herausarbeiten, ob der Begriff der Religionsgemeinschaft im Kontext des Art. 7 Abs. 3 S. 2 GG eine „offene, kreative und innovative Auslegung“[1140] erfordert oder ob weiterhin auf die von *Gerhard Anschütz* entwickelte Definition abgestellt werden kann.

(1) Gemeinsame Angelegenheit

Religionsunterricht zählt zu den gemeinsamen Angelegenheiten von Staat und Religionsgemeinschaften,[1141] weshalb es sich bei Art. 7 Abs. 3 GG um eine partnerschaftlich geprägte Norm handelt.[1142] Die Einrichtung und Durchführung des Religionsunterrichts muss dementsprechend kooperativ geschehen, sodass sowohl die Interessen des Staates als auch die der Religionsgemeinschaft optimal zur Geltung gelangen.[1143] Während der Staat im Rahmen dieser gemeinsamen Angelegenheit für die weltlich-kulturellen Rahmenbedingungen zuständig ist, tragen die Religionsgemeinschaften für die spezifisch religiösen Elemente des Religionsunterrichts Verantwortung.[1144] Der Staat muss Religionsunterricht als Veranstalter anbieten[1145] und für die Erfüllung der sachlichen und personellen Voraussetzungen sorgen.[1146] Darüber hinaus hat der Staat die Aufsicht über die

---

[1140] So der Vorschlag von *Jochum*, Islam in der staatlichen Schule, in: Haratsch/Janz/Rademacher/Schmahl/Weiß (Hrsg.), Religion und Weltanschauung im säkularen Staat, S. 100 (111 f.).

[1141] BVerfGE 74, 244 (251); *Ogorek*, in: Pirson/Rüfner/Germann/Muckel (Hrsg.), HdbStKirchR Bd. II, S. 1834; *Badura*, in: Maunz/Dürig; Art. 7 Rn. 67; *Winter*, Staatskirchenrecht der Bundesrepublik Deutschland, S. 131; *Mückl*, AöR 122 (1997), S. 513 (527); *M. Heckel*, JZ 1999, 741 (750).

[1142] *Böllhoff*, Die „Partnerschaft“ zwischen Staat und Religionsgemeinschaften im Religionsunterricht, S. 12.

[1143] *Link*, in: Listl/Pirson (Hrsg.), HdbStKirchR Bd. II, S. 489; *Mückl*, AöR 122 (1997), 513 (528).

[1144] *M. Heckel*, Vom Religionskonflikt zur Ausgleichsordnung, S. 84 f.

[1145] *Meckel*, Religionsunterricht im Recht, S. 272.

[1146] *Ogorek*, in: Pirson/Rüfner/Germann/Muckel (Hrsg.), HdbStKirchR Bd. II, S. 1833; *Häberle*, Islam-bezogene Konflikte um die Religionsfreiheit, in: Ohly/Haering/Müller (Hrsg.), Rechtskultur und Rechtspflege in der Kirche – FS Rees, S. 881 (896); *Heimann*,

Einhaltung rechtlicher Grundsätze inne, weshalb ihm im Rahmen des Religionsunterrichts eine Intendantenfunktion zukommt.[1147] Die Religionsgemeinschaft muss sowohl mitwirkungsfähig als auch mitwirkungsbereit sein.[1148]

(2) Ordentliches Lehrfach

Nach Art. 7 Abs. 3 S. 1 GG handelt es sich beim Religionsunterricht um ein ordentliches Lehrfach. Demnach ist Religionsunterricht ein integraler Bestandteil der schulischen Ausbildung.[1149] Das Fach muss mit einer angemessenen Stundenanzahl unterrichtet werden[1150] und ist sowohl in zeitlicher als auch in räumlicher Hinsicht in die Schulorganisation zu integrieren.[1151] Religionsunterricht soll obligatorischen Lehrfächern in jeder Hinsicht gleichstehen.[1152] Die Einordnung als ordentliches Lehrfach verbietet es darüber hinaus, Religionsunterricht zu einem bloßen Wahl- oder Ergänzungsfach herabzustufen.[1153] Da Schüler allerdings nicht dazu verpflichtet sind gegen ihren Willen am Religionsunterricht teilzunehmen, handelt es sich lediglich um ein „relatives Pflichtfach".[1154] Religionsunterricht ist daher ein „Pflichtfach für die Schule", nicht aber ein Pflichtfach für die einzelnen Schüler und Lehrkräfte.[1155]

(3) Übereinstimmungsgebot

Dem Wortlaut des Art. 7 Abs. 3 S. 2 GG ist zu entnehmen, dass der Religionsunterricht in Übereinstimmung mit den Grundsätzen der Religionsgemeinschaft erteilt wird. Insoweit ist Art. 7 Abs. 3 S. 2 GG ein „Übereinstimmungsgebot"[1156] zu entnehmen. Religionsunterricht wird, wie *Ger-*

DÖV 2003, 238 (239).

[1147] *Häberle*, Islam-bezogene Konflikte um die Religionsfreiheit, in: Ohly/Haering/Müller (Hrsg.), Rechtskultur und Rechtspflege in der Kirche – FS Rees, S. 881 (896).

[1148] *Korioth*, Islamischer Religionsunterricht und Art. 7 Abs. 3 GG, in: Bock (Hrsg.), Islamischer Religionsunterricht?, S. 33 (43); *Muckel*, JZ 2001, 58 (61).

[1149] *Mückl*, AöR 122 (1997), S. 513 (525).

[1150] *Classen*, Religionsrecht, S. 256.

[1151] *Badura*, in: Maunz/Dürig, Art. 7 Rn. 75.

[1152] *Classen*, Religionsrecht, S. 256; *Hildebrandt*, Das Grundrecht auf Religionsunterricht, S. 46.

[1153] *Boysen*, in: v. Münch/Kunig-GG, Bd. 1, Art. 7 Rn. 82.

[1154] *Link*, in: Listl/Pirson (Hrsg.), HdbStKirchR Bd. II, S. 465; *Mückl*, AöR 122 (1997), 513 (525).

[1155] *Hildebrandt*, Das Grundrecht auf Religionsunterricht, S. 46.

[1156] BVerfGE 74, 244 (252); *Leibholz/Rinck*, GG, Art. 7 Rn. 160; *Badura*, in: Maunz/Dürig,

hard Anschütz es formulierte, in „konfessioneller Positivität und Gebundenheit" erteilt.[1157] Gegenstand des Religionsunterrichts sind demzufolge die Glaubenssätze der jeweiligen Religionsgemeinschaft, welche als bestehende Wahrheit vermittelt werden.[1158] Schulischer Religionsunterricht wird aus dem Glauben heraus gestaltet und dient nicht der bloßen Informationsweitergabe.[1159] Allein das religiöse Selbstverständnis ist Maßstab für die vermittelten Inhalte, weshalb der Staat auf die selbstständige und freiwillige Mitarbeit der religiösen Zusammenschlüsse angewiesen ist.[1160] Dies lässt sich damit erklären, dass es dem säkularen und neutralen Staat verboten und unmöglich ist, die Inhalte des Religionsunterrichts festzulegen.[1161] Die Regelung soll verhindern, dass sich der säkulare und religiös inkompetente Staat mit einer Religion identifizieren und inhaltlich Stellung beziehen muss und stellt damit die Parität, die Säkularität und die religiös-weltanschauliche Neutralität des Staates sicher.[1162] Folglich ist Art. 7 Abs. 3 S. 2 GG eine besondere Ausprägung des Neutralitätsprinzips.[1163]

Zu den Dingen, die Religionsgemeinschaften im Rahmen des Art. 7 Abs. 3 S. 2 GG entscheiden dürfen, zählt unter anderem die Entscheidung darüber, ob überhaupt entsprechender Religionsunterricht an öffentlichen Schulen erteilt werden soll.[1164] Art. 7 Abs. 3 GG gewährt Religions-

---

Art. 7 Rn. 70; *Germann*, in: Epping/Hillgruber, Art. 7 Rn. 54; *Mückl*, AöR 122 (1997), 513 (528).

[1157] *Anschütz*, Die Verfassung des Deutschen Reiches vom 11 August 1919, Art. 149 Anm. 4, S. 691.

[1158] *Badura*, in: Maunz/Dürig, Art. 7 Rn. 70.

[1159] *Coumont*, Islam und Schule in: Muckel (Hrsg.), Der Islam im öffentlichen Recht des säkularen Verfassungsstaates, S. 440 (552).

[1160] *M. Heckel*, RdJB 2004, 39 (45).

[1161] *Muckel/Tillmanns*, Die religionsverfassungsrechtlichen Rahmenbedingungen für den Islam, in: Muckel (Hrsg.), Der Islam im öffentlichen Recht des säkularen Verfassungsstaats, S. 234 (264); *Meckel*, Religionsunterricht im Recht, S. 257; *Böllhoff*, Die „Partnerschaft" zwischen Staat und Religionsgemeinschaften im Religionsunterricht, S. 17; *Langenfeld*, AöR 123 (1998), 375 (401).

[1162] *Korioth/Augsberg*, ZG 24 (2009), 222 (225); *Mückl*, AöR 122 (1997), 513 (519).

[1163] *Brosius-Gersdorf*, in: Dreier-GG III, Art. 7 Rn. 88; *Hofmann*, in: Schmidt-Bleibtreu/Hofmann/Hennecke, Art. 7 Rn. 35; *Korioth/Augsberg*, ZG 24 (2009), 222 (225); a.A. *Renck*, NVwZ 1992, 1171 (1172), der Art. 7 Abs. 3 GG als Durchbrechung des Neutralitätsprinzips wertet.

[1164] *Thiel*, in: Sachs-GG, Art. 7 Rn. 46; *Korioth*, Islamischer Religionsunterricht und Art. 7 Abs. 3 GG, in: Bock (Hrsg.), Islamischer Religionsunterricht?, S. 33 (43 f.); *ders.*, NVwZ 1997, 1041 (1044).

gemeinschaften somit ebenfalls die Freiheit, auf die Erteilung von Religionsunterricht zu verzichten.[1165] Außerdem räumt Art. 7 Abs. 3 S. 2 GG Religionsgemeinschaften das Recht ein, Inhalte und Ziele des Religionsunterrichts nach eigenen Vorstellungen festzulegen.[1166] Auch die Zusammensetzung des Teilnehmerkreises darf die Religionsgemeinschaft nach Art. 7 Abs. 3 S. 2 GG festlegen. Ob konfessionsfremde Schüler an ihrem Religionsunterricht teilnehmen dürfen, fällt deshalb in den Entscheidungsbereich der jeweiligen Religionsgemeinschaft.[1167] Dies ist analog auch auf die Teilnahme konfessionsloser Schüler zu übertragen.[1168] Bezüglich der konfessionellen Zusammensetzung der Schülerschaft ist von Verfassungs wegen daher sowohl eine strikte Begrenzung auf Konfessionsangehörige als auch eine weite Öffnung denkbar.[1169] Solange der Religionsunterricht nicht seine besondere Prägung als konfessionell gebundene Veranstaltung verliert, ist die Zulassung konfessionsfremder und konfessionsloser Schüler auch aus Sicht der Rechtsprechung unbedenklich.[1170]

(4) Mittel zur Entfaltung der Religionsfreiheit

„Religionsfreiheit muß sich auch dort entfalten können, wo der Staat den Bürger, wie er es in der Schule tut, in Anspruch nimmt."[1171] Indem der Staat Religionsunterricht an staatlichen Schulen ermöglicht, schafft er einen Raum, in dem die freie religiöse Entfaltung möglich wird.[1172] Die Sicherung der individuellen Religionsfreiheit erfolgt durch die Zulassung der

---

[1165] *Ogorek*, in: Pirson/Rüfner/Germann/Muckel (Hrsg.), HdbStKirchR Bd. II, S. 1831; *Oebbecke*, DVBl. 1996, 336 (339).

[1166] BVerfGE 74, 244 (252).

[1167] BVerfGE 74, 244 (254 f.); *Ogorek*, in: Pirson/Rüfner/Germann/Muckel (Hrsg.), HdbSt-KirchR Bd. II, S. 1836; *Badura*, in: Maunz/Dürig, Art. 7 Rn. 72; *Brosius-Gersdorf*, in: Dreier-GG I, Art. 7 Rn. 99; *Wolff*, in: HK-GG, Art. 7 Rn. 12; *Morlok*, Selbstverständnis als Rechtskriterium, S. 50; *Unruh*, Religionsverfassungsrecht, 4. Aufl., S. 270; *Winter*, Staatskirchenrecht der Bundesrepublik Deutschland, S. 135; *Meckel*, Religionsunterricht im Recht, S. 282; *Mückl*, AöR 122 (1997), 513 (532).

[1168] *Meckel*, Religionsunterricht im Recht, S. 282.

[1169] *Oebbecke*, DVBl. 1996, 336 (343).

[1170] BVerfGE 74, 244 (254).

[1171] *Starck*, Religionsunterricht und Verfassung, in: de Wall/Germann (Hrsg.), Bürgerliche Freiheit und Christliche Verantwortung – FS Link, S. 483 (494).

[1172] *Langenfeld*, Religionsfreiheit als Hindernis für die Integration?, in: Malik (Hrsg.), Mobilisierung von Religion in Europa, S. 217 (222 f.); *Böllhoff*, Die „Partnerschaft" zwischen Staat und Religionsgemeinschaften im Religionsunterricht, S. 17.

Religionsgemeinschaften in der Sphäre der staatlichen Schule.[1173] Genau wie der Körperschaftsstatus ist der Religionsunterricht daher als institutionelles Mittel zur Entfaltung der positiven Religionsfreiheit zu betrachten.[1174] Dass das Grundgesetz institutionalisierter Religion durch die Möglichkeit des Religionsunterrichts einen erheblichen Entfaltungsraum bietet, macht durchaus auch eine gewisse Verfassungserwartung staatlicherseits deutlich.[1175] Dennoch kann eine solche Erwartung die freiheitliche Ausrichtung des Religionsunterrichts nicht beseitigen. Art. 7 Abs. 3 S. 2 GG ist daher als besondere Ausprägung der grundrechtlichen Religionsfreiheit aus Art. 4 GG anzusehen.[1176] Die Religionsfreiheit der Religionsgemeinschaften, aber auch die der Schüler, wird durch Art. 7 Abs. 3 GG verwirklicht.[1177] Folglich dient der Religionsunterricht unter anderem der Befriedung religiöser Interessen von Schülern und Eltern.[1178]

Nach dem gerade Gesagten wird deutlich, dass Religionsunterricht zwar zeigt, dass Religion ihren Platz in der Öffentlichkeit hat, der Religionsunterricht seine Berechtigung jedoch nicht vom Staat her gewinnen kann, sondern von der religiösen Identität der Schüler und Erziehungsberechtigten.[1179] Auch wenn gemeinwohldienliche Effekte erwartet werden, existiert Religionsunterricht nicht um des Staates willen, sondern um der Bürger willen.[1180] Religionsunterricht ist daher ein in Kooperation von Religion und Staat erbrachter Dienst an den Schülern.[1181]

[1173] *Unruh*, Religionsverfassungsrecht, 4. Aufl., S. 277.

[1174] *Badura*, in: Maunz/Dürig, Art. 7 Rn. 63; *Germann*, in: Epping/Hillgruber, Art. 7 Rn. 44; *Wolff*, in: HK-GG, Art. 7 Rn. 12; *Korioth*, Islamischer Religionsunterricht und Art. 7 Abs. 3 GG, in: Bock (Hrsg.), Islamischer Religionsunterricht?, S. 33 (40); *Langenfeld*, Religionsfreiheit als Hindernis für die Integration?, in: Malik (Hrsg.), Mobilisierung von Religion in Europa, S. 217 (227); *Meckel*, Religionsunterricht im Recht, S. 268 f.; *M. Heckel*, Der Rechtsstatus des Religionsunterrichts im pluralistischen Verfassungssystem, S. 41; *ders.*, Vom Religionskonflikt zur Ausgleichsordnung, S. 108; *ders.*, RdJB 2004, 39 (43); *ders.*, ZThK 102 (2005), 246 (285).

[1175] *Muckel*, Deutsches Staatskirchenrecht als Integrationschance für islamische Religionsgemeinschaften, in: Ohly/Haering/Müller (Hrsg.), Rechtskultur und Rechtspflege in der Kirche – FS Rees, S. 1079 (1083).

[1176] *Ogorek*, Geltung und Fortbestand der Verfassungsgarantie staatlichen Religionsunterrichts in den neuen Bundesländern, S. 59.

[1177] *Badura*, in: Maunz/Dürig, Art. 7 Rn. 66; ähnlich *Rux*, Schulrecht, § 2 Rn. 284.

[1178] *Heinig*, Religionsunterricht nach Art. 7 Abs. 3 GG – Rechtslage und Spielräume, in: Heinig (Hrsg.), Die Verfassung der Religion, S. 338 (349).

[1179] *Wißmann*, Religionsunterricht für alle?, S. 13.

[1180] *M. Heckel*, RdJB 2004, 39 (43 f.).

[1181] *Oebbecke*, DVBl. 1996, 336 (341).

bb) Organisatorische Anforderungen

Anhand der soeben skizzierten Funktionen und des Rechtscharakters des Art. 7 Abs. 3 GG sollen im Folgenden die organisatorischen Anforderungen herausgearbeitet werden, die an eine Religionsgemeinschaft im Kontext des Art. 7 Abs. 3 S. 2 GG zu stellen sind. Dabei ist zunächst darauf hinzuweisen, dass es keiner bestimmten Rechtsform bedarf.[1182] Die vereinzelte Forderung, dass nur Religionsgemeinschaften mit Körperschaftsstatus Religionsgemeinschaften im Sinne des Art. 7 Abs. 3 S. 2 GG sein können,[1183] ist zurückzuweisen.[1184] Weder mit Blick auf den Wortlaut des Art. 7 Abs. 3 S. 2 GG noch mit Blick auf die Funktionen der Norm kann der Körperschaftsstatus gefordert werden. Dafür sprechen nicht nur die Prinzipien der Neutralität, Parität und Säkularität, sondern auch die Einordnung des Religionsunterrichts als Mittel der Religionsfreiheit sowie die freiheitliche Ausrichtung des Religionsverfassungsrechts insgesamt. Um die Prinzipien der Neutralität und der Parität nicht zu verletzen, dürfen keine über die organisatorischen Mindestanforderungen herausgehenden Hürden für religiöse Minderheiten aufgestellt werden.[1185]

(1) Mitgliedschaftserfordernis?

Unter anderem ist umstritten, ob Religionsgemeinschaften, die Religionsunterricht erteilen wollen, eine mitgliedschaftliche Organisation aufweisen müssen. Für muslimische Zusammenschlüsse stellt die Notwendigkeit einer mitgliedschaftlichen Organisation ein großes Hindernis dar, da der

---

[1182] *Winter*, Staatskirchenrecht der Bundesrepublik Deutschland, S. 140 f.

[1183] *Hillgruber*, JZ 1999, 538 (546); *Korioth*, Islamischer Religionsunterricht und Art. 7 Abs. 3 GG, in: Bock (Hrsg.), Islamischer Religionsunterricht?, S. 33 (47 f.); *ders.*, NVwZ 1997, 1041 (1046).

[1184] *Ogorek*, in: Pirson/Rüfner/Germann/Muckel (Hrsg.), HdbStKirchR Bd. II, S. 1827; *Brosius-Gersdorf*, in: Dreier-GG I, Art. 7 Rn. 91; *Wißmann*, Freiheit braucht Form!?, in: Gerster/van Melis/Willems (Hrsg.), Religionspolitik heute, S. 177 (187); *Muckel/Tillmanns*, Die religionsverfassungsrechtlichen Rahmenbedingungen für den Islam, in: Muckel (Hrsg.), Der Islam im öffentlichen Recht des säkularen Verfassungsstaats, S. 234 (266); *Muckel*, Wann ist eine Gemeinschaft Religionsgemeinschaft? in: Rees (Hrsg.), Recht in Kirche und Staat – FS Listl, S. 715 (724 f.); *Coumont*, Islam und Schule in: Muckel (Hrsg.), Der Islam im öffentlichen Recht des säkularen Verfassungsstaates, S. 440 (556); *Bagheri*, Der funktionsbestimmte Begriff der Religionsgemeinschaft, S. 162 ff.; *Oebbecke*, in: Essener Gespräche 49 (2016), 153 (167); *Unruh*, Religionsverfassungsrecht, 4. Aufl., S. 278; *Beaucamp/Wißmann*, DVBl. 2017, S. 1517 (1519); *Häußler*, ZAR 2000, 255 (263).

[1185] *Coumont*, Islam und Schule in: Muckel (Hrsg.), Der Islam im öffentlichen Recht des säkularen Verfassungsstaates, S. 440 (555 f.).

islamischen Religion eine solche Organisationsstruktur im Gegensatz zu den christlichen Kirchen fremd ist.[1186] Auch das Kriterium der mitgliedschaftlichen Organisationsstruktur belegt daher die christliche Vorprägung. Gleichwohl hält die herrschend Ansicht eine mitgliedschaftliche Organisation für erforderlich,[1187] während andere Stimmen ein solches Erfordernis verneinen.[1188]

[1186] *Klinkhammer*, Religiöse Vergemeinschaftungsformen im Islam, in: Malik (Hrsg.), Mobilisierung von Religion in Europa, S. 157 (157); *v. Ungern-Sternberg*, 30 (37); *Heimann*, DÖV 2003, 238 (240).

[1187] BVerwGE 123, 49 (71); *Ogorek*, in: Pirson/Rüfner/Germann/Muckel (Hrsg.), HdbStKirchR Bd. II, S. 1826; *Hense*, Staatsverträge mit Muslimen, in: Mückl (Hrsg.), Das Recht der Staatskirchenverträge, S. 115 (168); *Loschelder*, „… in einem vom Christentum geprägten Lande", in: Detterbeck/Rozek/v. Coelln (Hrsg.), Recht als Medium der Staatlichkeit – FS Bethge, S. 17 (24); *Coumont*, Islam und Schule in: Muckel (Hrsg.), Der Islam im öffentlichen Recht des säkularen Verfassungsstaates, S. 440 (559); *Muckel/Tillmanns*, Die religionsverfassungsrechtlichen Rahmenbedingungen für den Islam, in: Muckel (Hrsg.), Der Islam im öffentlichen Recht des säkularen Verfassungsstaats, S. 234 (268); *Muckel*, Wann ist eine Gemeinschaft Religionsgemeinschaft? in: Rees (Hrsg.), Recht in Kirche und Staat – FS Listl, S. 715 (732); *ders.*, Muslimische Religionsgemeinschaften als Körperschaften des öffentlichen Rechts, in: Antes/Ceylan (Hrsg.), Muslime in Deutschland, S. 77 (89 f.), *ders.*, Religionsfreiheit gestern, heute, morgen, S. 32 f.; *ders.*, JZ 2001, 58 (61); *Meckel*, Religionsunterricht im Recht, S. 280; *Anger*, Islam in der Schule, S. 375 f.; *Salama*, Muslimische Gemeinschaften in Deutschland, S. 75; *Gartner*, Der religionsrechtliche Status islamischer und islamistischer Gemeinschaften, S. 200; *Bagheri*, Der funktionsbestimmte Begriff der Religionsgemeinschaft, S. 104 ff.; *Schweizer*, Islamischer Religionsunterricht an öffentlichen Schulen nach dem Beiratsmodell in Nordrhein-Westfalen, S. 15 f.; *Böllhoff*, Die „Partnerschaft" zwischen Staat und Religionsgemeinschaften im Religionsunterricht, S. 30 f; *Unruh*, Religionsverfassungsrecht, 4. Aufl., S. 278; *Winter*, Staatskirchenrecht der Bundesrepublik Deutschland, S. 141; *Hennig*, Muslimische Gemeinschaften im Religionsverfassungsrecht, S. 146 f., die es aber für verfassungsrechtlich möglich hält, den Religionsunterricht als Wahlfach einzuordnen und das Erfordernis einer Mitgliedschaft durch die Möglichkeit der Anmeldung zu ersetzen; *Bock*, Islamischer Religionsunterricht oder Religionskunde, in: Bock (Hrsg.), Islamischer Religionsunterricht?, S. 3 (16), der das Erfordernis der Mitgliedschaftsklarheit wiederum an der Religionsfreiheit misst und daher keine formelle Mitgliedschaft verlangt.

[1188] *Germann/Rüfner*, in: Pirson/Rüfner/Germann/Muckel (Hrsg.), HdbStKirchR Bd. II, S. 1224 f.; *Germann*, Epping/Hillgruber, Art. 7 Rn. 56.1; *ders.*, öarr 2014, 41 (73); *Classen*, Religionsfreiheit und Staatskirchenrecht in der Grundrechtsordnung, S. 103; *ders.*, Religionsrecht, S. 250; *de Wall*, Das Verhältnis von Staat und Religionsgemeinschaften in Deutschland, in: Rohe u.a. (Hrsg.), Handbuch Christentum und Islam in Deutschland, Bd. 1, S. 189 (212); *Towfigh*, Die rechtliche Verfassung von Religionsgemeinschaften, S. 135 f.; *Oebbecke*, in: Essener Gespräche 49 (2016), 153 (163); *v. Ungern-Sternberg*, RdJB 2016, 30 (37 f.); *Beaucamp/Wißmann*, DVBl. 2017, 1517 (1521).

Befürworter einer mitgliedschaftlichen Organisationsstruktur halten eine klar bestimmbare Mitgliedschaft schon aufgrund der Einordnung des Religionsunterrichts als ordentliches Lehrfach für notwendig, da die Schulverwaltung wissen müsse, welche Schüler zur Unterrichtsteilnahme verpflichtet seien.[1189] Nur wenn die Mitgliedschaft durch nachprüfbare Rechtsformen und Rechtsakte begründet werde, könne der Pflichtfachcharakter gewährleistet werden.[1190] Zudem könne der negativen Religionsfreiheit konfessionsloser Schüler nur durch das Erfordernis einer eindeutigen Mitgliedschaft ausreichend Rechnung getragen werden.[1191] Ebenfalls wird vorgetragen, dass das Erfordernis einer eindeutigen Mitgliedschaftsstruktur lediglich einen minimalen Organisationsaufwand erfordere.[1192]

Auch in der Rechtsprechung wird Mitgliedschaftsklarheit gefordert. So urteilte das Bundesverwaltungsgericht im Zusammenhang mit muslimischen Dachverbandsorganisationen, dass eine formelle Mitgliedschaft des Kindes im Rahmen des Art. 7 Abs. 3 S. 2 GG zwar nicht erforderlich sei, allerdings müsse mindestens ein Elternteil formell Mitglied sein.[1193]

Andere lehnen das Erfordernis einer eindeutigen Mitgliedschaft als zu formalistisch ab.[1194] Um festzustellen, ob sich muslimische Schüler die im islamischen Religionsunterricht angebotenen Inhalte zurechnen lassen wollen, bedürfe es nicht zwangsläufig einer Zurechnung in Form einer formalen Mitgliedschaft.[1195] *Germann* schlägt stattdessen die Möglichkeit der Selbstzuordnung durch die Erziehungsberechtigten bzw. den religionsmündigen Schüler vor.[1196] Auch andere Stimmen verneinen die Notwen-

---

[1189] *Muckel*, Wann ist eine Gemeinschaft Religionsgemeinschaft? in: Rees (Hrsg.), Recht in Kirche und Staat – FS Listl, S. 715 (732), der das Erfordernis der Mitgliedschaftsklarheit allerdings nicht als Begriffsmerkmal der Religionsgemeinschaft, sondern als eine aus dem Gesamtzusammenhang des Art. 7 Abs. 3 GG zu entnehmende Anforderung sieht; *Heimann*, Islamischer Religionsunterricht und Integration, S. 43.

[1190] *Muckel/Tillmanns*, Die religionsverfassungsrechtlichen Rahmenbedingungen für den Islam, in: Muckel (Hrsg.), Der Islam im öffentlichen Recht des säkularen Verfassungsstaats, S. 234 (268); *M. Heckel*, JZ 1999, 741 (753).

[1191] *M. Heckel*, Vom Religionskonflikt zur Ausgleichsordnung, S. 107; *Hennig*, Muslimische Gemeinschaften im Religionsverfassungsrecht, S. 146.

[1192] *Böllhoff*, Die „Partnerschaft" zwischen Staat und Religionsgemeinschaften im Religionsunterricht, S. 31.

[1193] BVerwGE 123, 49 (71); siehe auch S. 81 ff.

[1194] *Beaucamp/Wißmann*, DVBl. 2017, 1517 (1521).

[1195] *Germann*, öarr 2014, 41 (73).

[1196] *Germann*, in: Epping/Hillgruber, Art. 7 Rn. 56.1; ebenso *Boysen*, in: v. Münch/Kunig-GG, Bd. 1, Art. 7 Rn. 92.

digkeit eindeutiger Mitgliedschaftsregeln und halten das Kriterium der Mitgliedschaftsklarheit für eine Überdehnung des Begriffs der Religionsgemeinschaft.[1197] Einem derartig strikten Erfordernis mangle es nicht nur an der gesetzlichen Verankerung, sondern mit Blick auf den Charakter des Religionsunterrichts auch an der Notwendigkeit und am damit einhergehenden Nutzen.[1198] Einen vermittelnden Ansatz nimmt *Janke* ein, die eine exakte Mitgliedschaftsbestimmung im Kontext des Art. 7 Abs. 3 S. 2 GG für unentbehrlich hält, aber die Mitgliedschaftszuordnung durch eine einfache und dokumentierte Zugehörigkeitserklärung des Schülers bzw. seiner Eltern als Möglichkeit sieht.[1199]

Es stellt sich die Frage, ob das Kriterium der Mitgliedschaftsklarheit aus dem Wortlaut der Norm, dem Normcharakter oder den Normfunktionen gefolgert werden kann. Für das Kriterium der Mitgliedschaftsklarheit spricht zunächst, dass das Bestehen eines organisierten Mitgliederbestands ein Indiz für die dauerhafte Kooperationsfähigkeit ist.[1200] Ebenso spricht die Praktikabilität für die Notwendigkeit der Mitgliedschaftsklarheit, da die Schule mithilfe eindeutiger Mitgliedschaften problemlos erkennen kann, für welche Religionen und Konfessionen die Einrichtung von Religionsunterricht nötig ist.[1201] Die Teilnahme am Religionsunterricht anhand einer formalen Mitgliedschaft zu ermitteln, dürfte für die Schulen den geringsten Aufwand mit sich bringen. Und auch die Einordnung des Religionsunterrichts als ordentliches Lehrfach spricht auf den ersten Blick für das Erfordernis der Mitgliedschaftsklarheit. Trotz dieser Argumente kann das Kriterium der Mitgliedschaftsklarheit als notwendiges Merkmal im Ergebnis nicht überzeugen.

i. *Selbstzuordnung als Freiheitsgewinn*

Zunächst sprechen die Einordnung des Religionsunterrichts als Mittel zur Entfaltung der Religionsfreiheit und die generelle Relevanz von Art. 4 GG im Religionsverfassungsrecht für die Möglichkeit der Selbstzuordnung neben der Zuordnung mittels klarer Mitgliedschaftsverhältnisse. Die Möglichkeit der Selbstzuordnung erlaubt eine Zuordnung, die sich vorrangig

---

[1197] *Towfigh*, Die rechtliche Verfassung von Religionsgemeinschaften, S. 135.
[1198] *Towfigh*, Die rechtliche Verfassung von Religionsgemeinschaften, S. 136.
[1199] *Janke*, Institutionalisierter Islam an staatlichen Hochschulen, S. 78.
[1200] *Böllhoff*, Die „Partnerschaft“ zwischen Staat und Religionsgemeinschaften im Religionsunterricht, S. 31.
[1201] *Böllhoff*, Die „Partnerschaft“ zwischen Staat und Religionsgemeinschaften im Religionsunterricht, S. 31.

am religiösen Willen und der Selbsteinschätzung des religionsmündigen Schülers bzw. dessen Erziehungsberechtigten orientiert. Eine an der individuellen Religionsfreiheit ausgerichtete Zuordnung ermöglicht dadurch einen angemessenen Ausgleich zwischen dem Recht auf religiöse Selbstbestimmung, dem elterlichen Erziehungsrecht und der Teilnahmepflicht am staatlich eingerichteten Religionsunterricht.[1202] Schon vor diesem Hintergrund ist die Option der Selbstzuordnung durchaus sinnvoll.

ii. Keine strikte Konfessionalität nötig

Zudem ist auf die Möglichkeit hinzuweisen, konfessionslose und konfessionsfremde Schüler am Religionsunterricht teilnehmen zu lassen. Dementsprechend finden sich schon heute genügend Beispiele für die Teilnahme am Religionsunterricht ohne Mitgliedschaft. Lässt man die Teilnahme Konfessionsloser und Konfessionsfremder am Religionsunterricht zu, kann man Schüler allerdings nicht von ihrem Religionsunterricht ausschließen, bloß weil es an einer offiziellen Mitgliedschaft fehlt.[1203] Darüber hinaus haben konfessionsangehörige Schüler ebenso die Möglichkeit, sich vom Religionsunterricht abzumelden, ohne dabei ihre Kirchenmitgliedschaft aufzugeben. Daran wird deutlich, dass die Teilnahme am Religionsunterricht nicht untrennbar an die Mitgliedschaft in einer Religionsgemeinschaft geknüpft ist. Bei religiösen Minderheiten – insbesondere dem Islam – auf klare Mitgliedschaftsregeln zu verzichten, ist vor dem Hintergrund der gängigen Praxis nur konsequent.

iii. Kein Verstoß gegen den Pflichtfachcharakter

Religionsunterricht für Religionsgemeinschaften ohne eindeutige Mitgliedschaftsverhältnisse kann faktisch nur als Wahlpflichtfach organisiert werden.[1204] Der Möglichkeit der Selbstzuordnung könnte daher entgegengehalten werden, dass es sich beim Religionsunterricht um ein ordentliches Lehrfach mit Pflichtfachcharakter handelt.[1205] Die Teilnahme am Religionsunterricht durch Selbstzuordnung lässt den Pflichtfachcharakter und die Einordnung als ordentliches Lehrfach indes nicht entfallen. Da es sich beim Religionsunterricht um ein „Pflichtfach für die Schule", nicht aber um ein Pflichtfach für die einzelnen Schüler und Lehrer handelt,[1206] stellt

[1202] *Hennig*, ZAR 2007, 133 (139).
[1203] *Beaucamp/Wißmann*, DVBl. 2017, 1517 (1521).
[1204] *Classen*, Religionsrecht, S. 259.
[1205] So *Bagheri*, Der funktionsbestimmte Begriff der Religionsgemeinschaft, S. 105.
[1206] So *Hildebrandt*, Das Grundrecht auf Religionsunterricht, S. 46; s. auch Seite 245.

die Möglichkeit der Selbstzuordnung anstelle der mitgliedschaftlichen Zuordnung den Pflichtfachcharakter nicht in Frage. Eine solche Möglichkeit würde nichts an der Existenz des Religionsunterrichts und der generellen Eingliederung des Religionsunterrichts in die schulische Organisation ändern. Zudem ist darauf hinzuweisen, dass die Anmeldeoption den Religionsunterricht nicht zu einem Wahlfach herabstufen würde. Wären Schüler dazu verpflichtet, über die Teilnahme am Religionsunterricht zu entscheiden, wäre eine Einordnung als Wahlpflichtfach die Folge.[1207] Eine Ausgestaltung des Religionsunterrichts als Wahlpflichtfach steht mit der Regelung des Art. 7 Abs. 3 GG in Einklang;[1208] untersagt ist nur die Herabstufung zum bloßen Wahl- oder Ersatzfach. Aufgrund der Regelung in Art. 7 Abs. 2 GG kann im Rahmen des Religionsrechts ohnehin nicht von einer echten Teilnahmepflicht gesprochen werden.[1209]

iv. Kein Verstoß gegen Art. 7 Abs. 2 GG

Möchte ein konfessionsangehöriger Schüler nicht am schulischen Religionsunterricht teilnehmen, hat er nach herrschender Ansicht die Möglichkeit, sich nach Art. 7 Abs. 2 GG vom schulischen Religionsunterricht abzumelden.[1210] Die Möglichkeit der Selbstzuordnung kommt hingegen eher einer aktiven Anmeldung gleich, weshalb die Selbstzuordnung mit Blick auf die Regelung des Art. 7 Abs. 2 GG zweifelhaft sein könnte. Allerdings gibt Art. 7 Abs. 2 GG nicht explizit vor, ob die Entscheidung über die Teilnahme am Religionsunterricht durch An- oder Abmeldung vom Religionsunterricht erfolgen muss, weshalb der Staat über einen freien Gestaltungs-

---

[1207] Vgl. *Dietrich*, Islamischer Religionsunterricht, S. 306 f., die darauf aufmerksam macht, dass sich der Religionsunterricht aufgrund des Abmeldevorbehalts aus Sicht der Eltern und Schüler als Wahlpflichtfach darstelle.

[1208] *Germann/Rüfner*, in: Pirson/Rüfner/Germann/Muckel (Hrsg.), HdbStKirchR Bd. II, S. 1224; *Meckel*, Religionsunterricht im Recht, S. 312 f., der die Einordnung als des Religionsunterrichts als Wahlpflichtfach vor dem Hintergrund der konfessionellen Besonderheiten allerdings nur in den ostdeutschen Bundesländern für möglich hält. Eine solche Begrenzung auf die neuen Bundesländer allein, kann allerdings nicht überzeugen, schließlich ist eine Abnahme von Konfessionszugehörigkeiten im gesamten Bundesgebiet zu beobachten. Zudem ist eine unterschiedliche Auslegung des Art. 7 Abs. 3 GG je nach Bundesland abzulehnen.

[1209] *Classen*, Religionsrecht, S. 250.

[1210] BVerfGE 74, 244 (251); *Badura*, in: Maunz/Dürig, Art. 7 Rn. 72; *Boysen*, in: v. Münch/Kunig-GG, Bd. 1, Art. 7 Rn. 77; *Hofmann*, in: Schmidt-Bleibtreu/Hofmann/Hennecke, Art. 7 Rn. 32; *Wolff*, in: HK-GG, Art. 7 Rn. 9; *Rux*, Schulrecht, § 2 Rn. 310; *Meckel*, Religionsunterricht im Recht, S. 286; *Sehl*, RuP 48 (2012), 44 (45).

spielraum verfügt.[1211] Art. 7 Abs. 2 GG lediglich ein „individuelles Ausstiegsrecht“[1212] zu entnehmen, ist daher nicht zwingend. Der Wortlaut des Art. 7 Abs. 2 GG spricht eher für das Erfordernis einer aktiven Anmeldung zum Religionsunterricht, schließlich bestimmen die Erziehungsberechtigten über die Teilnahme am Religionsunterricht und nicht über die Nichtteilnahme des Kindes.[1213] Die Möglichkeit der Selbstzuordnung steht somit nicht im Widerspruch zu Art. 7 Abs. 2 GG. Zu welcher Religion sich ein Schüler zugehörig fühlt und an welchem Religionsunterricht er teilnehmen möchte, kann er der Schule gegenüber mitteilen – mit der Konsequenz, dass Religionsunterricht für den betreffenden Schüler dann ein ordentliches Lehrfach darstellt.[1214]

Selbst wenn man der herrschenden Meinung folgt und das Bestimmungsrecht aus Art. 7 Abs. 2 GG lediglich als Abmeldemöglichkeit begreift, spricht dies nicht gegen die Möglichkeit der Selbstzuordnung anstelle einer formalen Mitgliedschaft. Schulen fragen bei der Schulanmeldung meist nach der Religionszugehörigkeit der zukünftigen Schüler. Zuordnungsfragen können daher ohne größere Probleme durch Nachfrage bei den Eltern oder dem religionsmündigen Schüler gelöst werden.[1215] Die Möglichkeit der Selbstzuordnung steht daher nicht im Konflikt mit der Einordnung des Religionsunterrichts als ordentliches Lehrfach.

v. Kein Verstoß gegen die negative Religionsfreiheit

Konfessionslosen Schülern wird die Möglichkeit gegeben, der Teilnahme am Religionsunterricht zu entgehen, indem sie ihre Konfessionslosigkeit durch Nichtanmeldung zum Religionsunterricht bzw. durch die Anzeige der Konfessionslosigkeit gegenüber der Schule kundtun. Auch mit Blick auf die negative Religionsfreiheit religions- und konfessionsloser Schüler ist daher keine mitgliedschaftliche Organisation nötig. Das verdeutlicht auch ein Vergleich zu Religionsgemeinschaften, die den Körperschafts-

---

[1211] *Brosius-Gersdorf*, in: Dreier-GG I, Art. 7 Rn. 84; ähnlich, *Classen*, Religionsrecht, S. 257 f., der Art. 7 Abs. 2 GG ein Bestimmungsrecht entnimmt; so auch *Gullo*, Religions- und Ethikunterricht im Kulturstaat, S. 191.

[1212] So *Boysen*, in: v. Münch/Kunig-GG, Bd. 1, Art. 7 Rn. 77.

[1213] A.A. *Boysen*, in: v. Münch/Kunig-GG, Bd. 1, Art. 7 Rn. 77.

[1214] *Classen*, Religionsrecht, S. 259.

[1215] *Classen*, Religionsfreiheit und Staatskirchenrecht in der Grundrechtsordnung, S. 103; *ders.*, Religionsrecht, S. 250; *Beaucamp/Wißmann*, DVBl. 2017, 1517 (1521); ähnlich auch *Oebbecke*, in: Essener Gespräche 49 (2016), 153 (163), der darauf hinweist, dass sich die schulische Praxis – auch für katholische und evangelische Schüler – sich ohnehin schon auf die Anmeldung durch die Eltern stützt.

status anstreben: Religionsgemeinschaften mit Körperschaftsstatus dürfen Steuern erheben, die wiederum mithilfe des Staates hoheitlich im Wege des Verwaltungszwangs beigetrieben werden.[1216] Aus diesem Grund ist im Rahmen des Art. 137 Abs. 5 S. 2 WRV eine klar feststellbare Mitgliedschaft unverzichtbar. Im Gegensatz zur Steuererhebung kann die Teilnahme am Religionsunterricht jedoch nicht erzwungen werden,[1217] der Schüler ist lediglich zur Teilnahme verpflichtet. Diese Parallele macht deutlich, warum im Rahmen des Art. 7 Abs. 3 S. 2 GG – anders als im Rahmen des Körperschaftsstatus – auf eine mitgliedschaftliche Organisation verzichtet werden kann.

vi. Pluralismusoffenheit

Darüber hinaus darf nicht aus dem Blick geraten, dass einigen Religionen eine mitgliedschaftliche Organisation unbekannt ist. Für christliche Kirchen mag die mitgliedschaftliche Organisation den Normalfall darstellen, anderen Religionen ist eine derartige Binnenorganisation allerdings fremd. Zunächst verdient die Behauptung, eine mitgliedschaftliche Organisation bringe nur minimalen Aufwand mit sich, keine Zustimmung. Dass vielen religiösen Zusammenschlüssen eine mitgliedschaftliche Organisation bis heute nicht gelungen ist, zeigt doch vielmehr, dass mitgliedschaftliche Regelungen eben nicht problemlos erreichbar sind. Das Fordern klarer Mitgliedschaftsregelungen kommt daher einer erheblichen Beschränkung des religiösen Selbstverwaltungsrechts gleich.[1218] Das Argument, eine mitgliedschaftliche Organisation bringe nur minimalen organisatorischen Aufwand mit sich, kann daher nicht überzeugen. Ohnehin kommt es nicht darauf an, ob eine mitgliedschaftliche Organisation großen Aufwand zur Folge hat, sondern ob das Kriterium der Mitgliedschaftsklarheit den unterschiedlichen Selbstverständnissen ausreichend Raum gewährt. Dies ist jedoch zu verneinen. Anstelle einer formellen Mitgliedschaft (auch) die Selbstzuordnung heranzuziehen, verhilft den Prinzipien der Neutralität und der Parität hingegen besser zur Geltung, gewährt unterschiedlichen Selbstverständnissen Spielraum und bietet religiösen Minderheiten eine umfangreichere Gewährleistung ihrer Religionsfreiheit.

[1216] *Ehlers*, in: Sachs-GG, Art. 137 WRV Rn. 32.

[1217] Vgl. *Stern*, in: Stern/Sachs/Dietlein (Hrsg.), Das Staatsrecht der Bundesrepublik Deutschland, Bd. IV/2, § 116 VI 6.

[1218] *Towfigh*, Die rechtliche Verfassung von Religionsgemeinschaften, S. 136.

Darüber hinaus sind pluralismusgerechte Organisationskriterien auch im staatlichen Interesse. Der verfassungsrechtlich garantierte Religionsunterricht wird sich in der zunehmend pluralistischen Gesellschaft nur dann dauerhaft legitimieren lassen, wenn es gelingt, Religionsunterricht auch für religiöse Minderheiten einzurichten.[1219] Die Alternative der rein privat organisierten und oft intransparenten religiösen Unterweisung ist außerdem ein riskanter Zustand.[1220] Islamischer Religionsunterricht, der aufklärerischen Idealen entspricht, ist somit als Chance für den Staat zu begreifen.[1221] Die Einbindung religiöser Minderheiten in den schulischen Bereich dient daher auch den Friedens- und Integrationsinteressen des neutralen und paritätischen Staates.[1222] Da gerade in der Schule Menschen unterschiedlichster Herkunft und religiöser Prägung zusammentreffen, ist das Ziel der gesamtgesellschaftlichen Integration dort von besonderer Bedeutung.[1223] Wäre islamischer Religionsunterricht an deutschen Schulen möglich, wäre dies überdies ein starkes Zeichen dafür, dass es sich beim Islam nicht bloß um eine Religion zweiter Klasse handelt,[1224] sondern um eine dem Christentum rechtlich gleichgestellte Religion. Das nicht zwingend erforderliche Mitgliedschaftskriterium aufzugeben, wäre daher eine nicht zu unterschätzende symbolische Geste für die in Deutschland lebenden Muslime. Der Staat könnte mit der Öffnung des Religionsunterrichts seinen Teil dazu beitragen, das Fundament für ein gelingendes Zusammenleben zu schaffen.[1225] Darüber hinaus würde die Möglichkeit der Selbstzuordnung dazu führen, dass aus rechtlicher Sicht kritisch zu beurteilende Übergangslösungen im Bereich des Religionsunterrichts, die sich in einer verfassungs-

---

[1219] *H. Weber*, Neuralgische Punkte in den Grundsatzfragen des Staatskirchenrechts, in: Geis (Hrsg.), Staat, Kirche, Verwaltung – FS Maurer, S. 469 (477); *Walter*, ZevKR 62 (2017), 395 (412); *Sehl*, RuP 48 (2012), 44 (49).

[1220] *Grzeszick*, ZevKR 62 (2017), 362 (372); *Sehl*, RuP 48 (2012), 44 (48).

[1221] *Steinberg*, Vom Staatskirchenrecht zu einem zeitgemäßen Religionsrecht, S. 97.

[1222] *Thiel*, in: Sachs-GG, Art. 7 Rn. 42; *Muckel/Tillmanns*, Die religionsverfassungsrechtlichen Rahmenbedingungen für den Islam, in: Muckel (Hrsg.), Der Islam im öffentlichen Recht des säkularen Verfassungsstaats, S. 234 (265); *Starck*, Religionsunterricht und Verfassung, in: de Wall/Germann (Hrsg.), Bürgerliche Freiheit und Christliche Verantwortung – FS Link, S. 483 (496 f); *M. Wagner*, Kulturelle Integration und Grundgesetz, S. 208; *Walter*, ZevKR 62 (2017), 395 (412); *Niestegge*, KuR 24 (2018), 140 (161).

[1223] *Langenfeld*, Religionsfreiheit als Hindernis für die Integration?, in: Malik (Hrsg.), Mobilisierung von Religion in Europa, S. 217 (217).

[1224] *Beaucamp/Wißmann*, DVBl. 2017, 1517 (1521).

[1225] *Grzeszick*, ZevKR 62 (2017), 362 (388).

rechtlichen Grauzone bewegen,[1226] ein Ende hätten. Folglich ist die Möglichkeit der Selbstzuordnung nicht nur rechtlich geboten, sondern auch rechtspolitisch sinnvoll.

vii. Keine formale Mitgliedschaft erforderlich

Es bleibt festzuhalten, dass die Zusammenarbeit zwischen Religionsgemeinschaft und Staat im Rahmen des Religionsunterrichts auch ohne eindeutige Mitgliedschaftsregelungen möglich ist. Eine mitgliedschaftliche Binnenorganisation ist somit nicht zu fordern. Aus verfassungsrechtlicher Sicht stehen der Möglichkeit der Selbstzuordnung keine durchgreifenden Bedenken gegenüber.

Von Ungern-Sternberg macht darauf aufmerksam, dass eine Teilnahme nicht-förmlich organisierter Mitglieder darüber hinaus in der Rechtspraxis unproblematisch sei weil diese Vorgehensweise mit der Zustimmung aller Beteiligten erfolge: Einerseits mit Zustimmung der Religionsgemeinschaften, die auf formelle Mitgliedschaften verzichten, andererseits mit Zustimmung der Schüler bzw. der Erziehungsberechtigten, die sich ausdrücklich für den Unterricht anmelden.[1227] Dem ist uneingeschränkt zuzustimmen.

Allerdings wirft die Möglichkeit der Selbstzuordnung Fragen der praktischen Durchführbarkeit des Religionsunterrichts auf. Häufig wird darauf hingewiesen, es bedürfe einer Mindestzahl von Schülern, die am jeweiligen Religionsunterricht teilnehmen wollen.[1228] Ein solches Erfordernis ist in der Tat sinnvoll. Allerdings handelt es sich bei der potentiellen Teilnehmerzahl nicht um eine organisatorische Anforderung, sondern um eine faktische Gegebenheit.[1229] Ob sich genügend Schüler finden, die am jeweiligen Religionsunterricht teilnehmen wollen, ist daher keine Frage, die im Rahmen der Organisationsstruktur von Religionsgemeinschaften zu diskutieren ist. Es handelt sich vielmehr um eine schulorganisatorische Frage,[1230] die im Einzelfall zu beantworten ist. *Rohe* weist daher zu Recht

---

[1226] So die Einschätzung von *Langenfeld*, AöR 123 (1998), 375 (401).

[1227] *v. Ungern-Sternberg*, RdJB 2016, 30 (38).

[1228] *Winter*, Staatskirchenrecht der Bundesrepublik Deutschland, S. 141.

[1229] *Heimann*, Materielle Anforderungen an Religionsgemeinschaften für die Erteilung schulischen Religionsunterrichts, in: Haratsch/Janz/Rademacher/Schmahl/Weiß (Hrsg.), Religion und Weltanschauung im säkularen Staat, S. 81 (85); *ders.*, NVwZ 2002, 935 (937); ähnlich *Schulten*, Die Integration jüdischer und muslimischer Gemeinschaften in die religionsverfassungsrechtlichen Ordnungsgefüge Deutschlands und Österreichs – einige rechtsvergleichende Gedanken, in: Ohly/Haering/Müller (Hrsg.), Rechtskultur und Rechtspflege in der Kirche – FS Rees, S. 1211 (1214).

[1230] Vgl. *Thiel*, in: Sachs-GG, Art. 7 Rn. 46.

darauf hin, dass sich die Frage der Repräsentativität durch eine „Abstimmung mit den Füßen“ lösen wird, wenn der angebotene Unterricht nicht auf ausreichendes Interesse stößt.[1231]

(2) Personales Substrat

Da Religionsgemeinschaften Zusammenschlüsse natürlicher Personen darstellen, wird ein gewisses personales Substrat gefordert.[1232] Die Notwendigkeit eines personalen Substrats ist auf die Tatsache zurückzuführen, dass das Individuum im Fokus des Religionsverfassungsrechts steht und es sich daher auch bei der Rechtskategorie der Religionsgemeinschaft nicht um eine von der natürlichen Person als Grundrechtsträger losgelösten Kategorie handelt.[1233] Wie dieses personelle Substrat im Einzelnen organisiert ist, wird man allerdings der Religionsgemeinschaft selbst überlassen müssen.[1234] Folgt man der hier vertretenen Auffassung, dass die Möglichkeit der Selbstzuordnung anstelle einer formellen Mitgliedschaft in Frage kommt, stellt das Erfordernis des personalen Substrats kein Problem mehr dar. Durch die erfolgende Selbstzuordnung ist eine ausreichende Rückbindung an natürliche Personen sichergestellt.

(3) Vertretung nach außen

Da es sich beim Religionsunterricht um eine gemeinsame Angelegenheit handelt und von der Religionsgemeinschaft sowohl Kooperationsbereitschaft als auch Kooperationsfähigkeit verlangt wird, stellt sich die Frage nach der Notwendigkeit eines Ansprechpartners auf Seiten der Religionsgemeinschaft. Die Frage der Kooperationsbereitschaft stellt in der Praxis kein Problem dar, da es Religionsgemeinschaften frei steht, das Angebot des Art. 7 Abs. 3 GG abzulehnen. Ein religiöser Zusammenschluss, der die Erteilung von Religionsunterricht an staatlichen Schulen begehrt, bringt durch seinen Wunsch gleichzeitig seinen Willen zur Kooperation zum

---

[1231] *Rohe*, Spezifische Rechtsprobleme des islamischen Religionsunterrichts in Deutschland, in: Bauer/Kaddor/Strobel (Hrsg.), Islamischer Religionsunterricht: Hintergründe, Probleme, Perspektiven, S. 79 (81).

[1232] *Boysen*, in: v. Münch/Kunig-GG, Bd. 1, Art. 7 Rn. 92; *Muckel*, Wann ist eine Gemeinschaft Religionsgemeinschaft? in: Rees (Hrsg.), Recht in Kirche und Staat – FS Listl, S. 715 (736); *Oebbecke*, in: Essener Gespräche 49 (2016), 153 (167); *Dietrich*, Islamischer Religionsunterricht, S. 229 f.; *Heinig*, ZevKR 56 (2011), 238 (255); *Frisch*, DÖV 2004, 462 (469).

[1233] *Heinig*, ZevKR 64 (2019), 1 (12).

[1234] *Oebbecke*, in: Essener Gespräche 49 (2016), S. 153 (167).

Ausdruck. Die hinreichende Kooperationsfähigkeit ist daher von deutlich größerer Relevanz. Im Rahmen der Kooperationsfähigkeit wird oft auf die Notwendigkeit eines Ansprechpartners auf Seiten der Religionsgemeinschaft verwiesen.[1235] Damit die Gemeinschaft zur Kooperation in der Lage sei, müsse diese über einen Ansprechpartner verfügen, der Erklärungen abgeben und Aufgaben wahrnehmen könne.[1236] Islamischen Zusammenschlüssen wird die Erteilung von Religionsunterricht oft mit der Begründung versagt, es fehle ihnen an einem notwendigen Ansprechpartner,[1237] weshalb die Notwendigkeit eines Ansprechpartners gar als „Kardinalproblem“[1238] bezeichnet wird. Vor dem Hintergrund, dass Religionsunterricht in Übereinstimmung mit den Grundsätzen der Religionsgemeinschaft erteilt wird und der neutrale und säkulare Staat die im Religionsunterricht vermittelten Inhalte nicht festlegen darf, kann nicht auf einen Ansprechpartner verzichtet werden.[1239] Darüber besteht in der Literatur und der Rechtsprechung weitgehend Einigkeit.[1240]

Die Notwendigkeit eines Ansprechpartners verstößt nicht gegen das Prinzip der religiös-weltanschaulichen Neutralität, auch wenn diese Regelung in der Vergangenheit vor allem muslimische Zusammenschlüsse vor Probleme gestellt hat.[1241] Es handelt sich um eine funktionsbedingt erklärbare Differenzierung, nicht um eine ungerechtfertigte Benachteiligung reli-

---

[1235] *Ogorek*, in: Pirson/Rüfner/Germann/Muckel (Hrsg.), HdbStKirchR Bd. II, S. 1825 f.; *Hofmann*, in: Schmidt-Bleibtreu/Hofmann/Hennecke, Art. 7 Rn. 42; *Muckel/Tillmanns*, Die religionsverfassungsrechtlichen Rahmenbedingungen für den Islam, in: Muckel (Hrsg.), Der Islam im öffentlichen Recht des säkularen Verfassungsstaats, S. 234 (266); *Muckel*, Wann ist eine Gemeinschaft Religionsgemeinschaft? in: Rees (Hrsg.), Recht in Kirche und Staat – FS Listl, S. 715 (735), *Bagheri*, Der funktionsbestimmte Begriff der Religionsgemeinschaft, S. 153; *Grzeszick*, ZevKR 62 (2017), 362 (368); *M. Heckel*, JZ 1999, 741 (752).

[1236] *Muckel*, Wann ist eine Gemeinschaft Religionsgemeinschaft? in: Rees (Hrsg.), Recht in Kirche und Staat – FS Listl, S. 715 (735).

[1237] *Hofmann*, in: Schmidt-Bleibtreu/Hofmann/Hennecke, Art. 7 Rn. 42.

[1238] *Mückl*, AöR 122 (1997), 513 (552).

[1239] *Muckel/Tillmanns*, Die religionsverfassungsrechtlichen Rahmenbedingungen für den Islam, in: Muckel (Hrsg.), Der Islam im öffentlichen Recht des säkularen Verfassungsstaats, S. 234 (268); *Korioth*, Islamischer Religionsunterricht und Art. 7 Abs. 3 GG, in: Bock (Hrsg.), Islamischer Religionsunterricht?, S. 33 (47); *Hildebrandt*, Das Grundrecht auf Religionsunterricht, S. 226; *Mückl*, AöR 122 (1997), 513 (552).

[1240] So die Einschätzung von *Dietrich*, Islamischer Religionsunterricht, S. 293 m.w.N.

[1241] *Muckel/Tillmanns*, Die religionsverfassungsrechtlichen Rahmenbedingungen für den Islam, in: Muckel (Hrsg.), Der Islam im öffentlichen Recht des säkularen Verfassungsstaats, S. 234 (266).

giöser Minderheiten gegenüber dem Christentum. Mittlerweile haben sich allerdings auch bei islamischen Zusammenschlüssen organisatorische Strukturen gebildet, sodass dem Staat ein Ansprechpartner zur Seite steht.[1242] Das Problem eines fehlenden Ansprechpartners dürfte daher zunehmend an Relevanz verlieren.

(4) Lehrautorität/Instanz mit verbindlichem Letztentscheidungsrecht

Mit der Problematik der verbindlichen Außenvertretung eng verbunden ist die Frage, ob es einer Instanz bedarf, die verbindlich für die Gläubigen spricht und hierarchisch an der Spitze des religiösen Zusammenschlusses steht. Ein solches Kriterium dürfte insbesondere Muslime vor Probleme stellen, da Muslime in einer direkten Beziehung zu Gott stehen[1243] und die Überzeugungskraft einzelner Gelehrter einer institutionalisierten Autorität vorziehen.[1244] Daher ist zu klären, ob es einer religiösen Lehrautorität bedarf oder ob dieses Erfordernis mit Blick auf die Funktionen und den Rechtscharakter des Religionsunterrichts verzichtbar ist.
Teilweise wird eine Instanz gefordert, die dazu befugt sein müsse, die inhaltlichen Grundsätze des Glaubens und des Religionsunterrichts verbindlich festzulegen.[1245] In Anlehnung daran verlangt das Bundesverwaltungsgericht die Wahrnehmung identitätsstiftender Aufgaben auf Dachverbandsebene.[1246] Welche Aufgaben identitätsprägend sind, hat das Bundesverwaltungsgericht mit Rücksicht auf das Selbstverständnis der jeweiligen religiösen Vereinigung allerdings nicht allgemeingültig festgelegt.[1247] Identitätsstiftenden Aufgaben könnten insbesondere durch eine Lehrautorität ausgeübt werden.[1248] Eine solche Autorität zeichne sich wiederum dadurch aus, dass deren Lehrmeinungen in Glaubensfragen respektiert würden und reale Geltung für die Glaubensanhänger hätten.[1249]
Die Notwendigkeit einer religiösen Autorität, die hierarchisch an der Spitze der Religionsorganisation steht und verbindlich über Glaubens-

---

[1242] *Muckel*, Religionsfreiheit gestern, heute, morgen, S. 36.
[1243] *Sehl*, RuP 48 (2012), 44 (46).
[1244] *Dietrich*, Islamischer Religionsunterricht, S. 294.
[1245] VG Düsseldorf, NVwZ 2000,789 (792); VG Berlin, KirchE 35, 521 (527); *Meckel*, Religionsunterricht im Recht, S: 279 f.; *Mückl*, AöR 122 (1997), 513 (552); *Heimann*, DÖV 2003, 238 (241).
[1246] BVerwGE 123, 49 (59 f.); s. Seite 29 ff.
[1247] BVerwGE 123, 49 (60).
[1248] BVerwGE 123, 49 (60).
[1249] BVerwG NVwZ 2019, 236 (237).

inhalte entscheidet, ist allerdings abzulehnen.[1250] Zunächst ist die Notwendigkeit einer Lehrautorität im Bereich des Religionsunterrichts nicht erkennbar und schon deshalb abzulehnen.[1251] Zu kritisieren ist außerdem, dass es sich bei der Lehrautorität um eine christlich-kirchliche Denkkategorie handelt.[1252] Die Forderung nach einem religiösen Lehramt hätte zur Folge, dass christliche Organisationsstrukturen ohne Abstriche auf nichtchristliche Zusammenschlüsse übertragen würden.[1253] Faktisch würde die Notwendigkeit einer Lehrautorität daher vor allem nicht-christliche Zusammenschlüsse aus dem Berechtigtenkreis des Art. 7 Abs. 3 S. 2 GG exkludieren. Damit würden religiöse Minderheiten vor die Wahl gestellt, auf das Angebot des Art. 7 Abs. 3 S. 2 GG zu verzichten oder ihre interne Struktur gezwungenermaßen zu ändern. *Weber* weist darüber hinaus zu Recht darauf hin, dass das Erfordernis eines religiösen Lehramts selbst den protestantischen Kirchen fremd ist.[1254] Das Kriterium eines religiösen Lehramts ist daher ein eindeutig katholisch vorgeprägtes Merkmal, das mit Blick auf die Prinzipien der Neutralität, der Parität und der Säkularität abzulehnen ist. Auch die grundgesetzliche Religionsfreiheit und das religiöse Selbstbestimmungsrecht verbieten es, den Begriff der Religionsgemeinschaft von der Existenz einer religiösen Lehrautorität abhängig zu machen.[1255] Darüber hinaus dürfte es den neutralen Staat überfordern, festzustellen, ob der betreffende Vertreter die Grundsätze der Religionsgemeinschaft tatsächlich authentisch und verbindlich formuliert.[1256]

Es bleibt festzuhalten, dass die Notwendigkeit einer hierarchisch gestuften Religionsorganisation in Form einer religiösen Lehrautorität nicht erforderlich und daher abzulehnen ist. Wer über die Glaubensinhalte entscheidet und in welcher Art und Weise eine solche Entscheidung getroffen wird, dürfen die religiösen Zusammenschlüsse selbst entscheiden. Die Erfüllung identitätsstiftender Aufgaben kann auch durch Gottesdienste, Gebete, das

---

[1250] *Dietrich*, Islamischer Religionsunterricht, S. 320; *Muckel*, KuR 25 (2019), 21 (25 f.); *Heinig*, ZevKR 64 (2019), 1 (22); *Grzeszick*, ZevKR 62 (2017), 362 (370); *H. Weber*, NJW 2010, 2475 (2479); *Hohenlohe*, ZevKR 64 (2019), 79 (92 f.).

[1251] *Heinig*, ZevKR 64 (2019), 1 (21).

[1252] *Muckel*, KuR 25 (2019), 21 (25).

[1253] *Grzeszick*, ZevKR 62 (2017), 362 (370).

[1254] *H. Weber*, NJW 2010, 2475 (2479); ähnlich *Heinig*, ZevKR 64 (2019), 1 (21); *Hohenlohe*, ZevKR 64 (2019), 79 (92).

[1255] *Muckel*, KuR 25 (2019), 21 (25).

[1256] *Hennig*, ZAR 2007, 133 (139).

Feiern religiöser Feste und die Glaubensverkündung stattfinden.[1257] Die Frage, ob es einer Instanz bedarf, die verbindlich für alle Gläubigen spricht, verliert zudem an Relevanz, folgt man der hier vertretenen Möglichkeit der Selbstzuordnung. Interessieren sich Schüler bzw. deren Erziehungsberechtigte für den neu angebotenen Religionsunterricht, trifft der Lehrplan offenbar deren Glaubensausrichtung; stößt der neu angebotene Religionsunterricht nicht auf Interesse, fehlt es anscheinend an der (inhaltlichen) Akzeptanz des Angebots oder am Bedürfnis nach islamischem Religionsunterricht.[1258] Ein Ansprechpartner für den Staat kann daher nur im vereinsrechtlichen, nicht aber im theologischen Sinne verlangt werden.[1259] Eine Lehrautorität im christlichen Sinne kann nicht gefordert werden.

(5) Exkurs: Sonstige Voraussetzungen

Der Vollständigkeit halber soll in aller Kürze auf sonstige Anforderungen eingegangen werden, die Religionsgemeinschaften im Sinne des Art. 7 Abs. 3 S. 2 GG erfüllen müssen. So werden im Zusammenhang des Religionsunterrichts häufig die inhaltlichen Grenzen diskutiert, die eine Religionsgemeinschaft im Rahmen des Religionsunterrichts einzuhalten hat.[1260] Der Staat hat aufgrund seines Aufsichtsrechts aus Art. 7 Abs. 1 GG dafür Sorge zu tragen, dass Religionsgemeinschaften den schulischen Religionsunterricht nicht dazu missbrauchen, elementare Verfassungsprinzipien in Frage zu stellen.[1261] Allerdings ist darauf zu achten, dass die begrifflichen Anforderungen und die sonstigen Anforderungen an die als solche bestehende Religionsgemeinschaft nicht durcheinander gebracht wer-

---

[1257] BVerwGE 123, 49 (60).

[1258] *Classen*, Religionsfreiheit und Staatskirchenrecht in der Grundrechtsordnung, S. 104.

[1259] *Heinig*, Art. 137 Abs. 5 S. 2 WRV – ein Gleichheitsversprechen in rechtswissenschaftlicher Theorie und Rechtsprechungspraxis, in: Heinig (Hrsg.), Die Verfassung der Religion, S. 213 (222); *ders.*, Gesetzgeberische Gestaltungsoptionen zur Verleihung und zum Verlust des Körperschaftsstatus für Religions- und Weltanschauungsgemeinschaften, in: Heinig (Hrsg.), Die Verfassung der Religion, S. 232 (239).

[1260] Weiterführende Hinweise zu den inhaltlichen Grenzen finden sich bei *Graulich*, Verfassungsrechtliche Anforderungen an religiöse Organisationen im Vereinsreich und für den Religionsunterricht, in: Oebbecke/Pieroth/Towfigh (Hrsg.), Islam und Verfassungsschutz, S. 35-55; *Langenfeld*, Formale Treue zur Verfassung reicht nicht, in: Drei Jahre Deutsche Islamkonferenz (DIK) 2006-2009, S. 194-203, abrufbar unter: http://gsb.download.bva.bund.de/BAMF/DIK/090616_DIK-Broschuere_gesamt_ONLINE.pdf (zuletzt aufgerufen am 31.05.2021); *Heimann*, NVwZ 2002, 935-942; *Häußler*, ZAR 2000, 255 (255 ff.).

[1261] *Ogorek*, in: Pirson/Rüfner/Germann/Muckel (Hrsg.), HdbStKirchR Bd. II, S. 1837.

den dürfen.[1262] Ob die von der jeweiligen Religionsgemeinschaft vermittelten Inhalte im Einklang mit der Verfassung stehen, ist von den begrifflichen Anforderungen zu trennen. Die Rechtstreue religiöser Minderheiten ist für die Frage der Qualifikation der Organisation als Religionsgemeinschaft daher unerheblich.[1263] Ebenso ist aus organisationsrechtlicher Sicht irrelevant, ob genügend Schüler am Religionsunterricht der betreffenden Religionsgemeinschaft teilnehmen möchten. Auch ein religiöser Zusammenschluss, der Religionsunterricht erteilen will, obwohl sich kaum Interessenten finden, kann eine Religionsgemeinschaft im Sinne des Art. 7 Abs. 3 S. 2 GG sein, wenn er nur die oben genannten organisatorischen Kriterien erfüllt. Ob sich eine ausreichende Anzahl an Schülern findet, die am jeweiligen Religionsunterricht teilnehmen möchte, ist ein Problem der faktischen Durchführung, das sich allerdings nicht auf die organisationsstrukturellen Anforderungen auswirkt. Ob einer muslimischen Organisation die Durchführung von Religionsunterricht gelingt, hängt somit nicht nur von der Erfüllung organisatorischer Anforderungen ab. In der Praxis kommt es auch darauf an, dass muslimische Eltern und Schüler die Grundsätze ihres Glaubens in den Grundsätzen des angebotenen Religionsunterrichts wiedererkennen und sich deshalb dort anmelden.[1264]

Darüber hinaus müssen Religionsgemeinschaften, die Religionsunterricht erteilen möchten, eine gewisse Bestandsdauer aufweisen.[1265] Dieses Erfordernis ist zu stellen, da es sich beim Religionsunterricht um ein ordentliches Lehrfach und eine gemeinsame Angelegenheit von Staat und Religionsgemeinschaft handelt. Weil der Staat im Rahmen einer solchen Kooperation einen hohen Kosten- und Organisationsaufwand zu tragen hat, ist auf Seiten des religiösen Zusammenschlusses eine gewisse Dauerhaftigkeit zu fordern.[1266] *Anger* weist allerdings zu Recht darauf hin, dass das

---

[1262] *Muckel*, Wann ist eine Gemeinschaft Religionsgemeinschaft? in: Rees (Hrsg.), Recht in Kirche und Staat – FS Listl, S. 715 (733); *Bagheri*, Der funktionsbestimmte Begriff der Religionsgemeinschaft, S. 169.

[1263] *Hohenlohe*, ZevKR 64 (2019), 79 (87).

[1264] *Germann*, öarr 2014, 41 (73); so auch *Classen*, Religionsfreiheit und Staatskirchenrecht in der Grundrechtsordnung, S. 104; *ders.*, Religionsrecht, S. 186; *Towfigh*, Die rechtliche Verfassung von Religionsgemeinschaften, S. 135.

[1265] *Muckel*, Religionsfreiheit gestern, heute, morgen, S. 37; *Wißmann*, Freiheit braucht Form!?, in: Gerster/van Melis/Willems (Hrsg.), Religionspolitik heute, S. 177 (186); *Hennig*, Muslimische Gemeinschaften im Religionsverfassungsrecht, S. 102; *Classen*, Religionsrecht, S. 250; *Beaucamp/Wißmann*, DVBl. 2017, 1517 (1519); *Fechner*, NVwZ 1999, 735 (736).

[1266] *Muckel*, Religionsfreiheit gestern, heute, morgen, S. 37 f.; *Hennig*, Muslimische

Kriterium der Dauerhaftigkeit nicht verlange, dass die Gemeinschaft schon länger existiere.[1267] Entscheidend sei vielmehr die Prognose für die zukünftige Existenz der Gemeinschaft. [1268] Um die Prinzipien der Neutralität und Parität nicht zu verletzen, sollten dabei allerdings keine starren Zeitgrenzen festgelegt werden. Wie im Rahmen des Körperschaftsstatus bietet sich eine Gesamtbetrachtung an.

cc) Fazit

Eine Religionsgemeinschaft muss im Kontext des Art. 7 Abs. 3 S. 2 GG nicht über eine mitgliedschaftliche Organisationsstruktur verfügen. Die Möglichkeit der Selbstzuordnung genügt, um den Funktionen der Norm nachzukommen und den Rechtscharakter zu wahren. Darüber hinaus ist die Option der Selbstzuordnung auch aus rechtspolitischen Gründen sinnvoll. Auf das Erfordernis eines Ansprechpartners kann mit Blick auf den Rechtscharakter des Religionsunterrichts hingegen nicht verzichtet werden. Eine solche Anforderung trifft religiöse Minderheiten härter als die christlichen Großkirchen und bringt daher mittelbar ungleiche Wirkungen mit sich. Da sich die Notwendigkeit allerdings funktional erklären lässt, sind diese Auswirkungen hinzunehmen. Kooperation hat ihren Preis.[1269] Nicht notwendig ist allerdings eine hierarchische Struktur oder das Vorhandensein einer religiösen Lehrautorität auf Seiten der Religionsgemeinschaft. Weder die Funktionen noch der Rechtscharakter der Norm rechtfertigen ein solches Kriterium. Es bleibt damit festzuhalten, dass das gängige Begriffs- und Organisationsverständnis im Kontext des Art. 7 Abs. 3 S. 2 GG in Teilen zu überdenken ist. Das Kriterium der Mitgliedschaftsklarheit zugunsten offener organisatorischer Kriterien aufzugeben, ist möglich und bietet sich an. Zumindest in dieser Hinsicht ist eine „offene, kreative und innovative Auslegung“[1270] sinnvoll.

Gemeinschaften im Religionsverfassungsrecht, S. 102; *Beaucamp/Wißmann*, DVBl. 2017, 1517 (1519 f.).

[1267] *Anger*, Islam in der Schule, S. 374.

[1268] *Anger*, Islam in der Schule, S. 374.

[1269] *Isensee*, Kirche und Staat am Anfang des 21. Jahrhunderts, in: Hense (Hrsg.), Staat und Religion, S. 281 (298).

[1270] Diese Formulierung findet sich bei *Jochum*, Islam in der staatlichen Schule, in: Haratsch/Janz/Rademacher/Schmahl/Weiß (Hrsg.), Religion und Weltanschauung im säkularen Staat, S. 100 (111 f.).

4. Unterschiedliche Begriffsverständnisse

Wie soeben dargestellt, erfüllen die verschiedenen Normen, die den Begriff der Religionsgemeinschaft erwähnen, jeweils unterschiedliche Funktionen, haben verschiedene historische Hintergründe und bringen ganz unterschiedliche Rechtsfolgen mit sich. Vor diesem Hintergrund bieten sich funktionsbezogene Begriff- und Organisationsverständnisse an. Auch mit Blick auf die zunehmende religiöse Pluralisierung Deutschlands ist ein differenziertes Begriffsverständnis vorzugswürdig, da religiösen Minderheiten und neu etablierten religiösen Zusammenschlüssen so zumindest der Zugang zu einigen Gewährleistungen des institutionellen Religionsverfassungsrechts eröffnet wird.

F. Darstellung anhand ausgewählter religiöser Zusammenschlüsse

Um zu überprüfen, welche Auswirkungen die soeben erarbeiteten Definitionsvorschläge und Organisationsanforderungen in der Praxis haben, sollen die gefundenen Ergebnisse anhand ausgewählter religiöser Zusammenschlüsse in aller Kürze dargestellt werden. Die Frage, ob ein religiöser Zusammenschluss eine Religionsgemeinschaft im Sinne des Grundgesetzes darstellt, stellt sich meistens im Zusammenhang mit muslimischen Gruppierungen, da Muslime die größte religiöse Minderheit in Deutschland darstellen. Zwar gehören nur circa 10-15% der in Deutschland lebenden Muslime einem muslimischen Verband an,[1271] dennoch soll eine Darstellung anhand ausgewählter muslimischer Zusammenschlüsse erfolgen. Von besonderer Relevanz für die Vergemeinschaftung der in Deutschland lebenden Muslime sind die sogenannten Dachverbände, bei denen es sich um religiöse Zusammenschlüsse handelt, die verschiedene Verbände auf überregionaler Ebene miteinander verbinden.[1272] Seit den 1990er-Jahren machen sich verschiedene Dachverbände öffentlichkeitswirksam für die Belange der muslimischen Minderheit und die rechtliche Anerkennung muslimischer Zusammenschlüsse stark,[1273] weshalb die Verbände in der öffentlichen Debatte oft im Fokus stehen.

Im folgenden Abschnitt werden die Struktur des Zentralrats der Muslime und die des Islamrats exemplarisch näher beleuchtet. Beide Verbände haben durch die Wahl ihrer Organisationsform gezielt versucht, die organisatorischen Anforderungen des Religionsverfassungsrechts zu erfüllen, um eine rechtliche Anerkennung zu erreichen[1274] und eine Koordinierungsinstanz zu etablieren.[1275] Daher sind die Strukturen dieser beiden Zusam-

---

[1271] *Rödl*, Islam in Deutschland, in: Isak/Schmid (Hrsg.), Christen und Muslime in Deutschland, S. 65 (75); *Hense*, Staatsverträge mit Muslimen, in: Mückl (Hrsg.), Das Recht der Staatskirchenverträge, S. 115 (135); *Heimbach*, Die Entwicklung der islamischen Gemeinschaft in Deutschland seit 1961, S. 160 geht von 10-12 % aus; *Häberle*, Der Staat 57 (2018), 35 (51) zufolge repräsentieren die 4 großen islamischen Dachverbände circa 25 % der Muslime.

[1272] *Pabel*, in: Pirson/Rüfner/Germann/Muckel (Hrsg.), HdbStKirchR Bd. I, S. 992; *Hennig*, Muslimische Gemeinschaften im Religionsverfassungsrecht, S. 34.

[1273] *Chbib*, Organisation des Islams in Deutschland, S. 143.

[1274] *Rosenow/Kortmann*, Die muslimischen Dachverbände und der politische Islamdiskurs in Deutschland im 21. Jahrhundert, in: Meyer/Schubert (Hrsg.), Politik und Islam, S. 47 (57); *Blätte*, Einwandererverbände in der Migrations- und Integrationspolitik 1998-2006, S. 123 Fn. 123.

[1275] *Mohaghehgi*, Neue Aspekte in der Beziehung zwischen Muslime und Staat in

menschlüsse von besonderem Interesse. Ferner sehen sich beide Verbände als politische Interessenvertretung deutscher Muslime an,[1276] weshalb eine Untersuchung der Organisationsstruktur der beiden Verbände ebenfalls von Belang ist.

I. Allgemeines zu Dachverbänden

Zu Beginn sollen einige allgemeine Hinweise erfolgen. Zunächst ist darauf hinzuweisen, dass Dachverbände dem Bundesverwaltungsgericht zufolge grundsätzlich Religionsgemeinschaften im Sinne des Grundgesetzes sein können.[1277]

Ferner ist darauf aufmerksam zu machen, dass eine Religionsgemeinschaft nicht bloß dann vorliegt, wenn diese alle Angehörigen einer Religion verbindet.[1278] Es steht religiösen Zusammenschlüssen im Rahmen ihres Selbstbestimmungsrechts frei, ökumenische Bestrebungen zu betreiben.[1279] Dass einige Dachverbände multiethnisch und lehrschulenübergreifend aufgestellt sind, steht der Einordnung als Religionsgemeinschaft somit nicht pauschal entgegen. Es reicht aus, dass verwandte Glaubensbekenntnisse vorliegen.[1280]

Mit dieser Problematik eng verknüpft ist die heterogen geprägte Organisationsstruktur muslimischer Zusammenschlüsse, die es dem Staat erschwert, Ansprechpartner für den Dialog zu finden und die politisch-gesellschaftliche Einflussnahme der in Deutschland lebenden Muslime hemmt.[1281] Ansprüche muslimischer Verbände werden nicht selten mit Hinweis auf das Fehlen eines einheitlichen Ansprechpartners abgewiesen. So forderte der damalige nordrhein-westfälische Integrationsminister

---

Deutschland, in: Rees/Roca/Schanda (Hrsg.), Neuere Entwicklungen im Religionsrecht europäischer Staaten S. 401 (407 f.).

[1276] *Blätte*, Einwandererverbände in der Migrations- und Integrationspolitik 1998-2006, S. 146.

[1277] BVerwGE 123, 49 (57); ebenso *Badura*, in: Maunz/Dürig, Art. 7 Rn. 88; *Ehlers*, in: Sachs-GG, Art. 140 Rn. 6; *Germann*, Epping/Hillgruber, Art. 7 Rn. 56.1; *Pieroth/Görisch*, JuS 2002, 937 (941); *Morlok*, JURA 2021, 501 (506); a.A. OVG NRW, NVwZ-RR 2004, S. 492.

[1278] *Hillgruber*, KuR 17 (2011), 225 (232), der zurecht darauf hinweist, dass eine solche Forderung nicht nur den Islam, sondern auch das Christentum vor große Probleme stellen würde.

[1279] *Smets*, BRJ 2011, 139 (143).

[1280] BVerwGE 123, 49 (56); *Towfigh*, Die rechtliche Verfassung von Religionsgemeinschaften, S. 137; *M. Heckel*, JZ 1999, 741 (752); *Smets*, BRJ 2011, 139 (143).

[1281] *Şen/Sauer*, ZAR 2006, 14 (19).

Armin Laschet die islamischen Dachverbände dazu auf, eine einheitliche Vertretung zu bestimmen, da die Einrichtung von muslimischem Religionsunterricht ansonsten nicht möglich sei.[1282] Ein einheitlicher muslimischer Ansprechpartner ist für die religionsverfassungsrechtliche Anerkennung allerdings nicht erforderlich. Zunächst ist darauf hinzuweisen, dass die strenge Forderung nach einem einheitlichen Ansprechpartner auch der christlichen Mehrheit nicht abverlangt wird.[1283] Gesteht man dem Christentum jedoch eine gewisse Heterogenität zu, stellt es einen Verstoß gegen das Paritätsprinzip dar, den hier lebenden Muslimen den Zusammenschluss zu einer zentralen Vereinigung aufzutragen. Ferner steht es dem neutralen und säkularen Staat nicht zu, Muslime zum Zusammenschluss zu einer einzigen Vereinigung zu drängen.[1284] Ob sich verschiedene muslimische Verbände zusammenschließen möchten, dürfen sie im Rahmen ihres religiösen Selbstbestimmungsrechts eigenverantwortlich festlegen. Abgesehen davon findet die Forderung nach einem einheitlichen Ansprechpartner keine Grundlage im Verfassungsrecht.[1285] Somit stellt es kein grundsätzliches verfassungsrechtliches Problem dar, dass eine Mehrzahl von muslimischen Dachverbänden existiert.

Darüber hinaus wird immer wieder die Frage nach der Repräsentativität der muslimischen Dachverbände aufgeworfen. Die geringe Repräsentativität muslimischer Zusammenschlüsse wird herangezogen, um Ansprüche muslimischer Vereinigungen zu verneinen.[1286] *Chbib* warnt allerdings zu Recht davor, die Gesamtheit der in Deutschland lebenden Muslime als Bezugsgröße zugrunde zu legen, da dadurch zwangsläufig auch Muslime erfasst würden, für die der Islam weder eine identifikatorische noch eine alltagsbezogene Relevanz habe.[1287] Dass Islamverbände allein nicht für

---

[1282] *Laschet*, Wir haben zu wenig Einbürgerung, https://de.qantara.de/inhalt/interview-armin-laschet-wir-haben-zu-wenig-einburgerung (zuletzt aufgerufen am 31.05.2021).

[1283] *Rohe*, Zur Stellung des Islams in der deutschen Rechtsordnung, in: Evangelische Akademien in Deutschland (Hrsg.), Christen und Muslime, S. 217 (228).

[1284] *Salama*, Muslimische Gemeinschaften in Deutschland, S. 76.

[1285] *Azzaoui*, Muslimische Gemeinschaften in Deutschland zwischen Religionspolitik und Religionsverfassungsrecht, in: Meyer/Schubert (Hrsg.), Politik und Islam, S. 247 (259); auch *Blätte*, Islamische Verbände in verbandsökonomischer Perspektive, in: Meyer/Schubert (Hrsg.), Politik und Islam, S. 219 (241) spricht sich dafür aus, dass Kriterium des einheitlichen Ansprechpartners aufzugeben.

[1286] *Heimbach*, Die Entwicklung der islamischen Gemeinschaft in Deutschland seit 1961, S. 164; *Darwisch*, Islamischer Religionsunterricht in Deutschland, S. 55 f.

[1287] *Chbib*, Die Deutsche Islampolitik und die Frage nach der Repräsentativität muslimischer Verbände, in: Heinrich-Böll-Stiftung (Hrsg.), Muslimische Gemeinschaften zwischen

religiös desinteressierte Muslime sprechen, liege, so *Chbib*, auf der Hand.[1288] Der bloße Blick auf die Mitgliedszahlen sei ihr zufolge daher trügerisch.[1289] Ebenso weist *Lemmen* darauf hin, dass die förmliche Organisation im Islam keine Tradition habe, weshalb die „schweigende Mehrheit" der Muslime nicht herangezogen werden dürfe, um muslimischen Organisationen berechtigte Ansprüche zu versagen.[1290] Obgleich den Dachverbänden kein Alleinvertretungsanspruch für die Gesamtheit der in Deutschland lebenden Muslime zukomme, gleichwohl könne nicht ernsthaft bezweifelt werden, dass die muslimischen Dachverbände die Interessen einer gewissen Anzahl von Menschen vertreten.[1291] Dem ist uneingeschränkt zuzustimmen. Solange nicht irrtümlich eine exklusive Repräsentativität bestimmter muslimischer Organisationen angenommen wird, steht die relativ geringe Relevanz muslimischer Zusammenschlüsse einer Kooperation von Staat und muslimischen Verbänden nicht entgegen.[1292] Abgesehen davon kommt es für die Einordnung als Religionsgemeinschaft nicht darauf an, wie viele Gläubige ein religiöser Zusammenschluss vereint, sondern ob die rechtlich vorgegebenen Kriterien als erfüllt anzusehen sind.[1293] Der Vorwurf der fehlenden Repräsentativität erweist sich daher als nicht tragfähig, um muslimischen Zusammenschlüssen die Eigenschaft als Religionsgemeinschaft zu versagen. Die Repräsentativität muslimischer Dachverbände mag daher interessant sein, sie dient aber keinesfalls als Argument zur Versagung berechtigter Anliegen.

Es bleibt festzuhalten, dass pauschale Zweifel gegenüber Dachverbandskonstruktionen zumindest aus organisationsrechtlicher Sicht unangebracht sind. Ferner sollte die Kompromissbereitschaft und Anpassungsfähigkeit muslimischer Vereinigungen nicht gering geschätzt werden. Schon die Gründung muslimischer Dachverbände verdeutlicht die Bereitschaft der in Deutschland lebenden Muslime, sich dem institutionellen Denken

---

Recht und Politik, S. 28 (31 f.).

[1288] *Chbib*, Die Deutsche Islampolitik und die Frage nach der Repräsentativität muslimischer Verbände, in: Heinrich-Böll-Stiftung (Hrsg.), Muslimische Gemeinschaften zwischen Recht und Politik, S. 28 (31 f.).

[1289] *Chbib*, Heimisch werden in Deutschland: Die religiöse Landschaft der Muslime im Wandel, in: Hero/Krech/Zander (Hrsg.), Religiöse Vielfalt in Nordrhein-Westfalen, S. 125 (139).

[1290] *Lemmen*, Islamische Vereine und Verbände in Deutschland, S. 93.

[1291] *Lemmen*, Islamische Vereine und Verbände in Deutschland, S. 93.

[1292] *Pabel*, in: Pirson/Rüfner/Germann/Muckel (Hrsg.), HdbStKirchR Bd. I, S. 1017.

[1293] *Azzaoui*, Muslimische Gemeinschaften in Deutschland zwischen Religionspolitik und Religionsverfassungsrecht, in: Meyer/Schubert (Hrsg.), Politik und Islam, S. 247 (258).

des deutschen Religionsverfassungsrechts anzupassen.[1294] Diese Organisationstendenzen stellen ein nicht zu unterschätzendes Entgegenkommen dar und verdienen durchaus Anerkennung. Abgesehen davon kann es nicht das Ziel sein, die kulturelle Selbstaufgabe religiöser Minderheiten zur Teilhabebedingung zu machen.[1295] Der oft wiederholte Vorwurf, muslimische Zusammenschlüsse wären zur notwendigen Vergemeinschaftung nicht bereit, ist daher zu pauschal und nicht zutreffend.

II. Zentralrat der Muslime

Der Zentralrat der Muslime ist ein eingetragener Verein mit Sitz in Köln,[1296] der aus dem seit 1988 existierenden Islamischen Arbeitskreis hervorgegangen ist.[1297] Der Zentralrat der Muslime stellt einen im Jahr 1994 gegründeten Dachverband dar,[1298] der darum bemüht ist, ein breites Spektrum der in Deutschland lebenden Muslime zu repräsentieren.[1299] Die Eintragung in das Vereinsregister erfolgte am 13. Oktober 1995.[1300] Der Zentralrat der Muslime steht keiner spezifischen islamischen Lehreschule nahe,[1301] sondern vertritt Muslime jedweder nationaler Herkunft.[1302] Ungewiss ist, wie viele Gläubige der Zentralrat der Muslime tatsächlich vertritt, schätzungsweise wird von 15.000-20.000 Gläubigen ausgegangen.[1303] Damit repräsentiert der Zentralrat der Muslime lediglich 1-2% aller in Deutschland lebenden Muslime und nur rund 10% der organisierten Muslime.[1304]

[1294] *Heimbach*, Die Entwicklung der islamischen Gemeinschaft in Deutschland seit 1961, S. 156.

[1295] *F. Hufen*, Die kulturintegrative Kraft der Verfassung, in: Däubler-Gmelin (Hrsg.), Gegenrede – FS Mahrenholz, S. 115 (120).

[1296] *Pabel*, in: Pirson/Rüfner/Germann/Muckel (Hrsg.), HdbStKirchR Bd. I, S. 1004.

[1297] *Lemmen*, Türkisch-Islamische Organisationen in Deutschland, S. 48; *Olgun*, Islamische Religionsgemeinschaften als politische Akteure in Deutschland, S. 179.

[1298] *Rohe*, Der Islam in Deutschland, S. 144; *Eißler*, Islamische Verbände in Deutschland, S. 109.

[1299] *Lemmen*, Islamische Vereine und Verbände in Deutschland, S. 89; *Şen/Sauer*, ZAR 2006, 14 (19).

[1300] *Lemmen*, Muslimische Spitzenorganisationen in Deutschland, S. 13.

[1301] *Olgun*, Islamische Religionsgemeinschaften als politische Akteure in Deutschland, S. 180.

[1302] *Pabel*, in: Pirson/Rüfner/Germann/Muckel (Hrsg.), HdbStKirchR Bd. I, S. 1004.

[1303] *Rosenow-Williams*, Organizing Muslims and Integrating Islam in Germany, S. 305; *Stichs/Haug/Müssig*, ZAR 2010, 127 (129).

[1304] *Pokoyski*, Koordinierungsinstanzen und politische Ansprechpartner, in: Wunn (Hrsg.), Muslimische Gruppierungen in Deutschland, S. 211 (217).

Obwohl der Zentralrat der Muslime lediglich einen relativ kleinen Teil der in Deutschland lebenden Muslime vertritt, konnte der Verband sowohl durch zahlreiche öffentliche Auftritte als auch durch sein Bekenntnis zum Grundgesetz und zur freiheitlich-demokratischen Grundordnung an gesellschaftlicher Anerkennung und Relevanz gewinnen.[1305] Insbesondere der 2002 veröffentlichten Islamischen Charta, in der sich der Zentralrat zum Rechtsstaat und zur Notwendigkeit eines interreligiösen Dialogs bekennt, wird Pioniercharakter attestiert.[1306] Darüber hinaus stellt die Islamische Charta einen Versuch seitens des Zentralrats der Muslime dar, seine religiöse Dimension und die Vereinbarkeit seiner Grundsätze mit der deutschen Rechtsordnung zu unterstreichen.[1307]

1. Aufgaben und Organisationsstruktur

Für den Zentralrat der Muslime steht gemäß § 2 Abs. 3 seiner Satzung die allseitige Religionspflege und die umfassende Erfüllung der aus dem Bekenntnis erwachsenen Aufgaben im Zentrum seiner Tätigkeiten.[1308] Er betrachtet es als seine wichtigste Aufgabe, muslimisches Leben in Deutschland zu fördern und den hier lebenden Muslimen die Religionsausübung zu ermöglichen und zu erleichtern.[1309] Abgesehen davon zählt der Zentralrat der Muslime die Erstellung von empfehlenden Leitlinien für das religiöse Leben (§ 2 Abs. 3 ZMD-Satzung) zu seinen Aufgaben. Darüber hinaus nimmt er die „Berechnung der Gebetszeiten und des islamischen Kalenders einschließlich des Festtagskalenders, das Aufstellen von Regeln für das islamische Schlachten, die Errichtung islamischer Friedhöfe und Begräbnisstätten, die Verbesserung des Koranunterrichts in den Gemeinden und Aufklärungsarbeit in Sachen Sicherheit und Bekämpfung von Extremismus

---

[1305] *Lemmen*, Islamische Vereine und Verbände in Deutschland, S. 89 f.; *Pokoyski*, Koordinierungsinstanzen und politische Ansprechpartner, in: Wunn (Hrsg.), Muslimische Gruppierungen in Deutschland, S. 211 (217).

[1306] *Almila Akca*, Muslimische Akteure, in: Meißner/Affolderbach/Mohagheghi/Renz (Hrsg.), Handbuch Christlich-Islamischer Dialog, S. 387 (407).

[1307] *Blätte*, Einwandererverbände in der Migrations- und Integrationspolitik 1998-2006, S. 123 Fn. 123.

[1308] Die Satzung des Zentralrats der Muslime ist abrufbar unter http://islam.de/files/pdf/u/Satzung%20des%20ZMD%20vom%2013.03.2016%20(Endversion%20u.%20%C3%9Cbersendungsversion%20an%20das%20Amtsgericht).pdf (zuletzt aufgerufen am 31.05.2021); im Folgenden zitiert als ZMD-Satzung.

[1309] Selbstdarstellung Zentralrat der Muslime in Deutschland e. V., abrufbar unter: http://zentralrat.de/2594.php (zuletzt aufgerufen am 31.05.2021).

jeglicher Coleur“ vor.[1310] Auch die muslimische Seelsorge und Familienberatung zählt zu seinem Aufgabenbereich.[1311] Ebenso setzt sich der Zentralrat der Muslime § 3 Abs. 3 und 4 ZMD-Satzung zufolge für die Erteilung von Religionsunterricht im Sinne des Art. 7 Abs. 3 GG und den Ausbau islamischer Lehrstühle an deutschen Hochschulen ein. Außerdem gibt er von Gelehrten verabschiedete Positionen zu ethischen Grundsatzthemen wie zum Beispiel der Präimplantationsdiagnostik, der Organtransplantation oder der Sterbebegleitung heraus.[1312] Ferner berät er die ihm angehörenden Gemeinden in theologischen Fragen mithilfe verschiedener Fachreferate und Beauftragten.[1313] Nach eigenen Aussagen übernimmt der Zentralrat der Muslime auf Dachverbandsebene überdies jene Aufgaben, mit denen die einzelnen Gemeinden alleine überfordert sind.[1314]

Auch zur Organisationsstruktur finden sich sowohl in der Satzung des Zentralrats der Muslime als auch in seiner Selbstdarstellung einige Angaben. So ist der Zentralrat der Muslime nach eigener Darstellung eine Dachorganisation von neun Landesverbänden, 14 muslimischen Dachorganisationen und circa 300 Moscheegemeinden.[1315] Mitglied kann jede inländische islamische Vereinigung werden, die in mindestens zwei Landesverbänden die Mitgliedschaft beantragt oder innehat, die Satzung annimmt und sich der allseitigen Religionspflege widmet (§ 7 Abs. 1 ZMD-Satzung). § 7 Abs. 1 ZMD-Satzung legt fest, dass die natürlichen Mitglieder dieser Vereinigungen wiederum Mitglieder des Zentralrats der Muslime sind. Wie die Unterverbände des Zentralrats der Muslime ihren Mitgliederbestand zu bestimmen haben, lässt die Satzung allerdings offen.[1316]

Gemäß § 10 Abs. 7 ZMD-Satzung verfügt der Zentralrat der Muslime über einen Vorstand, der unter anderem für Repräsentation des Vereins zuständig ist. Befugt zur Klärung religiöser Fragen ist § 11 ZMD-Satzung

[1310] Selbstdarstellung Zentralrat der Muslime in Deutschland e. V., abrufbar unter: http://zentralrat.de/2594.php (zuletzt aufgerufen am 31.05.2021).

[1311] Selbstdarstellung Zentralrat der Muslime in Deutschland e. V., abrufbar unter: http://zentralrat.de/2594.php (zuletzt aufgerufen am 31.05.2021).

[1312] Selbstdarstellung Zentralrat der Muslime in Deutschland e. V., abrufbar unter: http://zentralrat.de/2594.php (zuletzt aufgerufen am 31.05.2021).

[1313] Selbstdarstellung Zentralrat der Muslime in Deutschland e. V., abrufbar unter: http://zentralrat.de/2594.php (zuletzt aufgerufen am 31.05.2021).

[1314] Selbstdarstellung Zentralrat der Muslime in Deutschland e. V., abrufbar unter: http://zentralrat.de/2594.php (zuletzt aufgerufen am 31.05.2021).

[1315] Selbstdarstellung Zentralrat der Muslime in Deutschland e. V., abrufbar unter: http://zentralrat.de/2594.php (zuletzt aufgerufen am 31.05.2021).

[1316] *Bagher*i, Der funktionsbestimmte Begriff der Religionsgemeinschaft, S. 337.

zufolge der aus 15 gewählten Gelehrten bestehende islamische Gelehrtenrat. Dieser setzt sich aus deutschen Islamexperten und unterstützenden Experten aus dem Ausland zusammen.[1317] Aufgabe des Gelehrtenrats ist die theologische Betreuung der dem Zentralrat zugehörigen Organisationen und deren natürlicher Mitglieder.[1318] *Aiman Mazyek*, Vorsitzender des Zentralrats der Muslime, bezeichnet den Gelehrtenrat als religiöse Autorität, deren Beschlüsse und Entscheidungen als verbindlich anzusehen sind, ohne dass dadurch anderslautende Lehrmeinungen von Gelehrten zu einzelnen Glaubensfragen negiert werden sollen.[1319]
In § 2 Abs. 1 ZMD-Satzung bezeichnet sich der Zentralrat der Muslime ausdrücklich als Religionsgemeinschaft im Sinne der deutschen Rechtsordnung.

2. Zentralrat als Religionsgemeinschaft im Sinne des Grundgesetzes?

Ob diese Selbstbezeichnung ihre Berechtigung hat, hängt allerdings nicht von der Selbsteinschätzung, sondern von der Erfüllung der erforderlichen Kriterien ab.[1320] Im Folgenden ist daher zu untersuchen, ob der Zentralrat der Muslime unter den Begriff der Religionsgemeinschaft zu subsumieren ist.

a) Begriffsmerkmal Religion

Damit der Zentralrat der Muslime als Religionsgemeinschaft im Sinne des Grundgesetzes angesehen werden kann, ist zunächst erforderlich, dass das Religiöse als zentrales Wirkungsfeld zu betrachten ist. Davon ist nur auszugehen, wenn das Wirken eines Zusammenschlusses auf religiöse Ziele ausgerichtet ist oder religiösen Zwecken zumindest dient.[1321] Der Zentralrat der Muslime ist laut eigener Satzung ein Zusammenschluss, der sich der Pflege des islamischen Glaubens widmet. Er bezieht Stellung zu ethischen Fragen, bietet seelsorgerische Tätigkeiten an, setzt sich für die Einrichtung islamische Lehrstühle und die Imamausbildung ein, strebt die

---

[1317] *Rosenow-Williams*, Organizing Muslims and Integrating Islam in Germany, S. 319.
[1318] *Pabel*, in: Pirson/Rüfner/Germann/Muckel (Hrsg.), HdbStKirchR Bd. I, S. 1006.
[1319] *Mazyek*, Wir sind bereit, bis zum Bundesverfassungsgericht zu gehen, abrufbar unter: https://chrismon.evangelisch.de/mazyek (zuletzt aufgerufen am 31.05.2021).
[1320] Vgl. *Pabel*, in: Pirson/Rüfner/Germann/Muckel (Hrsg.), HdbStKirchR Bd. I, S. 1018.
[1321] *Muckel*, Religionsfreiheit gestern, heute, morgen, S. 31.

Einrichtung von islamischem Religionsunterricht an deutschen Schulen an und nimmt zudem aktiv am interreligiösen und gesellschaftlichen Dialog teil. Die gerade aufgezählten Tätigkeiten sind allesamt auf religiöse Ziele ausgerichtet oder dienen zumindest religiösen Zwecken. Dass die Religion im Zentrum der Aktivitäten des Zentralrats der Muslime steht, ist daher nicht zu bezweifeln.[1322] Die Vielzahl der Aktivitäten zeigt überdies, dass das Wirken des Zentralrats der Muslime breit gestreut und nicht bloß punktuell ausgerichtet ist. Das für das Vorliegen einer Religionsgemeinschaft notwendige religiöse Element ist daher unzweifelhaft gegeben. Ebenso ist das Kriterium der Allseitigkeit der Religionspflege als erfüllt anzusehen.[1323]

Dass die allseitige Pflege der Religion nicht allein auf Dachverbandsebene erfolgt, sondern in Arbeitsteilung mit den dem Dachverband angehörenden Vereinen und Gemeinden, steht der Einordnung als Religionsgemeinschaft nicht entgegen, da es für Mehrebenen-Organisationen typisch ist, dass die selbstgestellten Aufgaben nicht nur auf der oberen Ebene erledigt werden.[1324]

Das Tatbestandsmerkmal der Religion ist somit als erfüllt anzusehen.

b) Begriffsmerkmal Gemeinschaft

Problematisch ist vielmehr, ob der Zentralrat der Muslime über die notwendige organisatorische Verfestigung verfügt, um als Religionsgemeinschaft im Sinne des Grundgesetzes angesehen zu werden. Da ein relatives Verständnis des Begriffs der Religionsgemeinschaft nach hier vertretener Ansicht vorzugswürdig ist, ist eine normbezogene Prüfung vorzunehmen.

aa) Binnenbereich

Um das religiöse Selbstbestimmungsrecht aus Art. 140 GG i. V. m. Art. 137 Abs. 3 WRV und die Religionsgutsgarantie aus Art. 140 GG i. V. m. Art. 138 Abs. 2 WRV wahrzunehmen, muss lediglich ein durch gemeinsamen Glaubensüberzeugung verbundener Zusammenschluss mehrerer Menschen vorliegen. Strikte, kirchenähnliche Organisationsstrukturen sind im Rahmen dieser den Binnenbereich betreffenden Normen nicht

---

[1322] *Bagheri*, Der funktionsbestimmte Begriff der Religionsgemeinschaft, S. 326 f..

[1323] *Bagheri*, Der funktionsbestimmte Begriff der Religionsgemeinschaft, S. 315.

[1324] *Oebbecke*, Islamischer Religionsunterricht – Rechtsdogmatische und rechtspolitische Fragen, in: Bauer/Kaddor/Strobel (Hrsg.), Islamischer Religionsunterricht: Hintergründe, Probleme, Perspektiven, S. 55 (57).

notwendig. Ein enges und kirchenorientiertes Begriffsverständnis ist vor dem Hintergrund der enormen Relevanz der beiden Normen mit den Prinzipien der Parität, der Säkularität und der Neutralität gar unvereinbar.
Wie soeben festgestellt, ist das religiöse Element als erfüllt anzusehen. Zudem beschränkt sich die religiöse Tätigkeit des Zentralrats der Muslime nicht auf einzelne Aspekte, weshalb es sich nicht bloß um einen religiösen Verein handelt. Im Rahmen des Art. 140 GG i. V. m. Art. 138 Abs. 2 WRV ist eine Abgrenzung zwischen Religionsgesellschaft und religiösem Verein ohnehin rein theoretischer Natur, da sich sowohl Religionsgemeinschaften als auch religiöse Vereine auf den Schutz der Norm berufen können.
Ebenso handelt es sich beim Zentralrat der Muslime um einen Zusammenschluss mehrerer Menschen. Die gemeinsame Religion eint die dem Zusammenschluss angehörenden Personen. Dass die natürlichen Personen nicht zwangsläufig dem Zentralrat der Muslime selbst angehören, sondern nur den untergeordneten Landesverbänden und Moscheegemeinschaften, ändert nichts daran, dass die gemeinsame Religion, die wenn auch nur mittelbar zugehörigen Menschen, eint. Ob die Organisationsstruktur des Zentralrats mitgliedschaftlich aufgebaut ist oder der Gelehrtenrat über ausreichende Autorität verfügt, ist im Rahmen der freiheitlich und abwehrrechtlich geprägten Religionsgutsgarantie und dem Selbstbestimmungsrecht irrelevant.
Folglich handelt es sich beim Zentralrat der Muslime um eine Religionsgemeinschaft im Sinne von Art. 140 GG i. V. m. Art. 137 Abs. 3 WRV bzw. Art. 140 GG i. V. m. Art. 138 Abs. 2 WRV. Der Zentralrat der Muslime kann sich folglich auf den Schutz der Religionsgutgarantie und das religiöse Selbstbestimmungsrecht berufen.

bb) Historisch geprägte Normen

Da es sich beim Zentralrat der Muslime um einen nach 1919 entstandene Zusammenschluss handelt, sind die historischen Garantien aus Art. 140 GG i. V. m. Art. 137 Abs. 5 S. 1 WRV und Art. 138 Abs. 1 WRV nicht auf den Zentralrat der Muslime anwendbar. Er ist weder als Empfänger von Staatsleistungen nach Art. 140 GG i. V. m. Art. 138 Abs. 1 WRV einzuordnen, noch kann er als geborene Körperschaft im Sinne des Art. 140 GG i. V. m. Art. 137 Abs. 5 S. 1 WRV betrachtet werden. Aus diesem Grund stellt der Zentralrat der Muslime keine Religionsgemeinschaft im Sinne der historischen Garantien des Religionsverfassungsrechts dar. Dass der Zentralrat der Muslime keine Staatsleistungen im Sinne des Art. 140 GG i. V. m. Art. 138 Abs. 2 WRV beziehen kann, heißt aber nicht, dass ihm jegliche finanzielle Unterstützung durch den Staat vorzuenthalten ist. Vor dem Hintergrund der zunehmenden Pluralisierung der Religionslandschaft ist die finanzielle Förderung muslimischer Zusammenschlüsse durch den Staat durchaus zu befürworten. Da auch christliche Kirchen über Art. 140 GG i. V. m. Art. 138 Abs. 2 WRV hinausgehende finanzielle Förderungen erhalten, ist eine finanzielle Unterstützung gerade mit Blick auf das Paritätsprinzip begrüßenswert. Eine solche Förderung kann allerdings nicht im Rahmen des Art. 140 GG i. V. m. Art. 138 Abs. 1 WRV erfolgen.

cc) Kein Körperschaftsstatus nach Art. 137 Abs. 5 S. 2 WRV

Zwar ist der Zentralrat der Muslime keine Körperschaft im Sinne des Art. 137 Abs. 5 S. 2 WRV, er hätte dem Grunde nach aber die Möglichkeit die Körperschaftsrechte nach Art. 140 GG i. V. m. Art. 137 Abs. 5 S. 2 WRV zu erlangen, wenn er die organisatorischen Anforderungen erfüllt und einen Antrag stellt. Da es sich bei Art. 140 GG i. V. m. Art. 137 Abs. 5 S. 2 WRV um eine gleichheitsrechtlich geprägte Norm handelt, durch die religiösen Minderheiten der Körperschaftsstatus zugänglich gemacht werden soll, ist es grundsätzlich zu befürworten, dass auch muslimische Gemeinden von diesem Status profitieren. Den Wunsch nach der Verleihung der Körperschaftsrechte bekundet der Vorsitzende des Zentralrats der Muslime.[1325] Es dürfte daher nur eine Frage der Zeit sein, bis der Zentralrat der Muslime einen Antrag auf die Verleihung der Körperschaftsrechte stellt.
Ein solcher Antrag wird jedoch nur dann Erfolg haben, wenn auch die nach Art. 140 GG i. V. m. Art. 137 Abs. 5 S. 2 GG notwendigen organisatorischen Anforderungen erfüllt werden. Weil der Zentralrat der Muslime über einen gewählten Vorstand verfügt, ist ein unzweifelhaft feststellbarer Ansprechpartner auf Seiten des Zentralrats der Muslime vorhanden. Zudem besteht der Zentralrat der Muslime in seiner jetzigen Form seit dem Jahre 1994 und erfüllt damit bald die früher erforderliche Existenz von circa 30 Jahren. Dass das Kriterium des 30-jährigen Bestehens momentan noch knapp verfehlt wird, steht der Verleihung der Körperschaftsrechte nicht pauschal entgegen, schließlich ist die Dauer des Bestehens nicht isoliert

---

[1325] *Mazyek*, Wir sind bereit, bis zum Bundesverfassungsgericht zu gehen, abrufbar unter: https://chrismon.evangelisch.de/mazyek (zuletzt aufgerufen am 31.05.2021).

zugrunde zu legen. Entscheidend ist vielmehr, ob der Zusammenschluss nach einer Gesamtschau sämtlicher Tätigkeiten die Erwartung rechtfertigt, in Zukunft Bestand zu haben.[1326] Der Islam ist eine Weltreligion mit langer Tradition und kein lediglich kurzfristig auftretendes religiöses Phänomen. Davon abgesehen ist der Islam in Deutschland eine bereits seit Jahrzehnten wachsende Religion. Daher ist nicht zu befürchten, dass die muslimischen Dachverbände in Zukunft verschwinden werden.[1327] Ferner zeigen die Tätigkeiten, Ziele und öffentlichen Bestrebungen des Zentralrats der Muslime, dass dieser zukunftsgerichtet plant und an einer dauerhaften Etablierung interessiert ist.[1328] Es ist daher zu erwarten, dass der Zentralrat der Muslime dauerhaft Bestand haben wird. Folglich ist es unschädlich, dass der Zentralrat der Muslime erst im Jahre 2024 ein dreißigjähriges Bestehen vorweisen kann.
Das personale Substrat ist durch die Rückbindung des Zentralrats an die in den lokalen Moscheegemeinden wirkenden Gläubigen prinzipiell gegeben. Problematisch ist allerdings, dass der Zentralrat der Muslime auf eine formelle Mitgliedschaft natürlicher Personen verzichtet. Zwar ist die vereinsrechtliche Organisation muslimischer Vereine grundsätzlich geeignet, eindeutige Mitgliedschaftsverhältnisse zu schaffen.[1329] Dass viele muslimische Zusammenschlüsse jedoch auf förmliche Mitgliedschaftsregelungen verzichten und stattdessen auf die Teilnahme am Gemeindeleben oder das Bekenntnis zu Allah abstellen, wirft Probleme auf.[1330] Über die Mitgliedschaft natürlicher Personen finden sich in der Satzung des Zentralrats der Muslime nur vereinzelte Regelungen. So legt § 7 Abs. 1 ZMD-Satzung fest, dass natürliche Mitglieder der dem Zentralrat der Muslime zugehörigen Landesverbände, deren Moscheegemeinden und sonstiger Mitgliedsorganisationen auch Mitglieder des Zentralrats der Muslime sind. In der Satzung des Zentralrats werden allerdings keine verbindlichen und einheitlichen Regeln und Kriterien benannt, nach denen die einzelnen Landesverbänden, Moscheegemeinden und sonstigen Mitgliedsorganisationen die Mitgliedschaft natürlicher Personen zu bestimmen haben. Es ist davon

---

[1326] Vgl. Seite 29.
[1327] *Azzaoui*, Muslimische Gemeinschaften in Deutschland zwischen Religionspolitik und Religionsverfassungsrecht, in: Meyer/Schubert (Hrsg.), Politik und Islam, S. 247 (258 Fn. 11).
[1328] *Bagheri*, Der funktionsbestimmte Begriff der Religionsgemeinschaft, S. 335.
[1329] *Hennig*, Muslimische Gemeinschaften im Religionsverfassungsrecht, S. 108; *Hillgruber*, KuR 17 (2011), 225 (236).
[1330] *Hennig*, Muslimische Gemeinschaften im Religionsverfassungsrecht, S. 108.

auszugehen, dass der Zentralrat der Muslime den untergeordneten Verbänden einen gewissen Entscheidungsspielraum einräumt und die zugehörigen Vereine und Verbände die Mitgliedschaft unterschiedlich festlegen. Folglich fehlt es an eindeutig nachprüfbaren Mitgliedschaftskriterien für natürliche Personen. Da mit dem Körperschaftsstatus das Recht zur Steuererhebung gegenüber den zugehörigen Gläubigen einhergeht, kann aber nicht auf das Erfordernis der Mitgliedschaftsklarheit verzichtet werden. Ohne eindeutige Mitgliedschaftsbestimmung kann unmöglich festgelegt werden, wer steuerpflichtig ist und bei wem die Steuerschulden – wenn notwendig – zwangseingetrieben werden können. Die aktuelle Mitgliedschaftsregelung des Zentralrats der Muslime genügt daher nicht zur Verleihung der Körperschaftsrechte. Aus Gründen der Neutralität und Parität wäre es zwar wünschenswert, dass islamische Vereinigungen ebenfalls den sogenannten „Ehrentitel" des institutionellen Religionsverfassungsrechts erlangen und dadurch faktisch gleichgestellt sind. Aus Gründen der negativen Religionsfreiheit kann auf das strenge formelle Mitgliedschaftserfordernis allerdings nicht verzichtet werden, selbst wenn muslimische Gemeinden mit diesem Kriterium in besonderem Maße zu kämpfen haben.

Der Zentralrat der Muslime kann daher nicht als Religionsgemeinschaft im Sinne von Art. 140 GG i. V. m. Art. 137 Abs. 5 S. 2 GG angesehen werden.

dd) Religionsgemeinschaft im Sinne des Art. 7 Abs. 3 S. 2 GG

Weiterhin stellt sich die Frage, ob der Zentralrat der Muslime als Religionsgemeinschaft im Sinne des Art. 7 Abs. 3 S. 2 GG eingeordnet werden kann und berechtigt ist, Religionsunterricht an staatlichen Schulen zu erteilen.

Wie bereits dargestellt, widmet sich der Zentralrat der Muslime der allseitigen Religionspflege. Er ist dementsprechend kein Zusammenschluss, der sich bloß die Erteilung von islamischem Religionsunterricht zum Ziel gesetzt hat.

Dass der Zentralrat der Muslime keine formelle Mitgliedschaft natürlicher Personen, sondern lediglich die formelle Mitgliedschaft juristischer Personen kennt, steht der Erteilung von Religionsunterricht nach der hier vertretenen Möglichkeit der Selbstzuordnung nicht entgegen. Eltern muslimischer Schüler, die möchten, dass ihr Kind am Religionsunterricht des Zentralrats in der Schule teilnimmt, können dies durch Anzeige gegenüber der Schule kundtun. Da der Zentralrat der Muslime selbst auf die formelle

Mitgliedschaft verzichtet, dürfte dieses Vorgehen auch in seinem Interesse liegen. Findet sich keine ausreichende Anzahl an interessierten Schülern, scheitert der Religionsunterricht an der faktischen Durchführbarkeit. Dass sich unter Umständen nicht genügend interessierte Schüler finden, steht der Einordnung als Religionsgemeinschaft und der Erteilung von Religionsunterricht durch den Zentralrat der Muslime allerdings nicht im Voraus entgegen. Somit ist die fehlende Mitgliedschaftsklarheit im Rahmen des Art. 7 Abs. 3 GG unschädlich.

Erforderlich ist weiterhin ein zuverlässiger Ansprechpartner auf Seiten der Glaubensgemeinschaft. Da der Zentralrat der Muslime in § 10 Abs. 7 f) ZMD-Satzung eindeutig festlegt, dass der gewählte Vorstand unter anderem für die externe Repräsentation des Zentralrats zuständig ist, steht dem Staat ein erforderlicher Ansprechpartner zur Seite.[1331] Die zu fordernde Kooperationsfähigkeit ist daher zu bejahen. Die pauschale Behauptung, es fehle dem Islam an Sprechern, die befugt seien für die Gemeinschaft zu sprechen und nicht bloß ihre eigene Meinung kundtun,[1332] ist daher zurückzuweisen.

Mit dem in § 11 ZMD-Satzung vorgesehenen Gelehrtenrat liegt eine Instanz vor, welche die Inhalte für den Religionsunterricht festlegen kann. Zwar legt der Zentralrat der Muslime die Verantwortlichkeit des Gelehrtenrates für die inhaltliche Ausrichtung des islamischen Religionsunterrichts in seiner Satzung nicht ausdrücklich fest. Der islamische Gelehrtenrat ist allerdings in der Lage Glaubenslehren festzulegen.[1333] Damit existiert eine Instanz, welche die von der Religionsgemeinschaft zu bestimmenden Inhalte des islamischen Religionsunterrichts und die zu vermittelnden Glaubensinhalte festlegen kann.

Demgegenüber bemängelte das OVG NRW, dass die Stellungnahmen des Gelehrtenrates lediglich empfehlenden Charakter hätten, weshalb die Eigenschaft des Zentralrats der Muslime als Religionsgemeinschaft im Sinne des Art. 7 Abs. 3 S. 2 GG zu verneinen sei.[1334] Nach Ansicht des OVG NRW fehle es dem Gelehrtenrat an einer realen Geltung der Sachautorität

---

[1331] Vgl. *Sehl*, RuP 48 (2012), 44 (45), der die Vorstände islamischer Dachverbände ebenfalls als taugliche Ansprechpartner einstuft.

[1332] So aber *Loschelder*, „... in einem vom Christentum geprägten Lande", in: Detterbeck/Rozek/v. Coelln (Hrsg.), Recht als Medium der Staatlichkeit – FS Bethge, S. 17 (24).

[1333] *Bagheri*, Der funktionsbestimmte Begriff der Religionsgemeinschaft, S. 341; die Verbindlichkeit der Beschlüsse des Gelehrtenrats betont auch *Aiman Mazyek*, der Vorsitzende des Zentralrats der Muslime, http://islam.de/29797 (zuletzt aufgerufen am 31.05.2021).

[1334] OVG NRW BeckRS 2017, 137643, Rn. 29 ff.

in Lehrfragen, an welche sich die ganze Gemeinschaft halte.[1335] Damit zweifelte das OVG NRW an, dass der Gelehrtenrat die ihm anvertrauten Aufgaben nicht qualifiziert erfüllt.[1336] Das Ergebnis des OVG NRW kann allerdings nicht überzeugen. Zunächst hat der neutrale und säkulare Staat nicht darüber zu urteilen, ob die Beschlüsse des Gelehrtenrats von den Gläubigen tatsächlich als verbindlich wahrgenommen und befolgt werden oder nicht. Abgesehen davon ist das Kriterium der realen Geltung der Sachautorität in Lehrfragen vage und nur bedingt hilfreich. Die Argumentation des OVG NRW wirft die kaum zu beantwortende Frage auf, ab welchem Schwellenwert eine ausreichende Befolgung der Gemeinschaft (noch) anzunehmen ist. Ob die Beschlüsse des Gelehrtenrats auch in der Praxis als verbindlich empfunden werden, stellt im Rahmen des Religionsunterrichts ohnehin ein Scheinproblem dar: Da die Möglichkeit der Selbstzuordnung nach hier vertretener Ansicht gegenüber einer obligatorischen Mitgliedschaftsregelung vorzugswürdig ist, wird sich das tatsächliche Ansehen, das der Zentralrat der Muslime und der Gelehrtenrat genießen, am tatsächlichen Interesse für den islamischen Religionsunterricht messen lassen müssen. Somit verfügt der Zentralrat der Muslime über eine Instanz, die in der Lage ist, die Inhalte des Religionsunterrichts festzulegen. Daher ist der Zentralrat der Muslime in der Lage, die im Rahmen dieser gemeinsamen Angelegenheiten anfallenden Aufgaben angemessen wahrzunehmen.

Das OVG NRW bemängelte nicht nur die angeblich fehlende Autorität des Gelehrtenrates, sondern beanstandete darüber hinaus, dass auf Dachverbandsebene keine Stellung zu zentralen religiösen Konfliktfragen bezogen werde. Unter anderem verneinte das OVG NRW den Anspruch des Zentralrats der Muslime auf die Erteilung von Religionsunterricht mit dem Argument, dass sich dieser nicht zum Verhältnis von Grundgesetz und Scharia oder zur Stellung der Frau äußere.[1337] Diese Argumentation ist in vielerlei Hinsicht zu kritisieren. Zunächst ist darauf hinzuweisen, dass es dem säkularen Staat nicht zusteht festzulegen, was eine zentrale religiöse Konfliktfrage ist, zu der die Gemeinschaft Stellung zu beziehen hat. Das religiöse Selbstbestimmungsrecht und die Religionsfreiheit erlauben es der Gemeinschaft selbst zu entscheiden, welche Fragen sie zum Gegenstand

---

[1335] OVG NRW BeckRS 2017, 137643, Rn. 34.

[1336] *Bagheri*, Der funktionsbestimmte Begriff der Religionsgemeinschaft, S. 345.

[1337] OVG NRW BeckRS 2017, 137643, Rn. 34.

ihrer theologischen Erörterung macht.[1338] Entscheidet sich der Zentralrat der Muslime im Rahmen seines religiösen Selbstbestimmungsrechts dazu, zum Verhältnis vom Grundgesetz und Scharia zu schweigen oder betrachtet er diese Frage schlicht nicht als zentrale religiöse Frage, so hat der Staat dies hinzunehmen. Zwar mag es aus staatlicher Sicht wünschenswert sein, dass sich religiöse Gemeinschaften aktiv zum Staat und zur Verfassungsordnung bekennen, aktiv einfordern kann er es allerdings nicht. Eine Grenze ist dann erreicht, wenn ein aktives Bestreben gegen die Verfassung und den Staat erkennbar werden. Das Schweigen zu kontroversen Fragen darf religiösen Minderheiten aber nicht zum Verhängnis werden. Folglich verbietet es sich, die Anerkennung als Religionsgemeinschaft im Sinne des Grundgesetzes von einem solchen Bekenntnis abhängig zu machen. Dementsprechend hat das Bundesverwaltungsgericht zurecht darauf aufmerksam gemacht, dass es nicht darauf ankomme, ob die theologische Instanz Stellung zum Verhältnis von Staat und Religion bezieht, sondern ob sie Stellung zu Glaubensinhalten bezieht.[1339]

Es bleibt festzuhalten, dass der Zentralrat der Muslime als Religionsgemeinschaft im Sinne des Art. 7 Abs. 3 GG anzusehen ist. Er ist somit berechtigt, Religionsunterricht an staatlichen Schulen zu erteilen.

III. Islamrat für die Bundesrepublik Deutschland e.V.

Der Islamrat für die Bundesrepublik Deutschland ist eine im Jahr 1986 gegründete Dachorganisation, die sich die Vertretung der in Deutschland lebenden Muslime zum Ziel gemacht hat.[1340] Seit 1998 ist der Islamrat ein eingetragener Verein.[1341] Gemäß § 1 Abs. 2 der Satzung des Islamrats[1342] handelt es sich um einen Verein mit Sitz in Bonn. Die Wurzeln des Islamrats gehen auf die sunnitisch-islamische Parteienlandschaft der Türkei zurück,[1343] gleichwohl vertritt er Muslime aller Nationalitäten.[1344] Der Islamrat ist eine bundesweit handelnde Organisation, die sich aus unterschiedlichen Moscheevereinen zusammensetzt, welche wiederum aus unterschied-

---

[1338] *Hohenlohe*, ZevKR 64 (2019), 79 (93).

[1339] BVerwG NVwZ 2019, 236 (238).

[1340] *Rohe*, Der Islam in Deutschland, S. 143; *Eißler*, Islamische Verbände in Deutschland, S. 57.

[1341] *Lemmen*, Muslimische Spitzenorganisationen in Deutschland, S. 9.

[1342] Im Folgenden zitiert als IR-Satzung.

[1343] *Rohe*, Der Islam in Deutschland, S. 143.

[1344] *Kizilkaya*, Islamrat für die Bundesrepublik Deutschland, in: Oebbecke (Hrsg.), Muslimische Gemeinschaften im deutschen Recht, S. 63 (65).

lichen Verbänden bestehen.[1345] Das größte Mitglied des Islamrats ist die Islamische Gemeinschaft Milli Göruş,[1346] die aufgrund ihrer Beobachtung durch den Verfassungsschutz Kritik ausgesetzt ist.[1347] Welche Zusammenschlüsse dem Islamrat im Einzelnen angehören, ist aber weder der Internetpräsenz noch der Satzung des Islamrats im Einzelnen zu entnehmen,[1348] was eine exakte Feststellung des Mitgliederbestands erschwert.[1349] Nach eigenen Angaben sind über 400 Moscheegemeinden Mitglied des Islamrats.[1350] Die geschätzten Anhängerzahlen reichen von 40.000 bis zu 185.000 Mitgliedern,[1351] weshalb der Islamrat als einer der mitgliedstärksten Dachverbände gilt.[1352] Ungeachtet dessen fühlen sich nur 9 % der in Deutschland lebenden Muslime durch den Islamrat repräsentiert.[1353] Wie bereits festgestellt, ist die relativ geringe Repräsentativität für die Einordnung des Islamrats als Religionsgemeinschaft jedoch grundsätzlich nicht entscheidend.

1. Aufgaben und Organisationsstruktur

In § 2 Abs. 5 IR-Satzung findet sich eine Auflistung der Aufgaben des Islamrats. Dazu zählen unter anderem die Veranstaltung religiöser Feierlichkeiten und Feste, die Bekenntnisvermittlung an Kinder, Jugendliche und Erwachsene, die Durchführung von Glaubensseminaren, die nicht-kommerzielle Verbreitung islamischer Literatur und die Beratung von Mus-

---

[1345] *Olgun*, Islamische Religionsgemeinschaften als politische Akteure in Deutschland, S. 176.

[1346] Selbstdarstellung Islamrat, https://www.islamrat.de/ueber-uns/ (zuletzt aufgerufen am 31.5.2021).

[1347] *Hillgruber*, KuR 17 (2011), 225 (241); allerdings ist die Beobachtung von Milli Görus durch den Verfassungsschutz mittlerweile umstritten: „Milli Görus" könnte aus der Beobachtung herausfallen, https://www.tagesspiegel.de/politik/verfassungsschutz-milli-goerues-koennte-aus-der-beobachtung-herausfallen/11990882.html (zuletzt aufgerufen am 31.05.2021).

[1348] Eine aktuelle Aufzählung der Mitglieder des Islamrats findet sich allerdings bei *Eißler*, Islamische Verbände in Deutschland, S. 61.

[1349] *Eißler*, Islamische Verbände in Deutschland, S. 60 f., bei dem sich auch eine Aufzählung der ordentlichen Mitglieder und den sogenannten Landesreligionsgemeinschaften des Islamrats findet.

[1350] Selbstdarstellung Islamrat, https://www.islamrat.de/ueber-uns/ (zuletzt aufgerufen am 31.05.2021).

[1351] *Pabel*, in: Pirson/Rüfner/Germann/Muckel (Hrsg.), HdbStKirchR Bd. I, S. 998.

[1352] *N. Schröder*, Die Deutsche Islamkonferenz und die muslimische Verbände im Religionsverfassungsrecht, in: Hunger/Schröder (Hrsg.), Staat und Islam, S. 191 (198).

[1353] *Hillgruber*, KuR 17 (2011), 225 (229).

limen in sozialen und karitativen Fragen. Darüber hinaus strebt der Islamrat die Einführung von islamischem Religionsunterricht als ordentliches Lehrfach und die Ausbildung islamischer Gelehrten an deutschen Hochschulen an und verpflichtet sich überdies in § 2 Abs. 6 IR-Satzung dazu, für den Schutz islamischer Heiligtümer und Kulturstätten einzutreten, die islamische Religionswissenschaft zu pflegen und die Öffentlichkeit über die islamische Religion aufzuklären. Überdies zählt er die Weitergabe religiösen Wissens, die seelsorgerische Begleitung von Muslimen und die Ausübung der religiösen Praxis zu seinen Aufgaben.[1354] Ferner steht der Islamrat hinter dem europäischen Halal-Zertifizierungsinstitut,[1355] das Produkte und Waren auf ihre Konformität mit den islamischen Halal-Richtlinien überprüft und die Einhaltung religiöser Speisevorschriften erleichtern soll.[1356]

Neben der religiösen Betreuung von in Deutschland lebenden Muslimen betätigt sich der Islamrat auch gesellschaftspolitisch, indem er sich für die Einführung von islamischen Religionsunterricht an deutschen Schulen einsetzt und zu verschiedenen gesellschaftlich relevanten Themen Stellungnahmen abgibt.[1357] Zudem versucht der Islamrat Nicht-Muslime über die Inhalte und Ziele ihrer Religion aufzuklären und so Vorbehalte gegenüber dem Islam abzubauen.[1358] Trotzdem ist dem Islamrat das öffentlichkeitswirksame Auftreten bislang kaum gelungen.[1359]

Auch organisationsrechtliche Regelungen werden in der Satzung des Islamrats aufgeführt. So können juristische Personen der Satzung zufolge Mitglieder des Islamrats werden, falls sich deren Mitglieder zum Islam bekennen und auf dieser Grundlage aufbauende Aktivitäten aufweisen können (§ 3 S. 1 IR-Satzung). Die Satzung unterscheidet in § 3 Abs. 2 zwischen ordentlichen Mitgliedern und Fördermitgliedern. Im Gegensatz zu den ordentlichen Mitgliedern handelt es sich bei Fördermitgliedern um Vereine, die dem Zweck der Religionspflege nur mittelbar oder partiell dienen. Der Islamrat selbst betrachtet diese sogenannten „Mitglieds-

---

[1354] Selbstdarstellung Islamrat, https://www.islamrat.de/ueber-uns/ (zuletzt aufgerufen am 31.05.2021).

[1355] Weiterführende Informationen finden sich unter https://eurohalal.eu (zuletzt aufgerufen am 31.05.2021).

[1356] *Eißler*, Islamische Verbände in Deutschland, S. 63.

[1357] *Chbib*, Organisation des Islams in Deutschland, S. 137.

[1358] *Pokoyski*, Koordinierungsinstanzen und politische Ansprechpartner, in: Wunn (Hrsg.), Muslimische Gruppierungen in Deutschland, S. 211 (215).

[1359] So die Einschätzung von *M. Tworuschka*, Grundwissen Islam, S. 258.

Religionsgemeinschaften“ als Basis des Islamrats.[1360] Die Mitglieder dieser „Mitglieds-Religionsgemeinschaften“ sind wiederum die Moscheevereine.[1361] Die Mitglieder der Moscheegemeinschaften sind natürliche Personen.[1362]

Natürliche Personen können auf unterschiedliche Weise Mitglied des Islamrats werden. In § 3 Abs. 2 b) IR-Satzung wird darauf hingewiesen, dass natürliche Personen Fördermitglied werden können. Weitere Aussagen zur Mitgliedschaft natürlicher Personen finden sich in der Selbstdarstellung des Islamrats. Demnach beschränkt sich die Mitgliedschaft natürlicher Personen nicht bloß auf die zahlenden Fördermitglieder, die im jeweiligen Moscheeregister offiziell als Mitglied erfasst sind.[1363] Vielmehr ist § 3 Abs. 4 IR-Satzung zu entnehmen, dass mit der Aufnahme einer juristischen Person in den Islamrat alle Mitglieder gleichzeitig automatisch mittelbare Mitglieder des Islamrats werden. Damit dürften vor allem natürliche Personen gemeint sein, die einem der dem Islamrat zugehörigen Verbände und Moscheevereine angehören. Wie die Zugehörigkeit natürlicher Personen zur jeweiligen Moscheegemeinschaft konkret zu bestimmen ist, lässt sich der Satzung nicht entnehmen. Allerdings macht der Islamrat in seiner Selbstdarstellung deutlich, dass er alle Gläubigen, die regelmäßig am Freitagsgebet teilnehmen und aktiv gestaltend in der Gemeinde mitwirken, als Mitglieder der jeweiligen Moscheegemeinde – und folglich als mittelbare Mitglieder des Islamrates – betrachtet.[1364] Der Islamrat verfügt somit über keine formelle Mitgliedschaftsregelung natürlicher Personen, sondern definiert die Mitgliedschaft stattdessen formlos. Dementsprechend hat der frühere Vorsitzende des Islamrats *Ali Kizilkaya* klargestellt, dass die

---

[1360] Selbstdarstellung Islamrat für die Bundesrepublik Deutschland, S. 3, abrufbar unter: http://islamrat.de/wp-content/uploads/2014/06/Islamrat_Selbstdarstellung.pdf.pdf (zuletzt aufgerufen am 31.05.2021).

[1361] Selbstdarstellung Islamrat für die Bundesrepublik Deutschland, S. 3, abrufbar unter: http://islamrat.de/wp-content/uploads/2014/06/Islamrat_Selbstdarstellung.pdf.pdf (zuletzt aufgerufen am 31.05.2021).

[1362] Selbstdarstellung Islamrat für die Bundesrepublik Deutschland, S. 3, abrufbar unter: http://islamrat.de/wp-content/uploads/2014/06/Islamrat_Selbstdarstellung.pdf.pdf (zuletzt aufgerufen am 31.05.2021).

[1363] Selbstdarstellung Islamrat für die Bundesrepublik Deutschland, S. 3, abrufbar unter: http://islamrat.de/wp-content/uploads/2014/06/Islamrat_Selbstdarstellung.pdf.pdf (zuletzt aufgerufen am 31.05.2021).

[1364] Selbstdarstellung Islamrat für die Bundesrepublik Deutschland, S. 3, abrufbar unter: http://islamrat.de/wp-content/uploads/2014/06/Islamrat_Selbstdarstellung.pdf.pdf (zuletzt aufgerufen am 31.05.2021).

Mitgliedschaft natürlicher Personen nicht nur auf die „eingeschriebene Mitgliedschaft" begrenzt ist.[1365]

Der Vorstand des Islamrats besteht gemäß § 8Abs. 1 IR-Satzung aus sieben stimmberechtigten Mitgliedern, zu denen unter anderem ein Vorstandsvorsitzender und der gewählte Shaik ul-Islam gehören. Letzterer ist wiederum für die Verwaltung der geistlichen Angelegenheiten zuständig und legt Lehrentscheidungen fest.

2. Islamrat als Religionsgemeinschaft im Sinne des Grundgesetzes?

Im Folgenden soll geklärt werden, ob die soeben umrissene Organisationsstruktur und das Aufgabenspektrum des Islamrats ausreichen, um den Islamrat als Religionsgemeinschaft im Sinne des Grundgesetzes anzusehen. Der Islamrat hat sich die Gleichstellung und Gleichbehandlung islamischer Zusammenschlüsse mit den beiden christlichen Großkirchen zum Ziel gemacht.[1366] Demgemäß bezeichnet er sich in seiner Selbstdarstellung bereits als Religionsgemeinschaft.[1367] Um zu prüfen, ob der Islamrat tatsächlich als Religionsgemeinschaft im Sinne des Grundgesetzes anzusehen ist, ist zu prüfen, ob die begrifflichen Voraussetzungen erfüllt werden.

a) Begriffsmerkmal Religion

Ob der Islamrat als Religionsgemeinschaft im Sinne des Grundgesetzes anzusehen ist, hängt unter anderem davon ab, ob das Religiöse als zentrales Wirkungsfeld zu betrachten ist. Dies ist der Fall, wenn das Wirken eines Zusammenschlusses auf religiöse Ziele ausgerichtet ist und sich seine Aufgaben nicht nur auf einzelne Aspekte der Religionspflege beziehen.

Nach § 2 Abs. 3 IR-Satzung sind die islamische Lehre und Tradition Grundlagen des Islamrats. Nach § 2 Abs. 5 IR-Satzung zählt er die Glaubensvermittlung, die Durchführung von Glaubensseminaren und die Beratung in sozialen und karitativen Angelegenheiten zu seinen Aufgaben. Darüber hinaus verfolgt der Islamrat das Ziel, islamischen Religionsunterricht im Sinne von Art. 7 Abs. 3 GG zu ermöglichen. Die gerade genannten

---

[1365] *Kizilkaya*, Islamrat für die Bundesrepublik Deutschland, in: Oebbecke (Hrsg.), Muslimische Gemeinschaften im deutschen Recht, S.63 (65).

[1366] *Kizilkaya*, Islamrat für die Bundesrepublik Deutschland, in: Oebbecke (Hrsg.), Muslimische Gemeinschaften im deutschen Recht, S.63 (65).

[1367] Selbstdarstellung Islamrat für die Bundesrepublik Deutschland, S. 2, abrufbar unter: http://islamrat.de/wp-content/uploads/2014/06/Islamrat_Selbstdarstellung.pdf.pdf (zuletzt aufgerufen am 31.05.2021).

Aktivitäten machen außerdem deutlich, dass die Religion im Zentrum seines Wirkens steht. Somit steht die Religion im Zentrum der Aktivitäten des Islamrats. Die Fülle an Aufgaben und Zielen zeigt außerdem, dass das Wirken des Islamrates nicht auf einzelne Aspekte der Religionspflege beschränkt, sondern breit gestreut ist. Der Islamrat deckt ein breites Spektrum der Religionspflege ab und wirkt nicht bloß partiell. Dass es sich bei den Aufgaben und Zielen nicht um bloß behauptete Tätigkeiten und Ziele handelt, zeigt beispielsweise die Klage des Islamrats vor dem OVG NRW und dem Bundesverwaltungsgericht, um islamischen Religionsunterricht durchzusetzen. Ebenso macht die vom Islamrat durchgeführte Imamausbildung an der Berufsfachschule für muslimische Führungskräfte deutlich,[1368] dass die satzungsrechtlich festgelegten Aufgaben auf Dachverbandsebene tatsächlich verfolgt werden. Das Begriffsmerkmal „Religion" ist somit als erfüllt anzusehen.

b) Begriffsmerkmal Gemeinschaft

Wie § 2 Abs. 1 IR-Satzung ausdrücklich zu entnehmen ist, sieht der Islamrat sich selbst als Religionsgemeinschaft im Sinne des Grundgesetzes. Ob bzw. inwieweit diese Selbstbezeichnung mit Blick auf die Organisationsstruktur tatsächlich zutreffend ist, wird im folgenden Abschnitt dargestellt.

aa) Binnenbereich

Um unter den persönlichen Schutzbereich des religiösen Selbstbestimmungsrechts aus Art. 140 GG i. V. m. Art. 137 Abs. 3 WRV und der Religionsgutsgarantie aus Art. 140 GG i. V. m. Art. 138 Abs. 2 WRV zu fallen, muss nach hier vertretener Ansicht lediglich ein durch gemeinsamen Glaubensüberzeugung verbundener Zusammenschluss mehrerer Menschen vorliegen. Strikte bzw. kirchenähnliche Organisationsstrukturen sind im Rahmen dieser beiden Normen weder notwendig, noch wäre ein enges und kirchenorientiertes Begriffsverständnis vor dem Hintergrund der enormen Relevanz der beiden Normen mit den Prinzipien der Parität, der Säkularität und der Neutralität vereinbar.

Wie bereits dargestellt, ist das religiöse Element als erfüllt anzusehen. Ferner beschränkt sich die Tätigkeit des Islamrats nicht auf einzelne Aspekte

---

[1368] Bestandserhebung zur Ausbildung religiösen Personals islamischer Gemeinden, BAMF (Hrsg.), S. 2 f., abrufbar unter https://www.deutsche-islam-konferenz.de/SharedDocs/Anlagen/DE/Ergebnisse-Empfehlungen/workshop-ausbildung-religioesen-personal.pdf?__blob=publicationFile&v=2 (zuletzt aufgerufen am 31.05.2021).

der Religionspflege, weshalb es sich nicht bloß um einen religiösen Verein handelt. Im Rahmen des Religionsgutsgarantie ist die Frage, ob eine Religionsgesellschaft oder ein religiöser Verein vorliegt allerdings rein theoretischer Natur, da sich sowohl Religionsgemeinschaften als auch religiöse Vereine auf den Schutz der Norm berufen können. Beim Islamrat handelt es sich um einen Zusammenschluss mehrerer Menschen, die die islamische Religion als Gemeinsamkeit eint. Dass die natürlichen Personen nicht zwangsläufig dem Islamrat selbst angehören, sondern nur dessen Verbänden und Moscheegemeinschaften, ändert nichts daran, dass die gemeinsame Religion die zugehörigen Menschen eint. Folglich ist es unschädlich, dass die natürlichen Personen lediglich durch ein relativ loses organisatorisches Band zusammengehalten werden.

Dass der Islamrat nicht über eine formelle Mitgliedschaftsregelung natürlicher Personen verfügt, ist im Rahmen der freiheitlich und abwehrrechtlich geprägten Religionsgutsgarantie und dem Selbstbestimmungsrecht ebenfalls irrelevant. Weder der Schutz religiöser Güter noch die Wahrnehmung der internen Organisationsaufgaben erfordern eine formelle Mitgliedschaftsregelung. Auch kommt es im Rahmen der Religionsgutsgarantie und des religiösen Selbstbestimmungsrechts nicht darauf an, ob und inwieweit der Shaik ul-Islam als Instanz in Glaubensfragen anzusehen ist. Ob es eine Instanz gibt, die verbindlich Lehrmeinungen vertreten kann, ist im Kontext der Art. 140 GG i. V. m. Art. 138 Abs. 2 WRV bzw. Art. 137 Abs. 3 WRV nicht von Belang. Die Wahrnehmung der Religionsgutsgarantie und des religiösen Selbstbestimmungsrechts erfordert keine Lehrautorität.

Folglich handelt es sich beim Islamrat um eine Religionsgemeinschaft im Sinne von Art. 140 GG i. V. m. Art. 137 Abs. 3 WRV bzw. Art. 140 GG i. V. m. Art. 138 Abs. 2 WRV.

bb) Historisch geprägte Normen

Da der Islamrat erst im Jahre 1986 gegründet wurde und daher zu keinem Zeitpunkt Empfänger historischer Staatsleistungen war, kann er nicht als Religionsgemeinschaft im Sinne des Art. 140 GG i. V. m. Art.138 Abs. 1 WRV eingeordnet werden. Dies bedeutet jedoch nicht, dass der Islamrat insgesamt kein Empfänger staatlicher Leistungen sein kann. Der Staat dürfte den Islamrat durchaus finanziell fördern. Eine Ausgleichszahlung in Form von Staatsleistungen nach Art. 140 GG i. V. m. Art.138 Abs. 1 WRV kommt allerdings nicht in Betracht.

Aufgrund der fehlenden historischen Verwurzelung ist der 1986 gegründete Islamrat ebenso wenig als altkorporierte Religionsgemeinschaft im Sinne des Art. 140 GG i. V. m. Art. 137 Abs. 5 S. 1 WRV anzusehen.
Die historisch geprägten Normen des institutionellen Religionsverfassungsrechts stehen dem Islamrat folglich nicht offen.

cc) Kein Körperschaftsstatus nach Art. 140 GG i. V. m. Art. 137 Abs. 5 S. 2 WRV

Allerdings hätte der Islamrat die Möglichkeit die Verleihung der Körperschaftsrechte nach Art. 140 GG i. V. m. Art. 137 Abs. 5 S. 2 WRV zu beantragen, wenn er eine Religionsgemeinschaft im Sinne der Norm darstellt. Dass der Islamrat den Körperschaftsstatus anstrebt, lässt sich § 2 Abs. 7 IR-Satzung ausdrücklich entnehmen.
Der Islamrat wurde im Jahre 1986 gegründet, weshalb er das im Kontext des Art. 140 GG i. V. m. Art. 137 Abs. 5 S. 2 WRV noch immer oft geforderte Kriterium des dreißigjährigen Bestehens erfüllt. Die Zahl der Mitglieder, die zukunftsgerichteten Ziele und Aufgaben des Islamrats und die dauerhaft zu erwartende Verwurzelung des Islams in Deutschland lassen überdies darauf schließen, dass der Islamrat auch in Zukunft dauerhaft Bestand haben wird.
Problematisch ist, wie auch beim Zentralrat der Muslime, insbesondere die vom Islamrat vorgenommene Bestimmung der Mitgliedschaft natürlicher Personen. Ein auf Freiwilligkeit beruhendes Mitgliedschaftsrecht ist für die Verleihung der Körperschaftsrechte unverzichtbar.[1369] Die automatische Mitgliedschaft ohne bewusste eigene Entscheidung steht der Einordnung als Religionsgemeinschaft somit entgegen.[1370] Zwar sieht der Islamrat die frei wählbare Mitgliedschaft natürlicher Personen vor, allerdings nur im Rahmen einer Fördermitgliedschaft. Ansonsten werden natürliche Personen, die untergeordneten Verbänden des Islamrats angehören, nach § 3 Abs. 4 IR-Satzung durch Aufnahme des Verbands in den Islamrat automatisch auch Mitglieder des Islamrats. Diese Regelung ist schon deshalb kritisch zu sehen, da aufgrund der negativen Religionsfreiheit niemand gegen seinen Willen Körperschaftsmitglied und Steuerschuldner werden darf.

[1369] *Germann*, in: Epping/Hillgruber, Art. 140 Rn. 113; *Hillgruber*, KuR 17 (2011), 225 (241).

[1370] *Janke*, Institutionalisierter Islam an staatlichen Hochschulen, S. 53 f., die jedoch keine Begrenzung auf den Körperschaftsstatus vornimmt; vgl. auch *Bagheri*, Der funktionsbestimmte Begriff der Religionsgemeinschaft, S. 343.

Undurchsichtig ist außerdem, dass die Satzung keine Kriterien über die Mitgliedschaftsregelungen in den einzelnen Vereinigungen aufstellt. Daher können die dem Islamrat zugehörigen Vereinigungen über ganz unterschiedliche Mitgliedschaftsregelungen verfügen und die Mitgliedschaft auf unterschiedliche Art und Weise bestimmen. Die Selbstdarstellung des Islamrats macht deutlich, dass auch Teilnehmer des Freitagsgebets als Mitglieder der jeweiligen Moschee und damit als Mitglied des Islamrats angesehen werden. Eine solche Zuordnung ist allerdings sehr ungenau, da nicht jede Person, die sich der Moschee zugehörig fühlt zwangsläufig am Freitagsgebet vor Ort teilnimmt; andererseits können Personen am Freitagsgebet teilnehmen, die sich nicht als Teil der Gemeinde verstehen.[1371] Die vorgenommene Zuordnungsmethode des Islamrats ermöglicht daher keine eindeutige Mitgliedschaftszuordnung, weshalb auch die im Rahmen des Art. 140 GG i. V. m. Art. 137 Abs. 5 S. 2 WRV notwendige Mitgliedschaftsklarheit beim Islamrat nicht gegeben ist.

Folglich kann der Islamrat schon aufgrund seiner uneindeutigen Mitgliedschaftsregelungen nicht als Religionsgemeinschaft im Sinne des Art. 140 GG i. V. m. Art. 137 Abs. 5 S. 2 WRV angesehen werden. Um in Zukunft als Religionsgemeinschaft im Sinne des Art. 140 GG i. V. m. Art. 137 Abs. 5 S. 2 WRV angesehen zu werden, könnte der Islamrat die mittelbare und automatische Mitgliedschaftszuordnung nach § 3 Abs. 4 IR-Satzung aufgeben und die Fördermitgliedschaft natürlicher Personen nach § 3 Abs. 2 b) IR-Satzung zum Standardfall machen. Dadurch würde das Kriterium der Freiwilligkeit und der Mitgliedschaftsklarheit gewahrt.

dd) Religionsgemeinschaft im Sinne des Art. 7 Abs. 3 S. 2 GG?

Weiterhin ist zu klären, ob der Islamrat als Religionsgemeinschaft im Sinne des Art. 7 Abs. 3 S. 2 GG eingeordnet werden kann.

Damit die Kooperation zwischen Staat und Islamrat im Rahmen des Religionsunterrichts gelingen kann, bedarf es auf Seiten des Islamrats zunächst eines Ansprechpartners, der für die Gemeinde sprechen kann und darf. Der Vorstandsvorsitzende ist nach § 8 Abs. 2 IR-Satzung mit einem weiteren Vorstandsmitglied vertretungsberechtigt. Somit existiert ein klar festgelegter und gewählter Ansprechpartner, der gegenüber dem Staat auftreten kann und für den Islamrat sprechen darf.

[1371] *Chbib*, Einheitliche Repräsentation und muslimische Binnenvielfalt, in: Meyer/Schubert (Hrsg.), Politik und Islam, S. 87 (101).

Fraglich ist darüber hinaus, welche Instanz für die Festlegung der Unterrichtsinhalte zuständig ist. In seiner Selbstdarstellung verweist der Islamrat auf die IGMG und deren Lehrmaterialien für den Religionsunterricht. Eine Instanz, die verbindlich Unterrichtsinhalte festlegen darf, wird hingegen nicht eindeutig benannt. Allerdings wird der Shaik ul-Islam in § 8 Abs. 1 IR-Satzung ausdrücklich zur Instanz für religiöse Lehrentscheidungen und islamisch-religiöse Angelegenheiten erklärt. Mit dem Shaik ul-Islam ist somit eine Instanz gegeben, welche die zu vermittelnden Glaubensinhalte, die als bestehende Wahrheit gelehrt werden sollen, festlegen kann und darf. Eine Instanz, die die zu vermittelnden Glaubensinhalte bestimmt, ist auf Seiten des Islamrats in Form des Shaik ul-Islams gegeben. Ob der Shaik ul-Islam und die von ihm vertretenen Lehrmeinungen tatsächlich respektiert werden und Anklang finden, wird sich anhand der Anmeldungen für den vom Islamrat angebotenen Religionsunterricht zeigen.

Nach hier vertretener Ansicht bedarf es im Rahmen des Religionsunterrichts nach Art. 7 Abs. 3 GG keiner formellen Mitgliedschaft, weil die Möglichkeit der Selbstzuordnung genügt. Es ist davon auszugehen, dass der Islamrat mit der Möglichkeit der Selbstzuordnung keine grundsätzlichen Probleme haben wird, da er momentan selbst auf die Notwendigkeit einer formellen Mitgliedschaft zugunsten einer relativ lockeren Zuordnung verzichtet. Dass die Mitgliedschaft natürlicher Personen nicht an formelle und klar feststellbare Kriterien anknüpft, ist für die Erteilung von Religionsunterricht daher unschädlich. Der Islamrat kann daher genau wie der Zentralrat der Muslime als Religionsgemeinschaft im Sinne von Art. 7 Abs. 3 S. 2 GG betrachtet werden.

IV. Rechtliche Anerkennung teilweise möglich

Es bleibt festzuhalten, dass der Zentralrat der Muslime nach den hier vertretenen Begriffsverständnisses berechtigt ist, Religionsunterricht an staatlichen Schulen zu erteilen und sich auf das religiöse Selbstbestimmungsrecht und die Religionsgutsgarantie berufen kann.

Der Körperschaftsstatus nach Art. 140 GG i. V. m. Art. 137 Abs. 5 S. 2 WRV bleibt dem Zentralrat der Muslime auch nach den hier erarbeiteten Begriffs- und Organisationsvoraussetzungen versperrt. Mit Blick auf die Prinzipien der Neutralität, der Parität und der Säkularität ist dieses Ergebnis durchaus kritisch zu sehen. Ebenso ist die Vorenthaltung der Körperschaftsrechte aufgrund der enormen Organisationsbemühungen des Zentralrats der Muslime kritikwürdig. Gleichwohl ist eine eindeutig feststellbare Mitgliedschaft im Rahmen des Körperschaftsstatus unverzichtbar. Dafür spricht nicht nur das damit einhergehende Besteuerungsrecht, sondern auch der Wortlaut des Art. 137 Abs. 5 S. 2 WRV, in dem explizit von der Zahl der Mitglieder gesprochen wird. Um in den Genuss der Körperschaftsrechte nach Art. 140 GG i. V. m. Art. 137 Abs. 5 S. 2 WRV zu kommen, sollte der Zentralrat der Muslime eine für alle ihm angehörenden Vereinigungen einheitliche Mitgliedschaftsregelung treffen und diese verbindlich in seine Satzung aufnehmen. Dann würde der Anerkennung des Zentralrats der Muslime als Körperschaft aus organisationsrechtlicher Sicht nichts mehr im Wege stehen.

Gleiches gilt für den Islamrat, der nach hier vertretenem Begriffsverständnis zur Erteilung von Religionsunterricht nach Art. 7 Abs. 3 S. 2 GG berechtigt ist und den Schutz der Religionsgutsgarantie und des religiösen Selbstbestimmungsrechts genießt. Wie beim Zentralrat der Muslime fehlt es jedoch auch dem Islamrat an einer Mitgliedschaftsregelung, die den Anforderungen des Art. 140 GG i. V. m. Art. 137 Abs. 5 S. 2 WRV genügt. Um den Anforderungen der Norm zu genügen, sollte der Islamrat die mittelbare und automatische Mitgliedschaftszuordnung nach § 3 Abs. 4 IR-Satzung aufgeben. Stattdessen sollte er die frei gewählte Fördermitgliedschaft natürlicher Personen nach § 3 Abs. 2 b) zum Regelfall machen. Dann stünde einer Verleihung der Körperschaftsrechte zumindest aus organisatorischer Sicht nichts mehr entgegen.

Die Beispiele des Islamrats und des Zentralrats der Muslime machen deutlich, dass auch eine offene Begriffsdefinition nicht alle Probleme religiöser Minderheiten zu beseitigen vermag. Die institutionelle Prägung des Religionsverfassungsrechts lässt sich nicht allein durch pluraslimusoffene Begriffsverständnisse auflösen.

Dennoch wird deutlich, dass die Aufgabe des überkommenen Begriffsverständnisses zugunsten eines offeneren und funktional ausgerichteten Begriffsverständnisses nicht-etablierten Religionen sehr entgegenkommen würde. Folge davon wäre nicht die begriffliche Beliebigkeit, sondern die optimale Verwirklichung der Prinzipien der Parität, Neutralität und der Säkularität. Auch würde die Religionsfreiheit religiöser Minderheiten und den dahinterstehenden Menschen durch ein neues Begriffsverständnis verstärkt werden. Darüber hinaus macht die gerade aufgezeigte Prüfung deutlich, dass ein relatives Verständnis des Begriffs der Religionsgemeinschaft dabei hilft, muslimische Zusammenschlüsse – und damit die in Deutschland lebenden Muslime – nach jahrzehntelanger Nichtanerkennung zumindest in den Berechtigtenkreis vieler institutioneller Rechte des Religionsverfassungsrechts miteinzubeziehen. Dies ist nicht nur aus rechtlicher, sondern auch aus rechtspolitischer Sicht zu begrüßen.

G. Ergebnis

Das gängige Verständnis des Begriffs der Religionsgemeinschaft geht auf *Gerhard Anschütz* zurück und ist über 100 Jahre alt. Die gängige Definition entstammt somit einer Zeit, in der sich die religiöse Landschaft fast ausschließlich aus den beiden christlichen Großkirchen zusammensetzte. Es verwundert daher nicht, dass die verbreitete Definition kirchlich-christlich geprägt ist und die Organisationsstruktur der christlichen Kirchen als Idealtypus festlegt. Die von *Anschütz* stammende Begriffsdefinition und das darauf aufbauende Organisationsverständnis wurde von der Rechtsprechung und ganz herrschenden Literatur übernommen, was keinerlei Probleme bereitete, als die Bevölkerung Deutschlands fast ausschließlich aus Katholiken und Protestanten bestand. Mit der zunehmenden religiösen Pluralisierung und Entkonfessionalisierung Deutschlands wurden die gängige Definition und die geforderte Organisationsstruktur jedoch zum Problem und Integrationshindernis für religiöse Minderheiten. Da die gängige Definition religiösen Minderheiten noch immer kirchenanaloge Strukturen abverlangt, bleiben die Gewährleistungen des institutionellen Garantien und Rechte des Religionsverfassungsrechts vielen Minderheitsreligionen noch heute vorenthalten, was wiederum den Staat unter Legitimationsdruck stellt. Der Status quo stellt somit sowohl für den Staat, als auch für religiöse Minderheiten ein Problem dar.

Allerdings ist die gängige und kirchenzentrierte Definition verfassungsrechtlich nicht zwingend, da das Grundgesetz weder abstrakt, noch normativ eine christlich geprägte Auslegung der Verfassung verlangt. Selbst im Rahmen des pfadabhängigen, im besonderen Maße historisch geprägten Religionsverfassungsrechts, ist eine christliches Organisations- und Normverständnis nicht vonnöten. Eine christlich geprägte Auslegung steht stattdessen gar in Konflikt mit den Prinzipien der Neutralität, Parität und Säkularität. Den Begriff der Religionsgemeinschaft neu zu definieren, ist daher nicht nur verfassungsrechtlich möglich, sondern geboten, wenn nicht sogar obligatorisch. Dadurch würde nicht nur den Vereinigungen religiöser Minderheiten geholfen werden. Vor allem die Religionsfreiheit der zugehörigen Gläubigen würde im Vergleich zur jetzigen Lage besser verwirklicht werden. Die Abkehr von der Anschütz'schen Definition ist daher sinnvoll.

Doch nicht nur die Aufgabe des gängigen Begriffs- und Organisationsverständnisses ist sinnvoll. Darüber hinaus sollte das einheitliche Verständnis des Begriffs der Religionsgemeinschaft zugunsten eines relativen und funktionsbezogenen Verständnisses aufgegeben werden. Der Begriff der Religionsgemeinschaft findet sich im Grundgesetz mehrmals und erfüllt jeweils verschiedene Funktionen, erfasst unterschiedliche Normberechtigte und weist unterschiedliche Schutzrichtungen auf. Ein normbezogenes Begriffsverständnis bietet sich daher an.

Der Begriff der Religionsgemeinschaft lässt sich in verschiedene Kategorien einteilen: Während die Religionsgutsgarantie aus Art. 140 GG i. V. m. Art. 138 Abs. 2 WRV und das religiöse Selbstbestimmungsrecht aus Art. 140 GG i. V. m. Art. 137 Abs. 3 WRV den religiösen Binnenbereich betreffen und freiheitlich und abwehrrechtlich geprägt sind, sind die Normen des Art. 140 GG i. V. m. Art. 137 Abs. 5 S. 2 WRV bzw. Art. 138 Abs. 1 WRV in besonderem Maße historisch geprägt. Art. 7 Abs.3 GG und Art. 140 GG i. V. m. Art. 137 Abs. 5 S. WRV ermöglichen religiösen Zusammenschlüssen hingegen das Wirken nach außen. Aus diesem Grund ist im Rahmen der Art. 7 Abs.3 GG und Art. 140 GG i. V. m. Art. 137 Abs. 5 S. WRV ein strikteres Organisationsverständnis zugrunde zu legen als im Rahmen des religiösen Selbstbestimmungsrechts und der Religionsgutsgarantie.

Dieses relative Begriffsverständnis wird nicht nur den verschiedenen Normfunktionen besser gerecht als das gängige Verständnis, sondern ermöglicht religiösen Minderheiten darüber hinaus den Zugang zu einem Großteil der Normen des institutionellen Religionsverfassungsrechts. Die Darstellung anhand des Zentralrats der Muslime und dem Islamrat der Bundesrepublik macht dies deutlich.

H. Literaturverzeichnis

Adomeit, Klaus/Hähnchen, Susanne, Rechtstheorie mit Juristischer Methodenlehre, 7. Auflage, Heidelberg, 2018.

Albers, Till Nima/Munsonius, Hendrik, Vom „Staatskirchen-" zum „Weltanschauungsrecht"?, ZevKR 65 (2020), S. 305-314.

Alexy, Hans, Religiöse Vielfalt und Grundgesetz – Gelingt die Integration islamischer Religionsgemeinschaften in das deutsche Religionsrecht?, JZ 2020, S. 541-549.

Almila Akca, Ayse, Muslimische Akteure, in: Handbuch Christlich-Islamischer Dialog, Herausgeber: Volker Meißner, Martin Affolderbach, Hamideh Mohaghenghi und Andreas Renz, S. 387-411, 2. Auflage, Freiburg, 2016.

Anger, Thorsten, Islam in der Schule, Berlin, 2003.

Anschütz, Gerhard, Die Verfassungsurkunde für den Preußischen Staat vom 31. Januar 1850, 1912.

Ders., Die Verfassung des Deutschen Reichs vom 11. August 1919, 14. Auflage, Berlin, 1933 (Neudruck), Aachen, 1987.

Arndt, Adolf, Die Kunst im Recht, NJW 1966, S. 25-28.

Arning, Marcus, Grundrechtsbindung der kirchlichen Gerichtsbarkeit, 1. Auflage, Baden-Baden, 2017.

Augsberg, Ino, Ist religiöse Identität ein Problem für das Recht?, in: Politik, Recht und Religion, Herausgeber: Andreas Anter und Verena Frick, S. 31-45, Tübingen, 2019.

Ders., Noli me tangere: Funktionale Aspekte der Religionsfreiheit, Der Staat 48 (2009), S. 239-258.

Ders., Taking Religion Seriously: On the Legal Relevance of Journal of Religious Self-Concepts, Law, Religion & State 1 (2012), S. 291-308.

Azzaoui, Mounir, Muslimische Gemeinschaften in Deutschland zwischen Religionspolitik und Religionsverfassungsrecht, in: Politik und Islam, Herausgeber: Hendrik Meyer und Klaus Schubert, S. 247-276, Wiesbaden, 2011.

Baade, Björnstjern, Die Identität der Mehrheit und die Grenzen ihres Schutzes, AöR 142 (2017), S. 566-613.

Baer, Susanne, Recht gegen Fremdenfeindlichkeit und andere Ausgrenzungen – Notwendigkeit und Grenzen eines Gesetzes gegen Diskriminierung, ZRP 2001, S. 500-504.

Dies., Wie viel Vielfalt garantiert/erträgt der Rechtsstaat?, RuP 49 (2013), S. 90-98.

Baer, Susanne/Wrase, Michael, Staatliche Neutralität und Toleranz in der „christlich-abendländischen Wertewelt“, DÖV 2005, S. 243-252.

Bagheri, Talayeh, Der funktionsbestimmte Begriff der Religionsgemeinschaft, Berlin, 2019.

Baldus, Manfred, Die religiös-weltanschauliche Neutralität des Staates, in: Politik, Recht und Religion, Herausgeber: Andreas Anter und Verena Frick, S. 219-232, Tübingen, 2019.

Barczak, Tristan, Rechtsbegriffe, JuS 2020, S. 905-910.

Barkan, Said, Islam in Nordrhein-Westfalen, in: Staat und Religion in Nordrhein-Westfalen, Herausgeber: Burkhard Kämper und Arno Schilberg, S. 70-85, Münster, 2020.

Baumann, Jan, Besitz an Daten, Berlin, 2015.

Beaucamp, Guy/Wißmann, Karin, Islamischer Religionsunterricht – Warum ist das eine unendliche Geschichte?, DVBl. 2017, S. 1517-1522.

Beck, Volker, Religionspolitik zur Verwirklichung von Freiheit und Gleichheit der Religion, in: Rechtliche Optionen für Kooperationen zwischen deutschem Staat und muslimischen Gemeinschaften, Herausgeber: Karlies Abmeier, Andreas Jacobs und Thomas Köhler, S. 55-70, Münster, 2019.

Ders., Religionsverfassungsrecht – Bewährungsprobe Islam, ZRP 2019, S. 85-88.

Behrendt, Ethel Leonore, Gott im Grundgesetz, 1. Auflage, München, 1980.

Dies., Rechtsstaat und Christenbekenntnis: Gott im Grundgesetz, in: Rechtsstaat und Christentum, Band 1, Herausgeberin: Ethel Leonore Behrendt, 1. Auflage, S. 163-186, München, 1982.

Benda, Ernst/Maierhofer, Werner/Vogel Hans-Jochen (Hrsg.), Handbuch des Verfassungsrechts, 2. Auflage, Berlin, 1995 (zitiert als: *Bearbeiter*, in: Benda/Maierhofer/Vogel).

Benz, Wolfgang, Handbuch des Antisemitismus: Organisationen, Institutionen, Bewegungen, Band 5, Berlin/Boston, 2012.

Bielefeldt, Heiner, Menschenrechte in der Einwanderungsgesellschaft, Bielefeld, 2007.

Ders., Muslime im säkularen Rechtsstaat, Bielefeld, 2003.

Bielefeldt, Heiner/Wiener, Michael, Religionsfreiheit auf dem Prüfstand, Bielefeld, 2020.

Blätte, Andreas, Einwandererverbände in der Migrations- und Integrationspolitik 1998-2006, Wiesbaden, 2014.

Ders., Islamische Verbände in verbandsökonomischer Perspektive, in: Politik und Islam, Herausgeber: Hendrik Meyer und Klaus Schubert, S. 219-246, Wiesbaden, 2011.

Blumenwitz, Dieter, Gott und Grundgesetz, in: Rechtsstaat und Christentum, Band 1, Herausgeberin: Ethel Leonore Behrendt, 1. Auflage, S. 127-152, München, 1982.

Bock, Wolfgang, Die Religionsfreiheit zwischen Skylla und Charybdis, AöR 122 (1998), S. 444-475.

Ders., Islamischer Religionsunterricht oder Religionskunde? Zu ihren verfassungsrechtlichen Rahmenbedingungen, in: Islamischer Religionsunterricht?, Herausgeber: Wolfgang Bock, S. 3-32, Tübingen, 2006.

Böllhoff, Cornelius, Die „Partnerschaft" zwischen Staat und Religionsgemeinschaften im Religionsunterricht, Halle, 2008.

Bornemann, Elias, Die religiös-weltanschauliche Neutralität des Staates, 1. Auflage, Tübingen, 2020.

Borowski, Martin, Die Glaubens- und Gewissensfreiheit des Grundgesetzes, Tübingen, 2006.

Brämer, Georg, Der moderne Staat, seine Werte und das Christentum, Hamburg, 2019.

Britz, Gabriele, Der Einfluss christlicher Tradition auf die Rechtsauslegung als verfassungsrechtliches Gleichheitsproblem?, JZ 2000, S. 1127-1133.

Dies., Kulturelle Rechte und Verfassung, Tübingen, 2000.

Brosius-Gersdorf, Frauke, Freiheit und Gleichheit – Freiheit durch Gleichheit?, in: Grundlagen des Grundgesetzes – Geburtstagssymposium für Horst Dreier, Herausgeber: Fabian Wittreck, S. 93-116, Berlin, 2018.

Brugger, Winfried, Trennung, Gleichheit, Nähe, in: Religionskonflikte im Verfassungsstaat, Herausgeber: Astrid Reuter und Hans G. Kippenberg, S. 119-143, Göttingen, 2010.

Busse, Dietrich, Recht als Text, Berlin, 1992.

Busse, Elmar Wolfgang Walter, Das Prinzip staatlicher Neutralität und die Freiheit der Religionsausübung, Frankfurt am Main, 2013.

von Campenhausen, Axel, Offene Fragen im Verhältnis von Staat und Kirche am Ende des 20. Jahrhunderts, in: Das Staat-Kirche-Verhältnis in Deutschland an der Schwelle zum 21. Jahrhundert, Essener Gespräche zum Thema Staat und Kirche, Band 34, Herausgeber: Joseph Krautscheidt und Heiner Marré, S. 105-145, Münster, 2000.

von Campenhausen, Axel/de Wall, Heinrich, Staatskirchenrecht, 4. Auflage, München, 2006.

Chang, Chih-Wei, Migration und Integration, München, 2017.

Chbib, Raida, Die Deutsche Islampolitik und die Frage nach der Repräsentativität muslimischer Verbände, Muslimische Gemeinschaften zwischen Recht und Politik, Herausgeber: Heinrich-Böll-Stiftung, S. 28-33, 2010, abrufbar unter: https://heimatkunde.boell.de/sites/default/files/dossier_muslimische_gemeinschaften.pdf (zuletzt aufgerufen am 31.05.2021).

Dies., Einheitliche Repräsentation und muslimische Binnenvielfalt. Eine datengestützte Analyse der Institutionalisierung des Islam in Deutschland, in: Politik und Islam, Herausgeber: Hendrik Meyer und Klaus Schubert, S. 87-112, Wiesbaden, 2011.

Dies., Heimisch werden in Deutschland: Die religiöse Landschaft der Muslime im Wandel, in: Religiöse Vielfalt in Nordrhein-Westfalen, Herausgeber: Markus Hero, Volkhard Krech und Helmut Zander, S. 125-139, Paderborn, 2008.

Dies., Organisation des Islams in Deutschland, 1. Auflage, Baden-Baden, 2017.

Christensen, Ralph, Die Wortlautgrenze, in: Handbuch Sprache im Recht, Herausgeber: Ekkehard Felder und Friedemann Vogel, S. 187-205, Berlin/Boston, 2017.

Classen, Claus Dieter, Religionsfreiheit und Staatskirchenrecht in der Grundrechtsordnung, Tübingen, 2003.

Ders., Religionsrecht, 3. Auflage, Tübingen, 2021.

Coumont, Nina, Islam und Schule, in: Der Islam im öffentlichen Recht des säkularen Verfassungsstaates, Herausgeber: Stefan Muckel, 1. Auflage, S. 440-582, Berlin, 2008.

Czermak, Gerhard, „Gott“ im Grundgesetz?“, NJW 1999, S. 1300-1303.

Ders., „Religions(verfassungs)recht“ oder „Staatskirchenrecht“? NVwZ 1999, S. 743-744.

Ders., Das Religionsverfassungsrecht im Spiegel der Tatsachen – Kritische Hinweise zum Verhältnis von Verfassungsrecht und Verfassungswirklichkeit, ZRP 2001, S. 565-570.

Ders., Das System der Religionsverfassung des Grundgesetzes, KritJ 33 (2000), S. 229-247.

Ders., Das System des Weltanschauungsrechts im Grundgesetz, in: Aktuelle Entwicklungen im Weltanschauungsrecht, Herausgeber: Gerhard Czermak, Reinhard Merkel, Holm Putzke und Jacqueline Neumann, S. 27-60, Baden-Baden, 2019.

Ders., Die Ablösung der historischen Staatsleistungen an die Kirchen, DÖV 2004, S. 110-116.

Ders., Grundfragen des deutschen Religionsverfassungsrechts in Theorie und Praxis: Ein kritischer Überblick, ZRGG 63 (2011), S. 348-363.

Ders., Grundfragen des sogenannten Selbstbestimmungsrechts der Religionsgemeinschaften. Eine kritische Skizze, in: Aktuelle Entwicklungen im Weltanschauungsrecht, Herausgeber: Gerhard Czermak, Reinhard Merkel, Holm Putzke und Jacqueline Neumann, S. 89-102, Baden-Baden, 2019.

Ders., Religions- und Weltanschauungsfreiheit in Deutschland und ihre juristische und gesellschaftliche Gefährdung, in: Wechselseitige Erwartungslosigkeit, Herausgeber: Gerhard Schreiber und Hermann-Josef Große Kracht, S. 209-236. Berlin, 2019.

Ders., Zur Rede von der religiös-weltanschaulichen Neutralität des Staates, NVwZ 2003, S. 949-953.

Czermak, Gerhard/Hilgendorf, Eric, Religions- und Weltanschauungsrecht, 2. Auflage, Berlin/Heidelberg, 2018.

Darwisch, Kinan, Islamischer Religionsunterricht in Deutschland, Marburg, 2013.

de Maizière, Thomas, Religion im öffentlichen Raum, 1. Auflage, Baden-Baden, 2020.

de Wall, Heinrich, Das Deutsche Staatskirchenrecht und die Religionsfreiheit, in: Religionsfreiheit. Positionen – Konflikte – Herausforderungen, Herausgeber: Hans-Georg Ziebertz, 1. Auflage, S. 35-51, Würzburg, 2015.

Ders., Das Staatskirchenrecht des Grundgesetzes: Zeitgemäß und zukunftssicher?, in: Staat und Kirche im 21. Jahrhundert, Herausgeber: Philipp W. Hildmann und Stefan Rößle, S. 47-59, München, 2012.

Ders., Das Verhältnis von Gesellschaft, Staat und Kirche in Deutschland, in: Zwischen nationaler Identität und europäischer Harmonisierung, Herausgeber: Burkhard Kämper und Michael Schlagheck, S. 85-100, Berlin, 2002.

Ders., Das Verhältnis von Staat und Religionsgemeinschaften in Deutschland, in:, Handbuch Christentum und Islam in Deutschland, Band 1, Herausgeber: Mathias Rohe, Havva Engin, Mouhanad Khorchide, Ömer Özsoy und Hansjörg Schmid, S. 189-223, Freiburg, 2014.

Ders., Der Begriff der Religionsgemeinschaft im Deutschen Religionsverfassungsrecht –aktuelle Probleme, in: Neuere Entwicklungen im Religionsrecht europäischer Staaten, Herausgeber: Wilhelm Rees, María Roca und Balázs Schanda, S. 789-811, Berlin, 2013.

Ders., Die Religionsverfassung des Grundgesetzes, in: Islam und Staat, Herausgeberinnen: Gerda Hasselfeldt und Ursula Männle, S. 43-53, Berlin, 2017.

Ders., Rechtsgutachten über die Eigenschaft von „DITIB Landesverband Hamburg e. V." „SCHURA – Rat der Islamischen Gemeinschaften in Hamburg e. V." und „Verband der Islamischen Kulturzentren e. V." Köln als Religionsgemeinschaften und weitere Aspekte ihrer Eignung als Kooperationspartner der Freien und Hansestadt Hamburg in religionsrechtlichen Angelegenheiten erstellt im Auftrag der Freien und Hansestadt Hamburg, in: Staatsvertrag in Hamburg mit Muslimen, Herausgeber: Gritt Klinkhammer und Heinrich de Wall, S. 1-62, Bremen, 2012.

Ders., Religiöse Vielfalt in Deutschland – Konsequenzen für das staatliche Recht, in: Religiöse Vielfalt, Herausgeber: Ludger Müller, Christoph Ohly, Stephan Haering und Wilheim Rees, S. 7-19, Berlin, 2019.

Ders., Zum subjektiven Recht der Kirchen auf den Sonntagsschutz, NVwZ 2000, S. 857-862.

de Wall, Heinrich/Muckel, Stefan, Kirchenrecht, 5. Auflage, München, 2019.

Demel, Michael, Gebrochene Normalität, Tübingen, 2011.

Denniger, Erhard/Wassermann, Rudolf, Reihe Alternativkommentare; Kommentar zum Grundgesetz für die Bundesrepublik Deutschland, Band 1, 3. Auflage, Neuwied, 2003 (zitiert als: *Bearbeiter*, in: AK-GG).

Detjen, Joachim, Die Werteordnung des Grundgesetzes, Wiesbaden, 2009.

Di Fabio, Udo, Der Gott der Verfassung und die Götter der Bürger, in: Krieg der Zeichen?, Herausgeber: Michael Meyer-Blanck und Görge K. Hasselhoff, S. 91-100, Würzburg, 2006.

Ders., Gewissen, Glaube, Religion, 2. Auflage, Freiburg, 2012.

Ders., Gott im Text der Verfassung: nominatio dei, in: Gott ist treu – Festschrift für Paul Josef Kardinal Cordes, Herausgeber: Michael Spangenberger und Rocco Buttiglione, S. 212-218, Augsburg, 2010.

Ders., Staat und Kirche: Christentum und Rechtskultur als Grundlage des Staatskirchenrechts, in: Das Christentum und der Staat, Herausgeber: Christian Hillgruber, S. 91-110, Göttingen, 2014.

Ders., Staat und Kirche: Christentum und Rechtskultur als Grundlage des Staatskirchenrechts, in: Die Verfassungsordnung für Religion und Kirche in Anfechtung und Bewährung, Essener Gespräche zum Thema Staat und Kirche, Band 42, Herausgeber: Burkhard Kämper und Heiner Marré, S. 129-144, Münster, 2008.

Dietlein, Johannes, Das Feiertagsrecht in Zeiten des religiösen Wandels, in: Kirche und Religion im sozialen Rechtsstaat – Festschrift für Wolfgang Rüfner zum 70. Geburtstag, Herausgeber: Stefan Muckel, S. 131-146, Berlin, 2003.

Dietrich, Myrian, Islamischer Religionsunterricht, Frankfurt am Main, 2006.

Doehring, Karl, Das Staatsrecht der Bundesrepublik Deutschland, 3. Auflage, Frankfurt am Main, 1984.

Doose, Ulrich, Die rechtliche Stellung der evangelischen Freikirchen in Deutschland, Marburg, 1963.

Dreier, Horst, Der freiheitliche Verfassungsstaat als riskante Ordnung, RW 2010, S. 11-38.

Ders., Ein Staatsrechtslehrer in Zeiten des Umbruchs: Gerhard Anschütz (1867-1948), ZNR 1998, S. 28-48.

Ders., (Hrsg.), Grundgesetz-Kommentar, Band I, 3. Auflage, Tübingen, 2013 (zitiert als: *Bearbeiter*, in: Dreier-GG I).

Ders., (Hrsg.), Grundgesetz-Kommentar, Band II, 3. Auflage, Tübingen, 2015 (zitiert als: *Bearbeiter*, in: Dreier-GG II).

Ders. (Hrsg.), Grundgesetz-Kommentar, Band III, 3. Auflage, Tübingen, 2018 (zitiert als: *Bearbeiter*, in: Dreier-GG III).

Ders., Kanonistik und Konfessionalisierung, JZ 2002, S. 1-13.

Ders., Religion im Grundgesetz – Integrationsfaktor oder Konfliktherd?, in: Wechselseitige Erwartungslosigkeit?, Herausgeber: Hermann-Josef Große Kracht und Gerhard Schreiber, S. 337-390, Berlin/Boston, 2019.

Ders., Religion und Verfassungsstaat im Kampf der Kulturen, in: Kulturelle Identität als Grund und Grenze des Rechts, Herausgeber: Horst Dreier und Eric Hilgendorf, S. 11-28, Stuttgart, 2008.

Ders., Religionsverfassung in 70 Jahren Grundgesetz – Rückblick und Ausblick, JZ 2019, S. 1005-1015.

Ders., Säkularisierung des Staates am Beispiel der Religionsfreiheit, RG 19 (2011), S. 72-86.

Ders., Säkularisierung und Sakralität, Durchgesehener Nachdruck 2014, Tübingen, 2013.

Ders., Staat ohne Gott, Sonderausgabe für die Bundeszentrale für politische Bildung, Bonn, 2018.

Ders., Zur (Un-)Möglichkeit religiös-weltanschaulicher Neutralität des Staates, in: Religion und Gesellschaft, Herausgeber: Jens-Uwe Hartmann und Friedrich Wilhelm Graf, S. 49-81, Berlin, 2019.

Droege, Michael, Der Religionsbegriff im deutschen Religionsverfassungsrecht – oder: Vom Spiel mit einer großen Unbekannten, in: Der Begriff der Religion, Herausgeber: Mathias Hildebrandt und Manfred Brocker, S. 159-176, 1. Auflage, 2008, Wiesbaden.

Ders., Die Gewährleistung des Kirchenguts und die Diskontinuität der Rechtsordnung – Aktuelle Probleme des kirchlichen Vermögensrechts, ZevKR 55 (2010), S. 339-359.

Ders., Prekäre Leitfunktion christlicher Tradition in Zeiten kultureller Differenz?, KritV 84 (2001), S. 466-489.

Ders., Staatsleistungen an Religionsgemeinschaften im säkularen Kultur- und Sozialstaat, 1. Auflage, Berlin, 2004.

Dürig, Carolin Elisabeth, Die negative Religionsfreiheit und christlich geprägte Gehalte des Landesverfassungsrechts, 1. Auflage, Baden-Baden, 2018.

Ehlers, Dirk, Der Bedeutungswandel im Staatskirchenrecht, in: Verfassungsrecht und soziale Wirklichkeit in Wechselwirkung, Herausgeber: Bodo Pieroth, S. 85-112, Berlin, 2000.

Ders., The State and Religious Communities: Their Relationship and its Development in Germany, in: State and Religion, Herausgeber: Dirk Ehlers und Henning Glaser, 1. Auflage, S. 207-222, Baden-Baden, 2020.

Eißler, Friedmann, Islamische Verbände in Deutschland, Berlin, 2019.

Ekardt, Felix, Weder Leitkultur noch kultureller Relativismus, KritJ 38 (2005), S. 248-259.

El Idrissi, Asmaa, Der juridische Umgang mit religiöser Fremdheit, 1. Auflage, Baden-Baden, 2018.

Emmerich-Fritsche, Angelika, Verfassungsrechtliche Fragen nationaler Identität und Homogenität sowie einer Leitkultur, Der Staat 58 (2019), S. 575-619.

Engi, Lorenz, Die religiöse und ethische Neutralität des Staates, Zürich/Basel/Genf, 2017.

Ennuschat, Jörg, „Gott“ und Grundgesetz, NJW 1998, S. 953-957.

Ders., Militärseelsorge, Berlin, 1996.

Epping, Volker/Hillgruber, Christian (Hrsg.), Beck'scher Online-Kommentar Grundgesetz, 46. Edition, München, 2021 (zitiert als: *Bearbeiter*, in: Epping/Hillgruber).

Eschraghi, Armin, Das Bahá'ítum: Entstehungsgeschichte, Lehre und Praxis einer nach-islamischen Offenbarungsreligion, Iran and the Caucasus 2005, S. 273-299.

Essen, Georg, Sinnstiftende Unruhe im System des Rechts, Göttingen, 2004.

Fateh-Moghadam, Bijan, Die religiös-weltanschauliche Neutralität des Strafrechts, Tübingen, 2019.

Fechner, Frank, Islamischer Religionsunterricht an öffentlichen Schulen, NVwZ 1999, S. 735-737.

Felder, Ekkehard, Juristische Fachsprache oder wie Bedeutung im Recht entsteht, in: Historische Rechtssprache des Deutschen, Herausgeber: Andreas Deutsch, S. 81-101, Heidelberg, 2013.

Ders., Sprachnormierungs„kämpfe“ auf Wortebene, in: Juristische Textarbeit im Spiegel der Öffentlichkeit, Herausgeber: Ekkehard Felder, S. 179-202. Berlin, 2003.

Fioole, Johannes, Freiheit von Religion?, 1. Auflage, Baden-Baden, 2019.

Fleischer, Thomas, Der Religionsbegriff des Grundgesetzes, Bochum, 1989.

Friauf, Karl Heinrich/Höfling, Wolfram (Hrsg.), Berliner Kommentar zum Grundgesetz, Aktualisierung 04/2020, Berlin, 2020. (zitiert als: *Bearbeiter*, in: Friauf/Höfling).

Friedrich, Lutz, Über Kreuz mit der Verfassung?, NVwZ 2018, S. 1007-1013.

Friehe, Matthias, Das Religionsverfassungsrecht vor den Herausforderungen der Globalisierung, in: Rechtskultur und Globalisierung: 57. Assistententagung Öffentliches Recht, Herausgeber: Matthias Friehe und Sebastian Piecha, S. 13-37, Baden-Baden, 2017.

Ders., Der Körperschaftsstatus der Kirchen – ein rätselhaftes Missverständnis, NVwZ 2020, S. 1388-1392.

Ders., Dienstherrnfähigkeit der Kirchen, Berlin, 2019.

Friesenhahn, Ernst/Scheuner, Ulrich, Handbuch des Staatskirchenrechts der Bundesrepublik Deutschland, Band 1, 1. Auflage, Berlin, 1974 (zitiert als: *Bearbeiter*, in: Friesenhahn/Scheuner (Hrsg.), HdbSt-KirchR Bd. I)

Frisch, Michael, Grundsätzliche und aktuelle Aspekte der grundgesetzlichen Garantie des Religionsunterrichts, DÖV 2004, S. 462-471.

Fritsche, Thomas, Der Kulturbegriff im Religionsverfassungsrecht, Berlin, 2015.

Froese, Judith, Innere Tatsachen als Herausforderung für die Rechtsordnung, DÖV 2017, S. 228-236.

Funke, Thomas Gerrith, Die Religionsfreiheit im Verfassungsrecht der USA, Berlin, 2006.

Gärditz, Klaus Ferdinand, Säkularität und Verfassung, in: Verfassungstheorie, Herausgeber: Otto Depenheuer und Christoph Grabenwarter, S. 153-198, Tübingen, 2010.

Gartner, Barbara, Der religionsrechtliche Status islamischer und islamistischer Gemeinschaften, Wien, 2011.

Geiger, Willi, Zur Genesis der Präambel des Grundgesetzes, EuGRZ 1986, S. 121-126.

Geis, Max-Emanuel, Zur Zulässigkeit des Kreuzes in der Schule aus verfassungsrechtlicher Sicht, in: Der Streit um das Kreuz in der Schule, Herausgeber: Winfried Brugger und Stefan Huster, S. 41-58, Baden-Baden, 1998.

Germann, Michael, Entwicklungstendenzen im Verhältnis von Staat und Kirche unter dem Grundgesetz der Bundesrepublik Deutschland, öarr 2014, S. 41-88.

Ders., Kirchliche Institutionen im modernen Verfassungsstaat, in: Christentum – Staat – Kultur, Herausgeber: Ulrich Barth, Wilhelm Gräb und Andreas Arndt, S. 415-436, Berlin, 2008.

Giegerich, Thomas, Religionsfreiheit als Gleichheitsanspruch und Gleichheitsproblem, in: Religionsfreiheit zwischen individueller Selbstbestimmung, Minderheitenschutz und Staatskirchenrecht – Völker- und verfassungsrechtliche Perspektiven, Herausgeber: Rainer Grote und Thilo Marauhn, S. 241-309, Heidelberg, 2001.

Giese, Friedrich, Gerhard Anschütz zum Gedächtnis, SJZ 1948, S. 333-334.

Göbel, Gerald, Neue Bewegung im Staatskirchenrecht?, ZRP 1990, S. 189-192.

Goerlich, Helmut, Art. 141 GG als zukunftsgerichtete Garantie der neuen Länder und die weltanschauliche Neutralität des Staates, NVwZ 1998, S. 819-822.

Ders., Der Gottesbezug in Verfassungen, in: Verfassung ohne Gottesbezug?, Herausgeber: Wolfgang Huber, Karl Lehmann und Helmut Goerlich, S. 9-43. Leipzig, 2004.

Ders., Menschenrechte und Verfassungen zwischen Aufklärung und Fundamentalismus, in: Zur zugewandten Säkularität – Beiträge auf dem Weg dahin, Herausgeber: Liv Jaeckel, Markus Kotzur und Ralph Zimmermann, S. 103-128, Berlin, 2014.

Ders., Soziale Integration als Aufgabe des Rechts – am Beispiel der Rechtsprechung auf dem Weg zu einem Religionsrecht in gleicher öffentlicher Freiheit, in: Zur zugewandten Säkularität – Beiträge auf dem Weg dahin, Herausgeber: Liv Jaeckel, Markus Kotzur und Ralph Zimmermann, S. 129-146, Berlin, 2014.

Görisch, Christoph, „Staatskirchenrecht" am Ende?, NVwZ 2001, S. 885-888.

Graf, Friedrich Wilhelm, Götter global, 1. Auflage, München, 2014.

Grasnick, Walter, Entscheidungsgründe als Textcollage, in: Neue Studien zur Rechtslinguistik: dem Gedenken an Bernd Jeand'Heur, Herausgeber: Friedrich Müller und Rainer Wimmer, S. 27-44, Berlin, 2001.

Graulich, Kurt, Verfassungsrechtliche Anforderungen an religiöse Organisationen im Vereinsreich und für den Religionsunterricht, in: Islam und Verfassungsschutz, Herausgeber: Janbernd Oebbecke, Bodo Pieroth und Emanuel Towfigh, S. 35-55, Frankfurt am Main, 2007.

Griebel, Björn, Die Religionsgesellschaft zwischen Staatsrecht und Europarecht, 1. Auflage, Baden-Baden, 2014.

Grimm, Dieter, Integration durch Verfassung: Absichten und Aussichten im europäischen Konstitutionalisierungsprozess, Leviathan 32 (2004), S. 448-463.

Groh, Kathrin, Bundesverfassungsgericht und Religion, in: Politik, Recht und Religion, Herausgeber: Andreas Anter und Verena Frick, S. 159-177, Tübingen, 2019.

Dies., Ist Religionsverfassungsrecht Integrationsrecht?, in: Freiheit – Gleichheit – Religion, Herausgeber: Daniel Bogner und Marianne Heimbach-Steins, S. 89-107, Würzburg, 2012.

Dies., Selbstschutz der Verfassung gegen Religionsgemeinschaften: Vom Religionsprivileg des Vereinsgesetzes zum Vereinigungsverbot, Berlin, 2004.

Gröpl, Christoph/Windthorst, Kay/von Coelln, Christian (Hrsg.), Grundgesetz: Studienkommentar, 4. Auflage, München, 2020 (zitiert als: *Bearbeiter*, in: Gröpl/Windthorst/von Coelln).

Großbölting, Thomas, Staatskirchenrecht als Chance? Die Entstehung der staatskirchenrechtlichen Bestimmungen der Weimarer Reichsverfassung und die zeitgenössische Perspektive der katholischen Kirche, in: Individualität und Institutionalität, Essener Gespräche zum Thema Staat und Kirche, Band 54, Herausgeber: Michael Schlagheck und Arnd Uhle, S. 34-52, Münster, 2019.

Grotefeld, Stefan, Wie wird Moral ins Recht gesetzt?, ARSP 89 (2003), S. 299-317.

Grzeszick, Bernd, Islamischer Religionsunterricht an öffentlichen Schulen, ZevKR 62 (2017), S. 362-388.

Ders., Staatlicher Rechtsschutz und kirchliches Selbstbestimmungsrecht, AöR 129 (2004), S. 168-218.

Ders., Verfassungstheoretische Grundlagen des Verhältnisses von Staat und Religion, in: Staatskirchenrecht oder Religionsverfassungsrecht?, Herausgeber: Hans Michael Heinig und Christian Walter, S. 131-152, Tübingen, 2007.

Gullo, Peter, Religions- und Ethikunterricht im Kulturstaat, Berlin, 2003.

Gutmann, Thomas, Recht als Kultur?, Baden-Baden, 2015.

Ders., Religiöser Pluralismus und liberaler Verfassungsstaat, in: Modelle des religiösen Pluralismus, Herausgeber: Karl Gabriel, Christian Spieß und Katja Winkler, S. 291-315, Paderborn, 2012.

Ders., Zur Fragilität des Rechts auf gleiche Religionsfreiheit, in: Religionspolitik heute, Herausgeber: Daniel Gerster, Viola van Melis und Ulrich Willems, S. 162-173, Freiburg, 2018.

Gutmann, Thomas/Jakl, Bernhard/Siep, Ludwig/Städtler, Michael, Einleitung, in: Von der religiösen zur säkularen Begründung staatlicher Normen, Herausgeber: Ludwig Siep, Thomas Gutmann, Bernhard Jakl und Michael Städtler, S. 1-31, Tübingen, 2012.

Häberle, Lothar, „Gott" im Verfassungsstaat?, in: Festschrift für Wolfgang Zeidler, Herausgeber: Walther Fürst, Roman Herzog und Dieter C. Umbach, S. 3-17, Berlin, 1987.

Ders., „Staatskirchenrecht" als Religionsrecht der verfaßten Gesellschaft, DÖV 1976, S. 73-80.

Ders., Der Sinn von Verfassungen in kulturwissenschaftlicher Sicht, AöR 131 (2006), S. 621-642.

Ders., Feiertagsgarantien als kulturelle Identitätselemente des Verfassungsstaates, Berlin, 1987.

Ders., Islam-bezogene Konflikte um die Religionsfreiheit, in: Rechtskultur und Rechtspflege in der Kirche. Festschrift für Wilhelm Rees zur Vollendung des 65. Lebensjahres, Herausgeber: Christoph Ohly, Stephan Haering und Ludger Müller, S. 881-899, Berlin, 2020.

Ders., Präambeln im Text und Kontext von Verfassungen, in: Demokratie in Anfechtung und Bewährung – Festschrift für Johannes Broermann, Herausgeber: Joseph Listl und Herbert Schambeck, S. 211-249, Berlin, 1982.

Ders., Religionsfreiheit und Toleranz, Der Staat 57 (2018), S. 35-76.

Ders., Verfassung als öffentlicher Prozeß, 3. Auflage, Berlin, 1998.

Ders., Verfassungslehre als Kulturwissenschaft, 2. Auflage, Berlin, 1998.

Haupt, Claudia, Religion-State Relations in the United States and Germany, Cambridge, 2012.

Haupt, Johann-Albrecht, Kirchensteuer und Historische Staatsleistungen im Konflikt mit dem Grundgesetz, in: Aktuelle Entwicklungen im Weltanschauungsrecht, Herausgeber: Gerhard Czermak, Reinhard

Merkel, Holm Putzke und Jacqueline Neumann, S. 245-267, Baden-Baden, 2019.

Häußler, Ulf, Rahmenbedingungen und Gestaltungsmöglichkeiten für die Einrichtung islamischen Religionsunterrichts, ZAR 2000, S. 255-264.

Heckel, Johannes, Kirchengut und Staatsgewalt, Sonderdruck aus: Festgabe für Rudolf Smend „Rechtsprobleme in Staat und Kirche", S. 103-143, Göttingen, 1952.

Heckel, Martin, Der Rechtsstatus des Religionsunterrichts im pluralistischen Verfassungssystem, Tübingen, 2002.

Ders., Die religionsrechtliche Parität (II), in: Gesammelte Schriften Band 1, Herausgeber: Klaus Schlaich, S. 227-323, Tübingen, 1989.

Ders., Gleichheit oder Privilegien?, Tübingen, 1993.

Ders., Religionsfreiheit und Staatskirchenrecht in der Rechtsprechung des Bundesverfassungsgerichts, in: Festschrift 50 Jahre Bundesverfassungsgericht, Band 2, Herausgeber: Peter Badura und Horst Dreier, S. 379-420, Tübingen, 2001.

Ders., Religionsunterricht auf dem Prüfstand, ZThK 102 (2005), S. 246-292.

Ders., Religionsunterricht für Muslime? JZ 1999, S. 741-758.

Ders., Staat und Kirchen in der Bundesrepublik, ZevKR 18 (1973), S. 22-61.

Ders., Unterricht in Islam an deutschen Schulen – seine Gründe und Formen, Voraussetzungen und Grenzen, RdJB 2004, S. 39-62.

Ders., Vom Religionskonflikt zur Ausgleichsordnung, München, 2007.

Ders., Von der „Religionspartei" zur „Religionsgesellschaft": Schlüsselbegriffe zum religiösen Selbstbestimmungsrecht und Selbstverständnis, in: Staat im Wort – Festschrift für Josef Isensee, Herausgeber: Otto Depenheuer, Markus Heintzen, Matthias Jestaedt und Peter Axer, S. 1003-1032, Heidelberg, 2007.

Ders., Zur Entwicklung des deutschen Staatskirchenrechts von der Reformation bis zur Schwelle der Weimarer Verfassung, ZevKR 12 (1966/67), S. 1-39.

Ders., Zur Zukunftsfähigkeit des deutschen „Staatskirchenrechts" oder „Religionsverfassungsrechts", AöR 134 (2009), S. 309-392.

Hecker, Wolfgang, Integration islamischer Religionsgemeinschaften oder laizistische Reform der Religionsverfassung?, ZRP 2019, S. 121-122.

Heimann, Hans Markus, Alternative Organisationsformen islamischen Religionsunterrichts, DÖV 2003, S. 238-246.

Ders., Inhaltliche Grenzen islamischen Religionsunterrichts, NVwZ 2002, S. 935-942.

Ders., Islamischer Religionsunterricht und Integration, Münster, 2011.

Ders., Materielle Anforderungen an Religionsgemeinschaften für die Erteilung schulischen Religionsunterrichts, in: Religion und Weltanschauung im säkularen Staat – 41. Tagung der Wissenschaftlichen Mitarbeiterinnen und Mitarbeiter der Fachrichtung „Öffentliches Recht", Herausgeber: Andreas Haratsch, Norbert Janz, Sonja Rademacher, Stefanie Schmahl und Norman Weiß, S. 81-100, Potsdam, 2001.

Ders., Was bedeutet Religionspolitik heute?, in: Rechtliche Optionen für Kooperationen zwischen deutschem Staat und muslimischen Gemeinschaften, Herausgeber: Karlies Abmeier, Andreas Jacobs und Thomas Köhler, S. 199-210, Münster, 2019.

Heimbach, Marfa, Die Entwicklung der islamischen Gemeinschaft in Deutschland seit 1961, Berlin, 2001.

Heinemann, Jan, Grundgesetzliche Vorgaben bei der staatlichen Anerkennung von Feiertagen, Frankfurt am Main, 2004.

Heinig, Hans Michael, "Religionsgemeinschaft/Religionsgesellschaft": Herkunft, aktuelle Bedeutung und Zukunft einer religionsverfassungsrechtlichen Zentralkategorie, ZevKR 64 (2019), S. 1-23.

Ders., „Religionsgesellschaft" als religionsverfassungsrechtliche Zentralkategorie – und die Bedeutung für Islamverbände, in: Rechtliche Optionen für Kooperationen zwischen deutschem Staat und muslimischen Gemeinschaften, Herausgeber: Karlies Abmeier, Andreas Jacobs und Thomas Köhler, S. 43-54, Münster, 2019.

Ders., „Säkularismus" und „Laizismus" als Anfrage an das säkulare Religionsrecht in Deutschland, in: Islam – Säkularismus – Religionsrecht, Herausgeber: Lothar Häberle und Johannes Hattler, S. 79-93, Berlin/Heidelberg, 2012.

Ders., Arbeitsauftrag aus Weimar, 2020, abrufbar unter: https://www.zeit.de/2020/14/kirche-staatsleistungen-coronakrise-bundestag-saekularisation/komplettansicht (zuletzt aufgerufen am 31.05.2021).

Ders., Art. 137 Abs. 5 S. 2 WRV – ein Gleichheitsversprechen in rechtswissenschaftlicher Theorie und Rechtsprechungspraxis, in: Die Verfassung der Religion, Herausgeber: Hans Michael Heinig, S. 213-231, Tübingen, 2014.

Ders., Das Religionsrecht zwischen der Sicherung freiheitlicher Vielfalt und der Abwehr fundamentalistischer Bedrohungen, in: Die Verfassung der Religion, Herausgeber: Hans Michael Heinig, S. 22-42, Tübingen, 2014.

Ders., Der Körperschaftsstatus nach Art. 137 Abs. 5 S. 2 WRV – ein Gleichheitsversprechen, in: Religionskonflikte im Verfassungsstaat, Herausgeber: Astrid Reuter und Hans G. Kippenberg, S. 93-118, Göttingen, 2010.

Ders., Deutungsmachtkonflikte als Deutungs- und Machtkonflikte im Religionsrecht, in: Deutungsmacht, Herausgeber: Philipp Stoellger, S. 411-427, Tübingen, 2014.

Ders., Die forcierte Pluralität erfordert Anpassungen - die gemacht wurden, 2016, abrufbar unter: https://causa.tagesspiegel.de/gesellschaft/muss-das-staatskirchenrecht-ueberdacht-werden/die-forcierte-pluralitaet-erfordert-anpassungen-die-gemacht-wurden.html (zuletzt aufgerufen am 31.05.2021).

Ders., Eigenwert des Religionsverfassungsrechts, in: Der Eigenwert des Verfassungsrechts, Herausgeber: Thomas Vesting und Stefan Korioth, S. 221-243, Tübingen, 2011.

Ders., Gesetzgeberische Gestaltungsoptionen zur Verleihung und zum Verlust des Körperschaftsstatus für Religions- und Weltanschauungsgemeinschaften, in: Die Verfassung der Religion, Herausgeber: Hans Michael Heinig, S. 232-275, Tübingen, 2014.

Ders., Herausforderungen des deutschen Staatskirchen- und Religionsrechts aus verfassungsrechtlicher Sicht, in: Kirche und Staat in Deutschland, Frankreich und den USA, Herausgeber: Irene Dingel und Christiane Tietz, S. 121-139, Göttingen, 2010.

Ders., Islamische Theologie an staatlichen Hochschulen in Deutschland, ZevKR 56 (2011), S. 238-261.

Ders., Öffentlich-rechtliche Religionsgesellschaften, Berlin, 2003.

Ders., Ordnung der Freiheit – das Staatskirchenrecht vor neuen Herausforderungen, ZevKR 53 (2008), S. 235-255.

Ders., Religion als Verfassungsvoraussetzung?, in: Mit welchem Recht?, Herausgeber: Kai Funkschmidt, S. 15-20, Berlin, 2014.

Ders., Religionsunterricht nach Art. 7 Abs. 3 GG – Rechtslage und Spielräume, in: Die Verfassung der Religion, Herausgeber: Heinig, Hans Michael, S. 338-351, Tübingen, 2014.

Ders., Rezension zu Karl-Heinz Ladeur/Ino Augsberg: Toleranz – Religion – Recht, ZevKR 56 (2011), S. 94-96.

Ders., Säkularer Staat – Viele Religionen, Hamburg, 2018.

Ders., Staat und Religion – Traditionslinien bis zum Religionsverfassungsrecht, in: Politik im Zeichen der Reformation – Der lange Schatten von 1517, Herausgeber, Karlies Abmeier, S. 21-25, Sankt-Augustin/Berlin, 2017.

Ders., Verschärfung der oder Abschied von der Neutralität?, JZ 2009, S. 1136-1140.

Ders., Verschleierte Neutralität, JZ 2010, S. 357-360.

Dies., Von Schafen und Kopftüchern, JZ 2003, S. 777-783.

Heinrichs, Thomas, Die Kirchenförmigkeit des Rechts der Religions- und Weltanschauungsgemeinschaften, in: Religion und Weltanschauung im Recht, Herausgeber: Thomas Heinrichs und Horst Groschopp, S. 85-122, Aschaffenburg, 2017.

Heinz, Karl Eckhart, Körperschaftsbegriff und Religionsgesellschaft, VR 2010, S. 118-123.

Hennig, Wiebke, Muslimische Gemeinschaften als Partner des Staates bei der Einführung islamischen Religionsunterrichts, ZAR 2007, S. 133-142.

Dies., Muslimische Gemeinschaften im Religionsverfassungsrecht, 1. Auflage, Baden-Baden, 2010.

Hense, Ansgar, Auf dem Weg zu einem europäischen Religionsverfassungsrecht?, in: Europäische Religionspolitik, Herausgeber: Ines-Jacqueline Werkner und Antonius Liedhegener, S. 175-196, Wiesbaden, 2013.

Ders., Staatliche Verträge mit muslimischen Akteuren – ein längerer, religionsverfassungsrechtlicher Zwischenruf zur Lage, in: Wofür braucht Niedersachsen einen Vertrag mit muslimischen Verbänden, Herausgeber: Björn Thümler, S. 187-345, Vechta, 2016.

Ders., Staatskirchenrecht oder Religionsverfassungsrecht: mehr als ein Streit um Begriffe?, in: Religion und Weltanschauung im säkularen Staat, Herausgeber: Andreas Haratsch, S. 9-47, Stuttgart/München, 2001.

Ders., Staatsverträge mit Muslimen – eine juristische Unmöglichkeit?, in: Das Recht der Staatskirchenverträge, Herausgeber: Stefan Mückl, S. 116-175, Berlin, 2007.

Ders., Statusrechtliche Probleme bei der Organisation von Religion, in: Rechtliche Optionen für Kooperationen zwischen deutschem Staat und muslimischen Gemeinschaften, Herausgeber: Karlies Abmeier, Andreas Jacobs und Thomas Köhler, S. 29-41, Münster, 2019.

Hentzschel, Lukas, Das Verhältnis des Selbstbestimmungsrechts der Religionen und die Freiheit der Wissenschaft, DÖV 2019, S. 305-312.

Ders., Die staatlich anerkannten Feiertage, Berlin, 2021.

Herberger, Maximilian/Simon, Dieter, Wissenschaftstheorie für Juristen, Frankfurt am Main, 1980.

Herbolsheimer, Volker/Kukuczka, Christian, Der bayerische Kreuzbeschluss im Neutralitätskonflikt, ZevKR 63 (2018), S. 367-389.

Dies., Von der zunehmenden Dogmatisierung verfassungstheoretischer Postulate, DÖV 2020, S. 724-730.

Hermann, Jan Bela, Begriffsrelativität im Strafrecht und das Grundgesetz, Wiesbaden, 2015.

Heun, Werner, Organisation von Religionsgemeinschaften aus juristischer Perspektive, ZevKR 64 (2019), S. 24-46.

Ders., Trennung, Neutralität oder Gleichheit?, in: Gleichheit der Religionen im Grundgesetz?, Herausgeber: Martin Honecker, S. 50-67, Paderborn, 2011.

Hexham, Irving/Poewe, Karla, “Verfassungsfeindlich“: Church, State and New Religions in Germany, Nova Religio: The Journal of Alternative and Emergent Religions, 1999, S. 208-227.

Hildebrandt, Uta, Das Grundrecht auf Religionsunterricht, Tübingen, 2000.

Hilgendorf, Eric, Die deutsche Strafrechtswissenschaft vor den Herausforderungen kultureller Pluralisierung, oder: Was ist „Religion“?, JZ 2014, S. 821-829.

Ders., Religion, Recht und Staat., in: Wissenschaft, Religion und Recht – Hans Albert zum 85. Geburtstag am 8. Februar 2006, Herausgeber: Eric Hilgendorf, S. 359-383, Berlin, 2006.

Hillgruber, Christian, Das Grundgesetz und das deutsche Verfassungsverständnis, in: Politik und Christentum – Kohärenzen und

Differenzen, Herausgeber: Christoph Böhr, Claudia Crawford und Lars Hoffmann, S. 243-254, Wiesbaden, 2019.

Ders., Das Verhältnis von Staat und Religion(sgemeinschaften) und seine Bedeutung für die öffentliche Wirksamkeit von Religion, in: Religion und Politik in der freiheitlichen Demokratie, Herausgeber: Klaus Stüwe, S. 187-220, Berlin, 2018.

Ders., Der deutsche Kulturstaat und der muslimische Kulturimport, JZ 1999, S. 538-547.

Ders., Der Körperschaftsstatus von Religionsgemeinschaften – Objektives Grundverhältnis oder subjektives Grundrecht, NVwZ 2001, S. 1347-1355.

Ders., Der öffentlich-rechtliche Körperschaftsstatus nach Art. 137 Abs. 5 WRV, in: Staatskirchenrecht oder Religionsverfassungsrecht?, Herausgeber: Hans Michael Heinig und Christian Walter, S. 213-277, Tübingen, 2007.

Ders., Hat das deutsche Staatskirchenrecht Bestand?, KuR 24 (2018), S. 1-20.

Ders., Islamische Gemeinschaften als Körperschaften des öffentlichen Rechts? – Voraussetzungen und (Rechts-)Folgen, KuR 17 (2011), S. 225-247.

Ders., Kommentar, in: Säkularisierung und Sakralität, Herausgeber: Horst Dreier, S. 119-133, Nachdruck 2014, Tübingen, 2013.

Ders., Sinn und Zweck des staatskirchenrechtlichen Körperschaftsstatus, in: Standpunkte im Kirchen- und Staatskirchenrecht, Herausgeber: Christoph Grabenwarter und Norbert Lüdecke, S. 79-99, Würzburg, 2002.

Ders., Staat und Religion, DVBl. 1999, S. 1155-1178.

Ders., Staat und Religion, Paderborn, 2007.

Ders., Wie viel Christentum braucht, wie viel Christentum verträgt der Staat des Grundgesetzes?, in: Rechtsstaat und Grundrechte – Festschrift für Detlef Merten, Herausgeber: Ferdinand Kirchhof, Hans-Jürgen Papier und Heinz Schäffer, S. 23-38, Heidelberg, 2007.

Hofmann, Hans, Das Grundgesetz ohne Gott – aber mit Mitmenschlichkeit?, ZRP 1994, S. 215-219.

Hollerbach, Alexander, Das Staatskirchenrecht in der Rechtsprechung des Bundesverfassungsgerichts (II), AöR 106 (1981), S. 218-283.

Ders., Religion und Kirche im freiheitlichen Verfassungsstaat, Berlin/New York, 1998.

Holterhus, Till Patrik/Aghazadeh, Nazli, Die Grundzüge des Religionsverfassungsrechts, JuS 2016, S. 19-23.

Holzke, Frank, Die „Neutralität" des Staates in Fragen der Religion und Weltanschauung, NVwZ 2002, S. 903-913.

Honecker, Martin, Evangelische Christenheit in Politik, Gesellschaft und Staat, Berlin, 1998.

Hömig, Dieter/Wolff, Heinrich Amadeus (Hrsg.), Grundgesetz für die Bundesrepublik Deutschland, 12. Auflage, Baden-Baden, 2018 (zitiert als: *Bearbeiter*, in: HK-GG).

Huber, Peter, Das Staatskirchenrecht – Übergangsordnung oder Zukunftskonzept?, in: 80 Jahre Weimarer Reichsverfassung – Was ist geblieben?, Herausgeber: Eberhard Eichenhofer, S. 117-153, Tübingen, 1999.

Ders., Siebzig Jahre Inkorporation – Die Stationen der bundesverfassungsgerichtlichem Judikatur vom Inkrafttreten des Grundgesetzes bis zur Gegenwart, in: Individualität und Institutionalität, Essener Gespräche zum Thema Staat und Kirche, Band 54, Herausgeber: Michael Schlagheck und Arnd Uhle, S. 104-134, Münster, 2019.

Hufen, Christian, Der Ausgleich verfassungsrechtlich geschützter Interessen bei der Ausgestaltung des Sonn- und Feiertagsschutzes, 1. Auflage, Baden-Baden, 2014.

Hufen, Friedhelm, Die kulturintegrative Kraft der Verfassung, in: Gegenrede: Aufklärung – Kritik – Öffentlichkeit – Festschrift für Ernst Gottfried Mahrenholz, Herausgeber: Herta Däubler-Gmelin, 1. Auflage, S. 115-132, Baden-Baden, 1994.

Hummes, Wolfgang, Brauchen wir Gott im Grundgesetz?, Baden-Baden, 2020.

Huster, Stefan, Das Prinzip der religiös-weltanschaulichen Neutralität des Staates – Gehalt und Dogmatik, in: An den Grenzen der Rechtsdogmatik, Herausgeber: Julian Krüper, Heike Merten und Martin Morlok, S. 5-41, Tübingen, 2010.

Ders., Der Grundsatz der religiös-weltanschaulichen Neutralität des Staates – Gehalt und Grenzen, Berlin, 2004.

Ders., Der religiös-weltanschauliche Neutralität des Staates, in: Der Streit um das Kreuz in der Schule, Herausgeber: Winfried Brugger und Stefan Huster, S. 69-108, Baden-Baden, 1998.

Ders., Die Bedeutung des Neutralitätsgebotes für die verfassungstheoretische und verfassungsrechtliche Einordnung des Religionsrechts, in: Staatskirchenrecht oder Religionsverfassungsrecht?, Herausgeber: Hans Michael Heinig, S. 107-130, Tübingen, 2007.

Ders., Die ethische Neutralität des Staates, 1. Auflage, Tübingen, 2002.

Ders., Die Weltanschauliche Neutralität des Staates und die gesellschaftlichen Weltanschauungskonflikte, in: Schatten der Differenz, Herausgeber: Gerhard Kruip und Wolfgang Vögele, S. 91-109, Hamburg, 2006.

Ders., Gleichheit statt Freiheit: Die Verschiebung der Argumentationsgewichte im Religionsverfassungsrecht unter Bedingung des Pluralismus, in: Religionsverfassungsrechtliche Spannungsfelder, Herausgeber: Hans Michael Heinig und Christian Walter, 1. Auflage, S. 203-230, Tübingen, 2015.

Ipsen, Jörn, Das Kreuz in der Behörde, RuP 54 (2018), S. 265-270.

Isak, Axel, Das Selbstverständnis der Kirchen und Religionsgemeinschaften und seine Bedeutung für die Auslegung staatlichen Rechts, Berlin, 1994.

Isensee, Josef, Bildersturm durch Grundrechtsinterpretation – Der Kruzifix-Beschluß des BVerfG, ZRP 1996, S. 10-15.

Ders., Die Finanzquellen der Kirchen im deutschen Staatskirchenrecht, in: Staat und Religion. Abhandlungen aus den Jahren 1974-2017, Herausgeber: Ansgar Hense, S. 571-587, Berlin, 2019.

Ders., Die Zukunftsfähigkeit des deutschen Staatskirchenrechts: gegenwärtige Legitimationsprobleme, in: Dem Staate, was des Staates – der Kirche, was der Kirche ist: Festschrift für Joseph Listl zum 70. Geburtstag, Herausgeber: Josef Isensee, Wilhelm Rees und Wolfgang Rüfner, S. 67-90, Berlin, 1999.

Ders., Europa – christliches Erbe und technokratische Organisation, in: Religion im säkularen Europa, Herausgeber Otfried Höffe und Andreas Kablitz, S. 95-123, Paderborn, 2018.

Ders. (Hrsg.), Handbuch des Staatsrechts der Bundesrepublik Deutschland, Band 6, Heidelberg, 1989 (zitiert als: *Bearbeiter*, in: Isensee (Hrsg.), HStR Bd. 6).

Ders., Integration als Konzept: Die Grenzen der Toleranz, Blätter für deutsche und internationale Politik 2010, S. 79-91.

Ders., Integration mit Migrationshintergrund, JZ 2010, S. 317-327.

Ders., Kirche und Staat am Anfang des 21. Jahrhunderts, in: Staat und Religion. Abhandlungen aus den Jahren 1974-2017, Herausgeber: Ansgar Hense, S. 281-319, Berlin, 2019.

Ders., Menschenwürde: die säkulare Gesellschaft auf der Suche nach dem Absoluten, AöR 131 (2006), S. 173-218.

Ders., Rechtsschutz gegen Kirchenglocken, in: Staat und Religion. Abhandlungen aus den Jahren 1974-2017, Herausgeber: Ansgar Hense, S. 543-567, Berlin, 2019.

Ders., Rekurs des Verfassungsgebers auf Gott, in: Valeat aequitas: Księga pamiątkowa ofiarowana Księdzu Profesorowi Remigiuszowi Sobańskiemu, Herausgeber: Maksymilian Pazdan und Remigiusz Sobański, S. 177-200, Katowice, 2000.

Ders., Verfassungsstaatliche Erwartungen an die Kirche, in: Die Verantwortung der Kirche für den Staat, Essener Gespräche zum Thema Staat und Kirche, Band 25, Herausgeber: Joseph Krautscheidt und Heiner Marré, S. 104-146, Münster, 1991.

Ders., Wer definiert die Freiheitsrechte?, Heidelberg, 1980.

Ders., Zwischen Ablösungsauftrag und Bestandsgarantie, in: Staat und Religion. Abhandlungen aus den Jahren 1974-2017, Herausgeber: Ansgar Hense, S. 643-647, Berlin, 2019.

Isensee, Josef/Kirchhof, Paul (Hrsg.), Handbuch des Staatsrechts, Band VII, 3. Auflage, Heidelberg, 2009 (zitiert als: *Bearbeiter*, in: HStR, Bd. VII).

Janke, Katrin, Institutionalisierter Islam an staatlichen Hochschulen, Frankfurt am Main, 2005.

Janssen, Achim, Aspekte des Status von Religionsgemeinschaften als Körperschaften des öffentlichen Rechts, 2. Auflage, Berlin, 2017.

Janz, Norbert/Rademacher, Sonja, Islam und Religionsfreiheit – Die religiöse und weltanschauliche Neutralität des Staates auf dem Prüfstand, NVwZ 1999, S. 706-713.

Jarass, Hans/Pieroth Bodo (Hrsg.), Grundgesetz für die Bundesrepublik Deutschland, 16. Auflage, München, 2020 (zitiert als: *Bearbeiter*, in: Jarass/Pieroth).

Jestaedt, Matthias, Abschichten – eine tragfähige Alternative zum Abwägen?, in: Religion in der Schule, Herausgeber: A. Katarina Weilert und Philipp W. Hildmann, S. 171-182, Tübingen, 2018.

Ders., Das Kreuz unter dem Grundgesetz, JRP 1995, S. 237-262.

Ders., Unverstandenes Staatskirchenrecht, in: Freiheit – Gleichheit - Religion, Herausgeber: Daniel Bogner und Heimbach-Steins Marianne, S. 77-87, Würzburg, 2012.

Jochum, Heike, Islam in der staatlichen Schule, in: Religion und Weltanschauung im säkularen Staat – 41. Tagung der Wissenschaftlichen Mitarbeiterinnen und Mitarbeiter der Fachrichtung „Öffentliches Recht", Herausgeber: Andreas Haratsch, Norbert Janz, Sonja Rademacher, Stefanie Schmahl und Norman Weiß, S. 100-125, Potsdam, 2001.

Jurina, Josef, Der Rechtsstatus der Kirchen und Religionsgemeinschaften im Bereich ihrer eigenen Angelegenheiten, Berlin, 1972.

Kahl, Wolfgang/Waldhoff, Christian/Walter, Christian (Hrsg.), Bonner Kommentar zum Grundgesetz, 210. Aktualisierung, Heidelberg, 2021 (zitiert als: *Bearbeiter*, in: BK-GG Bd. 1).

Kästner, Karl-Hermann, „Säkulare" Staatlichkeit und religionsrechtliche Ordnung in der Bundesrepublik Deutschland, ZevKR 34 (1989), S. 260-286.

Ders., Die zweite Eigentumsgarantie im Grundgesetz, in: Gesammelte Schriften, Herausgeber: Hans Ulrich Anke, Daniel Couzinet und Christian Traulsen, S. 464-473, Tübingen, 2011.

Ders., Hypertrophie des Grundrechts auf Religionsfreiheit?, JZ 1998, S. 974-982.

Kazele, Norbert, Ausgewählte Fragen des Staatskirchenrechts, VerwArchiv 2005, S. 415-438.

Kirchhof, Paul, Die Freiheit der Religionen und ihr unterschiedlicher Beitrag zu einem freien Gemeinwesen, in: Religionen in Deutschland und das Staatskirchenrecht, Essener Gespräche zum Thema Staat und Kirche, Band 39, Herausgeber: Burkhard Kämper und Hans-Werner Thönnes, S. 105-122, Münster, 2005.

Ders., Die Wertgebundenheit des Rechts, ihr Fundament und die Rationalität der Rechtsfortbildung, in: Menschenbild und Menschenwürde, Herausgeber: Eilert Herms, S. 155-172, Gütersloh, 2001.

Ders., Staatsleistungen für Kirchen nicht abschaffen, 2018, abrufbar unter: https://www.katholisch.de/artikel/16603-kirchhof-staatsleistungen-fuer-kirchen-nicht-abschaffen (zuletzt aufgerufen am 31.05.2021).

Kizilkaya, Ali, Islamrat für die Bundesrepublik Deutschland, in: Muslimische Gemeinschaften im deutschen Recht, Herausgeber: Janbernd Oebbecke, S.63-66, Frankfurt am Main, 2003.

Klappert, Sebastian, Crossing im Recht, in: Crossing, Herausgeber: Antje Dresen und Florian Freitag, S. 201-221, Bielefeld, 2017.

Kleinheyer, Jan/Schröder, Gerd, Deutsche und europäische Juristen aus neun Jahrhunderten, 6. Auflage, Tübingen, 2017.

Klinkhammer, Gritt, Religiöse Vergemeinschaftungsformen im Islam, in: Mobilisierung von Religion in Europa, Herausgeber: Jamal Malik, S. 157-160, Frankfurt am Main, 2010.

Kloepfer, Michael, Der Islam in Deutschland als Verfassungsfrage, DÖV 2006, S. 45-55.

Ders., Verfassungsrecht, Band I, München, 2011.

Ders., Verfassungsrecht, Band II, München, 2010.

Koenig, Matthias, Gerichte als Arenen religiöser Anerkennungskämpfe – eine rechtssoziologische Skizze, in: Religionskonflikte im Verfassungsstaat, Herausgeber: Astrid Reuter und Hans Kippenberg, S. 144-164, Göttingen, 2010.

Ders., Pfadabhängigkeit und institutioneller Wandel im deutschen Religionsrecht, in: Staatskirchenrecht oder Religionsverfassungsrecht?, Herausgeber: Hans Michael Heinig und Christian Walter, S. 91-103, Tübingen, 2007.

Ders., Pfadabhängigkeit und institutioneller Wandel von Religionspolitik, in: Religion heute - öffentlich und politisch, Herausgeber: Karl Gabriel und Hans-Joachim Höhn, S. 149-160, Paderborn, 2008.

Könemann, Sandra, Das Staatskirchenrecht in der wissenschaftlichen Diskussion der Weimarer Zeit, Frankfurt am Main, 2011.

Konrad, Karlheinz, Der leitende Bezugspunkt des Staatskirchenrechts, in: Wege gelebter Verfassung in Recht und Politik – Festschrift für Rupert Scholz zum 70. Geburtstag, Herausgeber: Rainer Pitschas und Arnd Uhle, S. 1097-1122, Berlin, 2007.

Kopp, Ferdinand, Religionsgemeinschaften als wirtschaftliche Vereine i. S. von § 22 BGB?, NJW 1989, S. 2497-2504.

Korioth, Stefan, „Jeder nach seiner Façon" – Grundgesetz für die multireligiöse Gesellschaft, in: Verfassungsrecht und gesellschaftliche Realität, KritJ 2009 (Sonderheft), S. 175-185, Baden-Baden, 2009.

Ders., Das Religionsverfassungsrecht der Berliner Republik als Einweisung in die wechselseitige Indifferenz von Staat und Kirchen?, in: Wechselseitige Erwartungslosigkeit?, Herausgeber: Hermann-Josef Große Kracht und Gerhard Schreiber, S. 237-256, Berlin/Boston, 2019.

Ders., Die Entwicklung der Rechtsformen von Religionsgemeinschaften in Deutschland im 19. und 20. Jahrhundert, in: Die verrechtlichte Religion, Herausgeber: Hans Gerhard Kippenberg und Gunnar Folke Schuppert, S. 109-140, Tübingen, 2005.

Ders., Die Entwicklung des Staatskirchenrechts in Deutschland seit der Reformation, in: Staatskirchenrecht oder Religionsverfassungsrecht?, Herausgeber: Hans Michael Heinig und Christian Walter, S. 39-69, Tübingen, 2007.

Ders., Etappen des Religionsrechts von der Reformation bis heute, ZevKR 62 (2017), S. 348-353.

Ders., Gesellschaftstheoretische Modellbildungen und die Konstruktion religionsrechtlicher Ordnungsvorstellungen – Bemerkungen am Beispiel der Entwicklung unter dem Grundgesetz, in: Religionsverfassungsrechtliche Spannungsfelder, Herausgeber: Hans Michael Heinig und Christian Walter, 1. Auflage, S. 283-295, Tübingen, 2015.

Ders., Islamischer Religionsunterricht und Art. 7 Abs. 3 GG, in: Islamischer Religionsunterricht?, Herausgeber: Wolfgang Bock, S. 33-53, Tübingen, 2006.

Ders., Islamischer Religionsunterricht und Art. 7 III GG – Zu den Voraussetzungen religiöser Vielfalt in der öffentlichen Pflichtschule, NVwZ 1997, S. 1041-1049.

Ders., Loyalität im Staatskirchenrecht? Geschriebene und ungeschriebene Voraussetzungen des Körperschaftsstatus nach Art. 140 GG i.V.m Art. 137 Abs. 5 WRV, in: Rechtstheorie und Rechtsdogmatik im Austausch – Gedächtnisschrift für Bernd Jeand'Heur, Herausgeber: Wilfried Erbguth, Friedrich Müller und Volker Neumann, S. 221-245, Berlin, 1999.

Ders., Vom institutionellen Staatskirchenrecht zum grundrechtlichen Religionsverfassungsrecht? Chancen und Gefahren eines Bedeutungswandels des Art. 140 GG, in: Der Staat des Grundgesetzes – Kontinuität und Wandel. Festschrift für Peter Badura zum siebzigsten Geburtstag, Herausgeber: Michael Brenner, Peter Huber und Markus Möstl, S. 727-747, Tübingen, 2004.

Ders., Wie lassen sich religionspolitische Konflikte rechtlich regeln?, in: Politik, Recht und Religion, Herausgeber: Andreas Anter und Verena Frick, S. 11-29, Tübingen, 2019.

Korioth, Stefan/Augsberg, Ino, Ethik- oder Religionsunterricht?, ZG 24 (2009), S. 222-236.

Kreissl, Christina, Die Religionsfreiheit juristischer Personen im Sinne des Art. 19 Abs. 3 GG, 1. Auflage, Baden-Baden, 2020.

Kremer, Eva-Maria, Enteignung von Kirchengebäuden, Frankfurt am Main, 2010.

Kreß, Hartmut, Islamischer Religionsunterricht zwischen Grundsatzproblemen und neuen Rechtsunsicherheiten, ZRP 2010, S. 14-17.

Kriele, Martin, Religiöse Diskriminierung in Deutschland, ZRP 2001, S. 495-500.

Krugmann, Michael, Das Recht der Minderheiten, Berlin, 2004.

Krüper, Julian, Die grundrechtlichen Grenzen staatlicher Neutralität, JöR 53 (2005), S. 79-110.

Kühling, Jürgen, Wieviel Religion verträgt eine offene Gesellschaft? Möglichkeiten und Grenzen religiöser Einflussnahme in demokratischen Verfassungen, in: Ein Recht, das die Gesellschaft braucht, Herausgeberin: Hildegard Bodendieck-Engels, S. 95-109, 1. Auflage, Baden-Baden, 2021.

Kunig, Philip, Staat und Religion in Deutschland und Europa, in: Ein neuer Kampf der Religionen?, Herausgeber: Matthias Mahlmann und Hubert Rottleuthner, S. 161-184, Berlin, 2006.

Kunig, Philip/Uerpmann, Robert, Zum Verlust des Status einer Körperschaft des öffentlichen Rechts am Beispiel der altkorporierten jüdischen Religionsgemeinschaft Adass Jisroël, DVBl. 1997, S. 248-253.

Kuntze, Johannes, Bürgerliche Mitgliedschaft in Religionsgemeinschaften, Göttingen, 2013.

Ladeur, Karl-Heinz/Augsberg, Ino, Der Mythos vom neutralen Staat, JZ 2007, S. 12-18.

Dies., Toleranz – Religion – Recht, Tübingen, 2007.

Langenfeld, Christine, Formale Treue zur Verfassung reicht nicht, in: Drei Jahre Deutsche Islamkonferenz (DIK) 2006-2009, S. 194-203, abrufbar unter: http://gsb.download.bva.bund.de/BAMF/DIK/090616_DIK-Broschuere_gesamt_ONLINE.pdf (zuletzt aufgerufen am 31.05.2021).

Dies., Integration und kulturelle Identität zugewanderter Minderheiten: Eine Herausforderung für das deutsche Schulwesen – Einführung in einige grundrechtliche Fragestellungen, AöR 123 (1998), S. 375-406.

Dies., Religionsfreiheit als Hindernis für die Integration?, in: Mobilisierung von Religion in Europa, Herausgeber: Jamal Malik, S. 217-236, Frankfurt am Main, 2010.

Dies., Religiöse Freiheit für Muslime – Gefahr oder Hilfe für die Integration?, in: Gleichheit der Religionen im Grundgesetz?, Herausgeber: Martin Honecker, S. 30-49, Paderborn, 2011.

Lappen, Friedolf, Umbrüche in der parochialen Struktur in Deutschland, in: Abbruch oder Aufbruch?, Herausgeber: Johannes Först, Friedolf Lappen und Johanna Hahner, S. 19-30, Berlin, 2010.

Laschet, Armin, Religion und Gesellschaft, in: Christen und Muslime in Deutschland, Herausgeber: Rainer Isak und Hansjörg Schmid, S.83-87, 1. Auflage, Freiburg, 2003.

Ders., Wir haben zu wenig Einbürgerung, 2006, abrufbar unter: https://de.qantara.de/inhalt/interview-armin-laschet-wir-haben-zu-wenig-einburgerung (zuletzt aufgerufen am 31.05.2021).

Lehmann-Brauns, Uwe, Die staatsrechtliche Bedeutung der Präambel des Grundgesetzes, Berlin, 1964.

Leibholz, Gerhard/Rinck, Hans-Justus (Hrsg.), Grundgesetz für die Bundesrepublik Deutschland. Kommentar Rechtsprechung des Bundesverfassungsgerichts, 81. Ergänzungslieferung, Köln, 2020.

Leimgruber, Stephan/Müller, Ludger, Religionsunterricht zwischen Norm und Wirklichkeit, Paderborn, 2000.

Lemmen, Thomas, Islamische Vereine und Verbände in Deutschland, Herausgeber: Friedrich-Ebert-Stiftung, Bonn, 2002.

Ders., Muslime in Deutschland, 1. Auflage, Baden-Baden, 2001.

Ders., Muslimische Spitzenorganisationen in Deutschland: Der Islamrat und der Zentralrat, Altenberge, 1999.

Ders., Religionsfreiheit aus Sicht des Zweiten Vatikanischen Konzils, in: Christen und Muslime in Deutschland, Herausgeber: Rainer Isak und Hansjörg Schmid, S.43-57, 1. Auflage, Freiburg, 2003.

Ders., Türkisch-islamische Organisationen in Deutschland. Eine Handreichung, Altenberge, 1998.

Lennartz, Jannis, Dogmatik als Methode, Tübingen, 2017.

Ders., Eine Grammatik der Freiheit?, in: 70 Jahre Grundgesetz, Herausgeber: Hans Michael Heinig und Frank Schorkopf, S. 67-82, Göttingen, 2019.

Lepsius, Oliver, Die Religionsfreiheit als Minderheitenrechte in Deutschland, Frankreich und den USA, Leviathan 34 (2006), S. 321-349.

Ders., Kontextualisierung als Aufgabe der Rechtswissenschaft, JZ 2019, S. 793-802.

Ders., Religion und Verfassung im Vergleich: Deutschland, Frankreich, USA, in: Nun sag, wie hast Du's mit der Religion?, Herausgeber: Adolf-Arndt-Kreis, S. 19-35, Berlin, 2006.

von Lewinski, Kai, Von Frauen, Sorben und Hohenzollern – Grundrechte gesellschaftlicher Gruppen, NJ 2020, S. 93-100.

Liedhegener, Antonius, Religionsfreiheit und die neue Religionspolitik. Mehrheitsentscheide und ihre Grenzen in der bundesdeutschen Demokratie, ZfP 55 (2008), S. 84-107.

Lindner, Behrend, Entstehung und Untergang von Körperschaften des öffentlichen Rechts, Frankfurt am Main, 2002.

Link, Christoph, Staat und Kirche in einer sich wandelnden Gesellschaft, JRE 13 (2005), S. 257-274.

Listl, Joseph, Staat und Kirche in der Bundesrepublik Deutschland, StZ 1973, S. 291-308.

Listl, Joseph/Pirson, Dietrich (Hrsg.), Handbuch des Staatskirchenrechts, Band 1, 2. Auflage, Berlin, 1994 (zitiert als: *Bearbeiter*, in: Listl/Pirson (Hrsg.), HdbStKirchR Bd. I).

Dies., Handbuch des Staatskirchenrechts, Band 2, 2. Auflage, Berlin, 1994 (zitiert als: *Bearbeiter*, in: Listl/Pirson (Hrsg.), HdbStKirchR Bd. II).

Löhnig, Martin/Preisner, Mareike, Verleihung des Körperschaftsstatus an Religionsgemeinschaften – Bahá'í, Anmerkung, NVwZ 2013, S. 943-946.

Loschelder, Wolfgang, „… in einem vom Christentum geprägten Lande“, in: Recht als Medium der Staatlichkeit – Festschrift für Herbert Bethge zum 70. Geburtstag, Herausgeber: Steffen Detterbeck, Jochen Rozek und Christian von Coelln, S. 17-38, Berlin, 2009.

Lücke, Jörg, Die Weimarer Kirchengutsgarantie als Bestandteil des Grundgesetzes, JZ 1998, S. 534-545.

Magen, Stefan, Komplementarität und Konflikte, in: Religionsverfassungsrechtliche Spannungsfelder, Herausgeber: Hans Michael Heinig und Christian Walter, 1. Auflage, S. 95-109, Tübingen, 2015.

Ders., Körperschaftsstatus und Religionsfreiheit, Tübingen, 2004.

Ders., Neutralität und negative Religionsfreiheit im staatlichen verantworteten öffentlichen Raum, in: Islam – Säkularismus – Religionsrecht, Herausgeber: Lothar Häberle und Johannes Hattler, S. 95-109, Berlin/Heidelberg, 2012.

Ders., Staatskirchenrecht als symbolisches Recht?, in: Koexistenz und Konflikt von Religionen, Herausgeber: Hartmut Lehmann, S. 30-53, Göttingen, 2004.

Ders., Zum Verhältnis von Körperschaftsstatus und Religionsfreiheit, NVwZ 2001, S. 888-889.

Mahrenholz, Ernst Gottfried, "Verantwortung vor Gott und den Menschen" – Gedanken zur Präambel des Grundgesetzes, JöR 57 (2009), S. 61-70.

Ders., Staat und staatlich katholisch-theologisches Lehramt, Der Staat 25 (1986), S. 79-102.

Maier, Hans, Über kirchenförmige Religion, in: Verfassung im Diskurs der Welt – Liber Amicorum für Peter Häberle zum siebzigsten Geburtstag, Herausgeber: Alexander Blankenagel, Ingolf Pernice und Helmuth Schulze-Fielitz, S. 811-819, Tübingen, 2004.

Maleki, Navideh, Ein mögliches Islamgesetz in Deutschland, ZRP 2019, S. 19-22.

Mangold, Anna Katharina, Demokratische Legitimität und Gleichheit, in: Legitimität des Staates, Herausgeber: Tobias Herbst und Sabrina Zucca-Soest, S. 195-221, Baden-Baden, 2020.

von Mangoldt, Hermann/Klein, Friedrich/Starck, Christian (Hrsg.), Kommentar zum Grundgesetz, Bd. 3, 7. Auflage, München, 2018 (zitiert als: *Bearbeiter*, in: v. Mangoldt/Klein/Starck Bd. 3).

Marauhn, Thilo, Bedürfnis- und Bedeutungsadäquanz rechtlicher Organisationsformen, in: Religionsfreiheit zwischen individueller Selbstbestimmung, Minderheitenschutz und Staatskirchenrecht – Völker- und verfassungsrechtliche Perspektiven, Herausgeber: Rainer Grote und Thilo Marauhn, S. 413-470, Heidelberg, 2001.

Martens, Sebastian A. E., Rechtliche und ausserrechtliche Argumente, RT 42 (2011), S. 145-166.

Masing, Johannes, Die Formen der Religionsgesellschaften, in: Kirche, Staat und Wirtschaft. Spannungslagen im Ostseeraum, Herausgeber: Claus Dieter Classen, Hans-Martin Harder, Jörg Ohlemacher und Martin Onnasch, S. 105-123, Frankfurt am Main, 2004.

Maunz, Theodor, Die religiöse Neutralität des Staates, AfkKR 139 (1970), S. 427-442.

Maunz, Theodor/Dürig, Günter, Grundgesetz, 93. Ergänzungslieferung, München, Oktober 2020 (zitiert als: *Bearbeiter*, in: Maunz/Dürig).

Maurer, Hartmut, Religionsfreiheit in der multikulturellen Gesellschaft, in: Der Wandel des Staates vor den Herausforderungen der Gegenwart – Festschrift für Winfried Brohm zum 70. Geburtstag, Herausgeber: Carl-Eugen Eberle, Martin Ibler und Dieter Lorenz, S. 455-474, München, 2002.

Mayer-Scheu, Hansjosef, Grundgesetz und Parität von Kirchen und Religionsgemeinschaften, Mainz, 1970.

Mazyek, Aiman, Wir sind bereit, bis zum Bundesverfassungsgericht zu gehen, 2018, abrufbar unter: https://chrismon.evangelisch.de/mazyek (zuletzt aufgerufen am 31.05.2021).

Meckel, Thomas, Religionsunterricht im Recht, Paderborn, 2011.

Mensink, Dagmar, Wieviel Eigensinn darf sein?, in: Freiheit – Gleichheit - Religion, Herausgeber: Daniel Bogner und Marianne Heimbach-Steins, S. 155-174, Würzburg, 2012.

Merten, Detlef/Papier, Hans-Jürgen (Hrsg.), Handbuch der Grundrechte in Deutschland und Europa, Band IV, Grundrechte in Deutschland: Einzelgrundrechte I, Heidelberg, 2011 (zitiert als: *Bearbeiter*, in: Merten/Papier (Hrsg.), HGR IV).

Mertesdorf, Christine, Weltanschauungsgemeinschaften, Frankfurt am Main, 2007.

Meyer-Teschendorf, Klaus, Der Körperschaftsstatus der Kirchen, AöR 103 (1978), S. 289-333.

Ders., Staat und Kirche im pluralistischen Gemeinwesen, Tübingen, 1979.

Mikat, Paul, Die religionsrechtliche Ordnungsproblematik in der Bundesrepublik Deutschland, in: Religionsrechtliche Schriften, Herausgeber: Joseph Listl, S. 377-411, 1974, Berlin.

Ders., Rechtliche Bedeutung religiöser Interessen, in: Kirche und Staat in der neueren Entwicklung, Herausgeber: Paul Mikat, S. 319-351, Darmstadt, 1980.

Mohaghehgi, Hamideh, Neue Aspekte in der Beziehung zwischen Muslime und Staat in Deutschland, in: Neuere Entwicklungen im Religionsrecht europäischer Staaten, Herausgeber: Wilhelm Rees, Maria Roca und Balàzs Schanda, S. 401-416, Berlin, 2013.

Möllers, Christoph, Grenzen der Ausdifferenzierung, ZevKR 59 (2014), S. 115-140.

Ders., Grenzen der Ausdifferenzierung, in: Religionsverfassungsrechtliche Spannungsfelder, Herausgeber: Hans Michael Heinig und Christian Walter, 1. Auflage, S. 9-34. Tübingen, 2015.

Ders., Pluralität der Kulturen als Herausforderung an das Verfassungsrecht?, in: Kulturelle Identität als Grund und Grenze des Rechts, Herausgeber Horst Dreier und Eric Hilgendorf, S. 223-244, Stuttgart, 2008.

Ders., Religiöse Freiheit als Gefahr?, in: Erosion von Verfassungsvoraussetzungen, VVDStRL 68 (2008), S. 47-93, Berlin, 2008.

Morlok, Martin, „Staatskirchenrecht" oder „Religionsverfassungsrecht", in: Vom Staatskirchenrecht zum Religionsverfassungsrecht, Herausgeber: Johannes Goldenstein, S. 7-29, Rehburg-Loccum, 2009.

Ders., Das Selbstbestimmungsrecht der Religionsgesellschaften, JURA 2021, S. 501-512.

Ders., Neue Erkenntnisse und Entwicklungen aus sprach- und rechtswissenschaftlicher Sicht, in: Präjudiz und Sprache, Herausgeber: Bernhard Ehrenzeller, Peter Gomez, Markus Kotzur, Daniel Thürer und Klaus A. Vallender, S. 27-74, Zürich/St. Gallen, 2008.

Ders., Neutralität des Staates und religiöser Radikalismus, in: Weltanschauliche Neutralität, Meinungsfreiheit, Sicherungsverwahrung, Herausgeber: Johannes Masing und Olivier Jouanjan, S. 3-29, Tübingen, 2013.

Ders., Selbstverständnis als Rechtskriterium, Tübingen, 1993.

Morlok, Martin/Heinig, Hans Michael, Feiertag! Freier Tag? Die Garantie des Sonn- und Feiertagsschutzes als subjektives Recht im Lichte des Art. 139 WRV, NVwZ 2001, S. 846-851.

Dies., Parität im Leistungsstaat – Körperschaftsstatus nur bei Staatsloyalität? Ein Beitrag zur Dogmatik des Art. 140 GG i.V. mit Art. 137 V 2 WRV, NVwZ 1999, S. 697-706.

Mostert, Walter, Glaube – der christliche Begriff für Religion, ZThK 95 (1998), S. 217-231.

Muckel, Stefan, Antworten des staatlichen Religionsrechts auf Herausforderungen durch den Islam, in: Islam – Säkularismus – Religionsrecht, Herausgeber: Lothar Häberle und Johannes Hattler, S. 61-78, Berlin/Heidelberg, 2012.

Ders., Auf dem Weg zu einem grundrechtlich geprägten Staatskirchenrecht?, StZ 2001, S. 463-479.

Ders., Deutsches Staatskirchenrecht als Integrationschance für islamische Religionsgemeinschaften, in: Rechtskultur und Rechtspflege in der Kirche – Festschrift für Wilhelm Rees zur Vollendung des 65. Lebensjahres, Herausgeber: Christoph Ohly, Stephan Haering und Ludger Müller, S. 1079-1093, Berlin, 2020.

Ders., Die Entchristlichung der Gesellschaft. Eine Anfrage an das deutsche Staatskirchenrecht, AfkKR 183 (2014), S. 18-38.

Ders., Die Entchristlichung der Gesellschaft – eine Anfrage an das deutsche Staatskirchenrecht, zur debatte 6/2014, S. 24-26.

Ders., Ein Deutsches Islamgesetz? Wäre ein Islamgesetz nach österreichischem Muster vereinbar mit dem Religionsverfassungsrecht der Bundesrepublik Deutschland?, in: Handbuch der Religionen, Herausgeber: Michael Klöcker und Udo Tworuschka, Landsberg am Lech, 2020.

Ders., Ein religiöses Lehramt in islamischen Religionsgemeinschaften?, KuR 25 (2019), S. 21-31.

Ders., Entwicklungen im deutschen Staatskirchenrecht, in: Wirtschaft und Gesellschaft im Staat der Gegenwart – Gedächtnisschrift für Peter J. Tettinger, Herausgeber: Jörg Ennuschat, Jörg Geerlings, Thomas Mann und Johann-Christian Pielow, S. 593-611, Köln/München, 2007.

Ders., Islam und Religionsverfassungsrecht, in: Staat und Religion, Herausgeber: Katharina Ebner, Tosan Kraneis, Martin Minkner, Yvonne Neuefeind und Daniel Wolff, S. 133-148, Tübingen, 2014.

Ders., Islamischer Religionsunterricht und Islamkunde an öffentlichen Schulen in Deutschland, JZ 2001, S. 58-64.

Ders., Körperschaftsrechte für die Zeugen Jehovas?, JURA 2001, S. 456-462.

Ders., Körperschaftsstatus im 21. Jahrhundert – Anachronismus oder Zukunftsmodell?, ZevKR 63 (2018), S. 30-56.

Ders., Muslimische Gemeinschaften als Körperschaften des öffentlichen Rechts, DÖV 1995, S. 311-316.

Ders., Muslimische Religionsgemeinschaften als Körperschaften des öffentlichen Rechts, in: Muslime in Deutschland, Herausgeber: Peter Antes und Rauf Ceylan, S. 77-113, Wiesbaden, 2017.

Ders., Religionsfreiheit gestern, heute, morgen, 1. Auflage, Herausgeber: Schleswig-Holsteinische Juristischen Gesellschaft, Baden-Baden, 2017.

Ders., Religionsgemeinschaften als Körperschaften des öffentlichen Rechts, Der Staat 38 (1999), S. 569-593.

Ders., Religiöse Freiheit und staatliche Letztentscheidung, Berlin, 1997.

Ders., Sind der DITIB-Landesverband Rheinland-Pfalz, die Schura Rheinland-Pfalz, der Verband der Islamischen Kulturzentren e. V. und die Ahmadiyya Muslim Jamaat Religionsgemeinschaften, die zur Durchführung eines islamischen Religionsunterrichts geeignet sind?, Rechtsgutachten erstattet dem Ministerium für Bildung, Wissenschaft, Weiterbildung und Kultur des Landes Rheinland-Pfalz, Stand 22.9.2014.

Ders., Staat und Kirche in Deutschland, Revista catalana de dret públic 2006, S. 267-293.

Ders., Wann ist eine Gemeinschaft Religionsgemeinschaft?, in: Recht in Kirche und Staat: Joseph Listl zum 75. Geburtstag, Herausgeber: Wilhelm Rees, S. 715-742, Berlin, 2004.

Ders., Zur christlich-abendländischen Tradition als Problem für den Islam in deutschen Verfassungen und Gesetzen, in: Islamfeindlichkeit, Herausgeber: Thorsten Gerald Schneiders, S. 253-271, Wiesbaden, 2010.

Muckel, Stefan/Hentzschel, Lukas, Das Religionsrecht im Pluralismus des offenen Verfassungsstaates, KuR 26 (2020), S. 169-194.

Dies., Die Finanzierung muslimischer Organisationen in Deutschland, in: Finanzierung muslimischer Organisationen in Deutschland, Herausgeber: Dietmar Molthagen und Friedrich-Ebert-Stiftung, S. 6-27, Berlin, 2018, abrufbar unter: http://library.fes.de/pdf-files/dialog/14198.pdf (zuletzt aufgerufen am 31.05.2021).

Dies., Imamausbildung im pluralistischen Verfassungsstaat, DÖV 2020, S. 497-506.

Muckel, Stefan/Tillmanns, Reiner, Die religionsverfassungsrechtlichen Rahmenbedingungen für den Islam, in: Der Islam im öffentlichen Recht des säkularen Verfassungsstaats, Herausgeber: Stefan Muckel, 1. Auflage, S. 234-272, Berlin, 2008.

Mückl, Stefan, Staatskirchenrechtliche Regelungen zum Religionsunterricht, AöR 122 (1997), S. 513-556.

Müller, Markus H., Neutralität und Parität als dogmatikleitende Rechtsprinzipien des Religionsverfassungsrechts – eine Intervention, in: An den Grenzen der Rechtsdogmatik, Herausgeber: Julian Krüper, Heike Merten und Martin Morlok, S. 43-73, Tübingen, 2010.

Müller, Markus, Religion im Rechtsstaat, Bern, 2017.

Müller, Peter, Das Verhältnis von Staat und Kirche aus staatlicher Sicht – Stand und Entwicklungsperspektiven des deutschen Staatskirchenrechts, in: Kirche und Staat in West-, Süd- und Nordeuropa, Herausgeber: Stefan Mückl und Arnd Uhle, S. 31-47, Berlin, 2020.

Müller-Franken, Sebastian, Die öffentliche Finanzierung der Religionsgemeinschaften in Deutschland – unter besonderer Berücksichtigung der Staatsleistungen, in: Kirchenfinanzen in der Diskussion, Herausgeber: Arnd Uhle, S. 43-80, Berlin, 2015.

Müller-Volbehr, Jörg, Das Geistlichenprivileg im Wehrrecht, JuS 1981, S. 728-731.

von Münch, Ingo/Kunig, Philip (Hrsg.), Grundgesetz-Kommentar, Band 1, 7. Auflage, München, 2021 (zitiert als: *Bearbeiter*, in: v. Münch/Kunig-GG, Bd. 1).

Dies., Grundgesetz-Kommentar, Band 2, 7. Auflage, München, 2021 (zitiert als: *Bearbeiter*, in: v. Münch/Kunig-GG, Bd. 2).

Munsonius, Hendrik, Quo vadis „Staatskirchenrecht“?, DÖV 2013, S. 93-103.

Ders., Öffentliche Religion im säkularen Staat, Tübingen, 2016.

Naumann, Kolja, Eine religiöse Referenz in einem Europäischen Verfassungsvertrag, Tübingen, 2008.

Nettesheim, Martin, Liberaler Verfassungsstaat und gutes Leben, Paderborn, 2017.

Neumann, Jacqueline, Von der Formung des Rechts auf Weltanschauungsfreiheit, in: Recht – Philosophie – Literatur – Festschrift für Reinhard Merkel zum 70. Geburtstag, Herausgeber: Jan Christoph Bublitz, Jochen Bung, Anette Grünewald, Dorothea Magnus, Holm Putzke und Jörg Scheinfeld, S. 1633-1650, Berlin, 2020.

Niestegge, Vera, Dachverbandsorganisationen als Religionsgemeinschaften?, KuR 24 (2018), S. 140-161.

Obermayer, Klaus, Staat und Religion, Berlin/New York, 1977.

Oebbecke, Janbernd, Das deutsche Recht und der Islam, in: Handbuch Recht und Kultur des Islams in der deutschen Gesellschaft,

Herausgeber: Adel Theodor Khoury, Peter Heine und Janbernd Oebbecke, S. 287-327, Gütersloh, 2000.

Ders., Der Islam und die Reform des Religionsverfassungsrechts, ZfP 55 (2008), S. 49-63.

Ders., Die rechtliche Ordnung des islamischen Religionsunterrichts in Deutschland – Stand und Perspektiven, in: Religionsunterricht in der religiös pluralen Gesellschaft, Essener Gespräche zum Thema Staat und Kirche, Band 49, Herausgeber: Burkhard Kämper und Klaus Pfeffer, S. 153-178, Münster, 2016.

Ders., Islamischer Religionsunterricht – Rechtsdogmatische und rechtspolitische Fragen, in: Islamischer Religionsunterricht: Hintergründe, Probleme, Perspektiven, Herausgeber: Thomas Bauer, Lamya Kaddor, Katja Strobel, S. 55-63, Münster, 2004.

Ders., Reichweite und Voraussetzungen der grundgesetzlichen Garantie des Religionsunterrichts, DVBl. 1996, S. 336-344.

Ders., Tua res agitur, in: Kirche in der Minderheit, Herausgeber: Wilhelm Geerlings und Thomas Sternberg, 1. Auflage, S. 105-135, Münster, 2004.

Ogorek, Markus, Geltung und Fortbestand der Verfassungsgarantie staatlichen Religionsunterrichts in den neuen Bundesländern, Frankfurt am Main, 2004.

Ders., Pfadabhängigkeit und strukturelle Flexibilität des Staatskirchenrechts, DÖV 2017, S. 575-584.

Olgun, Ufuk, Islamische Religionsgemeinschaften als politische Akteure in Deutschland, Wiesbaden 2015.

Opitz, Manfred, Der Schutz von Kirchengut und Kirchenvermögen nach dem Bonner Grundgesetz, Göttingen, 1968.

Opris, Robert Catalin, Sind die historischen Staatsleistungen an die Religionsgemeinschaften i.S.v. Art. 140 GG i. V. m. Art. 138 Abs. 1 WRV heutzutage noch rechtmäßig?, Tübingen, 2013.

Ost, Emanuel, Kirchengut und Religionsverfassungsrecht, Diss., 2008.

Ott, Sieghart, Christliche Aspekte unserer Rechtsordnung, Berlin/Neuwied am Rhein, 1968.

Palm, Julia, Berechtigung und Aktualität des Böckenförde-Diktums, Frankfurt am Main, 2013.

Papier, Hans-Jürgen, Aktuelle Herausforderungen im Verhältnis zwischen Staat und Kirche unter besonderer Berücksichtigung der staatlichen Neutralitätspflicht, in: Wege gelebter Verfassung in

Recht und Politik – Festschrift für Rupert Scholz zum 70. Geburtstag, Herausgeber: Rainer Pitschas und Arnd Uhle, S. 1123-1139, Berlin, 2007.

Pawlowski, Hans-Martin, Das Verhältnis von Staat und Kirche im Zusammenhang der pluralistischen Verfassung, Der Staat 28 (1989), S. 353-375.

Perçin, Müjgan, Die Kompatibilität des säkularen Staates mit dem Islam, Berlin, 2013.

Petzina, Dietmar/Abelshaus, Werner/Faust, Anselm, Sozialgeschichtliches Arbeitsbuch III, München, 1978.

Peuker, Enrico, Verfassungswandel durch Digitalisierung, Tübingen, 2020.

Pieroth, Bodo, Muslimische Gemeinschaften als Religionsgesellschaften nach deutschem Recht, in: Muslimische Gemeinschaften im deutschen Recht, Herausgeber: Janbernd Oebbecke, S. 109-120, Frankfurt am Main, 2003.

Pieroth, Bodo/Görisch, Christoph, Was ist eine „Religionsgemeinschaft"?, JuS 2002, S. 937-941.

Pieroth, Bodo/Kingreen, Thorsten, Das Verbot von Religions- und Weltanschauungsgemeinschaften, NVwZ 2001, S. 841-846.

Pirson, Dietrich, Die zeitlose Qualität der Weimarer Kirchenartikel, in: Staat, Kirche, Verwaltung – Festschrift für Hartmut Maurer zum 70. Geburtstag, Herausgeber: Max-Emanuel Geis, S. 409-423, München, 2001.

Ders., Kirchengut – Religionsfreiheit – Selbstbestimmung, in: Dem Staate, was des Staates – der Kirche, was der Kirche ist: Festschrift für Joseph Listl zum 70. Geburtstag, Herausgeber: Josef Isensee, Wilhelm Rees und Wolfgang Rüfner, S. 611-622, Berlin, 1999.

Ders., Kirchliches Recht in der weltlichen Rechtsordnung, in: Festschrift für Erich Ruppel zum 65. Geburtstag am 25. Januar 1968, Herausgeber: Heinz Brunotte, Konrad Müller und Rudolf Smend, S. 277-311, Hannover, 1968.

Pirson, Dietrich/Rüfner, Wolfgang/Germann, Michael/Muckel, Stefan (Hrsg.), Handbuch des Staatskirchenrechts, 3. Auflage, Band 1, Berlin, 2020 (zitiert als: *Bearbeiter*, in: Pirson/Rüfner/Germann/Muckel (Hrsg.), HdbStKirchR Bd. I).

Dies., Handbuch des Staatskirchenrechts, 3. Auflage, Band 2, Berlin, 2020 (zitiert als: *Bearbeiter*, in: Pirson/Rüfner/Germann/Muckel (Hrsg.), HdbStKirchR Bd. II).

Dies., Handbuch des Staatskirchenrechts, 3. Auflage, Band 3, Berlin, 2020 (zitiert als: *Bearbeiter*, in: Pirson/Rüfner/Germann/Muckel (Hrsg.), HdbStKirchR Bd. III).

Pokoyski, Ronald, Koordinierungsinstanzen und politische Ansprechpartner, in: Muslimische Gruppierungen in Deutschland, Herausgeberin: Ina Wunn, S. 211-225, Stuttgart, 2007.

Pollack, Detlef, Rückkehr des Religiösen?, Tübingen, 2009.

Ders., Säkularisierung – ein moderner Mythos?, 2. Auflage, Tübingen, 2012.

Poscher, Ralf, Totalität – Homogenität – Zentralität – Konsistenz. Zum verfassungsrechtlichen Begriff der Religionsgemeinschaft, Der Staat 39 (2000), S. 49-70.

Pottmeyer, Maria, Religiöse Kleidung in der öffentlichen Schule in Deutschland und England, Tübingen, 2011.

Puppe, Ingeborg, Kleine Schule des juristischen Denkens, 4. Auflage, Göttingen, 2019.

Quaas, Michael, Begründung und Beendigung des öffentlich-rechtlichen Körperschaftsstatus von Religionsgemeinschaften, NVwZ 2009, S. 1400-1405.

Rath, *Winfried*, Was ist eine Weltanschauungsgemeinschaft? Zum Fall der Kirche des Fliegenden Spaghettimonsters, in: Aktuelle Entwicklungen im Weltanschauungsrecht, Herausgeber: Jacqueline Neumann, Gerhard Czermak, Reinhard Merkel und Holm Putzke, S. 103-115, Baden-Baden, 2019

Rathke, Carola, Öffentliches Schulwesen und religiöse Vielfalt, Berlin, 2005.

Renck, Ludwig, Die Trennung von Staat und Kirche, BayVbl. 1988, S. 225-231.

Ders., Die unvollkommene Parität, DÖV 2002, S. 56-67.

Ders., Staatsleistungen an die Bekenntnisgemeinschaften, LKV 2005, S. 146-151.

Ders., Über positive und negative Bekenntnisfreiheit, NVwZ 1994, S. 544-547.

Ders., Zum rechtlichen Gehalt der Kruzifix-Debatte, ZRP 1996, S. 16-20.

Ders., Zur grundrechtlichen Bedeutung von Art. 7 III GG, NVwZ 1992, S. 1171-1172.

Rennert, Dominik, Liberale Theorie, republikanische Praxis?, Der Staat 58 (2019), S. 411-433.

Reuter, Astrid, Säkularität und Religionsfreiheit – ein doppeltes Dilemma, Leviathan 35 (2007), S. 178-192.

Dies., Was ist Religion?, in: Religionsverfassungsrechtliche Spannungsfelder, Herausgeber: Hans Michael Heinig und Christian Walter, 1. Auflage, S. 57-76, Tübingen, 2015.

Reuter, Hans-Richard, Neutralität – Religionsfreiheit – Parität. Prinzipien eines legitimen staatlichen Religionsverfassungsrechts, in: Das Recht der Religionsgemeinschaften in Mittel-, Ost- und Südosteuropa, Herausgeber: Wolfgang Lienemann und Hans-Richard Reuter, S. 15-31, Baden-Baden, 2005.

Rhode, Ulrich, Auswirkungen der religiösen Pluralisierung auf das deutsche Staatskirchenrecht, in: Das Verhältnis von Staat und Kirche, Herausgeber: Johannes Beckermann und Helmut Engel, S. 159-180, Frankfurt am Main, 2002.

Richter, Dagmar, Die Verteidigung tradierter Identitätsräume als Schranke der Religionsfreiheit, in: Der Staat im Recht – Festschrift für Eckhard Klein zum 70. Geburtstag, Herausgeber: Astrid Epiney, Andreas Haratsch, Stefanie Schmahl, Norman Weiß und Marten Breuer, S. 1263-1288, Berlin, 2013.

Robbers, Gerhard, Gott im Grundgesetz, in: Gott – nicht zu fassen, Herausgeber: Hauptabteilung Schule/Hochschule des Erzbischöflichen Generalvikariats Köln, S. 11-16, Köln, 2000.

Ders., Sinn und Zweck des Körperschaftsstatus im Staatskirchenrecht, in: Festschrift für Martin Heckel zum siebzigsten Geburtstag, Herausgeber: Karl-Hermann Kästner, Knut Wolfgang Nörr und Klaus Schlaich, S. 411-425, Tübingen, 1999.

Ders., Staat und Religion, in: Arbeitsmarkt und staatliche Lenkung, VVDStRL 59 (2000), S. 231-263, Berlin, 2000.

Ders., Wie Religionskonflikte durch rechtliche Regelungen gezähmt werden, in: Integration durch Religion, Herausgeber: Edmund Arens, Martin Baumann, Antonius Liedhegener, Wolfgang Müller und Markus Ries, S. 213-237, Zürich, 2014.

Rödl, Wolfgang, Islam in Deutschland, in: Christen und Muslime in Deutschland, Herausgeber: Rainer Isak und Hansjörg Schmid, S. 65-79, 1. Auflage, Freiburg, 2003.

Rogall-Grothe, Cornelia, Integration und Islam, ZAR 2009, S. 50-53.

Röger, Ralf, Die Aberkennung des Körperschaftsstatus von Religionsgemeinschaften im Lichte der Schutzpflichtenlehre, in: Kirche und Religion im sozialen Rechtsstaat – Festschrift für Wolfgang Rüfner zum 70. Geburtstag, Herausgeber: Stefan Muckel, S. 749-778, Berlin, 2003.

Rohe, Mathias, Der Islam in Deutschland, 2. Auflage, München, 2018.

Ders., Religionsunterricht durch islamische Dachverbände, jM 2019, S. 297-298.

Ders., Spezifische Rechtsprobleme des islamischen Religionsunterrichts in Deutschland, in: Islamischer Religionsunterricht: Hintergründe, Probleme, Perspektiven, Herausgeber: Thomas Bauer, Lamya Kaddor und Katja Strobel, S. 79-85, Münster, 2004.

Ders., Zur Stellung des Islams in der deutschen Rechtsordnung, Christen und Muslime: Verantwortung zum Dialog, Herausgeber: Evangelische Akademien in Deutschland, S. 217-230, Darmstadt, 2006.

Rosenow-Williams, Kerstin, Organizing Muslims and Integrating Islam in Germany, Leiden, 2012.

Rosenow, Kerstin/Kortmann, Matthias, Die muslimischen Dachverbände und der politische Islamdiskurs in Deutschland im 21. Jahrhundert, in: Politik und Islam, Herausgeber: Hendrik Meyer und Klaus Schubert, S. 47-86, Wiesbaden, 2011

Ross, Friso, Chancen der Vielfalt: Perspektiven zur Ausgestaltung der Rechtsverhältnisse zwischen Staat und Religionsgesellschaften, in: Religion und Politik, Herausgeber: Doron Kiesel und Ronald Lutz, S. 257-270, Frankfurt/New York, 2015.

Rottenwallner, Thomas, Die Präambel des neuen Bayerischen Integrationsgesetzes – über den kleinlichen Schutz staatlicher Scheinidentität, KJ 50 (2017), S. 364-379.

Rottleuthner, Hubert, Wie säkular ist die Bundesrepublik?, in: Ein neuer Kampf der Religionen?, Herausgeber: Matthias Mahlmann und Hubert Rottleuthner, S. 13-42, Berlin, 2006.

Rozek, Jochen, Der unerfüllte Verfassungsauftrag – Die Ablösung der Staatsleistungen an die Kirchen, in: Entwicklungstendenzen des Staatskirchen- und Religionsverfassungsrechts, Herausgeber:

Thomas Holzner und Hannes Ludyga, S. 421-431, Paderborn, 2013.

Rüthers, Bernd/Fischer, Christian/Birk, Axel, Rechtstheorie, 11. Auflage, München, 2020.

Rux, Johannes, Schulrecht, 6. Auflage, München, 2018.

Ryu, Paul/Silving, Helen/Piedras, Rio/Rico, Puerto, Was bedeutet die sogenannte „Relativität der Rechtsbegriffe", ARSP 59 (1973), S. 57-86.

Sachs, Michael (Hrsg.), Grundgesetz: GG, 9. Auflage, München, 2021 (zitiert als: *Bearbeiter*, in: Sachs-GG)

Sacksofsky, Ute, Religiöse Freiheit als Gefahr?, in: Erosion von Verfassungsvoraussetzungen, VVDStRL 68 (2008), S. 7-46, Berlin, 2009.

Sailer, Christian, Die staatliche Finanzierung der Kirchen und das Grundgesetz, ZRP 2001, S. 80-87.

Salama, Ibrahim, Muslimische Gemeinschaften in Deutschland, Frankfurt am Main, 2010.

Schlaich, Klaus, Konfessionalität – Säkularität – Offenheit, in: Charisma und Institution, Herausgeber: Trutz Rendtorff, S. 175-198, Gütersloh, 1985.

Ders., Neutralität als verfassungsrechtliches Prinzip, Tübingen, 1972.

Ders., Radikale Trennung und Pluralismus – Zwei Modelle der weltanschaulichen Neutralität des Staates, in: Kirche und Staat in der neueren Entwicklung, Herausgeber: Paul Mikat, S. 427-451, Darmstadt, 1980.

Schleithoff, Christian, Innerkirchliche Gruppen als Träger der verfassungsmäßigen Rechte der Kirchen, München, 1992.

Schlink, Bernhard, Revisionsbegründung vor dem Bundesverwaltungsgericht, in: Integration und Religion, Herausgeber: Rolf Busch, S. 52-74, Berlin, 2000.

Ders., Zwischen Säkularisation und Multikulturalität, in: Recht und Recht – Festschrift für Gerd Roellecke, Herausgeber: Rolf Stober, S. 301-316, Stuttgart, 1997.

Schmidt, Karsten, Eintragung "religiöser Wirtschaftsvereine"?, NJW 1988, S. 2574-2578.

Schmidt, Thorsten Ingo, Ablösung von Staatsleistungen an die Kirchen, DÖV 2020, S. 624-628.

Schmidt-Bleibtreu, Bruno/Hofmann, Hans/Hennecke, Hans-Günther (Hrsg.), GG Kommentar zum Grundgesetz, 14. Auflage, Köln, 2018 (zitiert als: *Bearbeiter*, in: Schmidt-Bleibtreu/Hofmann/Hennecke).

Schmidt-Salomon, Michael, Der blinde Fleck des deutschen Rechtssystems, in: Aktuelle Entwicklungen im Weltanschauungsrecht, Herausgeber: Jacqueline Neumann, Gerhard Czermak, Reinhard Merkel und Holm Putzke, S. 61-87, Baden-Baden, 2019.

Schnabel, Patrick Roger, Braucht Deutschland ein neues Religionsverfassungsrecht? Ein Plädoyer für den Erhalt der freiheitssichernden Bestimmungen des Grundgesetzes, in: Religion. Macht. Politik, Herausgeber: Roland Herpich, Patrick Roger Schnabel und Andreas Goetze, S. 127-138, Berlin, 2015.

Schneider, Hans-Peter, "Gott im Grundgesetz?", in: "Gott im Grundgesetz?", Herausgeber: Wolfgang Greive, S. 10-19, Rehburg-Loccum, 1994.

Scholz, Rupert, Der Auftrag der Kirchen im Prozeß der deutschen Einheit, in: Die Einigung Deutschlands und das deutsche Staat-Kirche-System, Essener Gespräche zum Thema Staat und Kirche, Band 26, Herausgeber: Heiner Marré und Johannes Stüting, S. 7-30. Münster, 1992.

Ders., Staat und Kirche – Chance für eine neue Partnerschaft?, in: Glaube und Politik, Herausgeber: Walter Bernhardt und Gottfried Mehnert, S. 63-83, Neumünster, 1987.

Schönberger, Christoph, Etappen des deutschen Religionsrechts von der Reformation bis heute, ZevKR 62 (2017), S. 333-347.

Schröder, Nils Johann, Die deutsche Islamkonferenz und die muslimischen Verbände im Religionsverfassungsrecht, in: Staat und Islam, Herausgeber: Uwe Hunger und Nils Johann Schröder, S. 191-220, Wiesbaden, 2016.

Schrooten, Jost-Benjamin, Gleichheitssatz und Religionsgemeinschaften, Tübingen, 2015.

Schulten, Markus, Die Integration jüdischer und muslimischer Gemeinschaften in die religionsverfassungsrechtlichen Ordnungsgefüge Deutschlands und Österreichs – einige rechtsvergleichende Gedanken, in: Rechtskultur und Rechtspflege in der Kirche. Festschrift für Wilhelm Rees zur Vollendung des 65. Lebensjahres,

Herausgeber: Christoph Ohly, Stephan Haering und Ludger Müller, S. 1211-1229, Berlin, 2020.

Schwarz, Kyrill-Alexander, Das christlich-abendländische Fundament des Grundgesetze als Topos der Verfassungsinterpretation, in: Die Ordnung der Freiheit – Festschrift für Christian Starck zum siebzigsten Geburtstag, Herausgeber: Rainer Grote, Ines Härtel, Karl-E. Hain, Thorsten Ingo Schmidt, Thomas Schmitz, Gunnar Folke Schuppert und Christian Winterhoff, S. 419-434, Tübingen, 2007.

Schweizer, Karoline, Islamischer Religionsunterricht an öffentlichen Schulen nach dem Beiratsmodell in Nordrhein-Westfalen, Diss., Köln, 2016.

Sehl, Markus, Recht neutral?, RuP 48 (2012), S. 44-49.

Şen, Faruk/Sauer, Martina, Religiöse Praxis und organisatorische Vertretung türkischstämmiger Muslime in Deutschland, ZAR 2006, S. 14-22.

Sezgin, Hilal, Zur Gleichbehandlung der Religionen, in: Verfassungsrecht und gesellschaftliche Realität, Herausgeber: KritJ (Sonderheft), S. 186-193, Baden-Baden, 2009.

Smend, Rudolf, Staat und Kirche nach dem Bonner Grundgesetz, ZevKR 1 (1951), S. 4-14.

Ders., Verfassung und Verfassungsrecht, München/Leipzig, 1928.

Smets, Christoph, Islamische Religionsgesellschaften und öffentlicher Körperschaftsstatus, BRJ 2011, S. 139-148.

Spahn, Jens, Die Fragen regeln, wie der Islam in Deutschland ankommt, 2017, abrufbar unter: https://www.deutschlandfunk.de/forderung-nach-islam-gesetz-die-fragen-regeln-wie-der-islam.694.de.html?dram:article_id=383014 (zuletzt aufgerufen am 31.05.2021).

Spriewald, Simone, Rechtsfragen im Zusammenhang mit der Einführung von islamischem Religionsunterricht als ordentliches Lehrfach an deutschen Schulen, Berlin, 2003.

Starck, Christian, Religionsunterricht und Verfassung, in: Bürgerliche Freiheit und Christliche Verantwortung – Festschrift für Christoph Link zum 70. Geburtstag, Herausgeber: Heinrich de Wall und Michael Germann, S. 483-499, Tübingen, 2003.

Steiger, Heinhard, "Verantwortung vor Gott und den Menschen...?", in: Weg und Weite – Festschrift für Karl Lehmann, Herausgeber: Albert Raffelt, S. 663-681, Freiburg, 2001.

Stein, Tine, Vorpolitische Grundlagen des liberalen Rechtsstaates – oder: Braucht der Staat Religion?, in: Staat und Religion, Herausgeber: Katharina Ebner, Tosan Kraneis, Martin Minkner, Yvonne Neuefeind und Daniel Wolff, S. 25-43, Tübingen, 2014.

Steinberg, Rudolf, Vom Staatskirchenrecht zu einem zeitgemäßen Religionsrecht, 1. Auflage, Baden-Baden, 2021.

Stempel, Martin, Islamische Organisationen im deutschen Recht, ZAR 1988, S. 108-115.

Stern, Klaus/Dietlein, Johannes/Sachs, Michael (Hrsg.), Das Staatsrecht der Bundesrepublik Deutschland, Band IV/2, München, 2011 (zitiert als: *Bearbeiter*, in: Stern/Sachs/Dietlein (Hrsg.), Das Staatsrecht der Bundesrepublik Deutschland, Bd. IV/2).

Stern, Klaus/Becker, Florian (Hrsg.), Grundrechte-Kommentar, 3. Auflage, Köln, 2019 (zitiert als: *Bearbeiter*, in: Stern/Becker-GG).

Stichs, Anja/Haug, Sonja/Müssig, Stephanie, Muslimische Verbände in Deutschland aus der Sicht der muslimischen Bevölkerung, ZAR 2010, S. 127-133.

Strätz, Hans-Wolfgang, Religion als Gesetzesbegriff, in: Staat, Kirche, Verwaltung – Festschrift für Hartmut Maurer zum 70. Geburtstag, Herausgeber: Max-Emanuel Geis, S. 445-467, München, 2001.

Streinz, Rudolf, Gott im Verfassungsrecht – Warum nicht im EU-Verfassungsvertrag?, in: Iustitia et Pax – Gedächtnisschrift für Dieter Blumenwitz, Herausgeber: Gilbert H. Gornig, Burkhard Schöbener, Winfried Bausback und Tobias H. Irmscher, S. 823-848, Berlin, 2008.

Stürz, Katharina, Die staatliche Förderung der christlichen karitativen Kirchentätigkeit im Spiegel des europäischen Beihilferechts, 1. Auflage, Baden-Baden, 2008.

Tabbara, Tarik, Rechtsfragen der Einführung einer muslimischen Krankenhausseelsorge, ZAR 2009, S. 254-259.

Tanner, Klaus, Bekenntnis zum Grundgesetz? Vom indirekten Gottesbezug der Verfassung, in: Politisches Denken ist – Festschrift für Margot von Renesse, Herausgeber: Susann Bräcklein, Jürgen Meyer und Henning Scherf, S. 97-106, Frankfurt, 2005.

Ders., Gehört Gott in die Verfassung?, Evangelische Kommentare 24 (1991), S. 260-264.

Taylor, Greg, Scientology in the German Courts, Journal of Law and Religion 19 (2003), S. 153-198.

Thiel, Markus, Recht und Sprache, in: Grundlagen des Rechts, Herausgeber: Julian Krüper, S. 244-259, Baden-Baden, 2017.

Tillmanns, Reiner, Die Erteilung von Ausnahmegenehmigungen zum betäubungslosen Schlachten nach § 4a Abs. 2 Nr. 2 TierSchG, NuR 2002, S. 578-586.

Ders., Rechtsweg für Abwehransprüche gegen Äußerungen des Sektenbeauftragten einer Kirche, DVBl. 2002, S. 336-339.

Tohidipur, Timo, Islam und Menschenrechte revisited, KritJ 37 (2004), S. 305-315.

Tomuschat, Christian, Menschenrechte und kulturelle Traditionen, EuGRZ 2016, S. 6-17.

Towfigh, Emanuel Vahid, Die rechtliche Verfassung von Religionsgemeinschaften, Tübingen, 2006.

Ders., Religionsverfassungsrecht in der pluralen Gesellschaft, Promotionsvortrag auf der Doktorandenfeier der juristischen Fakultät, 2005.

Tworuschka, Monika, Grundwissen Islam, Münster, 2002.

Uhle, Arnd, Das Staatskirchenrecht und der Islam, Kirche und Gesellschaft, 2008, S. 3-16.

Ders., Die Integration des Islam in das Staatskirchenrecht der Gegenwart, in: Staatskirchenrecht oder Religionsverfassungsrecht?, Herausgeber: Hans Michael Heinig und Christian Walter, S. 299-338, Tübingen, 2007.

Ders., Ein „rätselhafter Ehrentitel"?, in: Staat im Wort – Festschrift für Josef Isensee, Herausgeber: Otto Depenheuer, Markus Heintzen, Matthias Jestaedt und Peter Axer, S. 1033-1057, Heidelberg, 2007.

Ders., Freiheitlicher Verfassungsstaat und kulturelle Identität, Tübingen, 2004.

Ders., Staat – Kirche – Kultur, Berlin, 2004.

Ule, Carl Hermann, Gerhard Anschütz – Ein liberaler Staatsrechtslehrer des Kaiserreichs und der Weimarer Republik, Der Staat 33 (1994), S. 104-112.

von Ungern-Sternberg, Antje, Islamischer Religionsunterricht und islamische Theologie – die Suche nach verfassungskonformen Lösungen, RdJB 2016, S. 30-42.

Unruh, Peter, Ein Grundsätzegesetz zur Ablösung der Staatsleistungen, DÖV 2020, S. 953-960.

Ders., Reformation – Staat – Religion, Tübingen, 2017.

Ders., Religionsverfassungsrecht, 3. Auflage, Baden-Baden, 2015 (zitiert als: *Unruh*, Religionsverfassungsrecht, 3. Aufl.).

Ders., Religionsverfassungsrecht, 4. Auflage, Baden-Baden, 2018 (zitiert als: *Unruh*, Religionsverfassungsrecht, 4. Aufl.).

Usarki, Frank, "Nihilierung" als Strategie der Abwehr "neuer Religiosität" – Zur Kritik an Pauschalisierungen im Kontext der bundesdeutschen "Sekten"-Debatte, in: Der Geist und die Geister: über die Bedeutung "neuer religiöser Bewegungen" für Kirche und Gesellschaft, Herausgeber: Sybille Fritsch-Oppermann, S. 83-97, Rehburg-Loccum, 1998.

Vogt, Andreas, Der Gottesbezug in der Präambel des Grundgesetzes, Hamburg, 2007.

Volkmann, Uwe, Die Ordnung weltanschaulich-religiöser Vielfalt, in: 70 Jahre Grundgesetz, Herausgeber: Hans Michael Heinig und Frank Schorkopf, S. 111-127, Göttingen, 2019.

Ders., Kultur im Verfassungsstaat, DVBl. 2005, S. 1061-1072.

Ders., Leitbildorientierte Verfassungsanwendung, AöR 134 (2009), S. 157-196.

Vorländer, Hans, Integration durch Verfassung? Die symbolische Bedeutung der Verfassung im politischen Integrationsprozess, in: Integration durch Verfassung, Herausgeber: Hans Vorländer, 1. Auflage, S. 9-42, Wiesbaden, 2002.

Voßkuhle, Andreas, Religionsfreiheit und Religionskritik – Zur Verrechtlichung religiöser Konflikte, EuGRZ 2010, S. 537-543.

Ders., Religionsfreiheit und Religionskritik – Zur Verrechtlichung religiöser Konflikte, Wetzlar, 2011.

Wachter, Henning, Die Staatsleistungen an die Kirchen, in: Staat und Religion, Herausgeber: Rüdiger Althaus und Jochen Schmidt, S. 250-270, Freiburg, 2019.

Wagner, Matthias, Kulturelle Integration und Grundgesetz, 1. Auflage, Baden-Baden, 2020.

Waldhoff, Christian, Die Kirchen als Geburtshelfer und Begleiter des Verfassungsstaats, in: Staat und Religion in der Moderne, Herausgeber: Martin Löhnig, S. 21-39, Regensburg, 2018.

Ders., Die Zukunft des Staatskirchenrechts, in: Die Verfassungsordnung für Religion und Kirche in Anfechtung und Bewährung, Essener Gespräche zum Thema Staat und Kirche, Band 42, Herausgeber:

Burkhard Kämper, Wolfgang Huber und Christian Waldhoff, S. 55-106. Münster, 2008.

Ders., Neue Religionskonflikte und staatliche Neutralität – Erfordern weltanschauliche und religiöse Entwicklungen Antworten des Staates?, NJW-Beilage 2010, S. 90-93.

Ders., Neue Religionskonflikte und staatliche Neutralität, Gutachten D zum 68. Deutschen Juristentag, München, 2010.

Ders., Organisationsprobleme von Religionsgemeinschaften unterhalb des Körperschaftsstatus, in: Rechtliche Optionen für Kooperationen zwischen deutschem Staat und muslimischen Gemeinschaften, Herausgeber: Karlies Abmeier, Andreas Jacobs und Thomas Köhler, S. 177-186, Münster, 2019.

Ders., Was bedeutet religiös-weltanschauliche Neutralität des Staates?, in: Gleichheit der Religionen im Grundgesetz?, Herausgeber: Martin Honecker, S. 17-29, Paderborn, 2011.

Waldhoff, Christian/Grefrath, Holger, Gehört Gott in die Verfassung?, in: Politik, Recht und Religion, Herausgeber: Andreas Anter und Verena Frick, S. 49-76, Tübingen, 2019.

Wallkamm, Andreas, Muslimische Gemeinden in Deutschland im Lichte des Staatskirchenrechts, Stuttgart, 2012.

Walter, Christian, Das Verhältnis von Religion und Staat in ausgewählten europäischen Staaten: Unterschiede und Gemeinsamkeiten, in: Recht und Religion in Europa, Herausgeber: Christine Langenfeld und Irene Schneider, S. 192-194, Göttingen, 2008.

Ders., Die Herausforderungen eines modernen Religionsverfassungsrechts, in: Religion – Recht – Republik, Herausgeber: Hermann-Josef Große Kracht und Klaus Große Kracht, S. 185-198, Paderborn, 2014.

Ders., Die Verschiedenheit der Religionen und ihre gleiche Freiheit unter dem Grundgesetz, in: Gleichheit im Verfassungsstaat: Symposium aus Anlass des 65. Geburtstags von Paul Kirchoff, Herausgeber: Rudolf Mellinghoff und Ulrich Palm, S. 113-131, Heidelberg, 2008.

Ders., Neue Religionskonflikte und staatliche Neutralität – Erfordern weltanschauliche und religiöse Entwicklungen Antworten des Staates?, DVBl. 2010, S. 993-1000.

Ders., Reformationsfolgen, Säkularisierungsfolgen, Pluralisierungsfolgen, ZevKR 62 (2017), S. 395-414.

Ders., Religionsverfassungsrecht, 1. Auflage, Tübingen, 2006.

Ders., Religiöse Freiheit als Gefahr? Eine Gegenrede, DVBl. 2008, S. 1073-1080.

Ders., Religiöser Pluralismus in Deutschland, in: Modelle des religiösen Pluralismus, Herausgeber: Karl Gabriel, Christian Spieß und Katja Winkler, S. 223-241, Paderborn, 2012.

Ders., Staatskirchenrecht oder Religionsverfassungsrecht, in: Religionsfreiheit zwischen individueller Selbstbestimmung, Minderheitenschutz und Staatskirchenrecht – Völker- und verfassungsrechtliche Perspektiven, Herausgeber: Rainer Grote und Thilo Ma-rauhn, S. 215-240, Heidelberg, 2001.

Wank, Rolf, Die Auslegung von Gesetzen, 6. Auflage, München, 2017.

Ders., Die juristische Begriffsbildung, München, 1985.

Ders., Juristische Methodenlehre, 1. Auflage, München, 2019.

Weber, Hermann, Änderungsbedarf im deutschen Religionsrecht, NJW 2010, S. 2475-2480.

Ders., Das deutsche „Kooperationsmodell“ von Staat und Amtskirchen in seinen Auswirkungen auf religiöse Pluralität und gelebte Religionsfreiheit, in Politische Religion und Religionspolitik, Herausgeber: Gerhard Besier und Hermann Lübbe, S. 325-342, Göttingen, 2005.

Ders., Die Religionsgemeinschaften als Körperschaften des öffentlichen Rechts im System des Grundgesetzes, Berlin, 1966.

Ders., Die Verleihung der Körperschaftsrechte an Religionsgemeinschaften, ZevKR 34 (1989), S. 337-382.

Ders., Gelöste und ungelöste Probleme des Staatskirchenrechts, NJW 1983, S. 2541-2554.

Ders., Körperschaftsstatus für Religionsgemeinschaften, ZevKR 57 (2012), S. 347-389.

Ders., Neuralgische Punkte in den Grundsatzfragen des Staatskirchenrechts, in: Staat, Kirche, Verwaltung – Festschrift für Hartmut Maurer zum 70. Geburtstag, Herausgeber: Max-Emanuel Geis, S. 469-492, München, 2001.

Ders., Staatsleistungen an jüdische Religionsgemeinschaften, in: Staat, Wirtschaft, Finanzverfassung. Festschrift für Peter Selmer zum 70. Geburtstag, Herausgeber: Lerke Osterloh, Karsten Schmidt und Hermann Weber, S. 261-283, Berlin, 2004.

Ders., Zurückhaltende Abwehr, fürsorgliche Belagerung oder hereinnehmende Neutralität?, ZevKR 52 (2007), S. 354-399.
Wehdeking, Thomas Pieter, Die Kirchengutsgarantien und die Bestimmungen über Leistungen der öffentlichen Hand an die Religionsgesellschaften im Verfassungsrecht des Bundes und der Länder, München, 1971.
Weinholt, Werner, Gott in der Verfassung, Frankfurt am Main, 2001.
Weiß, Andreas, Im Bewusstsein seiner Verantwortung vor Gott und den Menschen, in: In mandatis meditari: Festschrift für Hans Paarhammer zum 65. Geburtstag, Herausgeber: Johann Hirnsperger, Gerlinde Katzinger, Wilhelm Rees und Stephan Haering, S. 883-902, Berlin, 2012.
Weiß, Wolfgang, Gleichheit oder Privilegien? – Zur Stellung öffentlich-rechtlicher Religionsgemeinschaften, KritV 83 (2000), S. 104-141.
Wertenbruch, Wilhelm, Grundgesetz und Menschenwürde, Köln, 1958.
Wick, Volker, Die Trennung von Staat und Kirche, Tübingen, 2006.
Wiegand, Bodo, Das Prinzip Verantwortung und die Präambel des Grundgesetzes, JöR 43 (1995), S. 31-54.
Wieland, Joachim, Die Angelegenheiten der Religionsgesellschaften, Der Staat 25 (1986), S. 321-350.
Wiese, Kirsten, Ausdruck von Illiberalität: Kopftuchverbote in Deutschland, NLMR 2021, S. 5-12.
Willems, Ulrich, Reformbedarf und Reformfähigkeit der Religionspolitik in Deutschland, ZfP 55 (2008), S. 64-83.
Ders., Status, Privileg und (vermeintlicher) Vorteil, in; Die verrechtlichte Religion, Herausgeber: Hans Gerhard Kippenberg und Gunnar Folke Schuppert, S. 157-185, Tübingen, 2005.
Wilms, Heinrich, Glaubensgemeinschaften als Körperschaften des öffentlichen Rechts, NJW 2003, S. 1083-1090.
Winter, Jörg, Staatskirchenrecht der Bundesrepublik Deutschland, 2. Auflage, Köln, 2008.
Wißmann, Hinnerk, Freiheit braucht Form!?, in: Religionspolitik heute, Herausgeber: Daniel Gerster, Viola van Melis und Ulrich Willems, S. 177-191, Freiburg, 2018.
Ders., Neutrale Justiz in der pluralistischen Gesellschaft, ZRP 2019, S. 218-220.

Ders., Öffentliches Amt und öffentliches Wirken der Kirchen – Eine haftungsrechtliche Kritik, VerwArchiv 2005, S. 369-398.

Ders., Religionsunterricht als interdisziplinäre Herausforderung, NJOZ 2021, S. 321-325.

Ders., Religionsunterricht für alle?, 1. Auflage, Tübingen, 2019.

Wittreck, Fabian, Das Christentum als Fundament des Grundgesetzes?, in: Grundlagen des Grundgesetzes – Geburtstagssymposium für Horst Dreier, Herausgeber: Fabian Wittreck, S. 1-53, Tübingen, 2018.

Ders., Jesus Christus oder Immanuel Kant – Auf wessen Schultern ruht das Grundgesetz, in: 60 Jahre Grundgesetz, Herausgeber: Fabian Wittreck, S. 9-31, Baden-Baden, 2010.

Ders., Perspektiven der Religionsfreiheit, in: Staat und Religion, Herausgeber: Katharina Ebner, Tosan Kraneis, Martin Minkner, Yvonne Neuefeind und Daniel Wolff, S. 73-103, Tübingen, 2014.

Ders., Perspektiven der Religionsfreiheit in Deutschland, in: Neuere Entwicklungen im Religionsrecht europäischer Staaten, Herausgeber: Wilhelm Rees, Maria Roca und Balàzs Schanda, S. 825-857, Berlin, 2013.

Ders., Religionsverfassungsrecht als Kompass einer modernen Religionspolitik?, in: Freiheit – Gleichheit – Religion, Herausgeber: Daniel Bogner und Marianne Heimbach-Steins, S. 53-75, Würzburg, 2012.

Wolff, Heinrich Amadeus, Ablösung der Staatsleistungen an die Kirche, ZRP 2003, S. 12-14.

Wrase, Michael, Die Kontroverse um das Kopftuch der muslimischen Lehrerin – religiös-kultureller Pluralismus als Verfassungsproblem, in: Religionskonflikte im Verfassungsstaat, Herausgeber: Astrid Reuter und Hans G. Kippenberg, S. 360-392, Göttingen, 2010.

Würtenberger, Thomas, „Unter dem Kreuz“ lernen, in: Der Verwaltungsstaat im Wandel – Festschrift für Franz Knöpfle zum 70. Geburtstag, Herausgeber: Detlef Merten, Reiner Schmidt und Rupert Stettner, S. 397-411, München, 1996.

Zacher, Hans, Wird es einen europäischen Sozialstaat geben?, EuR 2002, S. 147-164.

Zais, Dietrich, Rechtsnatur und Rechtsgehalt der Präambel des Grundgesetzes für die Bundesrepublik Deutschland vom 23. Mai 1949, Tübingen, 1973.

Zellentin, Alexa, Der philosophische Neutralitätsbegriff und die Kopftuchdebatte, ARSP 100 (2004), S. 347-365.

von Zezschwitz, Friedrich, Glaubensfreiheit und schulische Erziehung, JZ 1971, S. 11-16.

zu Hohenlohe, Diana, Islamische Dachverbände als Religionsgesellschaften – ein Zwischenbericht, ZevKR 64 (2019), S. 79-97.

Zucca-Soest, Sabrina, Zur Universalität von Normen, in: Gleichheit und Universalität, Herausgeber: Stephan Ast, Julia Hänni, Klaus Mathis und Benno Zabel, S. 165-178, Stuttgart, 2012.

Schriftenreihe zum Staats- und Verwaltungsrecht
hrsg. von Prof. Dr. Stefan Muckel (Universität Köln)
und
Prof. Dr. Timo Hebeler (Universität Trier)

Claudio Moraga Klenner
Die Entparlamentarisierung der Rechtsetzung Chiles
Im Lichte des Verfassungsrechts und der Verfassungspraxis
Bd. 17, 2020, 352 S., 44,90 €, br., ISBN 978-3-643-14639-7

Talayeh Bagheri
Der funktionsbestimmte Begriff der Religionsgemeinschaft
Die Voraussetzungen des Begriffs i. S. d. Art. 7 Abs. 3 S. 2 GG und deren Erfüllbarkeit durch muslimische Gemeinschaften
Bd. 16, 2019, 426 S., 49,90 €, br., ISBN 978-3-643-14454-6

Anne Schulz
Reduzierung des Flächenverbrauchs mit Hilfe der Bauleitplanung
Bd. 15, 2017, 270 S., 49,90 €, br., ISBN 978-3-643-13701-2

Maximilian Ohlenschlager
Scharia und Grundgesetz
Über die Anwendbarkeit islamischen Rechts im Geltungsbereich des Grundgesetzes
Bd. 14, 2017, 312 S., 44,90 €, br., ISBN 978-3-643-13688-6

Felix Rauscher
Rechtliche Bewertung rechtsextremistischer Versammlungen
Bd. 13, 2017, 334 S., 39,90 €, br., ISBN 978-3-643-13613-8

Anno Zilkens
Einreisefreiheit aus Grundrechten des Grundgesetzes
Bd. 12, 2014, 264 S., 34,90 €, br., ISBN 978-3-643-12393-0

Elisabeth Meindl
Die Kompetenzen der Länder im Bereich der auswärtigen Gewalt und im EU-Entscheidungsprozess
Bd. 11, 2014, 584 S., 59,90 €, br., ISBN 978-3-643-12354-1

Christian Lutz
Vielfalt im Bundesstaat
Eine verfassungsrechtliche Standortbestimmung der Gesetzgebung der Länder im Bundesstaat des Grundgesetzes
Bd. 10, 2014, 392 S., 44,90 €, br., ISBN 978-3-643-12333-6

LIT Verlag Berlin – Münster – Wien – Zürich – London
Auslieferung Deutschland / Österreich / Schweiz: siehe Impressumsseite

ReligionsRecht im Dialog / Law and Religion

hrsg. von Prof. Dr. Adrian Loretan
(Universität Luzern)

Merlin Rengith Ambrose
Right of Defense in Marriage Nullity Trials
A Study Based on CIC 1983, DC and MIDI
vol. 32, 2022, 364 pp., 39,90 €, pb., ISBN-CH 978-3-643-91509-2

Burkhard Berkmann (Hrsg.)
Widersprüche zwischen Universal- und Partikularkirchenrecht als Ernstfall von Dezentralisierung in der Kirche?
Ausgewählte Beispiele in Deutschland, Österreich und der Schweiz
Bd. 31, 2022, ca. 184 S., ca. 39,90 €, br., ISBN 978-3-643-15210-7

Paul Schneider
Grundrechte im Ordensrecht am Beispiel der Gleichheit der Personen
Bd. 30, 2021, 328 S., 39,90 €, br., ISBN 978-3-643-80321-4

Franziska Mitterer
Ordens-Gehorsam im Kontext von Menschenwürde und Menschenrechten
Ein kirchenrechtlicher Beitrag
Bd. 29, 2021, 332 S., 49,90 €, br., ISBN 978-3-643-14901-5

Sabine Baggenstos
Das kanonische Grundrecht auf Ehe und das Ehehindernis der Impotenz in Gegenüberstellung mit dem staatlichen Recht (CH)
Bd. 28, 2021, 378 S., 39,90 €, br., ISBN 978-3-643-80318-4

Paul Schneider
Ordensarmut und soziale Sicherheit
Eine Analyse des Ordensrechtes und des staatlichen Rechtes
Bd. 27, 2019, 166 S., 29,90 €, br., ISBN 978-3-643-80300-9

Thomas Neumann
Dem Kaiser, was des Kaisers ist?
Papst Leo XIII. (1878 – 1903) und die Lehre von der *potestas papae in temporalibus*
Bd. 26, 2018, 284 S., 39,90 €, br., ISBN 978-3-643-13998-6

Denise Buser
Unholy Discrimination
An overview of the legal rules governing the consideration of the balance of interests between gender equality and the freedom of religion in access to leading spiritual offices
vol. 25, 2017, 110 pp., 29,90 €, pb., ISBN-CH 978-3-643-80245-3

Adrian Loretan; Felix Wilfred (Eds.)
A Revision of the Code. An Indian European Dialogue
Bd. 24, 2018, 320 S., 29,90 €, pb., ISBN 978-3-643-80238-5

LIT Verlag Berlin – Münster – Wien – Zürich – London
Auslieferung Deutschland / Österreich / Schweiz: siehe Impressumsseite

Burkhard Josef Berkmann
Nichtchristen im Recht der katholischen Kirche
Bd. 23, 2017, 1020 S., 88,80 €, br., ISBN 978-3-643-50749-5

Adrian Loretan; Ueli Mäder; Sepp Riedener; Fridolin Wyss (Hrsg.)
Kirchliche Gassenarbeit Luzern
Eine 30-jährige Zusammenarbeit von Kirchen und staatlichen Institutionen zugunsten von suchtbetroffenen Personen
Bd. 22, 2016, 148 S., 24,90 €, br., ISBN 978-3-643-80226-2

Adrian Loretan (Hrsg.)
Die Würde der menschlichen Person
Zur Konzilserklärung über die Religionsfreiheit *Dignitatis humanae*
Bd. 21, 2017, 166 S., 29,90 €, br., ISBN 978-3-643-80228-6

Alexander Jungmeister
Reflexion und Innovation im Forschungsprozess
Eine Einführung für Juristen, Kirchenrechtler und Ökonomen
Bd. 20, 2016, 174 S., 19,90 €, br., ISBN 978-3-643-80205-7

Irene Klissenbauer
Das Ringen um Religionsfreiheit
Die Positionen von John Courtney Murray und Fethullah Gülen im Vergleich
Bd. 19, 2015, 294 S., 39,90 €, br., ISBN 978-3-643-50679-5

Sarah Maria Röck
Zeit der Taufe
Canon 856 CIC 1983 im Nexus von Kirchenrecht, Theologie und der „Philosophie der symbolischen Formen"
Bd. 18, 2015, 408 S., 34,90 €, br., ISBN 978-3-643-80182-1

Adrian Loretan; Quirin Weber; Alexander H. E. Morawa
Freiheit und Religion
Die Anerkennung weiterer Religionsgemeinschaften in der Schweiz
Bd. 17, 2014, 200 S., 18,90 €, br., ISBN 978-3-643-80168-5

Denise Buser
Die unheilige Diskriminierung
Eine juristische Auslegeordnung für die Interessenabwägung zwischen Geschlechtergleichstellung und Religionsfreiheit beim Zugang zu religiösen Leitungsämtern
Bd. 16, 2014, 112 S., 18,90 €, br., ISBN 978-3-643-80165-4

LIT Verlag Berlin – Münster – Wien – Zürich – London
Auslieferung Deutschland / Österreich / Schweiz: siehe Impressumsseite

Kirchenrechtliche Bibliothek
begründet von Libero Gerosa und Ludger Müller (†)
hrsg. von Gabriela Eisenring und Christoph Ohly

Ludger Müller
Schriften zum Kanonischen Recht
Herausgegeben von Christoph Ohly und Gabriela Eisenring. Redaktion: Sebastian Marx
Bd. 20, 2021, 500 S., 59,90 €, gb., ISBN 978-3-643-14844-5

Klaus Zeller
Mit Unterschrift und Siegel
Echtheitsvorschriften im kanonischen Recht
Bd. 19, 2020, 184 S., 39,90 €, br., ISBN 978-3-643-50975-8

Christoph Ohly; Stephan Haering; Ludger Müller; Wilhelm Rees (Hrsg.)
Das Geschenk der Berufung zum Priestertum
Zur Zukunft der Priesterausbildung
Bd. 18, 2020, 368 S., 34,90 €, br., ISBN 978-3-643-14264-1

Andreas Kowatsch
Freiheit in Gemeinschaft – Freiheit der Gemeinschaft
Das geltende Kirchenrecht und die alte Lehre von der „libertas Ecclesiae". Zugleich ein kanonistischer Beitrag zur Einordnung der Institutionalität der Kirche in die Communio-Ekklesiologie
Bd. 17, 2015, 282 S., 39,90 €, br., ISBN 978-3-643-13056-3

Libero Gerosa (Hrsg.)
Staatskirchenrechtliche Körperschaften im Dienst an der Sendung der Katholischen Kirche in der Schweiz
Bd. 16, 2014, 296 S., 34,90 €, br., ISBN 978-3-643-80180-7

Ludger Müller (Hrsg.)
Rechtsschutz in der Kirche
Bd. 15, 2011, 160 S., 19,90 €, br., ISBN 978-3-643-50311-4

Libero Gerosa; Ludger Müller (Hrsg.)
Katholische Kirche und Staat in der Schweiz
Bd. 14, 2010, 376 S., 34,90 €, br., ISBN 978-3-643-80056-5

Wilhelm Rees (Hrsg.)
Ökumene
Kirchenrechtliche Aspekte
Bd. 13, 2014, 280 S., 24,90 €, br., ISBN 978-3-643-50554-5

LIT Verlag Berlin – Münster – Wien – Zürich – London
Auslieferung Deutschland / Österreich / Schweiz: siehe Impressumsseite

Religion und Recht

Navideh Maleki
Islamische Schiedsgerichtsbarkeit
Bd. 3, 2016, 224 S., 29,90 €, br., ISBN 978-3-643-13542-1

Tübinger Beiträge zum kirchlichen Arbeitsrecht

hrsg. von Prof. Dr. Hermann Reichold (Universität Tübingen)

Hermann Reichold (Hrsg.)
Welche Loyalität brauchen kirchliche Einrichtungen?
Bd. 10, 2022, 112 S., 29,90 €, br., ISBN 978-3-643-15134-6

Hermann Reichold (Hrsg.)
Kirchliches Arbeitsrecht auf neuen Wegen
Reformbedarf im Recht der Loyalitätsobliegenheiten und in der Pflege
Bd. 9, 2020, 152 S., 34,90 €, br., ISBN 978-3-643-14660-1

Hermann Reichold (Hrsg.)
Europa und das kirchliche Arbeitsrecht
Was bleibt von der Kirchenautonomie?
Bd. 8, 2019, 178 S., 34,90 €, br., ISBN 978-3-643-14377-8

Hermann Reichold (Hrsg.)
Welche Loyalität dürfen kirchliche Einrichtungen fordern?
Auf der Suche nach Eckpfeilern der Identität von Caritas und Diakonie
Bd. 7, 2018, 176 S., 24,90 €, br., ISBN 978-3-643-14077-7

Hermann Reichold (Hrsg.)
Dienstgemeinschaft im 21. Jahrhundert
Christliche Unternehmenskultur auf dem Prüfstand
Bd. 6, 2017, 158 S., 24,90 €, br., ISBN 978-3-643-13724-1

Hermann Reichold (Hrsg.)
Reformbedarf im Mitarbeitervertretungsrecht
Kirchliche Mitbestimmung im ständigen Wandel
Bd. 5, 2016, 156 S., 24,90 €, br., ISBN 3-643-13495-0

Elisabeth Hartmeyer
Präjudizialität kirchengerichtlicher Entscheidungen im kollektiven Arbeitsrecht
Zugleich ein Beitrag zum Verhältnis des kirchlichen Betriebsverfassungsrechts zu weltlichen Rechtsordnung
Bd. 4, 2015, 226 S., 39,90 €, br., ISBN 978-3-643-12985-7

Hermann Reichold (Hrsg.)
Loyalitätsobliegenheiten im Umbruch
Ist Kirche bereit für neue Wege der Mitarbeiterführung?
Bd. 3, 2015, 168 S., 24,90 €, br., ISBN 978-3-643-12891-1

LIT Verlag Berlin – Münster – Wien – Zürich – London
Auslieferung Deutschland / Österreich / Schweiz: siehe Impressumsseite

Tübinger Kirchenrechtliche Studien
hrsg. von Prof. Dr. Richard Puza

Peter Kistner
Recht und Wahrheit
Freiheit und Wahrheit: Die doppelte Legitimation des Rechts
Bd. 18, 2019, 168 S., 29,90 €, br., ISBN 978-3-643-14148-4

Peter Kistner
Rechtstheologie
Ein Problemdurchgang
Bd. 17, 2017, 250 S., 34,90 €, br., ISBN 978-3-643-13388-5

Peter Kistner
Das Recht der Freiheit und das Recht der Autorität
Bd. 16, 2015, 250 S., 34,90 €, br., ISBN 978-3-643-12994-9

Richard Puza
Die römische Kurie und das Kirchenrecht in Geschichte und Gegenwart
Bd. 15, 2022, ca. 328 S., ca. 69,90 €, br., ISBN 978-3-643-12529-3

Elmar Maria Morein (Hrsg.)
Geteilte Gemeindeleitung aufgrund einer Neubestimmung der cura pastoralis
Wie eine neue Kirchenrechtstheorie die Zukunft der Pfarreien sichert
Bd. 14, 2021, 640 S., 69,90 €, br., ISBN 978-3-643-11783-0

LIT Verlag Berlin – Münster – Wien – Zürich – London
Auslieferung Deutschland / Österreich / Schweiz: siehe Impressumsseite